# FIREDOM

## Африка иммигрантларының финанс бәйсезлеге хикәяләре


ОЛУМИД ОГУНСАНВО
&
АЧАНИ САМОН БИАУ

ФИРЕДОМ: Африка иммигрантларының финанс финанс бәйсезлеге хикәяләре.

Беренче басма.



2024-02-02

Безнең бюллетеньгә язылу: fireom.substack.com
Безгә электрон почта аша: hello@myfiredom.com
Вебсайтыбызга керегез: myfiredom.com

# Эчтәлек

# 1. Кереш

**Олумид Огунсанво:** Бу китапны сатып алган һәркемне сәламләп башлыйсым килә. Без бик рәхмәтле һәм китап сезгә үз-үзегезне ачу, шәхси үсеш, мөстәкыйльлек һәм ирек сәяхәтендә ярдәм итәр дип ышанабыз.

Бу кереш бүлектә без биш теманы яктыртачакбыз: без кем, ничек таныштык, ни өчен бу китапны бергә ясарга булдык, ни өчен бу китапны булдыру яхшы <u>булмас</u> иде һәм без укучыларның моннан чыгуын телибез. китап.

Сэмон, мин сезнең турында һәм сезнең тарихыгыз турында күбрәк белүдән башлыйсым килә.

**Ачани Самон Биау:** Минем исемем Самон Биау. Мин Бенинда, Көнбатыш Африкада тудым һәм мин дөньяның 20 дән артык илендә яшәдем һәм йөзгә якын булдым. Мин 8 телдә сөйләшәм. Минем берничә тормышым булды: мин инженер булып эшләдем, идарә итү консалтингына күчендем, хәзер эшкуарлыкка һәм инвестицияләргә игътибар итәм. Минем төп кызыксынуларым - культураларны аңлау, төрле урыннарны күрү, проблемаларны чишү.

**Олумид Огунсанво:** Кайсы өч телдә сез күбрәк сөйләшәсез?

**Ачани Сэмон Биау:** Мин инглизчә еш сөйләшәм, аннары француз һәм йоруба.

**Олумид Огунсанво:** Тукта. Мин Йоруба, һәм мин Йоруба телендә сөйләшмим. Нигә сез Йоруба белән шөгыльләнәсез? Бу сезнең әти-әниегез яки гаиләгез аркасындамы?

**Ачани Сэмон Биау:** Чыннан да, мин әнием һәм гаилә әгъзалары белән Йоруба телендә сөйләшәм. Менә безнең укучыларыбыз өчен кыскача мәгълүмат: Йоруба этник төркем генә түгел, Көнбатыш Африкада сөйләшкән тел дә. Йоруба кешеләрен башка илләрдә дә табарга мөмкин, шул исәптән Бразилия һәм Куба.

Укучыларыбыз өчен ике баш тарту белән уртаклашасым килә. Беренчедән, мин шатлануны яратам, чөнки мин аның тирәсендә үстем.

Барысы да Бениндагы балачагымда бәхет һәм яхшы күрше мөнәсәбәтләр тирәсендә әйләнде. Мин яхшы шатлык белән чолгап алырга яратам!

**Олумид Огунсанво:** [Көлә]

**Ачани Сэмон Биау:** Икенчедән, мин еш телләр кулланам, димәк, мин сөйләшкәндә, мин белгән бүтән Җиде телнең синтаксисын кушам. Кайвакыт мин бер телдә уйлана башлыйм, икенче телдә тәмамлыйм. Шуңа күрә, җөмләләрнең сәер ысулын ишетсәгез, бу гарәп, француз, инглиз һәм йоруба катнашуы аркасында булырга мөмкин.

**Олумид Огунсанво:** Искиткеч! Әгәр дә сез кайбер француз сүзләрен әйтсәгез, мин француз телен яхшырта алам. Хәтта сез "яхшы шатлану" ны ярату турындагы Җөмләне ничек сөйләвегез дә мин (инглиз телендә сөйләшүче) аны ничек әйтүемнән аерылып тора. Мин бу процесстан күп нәрсә белә алам. Мин француз телен камилләштерүне түземсезлек белән көтәм.

**Ачани Самон Биау:** Сез миңа нинди француз телен өйрәнергә теләгәнегезне белдерергә тиеш: Француз Француз, Ивория Французы яки Бенин Французы? Алар бөтенләй башка телләр [Көлә].

**Олумид Огунсанво:** [Елмаеп] Сезне нәрсә кызыксындыра?

**Ачани Сэмон Биау:** Минем төп кызыксынуым - кеше тәҗрибәсен тирәнрәк аңлау, ул кешеләрнең ни өчен үзләрен ничек тотуларын һәм аларны нәрсәгә этәргәннәрен аңлау. Кеше хәлен аңлау белән кызыксыну, сәяхәт аша төрле культураларны барлау теләген уята.

Бу кызыксыну ничек үскәненә килгәндә, мин аны Йоруба культурасында тәрбияләү белән бәйлим, анда өлкәннәр мәкальләр кулланып аралаштылар. Минем әти-әнием яки абыем мәкальләр алмашып кына сөйләшә алалар. Бу мине кешеләр кулланган сүзләргә генә түгел, ә аларның сүзләренә һәм тәртибенә дә игътибарлы булырга өйрәтте.

Олумид, үзем турында бераз сөйләгәннән соң, мин синең турында күбрәк белергә телим. Кем син?

**Олумид Огунсанво:** Мин кем? Бу тирән фәлсәфи сорау кебек. Минем исемем Олумид Огунсанво.

Минем гомуми кыйммәтләрем - мөнәсәбәтләр, сәламәтлек, автономия / ирек, өйрәнү, башкару (букны башкару), маҗаралар, финанс яктан камиллек.

Бу кыйммәтләр минем конкрет кызыксынуларымны рухландыра, алар арасында технология, шәхси финанс, шәхси үсеш, китаплар, фән, математика, подкастлар, тарих, кушылу һәм алу (M&A), компания тарихы, туклану, сәяхәт, бию, сәяхәт бүләкләү программалары.

Кызык, без ким дигәндә ике уртак кызыксыну уртаклашабыз: сәяхәт һәм шәхси финанс.

**Ачани Сэмон Биау:** Әйе. Сез сөйләшкәндә бераз аптырашта кала алмадым. Бик күп кызыксынулар белән, сез аларның барысын да куяр өчен көндез Җитәрлек сәгатьләр ничек табасыз? Сез бу кыйммәтләргә тормышыгызның төрле вакытларында игътибар итәсезме, яисә барысын берьюлы эзлисезме?

**Олумид Огунсанво:** Мин үз тормышымны миндә урнашкан кыйммәтләремә туры китереп яшим. Мин аларны актив эзләмим, алар мине карарлар кабул итүдә Җитәкчелек итәләр һәм күп мөмкинлекләр һәм көндәшлек вариантлары булганда вакытымны өстен куярга булышалар.

Минем кызыксынуларым еш очрый, һәм мин аларны кызыклы һәм кызыклы дип тапканга, мин аларның барысына да вакыт бүлеп куярга мөмкинлек бирәм.

**Ачани Сэмон Биау:** Сез яңа кызыксынуларны ничек үстерәсез?

**Олумид Огунсанво:** Мин экспериментта зур, һәм минем күпчелек кызыксынуларым үткән экспериментлардан барлыкка килде. Ай саен мин яңа эксперимент ясыйм, кайберәүләр ябышалар, икенчеләре юк. Моннан тыш, Лагос, Чикаго, Лондон, Бостон, Майами кебек күп культуралы шәһәрләрдә яшәү мине төрле яшәү рәвеше һәм перспективалары булган төрле кешеләр белән таныштырды.

Барысын бергә туплап, мин өч төрле эш башкарам. Мин инвестор, подкастер, һәм киңәшче (һәм бу китапны бастырганнан соң автор):

**1. Инвестор: Мин** Адамантиум Фонды [1] аша Африка стартапларына инвестицияләр салам .

**2. Подкастер: Мин** Afrobility подкастының [2] алып баручысы һәм нигез салучысы . Сезгә бу китап ошаса, подкаст сезгә ошарга мөмкин. Анда Африка технология компанияләренең хикәяләре һәм анализлары

---

1.    http://adamantiumfund.com

2.    http://afrobility.com

бар.

**3. Киңәшче:** Мин стартапларга киңәш итәм. Минем шулай ук финанс бәйсезлеге консалтинг бизнесым бар; Мин кешеләргә ничек финанс яктан бәйсез булырга киңәш итәм (бу китап темасына охшаган).

Бу китап күбесенчә шәхси финанс һәм финанс бәйсезлегендә минем кызыксынуларымны өйрәнә, ләкин минем кызыксынуларымның киң төрлелеге бар, алар, мөгаен, безнең хикәяләр аша үткәндә килеп чыгачак.

**Ачани Сэмон Биау:** Сез кайда яшисез?

**Олумид Огунсанво:** Мин үз вакытымны геостратегиягә нигезләнеп төрле шәһәрләргә бүлеп бирәм:

Майами 50%, Лагос 20%, Нью-Йорк 5%, Лондон 5%, Башка шәһәрләр 20%

**Ачани Сэмон Биау:** Сезнең консультант яхшы структураланган бар нәрсәне дәвам итүен әйтмим. Башка хезмәттәш консультант белән аралашу һәм структураны тану өчен бик яхшы.

**Олумид Огунсанво:** [Елмаеп]. Бу минем турында бераз. Ничек очраштык?

**Ачани Сэмон Биау:** Минем партнер миңа Олумид турында 2022 елның августында сөйләде, без бер-беребез белән сөйләшергә яратырбыз диде. Ул вакытта мин моның турында күп уйламаган идем. 2022 елның октябренә тиз алга, мин Майамида булып кайттым һәм Олумидның исеме кабат килеп чыкты, чөнки ул шәһәрдә яши. Аннары минем партнерым Олумидның финанс бәйсезлегенә керүен искә төшерде, һәм ул шундук минем игътибарымны алды. Без Олумидның өенә бардык, мин финанс бәйсезлеге турында сөйләшергә бардым һәм кешенең чынлыгы һәм чынлыгы өчен калдым.

**Олумид Огунсанво:** [Елмаеп] Эх, бик татлы.

**Ачани Сэмон Биау:** Безнең уртак якларыбыз бик күп. Сез чын һәм чын. Бу минем белән аралашырга тиеш кеше. Ике урта мәктәп баласы кебек тәҗрибәләребез турында сөйләшеп, чиктән тыш күп вакыт үткәрдек. Күңел ачтык!

**Олумид Огунсанво:** Әйе! Менә шулай тоелды. Бу тормышта кеше белән шунда ук бәйләнешкә кергән вакытларның берсе иде. Бездә финанс бәйсезлеге турында уртак кызыксыну бар иде, һәм без тагын да тирәнәя бардык. Без хәтта электрон таблицаларга һәм бюджетларга сикердек. Бу кызык иде! Бу сәяхәт бу проектта бергә эшләүнең генезиясе иде, чөнки мин сезне яхшырак белү өчен потенциаль кызыклы кеше дип уйладым.

Нигә сез бу китапны язарга телисез?

**Ачани Сэмон Биау:** Беренчедән, безнең сөйләшү хатирәләрен һәм дустың белән сөйләшү ләззәтен саклау.

**Олумид Огунсанво:** 2030 һәм аннан соң, мин бу китап турында уйлана алам һәм Самон белән ясаган искиткеч бәйләнешне искә төшерә алам. Без тормыш хикәяләребез белән уртаклашыр өчен махсус нәрсә булдырдык, һәм бу тәҗрибәнең үз битләрендә мәңге сакланып калуын белү бик шат. Бу тәҗрибәне мәңгегә кодлау турында искиткеч нәрсә бар.

**Ачани Сэмон Биау:** Икенчедән, мин моны безнең сөйләшүләр аша өйрәнү һәм үсү өчен мөмкинлек дип саныйм.

**Олумид Огунсанво:** Сезнең финанс бәйсезлегенә карашыгызнан мин күп нәрсә белә алам дип уйлыйм, чөнки сез бүтән юл үткәнсез. Бу китап икебез өчен дә бер-беребезнең тәҗрибәләреннән өйрәнү өчен бик яхшы мөмкинлек.

**Ачани Сэмон Биау:** Мин безнең бәйләнешне яраттым, баштан ук бер-беребез белән ничек ачык идек. Мин сакчыларымны Җибәрә алырлык мохиттә булу, һәм көндәшлек белән яшәү инстинктлары кирәк түгел, минем өчен чыннан да көчле. Зур дуслык - мин борчылмаган, борчылмаган, кем булуымнан һәм нәрсә эшләгәнемнән оялган мохит. Бу акчага караганда көчлерәк.

Бу китапны язуның өченче сәбәбе - хикәяләребезне башкалар белән уртаклашу. Ләкин, мин бу турыда төрле хисләр кичердем, чөнки кешеләрнең безнең тәҗрибәләрдән дөрес булмаган нәтиҗәләр ясавын теләмим. Яхшы карарлар кабул итү катлаулы, һәм алар кулланган төп принципларны аңламыйча, башкаларның эшләгәннәрен күчереп алу куркыныч. Киресенчә, бу принциплардан өйрәнеп, аларны үз ситуациягез өчен эшләгән һәм без эшләгәннән аерылып торган нәрсәдә куллану яхшырак.

**Олумид Огунсанво:** Мин риза. Бу карарларның үзләре түгел, ә карарлар артындагы уйлау процессы.

Мин тормышымның һәр этабында булган вариантларны, шәхесемә

һәм кызыксынуларыма туры килгән нәрсәләрне карадым, миндә булган лимоннан иң яхшы лимонад ясадым. Мин, әлбәттә, башкаларның планын үтәмәдем.

Сез безнең хикәяләрне укыганда, без эшләгәннәрне күчереп алу урынына тормышыгызны ничек сайлый алуыгыз турында уйланырга дәртләндерәбез. Бу китаптан төп юл - белә торып һәм максат белән яшәү.

**Ачани Сэмон Биау:** Бу минем сәбәпләр иде. Бу китапны язуда нинди сәбәпләр бар?

**Олумид Огунсанво:** Беренче сәбәп - минем күңел ачасым килә, яңа нәрсә кичерәсем килә. 100 сәгатьтән артык Афробилизация подкастын яздырсам да, моңа кадәр беркайчан да китап язмаган идем, шуңа күрә ул башка нәрсәне өйрәнү өчен кызыклы мөмкинлек булыр.

Сэмон белән без китапны ничек урнаштыру һәм үзебезне тәкъдим итү турында сөйләштек. Чынлык иң мөһиме дип бүлештем, чөнки мин чын кешеләр белән вакыт үткәрүне өстен күрәм һәм миңа үзем булырга рөхсәт итәм. Киресенчә, кеше үз өлешләрен яшерергә тиеш булса, тормыш азрак ләззәтләнә. Минем өметем, бу китапны ясап, без иркен сөйләшә алабыз, ял итә алабыз, сәяхәттән ләззәт ала алабыз.

Бу китапны язуның тагын бер сәбәбе - хикәя сөйләүнең кеше ягы. Хикәяләр - кешеләрнең буыннан-буынга белемнәрен ничек бирүләре.

Бу китапта Сэмон миңа финанс бәйсезлегенә сәяхәтем турында берничә сорау бирәчәк, һәм мин дә шулай эшләячәкмен һәм аңа сәяхәте турында сораулар бирәчәкмен. Бу сөйләшү форматы кызыклы булырга тиеш, һәм мин укучылар безнең хикәяләрдән кыйммәтле нагетлар җыя алырлар дип ышанам.

**Ачани Сэмон Биау:** Нигә без бу китапны булдырмаска <u>тиеш</u>?

**Олумид Огунсанво:** Өч сәбәп:

**1. Билгесезлектән курку:** Яңа әйберләрне сынап карагач, мин аларны ничек кабул итәрләр һәм үземне ничек күрсәтермен дип борчылам. Бу китап сату өчен һәм тәнкыйть өчен ачык булачак. Хәзер мин азрак борчылсам да, мин подкаст һәм VC фонды эшли башлаган булсам да, тәнкыйть куркуы минем аңымда каядыр яшеренеп тора.

**2. Персональ финанс мәгълүматының киң булуы:** Блог, подкаст, китап кебек төрле форматта шәхси финанс мәгълүматлары бар, ләкин мин моны артык борчымыйм, чөнки бу китап башкача карый. Китабыбыз шәхси хикәяләребезгә, тәҗрибәләребезгә тупланган һәм астрогларга һәм чит кешеләргә ярдәм итә. Африка иммигрантлары буларак финанс сәяхәтләребезне уртаклашсак та, финанс бәйсезлеге принциплары, расасына яки чыгышына карамастан, бөтен Җирдә кулланыла.

**3. Ачыклау дәрәҗәсе һәм хосусыйлык:** Китапның характеры безнең шәхси финанс сәяхәтләребезне бүлешүне үз эченә ала, бу хосусыйлык һәм уртак детальләр турында борчылу тудырырга мөмкин. Шуңа да карамастан, без һәрвакыт диярлек файдалы булган төп принципларны һәм стратегияләрне тәкъдим итеп, китапны хәрәкәтчән һәм укучыларга кабатланырлык итәрбез. Без шулай ук укучыларга стратегияләрне һәм сәүдә-саташу фикерләрен аңларга ярдәм итәр өчен кирәк булганда конкрет мәгълүмат кертәчәкбез.

Бу мин керткән кайбер резервацияләр, ләкин мин барыбер дәвам итәрмен. Нәкъ хәзерге вакытта мин бераз куркам, мин алга барырга тиешлеген беләм.

**Ачани Сэмон Биау:** Мин дә ярылдым. Бер яктан, без китапны кешеләр өчен мөмкин кадәр сизелерлек итеп ясарга телим. Икенче яктан, ул чиста кыйммәткә һәм бүтән хосусыйлык проблемаларына артык игътибар бирергә мөмкин.

**Олумид Огунсанво:** Укучыларның бу китаптан нәрсә чыгаруларын телибез?

**Ачани Сэмон Биау:** Укучыларның үз хикәяләрен сөйләгән кебек тоелуларын телим. Аларның хикәясе бүлешү өчен мөһим һәм башкаларны рухландыра ала.

**Олумид Огунсанво:** Минем фәлсәфәм гади: "Моны эшлә!" Nike девизы кебек. Сез кайвакыт капка сакчылары сез теләгәнне эшләргә комачаулый, яисә сез берәр нәрсә эшләргә әзер түгел дип уйларга мөмкин. Ләкин бу киртәләрнең күбесе безнең башыбызда. Чынбарлык шунда: кешеләр бик көчле һәм без сез теләгәнне эшли алабыз. Моның өчен сезгә кыюлык булырга тиеш. Күпчелек әйберләр күренгәнгә караганда Җиңелрәк, бигрәк тә сез уңышсызлыкны яңа әйберләрне сынауның табигый нәтиҗәсе итеп кабул иткәннән соң. Кабат эксперимент һәм потенциаль уңышсызлык белән уңайлыкны үстерү -

сез булдыра алган мускул.

Сез бу китапны укып, "Сэмон һәм Олумид Җиде ай планлаштырдылар, нәшер итүчесе һәм редакторы бар иде. Аларга хокук килешүе алырга туры килде." Чынлыкта, мин Самон белән таныштым, бу егетне яратам, һәм без финанс бәйсезлеге турында китап язарга тиеш. Без план уйлап таптык һәм бик тиз башкара башладык, әзер продукт сезнең кулда.

Максатларыбызга ирешү өчен иң зур киртә - еш кына үзебезнең курку һәм шик. Без дөрес булмаган һәм беренче адымны ясамаган барлык әйберләр турында күренешләр ясыйбыз. Аларга "Моны эшләргә" кирәк.

Кеше иң яхшы башлангыч машиналар түгел, ләкин без искиткеч бизәү машиналары. Берәр эшне башлап Җибәргәннән соң, аны тәмамлау мөмкинлеге күбрәк. Growcәргә һәм өйрәнергә рөхсәт итегез. Эшләрне башкару өчен тикшерүче һәм эксперимент фикер йөртүен үстерегез.

Сэмон белән без бу китапны язу өчен бергә Җыелганга мин бик рәхмәтле, һәм ул укучыларны тормышларында уңай үзгәрешләр кертергә һәм әйберләр тудырырга дәртләндерер дип ышанам. Бу продуктмы, китапмы, подкастмы, бюллетень яки бөтенләй башка нәрсә, Җәмгыять сез кушканны түгел, сез теләгәнне эшләгез. Анда сезнең хикәягезне ишетергә теләгән кеше бар. Кешеләр дә үзенчәлекле һәм төрле. Everyoneәркемнең үзенчәлекле хикәясе бар. Гадәттә, сез кичергәннәрнең барысын да кадерләгән кеше бар. Бу минем кечкенә чыгышым иде һәм онытмагыз: "Моны эшлә"!

**Ачани Сэмон Биау:** Бу минем Олумид белән сөйләшергә яратуымның бер сәбәбе. Мин инде бик күп уңай тибрәнүләр алам. Сез әйткәннәрнең күбесе минем белән яңгырый. Минем тормышым бик күп әйберләр белән тулды, мин эшләргә теләгән идем. Минем бастырырга теләгән ~ 10 мәкаләм бар, ләкин алар белән кызыксынырлармы дип уйладым.

Кайвакыт мин кызык булмаган мәкаләләрне күрәм, һәм ни өчен бу кеше моны язарга борчылды дип уйлыйм. Аннары мин кайбер кешеләрне мәкаләләрне рухландырган аңлатмаларны күрәм. Сез дөньяның акылсыз түгеллеген аңлыйсыз, һәм сез глобаль бердәмлек бар дип уйлаган өчен акылсыз. Дөнья гаҗәеп төрле. Бер кеше өчен кызыклы продукт икенчесенә кызык булмаска мөмкин.

**Олумид Огунсанво:** Дөрес. Әгәр дә сез чит кеше, азчылык яки иммигрант булсагыз, сез эшне башкару өчен ата-аналар, укытучылар яки менеджерлар рөхсәте кирәк кебек тоелгансыз. Вакыт узу белән, бу хис сезнең аңга кереп китә, һәм сез капка сакчыларын эзләүне дәвам итәсез. Ләкин сезгә капка сакчылары кирәк түгел. Син аны эшли аласың. Интернет көчле ресурслар белән тулы, һәм сезгә бераз риск аппетиты һәм потенциаль куркынычның минималь булуын аңлау кирәк.

Бу китапны мисал итеп алыгыз. Иң начар сценарий нинди? Бәлки аны беркем дә укымагандыр, ләкин бу әйбәт, чөнки без аны акча эшләү өчен язмадык. Мин әле дә Самон белән хикәяләр яздырып, алыш-биреш итәр идем.

Күпчелек кеше начар куркынычларны артык бәяли, ләкин аларны дөрес аңлау һәм бәяләү яхшырак, шуңа күрә сез аларны күз алдына китерү урынына идарә итә аласыз. Эксперимент ясагыз һәм үзегез эшләргә теләгәнне эшләгез, ләкин башларга курка. Сезгә беркемнең дә рөхсәте кирәк түгел. Сез үзегезчә аерылып торасыз һәм тормышта теләгәнне эшләргә тиеш. Алга бар һәм эшлә!

**Ачани Сэмон Биау:** Олумид, син сөйләшкән саен, син минем Җаным белән турыдан-туры сөйләшкән кебек тоела. Сез әйткәннәргә ике караш өстәргә телим.

Беренчедән, мин каршы торган күп каршылыкларның психик булуы белән тулысынча килешәм. Без үзебез өчен чыннан да булмаган киртәләр булдырабыз.

Икенчедән, күп каршылыклар безнең башыбызда булса да, кайвакыт чын капка сакчылары бар, алар безне максатларыбызга ирешергә комачаулыйлар. Мин капка аша үтәргә өлгергән саен, мин капка сакчыларына игътибар иткәнгә түгел. Киресенчә, чөнки мин аларның барлыгын белми идем, яисә мин аларны күрдем һәм уйладым: "Моны алыгыз. Мин моны барыбер эшлим."

Әгәр дә сез берәр нәрсә эшлисегез килсә, алга барыгыз. Сез потенциаль катлаулы өлешләрне барганда өйрәнерсез. Мин АКШ турында яраткан әйберләрнең берсе - монда күбрәк кеше куркыныч янарга һәм яңа әйберләрне сынап карарга әзер. Киресенчә, мин яшәгән бүтән илләрдә кемдер сезне һәрвакыт күзәтә һәм хөкем итә дигән мәгънә булырга мөмкин.

Мин бакалавр булганда, миңа кайбер эшләрне башкарырга рөхсәт ителәләрме, яисә алар законга каршымы, яисә сәер дип саналдым. Ләкин хәзер мин аңлыйм, бу мәшәкатьләр мине тоткарлый иде. Яңа әйберне сынап карарга теләгән һәркемгә минем киңәшем - капка сакчыларын һәм найсерларны санга сукмау, моның өчен генә бару!

**Олумид Огунсанво:** Шәхси үсеш процессы һәм кайбер тәҗрибәләрне өйрәнү аеруча мөһим. Офыкларыгызны киңәйтүнең иң яхшы ысулларының берсе - үзегезне яңа идеялар, культуралар һәм тәҗрибәләр белән таныштыру. Әгәр дә сез үзегезгә каршы тормасагыз һәм яңа белем эзләмәсәгез, үсеш һәм үсеш авыр булырга мөмкин.

**Ачани Сэмон Биау:** Минемчә, безнең һәрберебездә ике өлеш бергә яши. Рөхсәт сорау турыдан-туры эшләргә каршы.

Мин Майамида булган тәҗрибәмне Олумид белән уртаклашасым килә. Көннәрдән бер көнне ул безгә ял итәргә һәм су янында утырырга тәкъдим итте, чөнки ул су буенда яши. Без аның бинасы каршындагы әйләнеп узучы юл буйлап кыска гына җәяү бардык, утырырга һәм күренешкә ләззәтләнергә урын тапканчы. Сөйләшкәндә кешеләр безнең яныбыздан йөрделәр, һәм мин үземне уңайсызландыра башладым, юлдамы, хәтта анда утырырга рөхсәт ителәме дип.

Мин Олумидка бераз ышандыру өчен карадым, ләкин ул барысын да оныткан кебек тоелды, рәхәтләнеп рәхәтләнеп дөньяда кайгыртмыйча гына ләззәтләнде. Башта мин аңа һәм аның уңайлы карашына шикләнә башладым, "тротуарда кем утыра?" Беренче минутларда мин уңайсыз идем.

Ләкин тиздән мин үземнең монолог белән уңайсызлык тудырганымны аңладым. Олумид башкаларның уйлаганнары яки безнең тирәдәге кагыйдәләр турында борчылмыйча, мизгелдән ләззәтләнү турында дөрес идея иде. Бу мине үз уйларымны шик астына куйды, үз уйларымны һәм карашларымны тормыш ләззәтен чикләргә рөхсәт итәм.

**Олумид Огунсанво:** Хаха! Бу көлке. Мин рәхәтләндем.

**Ачани Сэмон Биау:** Мин аңладым, кайвакыт үземне тоткарлыйм, чөнки дөрес һәм рөхсәт ителгән нәрсәләр турында кайбер тыюларым һәм идеяларым бар. Игътибарлы булу яхшы булса да, чикләрне этәрү кешелек эволюциясенә этәрә.

Бу мин Америка турында яраткан әйберләрнең берсе. Ул кешеләрне хыялый булырга, яңа әйберләрне сынап карарга һәм чикләрне этәрергә өнди. Кем белә, кемдер гадәти булмаган нәрсә эшләргә мөмкин, һәм яңа бизнес яки идея туа.

Ингибияләрдән азат булу - көчле нәрсә, һәм финанс бәйсезлегенә ирешү анда барып җитү өчен файдалы корал булырга мөмкин. Бу бердәнбер корал түгел, һәм кайберәүләр хәтта төп корал түгел дип әйтерләр. Ләкин финанс бәйсезлеге сезгә тормышта үзегез эшләргә һәм яңа мөмкинлекләр эзләргә ирек бирә ала.

**Олумид Огунсанво:** Бу яшәү рәвеше дизайны. Сезнең өчен эшләгән тормышны бизәгез. Сез традицион юлдан барырга тиеш түгел. Сез теләсә нинди юлны сайлый аласыз, ләкин моның өчен ният, максат һәм планлаштыру кирәк. Сез теләгән тормышка гына уянмыйсыз. Әгәр дә сез статус-квога ияртәсегез, сез статус-кво тормышы белән тәмамланырсыз, бу сез теләгәнчә булмаска мөмкин.

**Ачани Сэмон Биау:** Сез моны мин әйтә алганнан күпкә яхшырак дидегез. Бу китап тормышта "эшләргә" тиеш булганнан башка нәрсә эзләргә теләгән һәркем өчен. Безнең өметебез - укучылар бу китаптан мета күзаллауларны алып китәрләр: статус-кводан тыш башка юллар бар.

Китап сезгә яңа мөмкинлекләр бирергә тырыша. Сез гадәти юлдан барырга тиеш түгел. Укучылар бу хикәянең акча белән бик аз бәйләнешен аңларлар дип ышанам.

**Олумид Огунсанво:** Китап, әлбәттә, акча турында түгел . Финанс бәйсезлеге - гомерегез буена җитәрлек финанс ресурслары булу дигән сүз, ләкин бу китап моннан күбрәк.

**Ачани Сэмон Биау:** Финанс бәйсезлеге безнең өчен зур мөмкинлек бирде. Бу китапта без бу юлдан ничек башланганыбыз һәм безнең хыялларыбызны тормышка ашыру өчен ничек көч биргәне турында сөйләшәчәк.

**Олумид Огунсанво:** Китабыбызның исеме - "Африка иммигрантларының финанс бәйсезлеге хикәяләре". Китап хронологик яктан структураланган, без утызынчы еллар уртасында финанс бәйсезлегебезгә китергән карарлар турында уйлаганда.

Шәхси хикәяләребез белән уртаклашудан тыш, без сәяхәтебез өчен мөһим булган төп принциплар турында сөйләшәбез. Бу принциплар киң стратегияләрне дә, укучыларның финанс бәйсезлегенә ирешү өчен куллана алган конкрет чараларны да үз эченә ала. Бу принципларны сезнең яшәү рәвешегезнең бер өлеше итеп үстерү озак вакытлы финанс уңышларына ирешү өчен бик кирәк дип саныйбыз.

Укучыларга бу принципларны практикада кулланырга һәм тормышларына кертергә булышу өчен, без шулай ук һәр принципка туры килгән китап тәкъдимнәрен кертәбез. Безнең өмет - хикәяләребез һәм принципларыбыз белән уртаклашып, без башкаларга финанс киләчәген контрольдә тотарга рухландыра алабыз.

**Ачани Сэмон Биау:** Олумид, укучыларның бу китаптан нәрсә алуларын телисез?

**Олумид Огунсанво:** Бу китап өчен минем максатым - укучыларны иң яхшы тормыш белән яшәргә дәртләндерү, аларның чынбарлыкта булулары өчен уңайлы булу, һәм алар Җәмгыятьнең өметләренә туры килергә тиеш түгел кебек. Укучылар китаптан файдалы әйберләрне алырлар һәм алар өчен булмаганны санга сукмаслар дип ышанам.

Барыннан да бигрәк, мин укучыларны ирекле булу юлларын табарга дәртләндерәсем килә. Бу финанс иреген генә аңлатмый, гәрчә бу китапта мөһим тема. Бу шулай ук социаль ирек, вакыт иреге, географик ирек дигәнне аңлата. Укучыларның үзләрен куркыныч астына куярга һәм тормышларының һәр өлкәсендә иркенрәк булырга ярдәм итәчәк сайлау ясарга телим.

**Ачани Сэмон Биау:** Сезнеңчә, финанс иреге бүтән ирекләр арасында кайда?

**Олумид Огунсанво:** Тормышның иң мөһим ике ягы, мөгаен, мөнәсәбәтләр һәм сәламәтлек белән бәйле ирекләр. Кайберәүләр сәламәтлек иң мөһиме дип бәхәсләшергә мөмкин, чөнки ансыз бернәрсәгә дә ирешү кыен, икенчеләре гаилә һәм дуслар белән ныклы мөнәсәбәтләр тормышның ачкычы дип әйтергә мөмкин.

Бу икесеннән соң, финанс иреге, мөгаен, өченче яки дүртенче мөһим як. Бу мөһим булса да, ул мөнәсәбәтләр һәм сәламәтлек кебек авырлыкка ия түгел. Әгәр дә кемдер финанс иреге иң мөһиме дип бәхәсләшергә тиеш булса, мин аларга башта сәламәтлекләрен һәм мөнәсәбәтләрен карарга киңәш итәр идем.

**Ачани Сэмон Биау:** Мин финанс ирекне башка иреклəр булдыручы буларак күрәм. Мәсәлән, стресслы эш сезнең сәламәтлеккә тәэсир итәчәк. Әгәр дә сез нәрсә эшләвегезне сайлый алсагыз яки бөтенләй эшләмәсәгез, финанс иреге сезнең сәламәтлеккә ярдәм итә ала.

**Олумид Огунсанво:** Финанс иреге тормыштагы мөһим әйберләргә, мәсәлән, сезнең мөнәсәбәтләрегезгә (романтик партнер, гаилә яки дуслар белән) һәм сәламәтлекегезгә игътибар итергә мөмкинлек бирә. Сез матди яктан буш булганда, сез шулай ук эшкуарлык хыялларыгызны тормышка ашыра аласыз һәм төрле идеялар белән уйланырга теләгән кадәр вакыт үткәрә аласыз. Әгәр дә сез тәҗрибәләрне һәм маҗараларны кадерлисез икән, финанс бәйсезлеге сезгә бу эшләргә теләгән кадәр вакыт үткәрергә мөмкинлек бирә.

Асылда, финанс бәйсезлеге - бу ике зур аспектны (мөнәсәбәтләр һәм сәламәтлек), шулай ук сез кызыксындырган башка нәрсәләрне яклаучы мөмкинлек бирә, чөнки бу әйберләрне эшләү яки ләззәтләнү еш акча таләп итә.

Самон, минем дустым, абыем. Укучыларның бу китаптан нәрсә алуларын телибез?

**Ачани Сэмон Биау:** Бу китапны үз шартларыгыз белән яшәү һәм тулы потенциалга ирешү өчен кулланма итеп карагыз. Бүгенге Җәмгыятьтә әйләнә-тирәбездә уңыш һәм үрнәк үрнәкләр бар. Бизнес консультанты буларак, мин күп бүлмәләрдә булдым, анда мин бу үрнәкләрнең күбесенең гади, уртача кешеләр икәнен аңладым. Алар кайбер әйберләрдә бөек булырга мөмкин, ләкин алар шулай ук бүтән өлкәләрдә эш дәвам итәләр. Күпчелек кеше үз Җавапларын табарга һәм уңышка юлларын табарга көч бирә ала дип саныйм.

**Олумид Огунсанво:** Әлбәттә! Modelнәк эзләү әйберләргә якынлашуның иң яхшы ысулы булмаска мөмкин. Everyәр кешенең уникаль кыйммәтләре, көчләре, өстенлекләре бар. Yourselfзегездән үрнәк алырлык кешене эзләү урынына, үзегезнең чын шәхесегезне һәм тормышта нәрсә теләгәнегезне ачыклау мөһим. Сез башкалардан потенциаль рәвештә өйрәнә алсагыз да, үзегезнең чын шәхесне ачу сәяхәте һәрвакыт эчтән башлана.

Роль модельләштерүдә башкаларның тормышына артык игътибар

итүнең начар яклары бар. Карарга бердәнбер кеше - үзең.

**Ачани Сэмон Биау:** Бик моңсу. Дөнья параллель юлларда хәрәкәт итә. Беренче юл - кешеләргә үзләре булырга кушалар. Ләкин сез бүгенге кебек Җитәрлек түгелдер. Everyoneәркем гел үсештә булырга тиеш.

**Олумид Огунсанво:** Вау. Сезнең комментарийлар явыз [Елмаю].

**Ачани Сэмон Биау:** Икенче трек - безгә үрнәк тормышын охшатырга кушалар. Кызганычка каршы, бу ысул безнең үзебез турында уйлау сәләтебезне чикли ала, чөнки без үзебезнең уникаль карашны үстерү урынына башкаларны күчерүгә артык игътибар итәбез.

Бу ике трек ("сез Җитәсез" һәм "үрнәкне күчереп алу") еш кына социаль медиа ярдәмендә көчәйтелә, кешеләргә алар арасыннан сайларга кирәк кебек тоела. Ләкин еш кына игътибардан читтә калган нәрсә - өзлексез үз-үзеңне яхшырту һәм үсешнең мөһимлеге, шул ук вакытта башкаларның тәҖрибәләреннән өйрәнү.

**Олумид Огунсанво:** Беренче карашка, FIREDOM финанс бәйсезлек китабы булып күренергә мөмкин. Ләкин чынлыкта, сез үзегез теләгән тормышны алып бару ирегенә ирешү турында күбрәк.

**Ачани Сэмон Биау:** Безнең хикәяләрнең камил түгеллеген тану мөһим, без яхшырак булган яклар һәм башкалар яхшырак эшли алган яклар булачак.

Мин үземне искиткеч санамыйм, ләкин һәркемнең үз максатларына ирешү өчен потенциалы бар дип саныйм. Yourselfзеңә максатлар кую һәм аларга ирешү өчен кирәкле адымнар ясау мөһим. Уңышка ирешү өчен сез гадәттән тыш булырга тиеш түгел, ләкин сез эшкә керергә әзер булырга тиеш.

**Олумид Огунсанво:** FIREDOM = FI (Финанс бәйсезлеге) + RE (Иртә пенсия) + Ирек. Нигә сез ирек һәм бәйсезлек телисез? Сез мөстәкыйльлек телисез, шулай итеп сез үз шартларыгыз белән яши аласыз. Гомер озынлыгы, сез яшәгән илгә карап, 50 белән 80 арасында. Бу Җирдә вакытыбыз чикле, нигә аннан канәгатьләнерлек һәм рәхәт тормыш белән файдаланмаска?

Бу хикәя нәкъ шул турыда - сез теләгән тормыш белән яшәү, тәэсир ясау, күңел ачу һәм үзгәртү. Акча гына мөһим түгел, ләкин бу мөһим, чөнки ул сезгә зуррак һәм яхшырак эшләргә мөмкинлек бирә. Финанс тотрыклылыгы булмаса, акча сезнең тормышыгызда даими стресс чыганагы булыр.

Без сезнең белән бу китапта хикәяләребез белән уртаклашырга бик шат. Бу мәхәббәт хезмәте, һәм ул сезне тормышыгызны үзгәртергә дәртләндерер дип ышанабыз. Безнең белән сәяхәткә рәхим итегез!

# 2: Балачак хикәяләре һәм үз-үзеңә ышану принциплары

**Олумид Огунсанво:** Китапның һәр бүлеге тормыш этабы турында бара һәм безнең шәхси хикәяләребезне күрсәтәчәк, аннары тиешле финанс бәйсезлеге принципларын тирәнтен өйрәнәчәк.

Безнең эзләнүләр балачак тәҗрибәләре белән башлана, алар безнең шәхесне, үз-үзеңне сизүне, үз-үзеңне хөрмәт итүне, тормышта без нәрсәгә ирешә алуыбызга ышанабыз.

**Ачани Сэмон Биау:** Мин балачак хикәяләреннән башлавыбызны бик яратам. Ата-аналар булган укучылар бу хикәяләрне балалары өчен файдалы дип табарга мөмкин.

**Олумид Огунсанво:** Балачак тәэсирен барлау шулай ук һәркемгә хәзерге хәленә нәрсә китергәнен һәм бу беренче тәҗрибәләрнең бүгенге көндә аларга ничек тәэсир итә алуын аңлау өчен файдалы. Pasttкәннәрне аңлау һәм кабул итү - финанс бәйсезлеге генә түгел, теләсә нинди сәяхәтне башлау өчен мөһим адым.

Без шулай ук үз-үзеңә ышану һәм үз-үзеңә ышану принциплары турында сөйләшәчәкбез. Бу финанс бәйсезлеккә юлдагы төп принциплар. Кеше психологиясенә һәм фикер йөртүенә караганда, китапны башлау өчен нинди яхшы урын бар?

# 2A: Олумидның балачак хикәясе

**Ачани Сэмон Биау:** Олумид, әйдәгез балачактан башлыйк. Иң беренче хатирәләрегез турында сөйләгез.

**Олумид Огунсанво:** Мин сиксәненче еллар уртасында Лагос, Нигерия, Көнбатыш Африкада тудым. Мин башка дүрт абый белән уртача гаиләдә тудым. Минем ике олы апам һәм ике энем бар. Мин уртада.

Минем әти эшкуар иде. Аның берничә аренда милеге булган, кәгазь бастыру бизнесы, финанс кредит бизнесы һәм башка берничә бизнес алып барган. Ул шулай ук политик иде һәм кайвакыт сайлауда катнаша иде. Ул бик күп төрле эш эшләде һәм яшьрәк вакытта журналист булып әзерләнде.

Минем әнием өй эшчесе иде. Ләкин кызык, миңа 14 яки 15 яшьләр тирәсендә ул мәктәпкә укырга кайтты һәм хәзер Лагос дәүләт хакимияте юристы. Аның ничек юрист булуы турындагы хикәя кызыклы. Мин урта мәктәптә укыганда ул төнге дәресләрдә йөри иде, һәм мин ни өчен аның бөтен авырлыкларга баруын аңлый алмадым. Мин аңардан бу турыда сорадым, һәм ул безне тәрбияләү өчен банк эшеннән китүен һәм эшеннән китмәсә нәрсә булачагы турында уйлавын әйтте. Ул юристларны телевизордан күрүен һәм моны ул эшли алуы турында уйлавын әйтте. Ул шулай эшләде!

**Ачани Сэмон Биау:** Финанс яки ирек белән беренче тәҗрибәләрегез нинди булды?

**Олумид Огунсанво:** Минем әти гаиләнең тукланучысы иде. Аның гаилә өчен тәэмин иткән кереме бар иде, әнием өй эшчесе иде. Минем әти финанс белән идарә итә иде, һәм ул әниемә өй тирәсендә төрле эшләр башкарыр өчен акча бирер иде, димәк, әнием әтиемнән төрле әйберләр өчен акча сорар иде.

Мин аның мөнәсәбәтләргә сәер йогынты ясаганын күрдем. Мин үзара бәйләнешне карап, бу яхшы түгел дип уйлыйм һәм мин беркайчан да регуляр рәвештә акча сорап берәр кешегә барырга тиеш булган хәлдә булырга тиеш түгел. Бу сәер мөнәсәбәтләр динамикасын тудыра, мин иң яхшысы дип уйламыйм.

Ул берәр кешедән регуляр рәвештә акча сорарга туры килүен аңлау орлыгы утыртты. Мин беркайчан да булырга теләмәгән хәл икәнен белә идем.

**Ачани Сэмон Биау:** Мин бала чагымда шул динамиканы белгәнемне күз алдыма китерергә тырышам, чөнки бала чакта сез кешеләрдән акча сорыйсыз. Сез кешеләрдән барысын да сорыйсыз.

**Олумид Огунсанво:** Бу мөнәсәбәтләр өчен суб-оптималь хәл дип уйладым, чөнки ул бер партнерны зәгыйфь хәлгә куя. Бу финанс яктан бәйсез булуның капма-каршысы диярлек. Бу бердән-бер бәйлелек. Ник дигәндә, сезнең эшегез начальнигыгызның сезгә ошавына, сезнең кебек докладларыгызга һәм башкаларга бәйле. Минем әти-әниемнең хәле башка иде, чөнки ул бер кешегә акчага бәйле иде.

Мин әти-әниемнең мөнәсәбәтләренең динамикасын күргәч, шунда ук үз тормышымда моны булдырмаска кирәклеген белдем. Бу акча турында һәм тормышта нәрсә бирә икәне турында уйлау өчен зур башлангыч иде.

**Ачани Сэмон Биау:** Күрәм. Күпме вакыт узгач, сез финанс бәйсезлегенә беренче адым ясадыгыз? Мин күз алдыма китерә алам, сез бу динамиканы күзәттегез һәм киләчәктә бу позициядә булырга теләмәвегезне аңладыгыз. Ләкин сез үз резолюциягез буенча эш итә алмадыгыз. Кайчан сез үзегезне бәйсез дип саныйсыз?

**Олумид Огунсанво:** Минем аппертурам бераз тар иде, минем бәйсезлек турында уйлавым, мөмкин кадәр күбрәк акча алу иде. Мәктәптә яхшы укысам, соңрак яхшы түләгән эшкә урнашырмын дип уйладым. Бу турыдан-туры булмаган. Бу академикларга игътибар итү турында иде.

Без ярлы яки бай дип әйтмим. Без, мөгаен, Нигерия стандартлары буенча уртачадан югары керемгә кадәр булганбыз. Мәсәлән, мин әтиемнән яки әниемнән берәр нәрсә сорасам, алар автоматик рәвештә әйе дип әйтмәсләр иде. Алар юк дип әйтерләр яки миңа нигә кирәклеген сорарлар. Бу шәхси финанслар һәм акча турында бераз уйлана башлаган очракларга китерде.

Самон кебек, мин Йоруба (Нигериядәге иң зур этник

төркемнәрнең берсе). Бала чагымда мине кайвакыт Йоруба вакыйгаларына (туган көн, туй, җеназа) алып киттеләр һәм биегәндә акча бирделәр. Бу китапның беренче бүлеген хәтерлисез икән, минем төп кызыксынуларымның берсе - бию. Мин бии идем һәм (аз күләмдә) акча ала идем. Мин беләм, бу сәер яңгырый, ләкин шулай булды. Минем ул акчам бар иде һәм мин аның белән нәрсә эшләп була икәне турында уйлана башладым.

Мин әниемнән банк счеты ачу турында сораганымны хәтерлим. Әни мине банкка алып килде һәм бераз сары паспорт белән банк счетын алды. Мин биюдән алган акчамны чараларда куяр идем. Мин кызыксыну турында белдем. Кечкенә генә акча булса да, ул кыйммәтле экспозиция бирде.

**Ачани Сэмон Биау:** Сезгә ничә яшь иде?

**Олумид Огунсанво:** Минем төгәл яшемне искә төшерсәм иде. 7дән 11гә кадәр каядыр әйтик.

Минем кечкенә паспорт бар иде, мин анда әкренләп Җыелган депозитны һәм процент суммаларын карап, укыр идем. Кайвакыт әнием мине банкка алып китүдән баш тарта иде, чөнки мин салырга теләгән кечкенә акчалардан оялды.

Минем шәхси финанс белән кызыксынуым кайдан килеп чыккандыр. Яки, бәлки, минем финанс һәм икътисад белән тумыштан ук кызыксынуым бар. Мин беләм, мин киләчәктә акча булыр дип әкренләп кызыксындым.

**Ачани Сэмон Биау:** Ике сорау:

1. Сез банк концепциясе турында ничек белдегез һәм аның балаларга кагылганын ничек аңладыгыз?

2. Акчаны алу һәм тоту белән сезнең тәҗрибәгез нинди иде? Сезгә банкка бару өчен әти-әниегез кирәкме?

**Олумид Огунсанво:** Бу саклык счеты булгандыр, чөнки мин әнием белән банкка бара алыр идем. Банк сөйләүчеләр паспортка мин депозит яисә акча чыгарган саен язалар иде. Акчага акча салу һәм аның кызыксыну уятуы мине сокландырды.

Сезнең кебек үк, мин академик яктан яхшы булдым, димәк, мин күп нәрсә белән китә алам. Хәтерлим, биология укытучым миннән нигә шулкадәр тәкәббер һәм үз-үземә ышанганымны сорады. Ул минем карашымны яратмады. Мин моны сизә башладым, чөнки академик яктан яхшы эшләгәнгә, мин тагын да күбрәк китә алам. Мин теләгәнне эшләү тискәре яңгырый, ләкин аның мөстәкыйль фикерләүгә охшашлыгы бар, чөнки сез сандыктан читтә һәм төп Җәмгыятьтән ерак уйлый башлыйсыз. Мин бераз проблема тудырдым, ләкин яхшы юл белән. Мин беркайчан да артык акылсыз эш эшләмәдем.

**Ачани Сэмон Биау:** Кызык. Сез безне башлангыч һәм урта мәктәп тәҗрибәсе аша ала аласызмы? Дусларың белән ничек килештең? Дусларың синең турында нәрсә әйттеләр?

**Олумид Огунсанво:** Мин башта Грейс балалар мәктәбендә башлангыч мәктәпкә нульдән биш-алтыга кадәр бардым. Бу турыда күп хәтерләмим. Аннары мин 5 яки 6 яшьтән алып 10 яшькә кадәр Корона башлангыч мәктәбенә күчендем. Әти-әнием мине көн саен мәктәпкә алып кайттылар. Аннан башка, ул чордан актуаль дәресләр юк иде.

10 яшьтән алып 13 яшькә кадәр мин урта мәктәпкә (шулай ук урта мәктәп дип тә атала) Кинг колледжында (КК) бар малайлар мәктәбе идем.

**Ачани Сэмон Биау:** КК турында бераз сөйләгез, укучы бу турыда нәрсә белергә тиеш?

**Олумид Огунсанво:** Контекст буенча, әтием 60-70 нче елларда Нигериянең иң яхшы мәктәпләренең берсе булганда ККга йөрде. Хәзер ул хөкүмәт белән идарә итә. Класс бүлмәләре башта 20 кеше өчен төзелгән иде, ләкин минем сыйныфта 80-100 кеше иде, шуңа күрә күренеш: малайлар күзгә күренгәнчә, кайберләре тупас, кайберләре пычрак, ач, сез аны атыйсыз. Бу кыргый Көнбатыш кебек иде.

Бу инфраструктура проблемаларына карамастан, КСның акыллы балалары бар иде. Corona Elementary'та, мин, гадәттә, КСка күчү алдыннан класста беренче яки икенче идем. Ләкин, ККда мин гадәттә өченче яки дүртенче урында идем.

Гадәттә беренче урында торган бу егетне хәтерлим. Ул аерылгысыз иде, беркайчан да сораулар бирмәде, дәрестә катнашмады. Мин моны кызык таптым. Кеше тормышын контрольдә тоту һәм аерым максатларга ирешү, киртәләргә карамастан, уңышка китерергә мөмкин. Бу дәрес минем тәҗрибәм вакытында ачыкланды, чөнки мин тышкы факторларга карамастан, шәхси тәвәккәллек теләсә нинди шартны Җиңә ала икәнен белдем. Бу минем вакытымнан иң кыйммәтле юл.

**Ачани Сэмон Биау:** Классташларыгыз нинди иде?

**Олумид Огунсанво:** Бу төрле кешеләр белән сөйләшү миңа хезмәттәшләремнең төрле икътисадый яктан килгәннәрен аңларга ярдәм итте. КК аз керемле гаиләләрдә укучы студентларның зур процентына ия иде. ККдан соң, мин икенче урта мәктәбемә, Атлантик Холлга (AHall) күчендем, бу уртак мәктәп иде, мин урта мәктәп белеменең икенче өлешен үткәрдем (13 яшьтән 16 яшькә кадәр).

AHall бай студентларның КС белән чагыштырганда зуррак өлеше булган. AHall'та мин академикларга игътибар иттем, чөнки бу миңа киләчәктә яхшы эшкә урнашырга ярдәм итәчәк, бу күбрәк акчага китерәчәк дип уйладым.

**Ачани Сэмон Биау:** Болар барысы да иреккә, яисә финанс бәйсезлегенә ничек карый?

**Олумид Огунсанво:** Мин конформатор булмаган булып китә башладым. Мин мөстәкыйль эшләдем, чөнки академик яктан бик яхшы эшләдем. Минем машинам бар иде, мин иркен йөри алам.

**Ачани Сэмон Биау:** Сезнең ничә яшьтә машинагыз бар?

**Олумид Огунсанво:** Мин 15 яшемдә машина йөртергә өйрәндем, бу урта мәктәп ахырында. Бу минем әти-әниемнең машинасы иде. Минем әти-әнием бушка бирмәделәр. Алар күбесенчә миңа теләгәнне эшләргә рөхсәт итәләр. Мин теләгән вакытта чыга алыр идем. Мин үзем теләгәнне эшләргә тулы ирегем бар иде, һәм минем әти-әниемнең чикләре юк иде.

Белмим, ни өчен әти-әнием мине шулай үстерделәр, дөресен әйткәндә, ләкин мин теләгәнне эшли алуым ачык иде, һәм миңа шулай ошады.

**Ачани Сэмон Биау:** Яхшы. Олумидның балачак дусларыннан ишеттем, ул бик тырыш һәм бик игътибарлы һәм интенсив кеше.

**Олумид Огунсанво:** Мавыктыргыч! Бу дөрес, мин бик тырыштым һәм миңа ошады. Мин бик күп өйрәндем һәм миңа ошады. Мин гадәттә математика һәм алдынгы математика дәресләрендә беренче идем. Искиткеч иде. Кайбер кешеләр ата-аналары белән академикларга игътибар итергә мәҗбүр булдылар. Мин академик кеше идем. Мин бу букны яраттым. Мин әле дә бу букны ярата. Минем академиклар белән кызыксынуым бүген төрле кызыксынуларга керде. Минем мотивация эчке Һәм эчке иде.

**Ачани Сэмон Биау:** Олумид миңа бик көчле итеп тасвирланды. Кемдер берәр нәрсәгә игътибар итәр Һәм аңа ирешү өчен бик тырышыр. Бу максатларга лазер фокусы хикәясе.

**Олумид Огунсанво:** Әйе, мин үземне югары тәртипле, югары оешкан, бик дәртле Һәм игътибарлы итеп тасвирлар идем.

Мин үземне көчле итеп сурәтләр идемме? Белмим. Күпчелек кеше белән чагыштырганда, әйе. Ләкин мин интенсив сүз кулланырмынмы, белмим - иң яхшы булырга теләгән академик юнәлештә булганымны хәтерлим. Нигездә, сез чыннан да иң яхшы булырга телисез икән, сез Һәрвакыт диярлек иң яхшысы булып бетәсез.

Күпчелек кеше минем кебек үк кызыксынмады. Аларда балалар кебек башка өстенлекләр бар иде. Бала чагымда мин нәрсә теләгәнемне белә идем, чыгып киттем. Олы кеше кебек үк.

**Ачани Сэмон Биау:** Сез ул елларда финанс яки ирек турында нәрсә белергә теләдегез?

**Олумид Огунсанво:** Минем әти-әнием минем белән шәхси финанс турында сөйләшсәләр, бик яхшы булыр иде. Белмим, тыңлаган булыр идем, үзгәрер идеме, белмим, ләкин яхшы булыр иде. Соңрак минем хикәямне сөйләвемне ишеткәндә, шәхси финанс турында белгәннәремнең барысы да диярлек үз-үзен өйрәтте.

Мин нигезләрдән башларга тиеш идем: Бюджетны ничек ясарга? Мин кереме мне ничек арттырырга? Мин чыгымнарны ничек аңларга? Фонд биржасы ничек эшли? Ничек мин инвестицияләр салырга? Әгәр дә әти-әнием миңа боларның кайберләрен өйрәткән булса, бераз җиңелрәк булыр иде, ләкин мин аларны гаепләмим, чөнки алар бу әйберләр турында күп белмиләр иде.

Мин икеләнеп әйтәм, чөнки сез мәгълүмат алырга теләмәсәгез, сез өйрәнәсез. Кайбер кешеләр мәгълүмат ала, ләкин алар аны кабул итмиләр, чөнки алар үзгәрергә әзер түгел. Белмим, ул вакытта әти-әнием биргән тәгълиматларны кабул итәр идемме.

**Ачани Сэмон Биау:** Бәлки, үзеңнән белем эзләү - чыннан да өйрәнергә мөмкинлек бирә. Мәгариф теориясе буенча, тәҗрибәле уку - өйрәнүнең иң эффектив ысулы. Шуңа күрә берәр нәрсәне сөйләү озак вакытка эффектив түгел. Кеше буларак, без белемне пассив үзләштерү урынына актив төзибез.

**Олумид Огунсанво:** Кызык. Чынлыкта, минем беркайчан да үрнәк булмады. Мин гадәттә үрнәк идем, димәк, мин үзем өчен нәрсәләрне ачыкларга тиеш идем.

Мин сезгә бер мисал китерим. Урта мәктәптә укыганда, мин күпчелек математика һәм фән курсларында иң югары классларга ирештем. Башка кеше юк иде, уңышка ирешү өчен мин үземә таянырга тиеш идем. Бу үз-үзеңә ышану минем белән балачактан ук булды, чөнки мин башкалардан Җитәкчелек эзләү урынына мөстәкыйль уйларга өстенлек бирдем.

**Ачани Сэмон Биау:** Modelpнәк сезне ничек үзгәртер иде?

**Олумид Огунсанво:** Берәрсе белән очрашуның йогынтысы мин аларны ничек очратканымнан тора. Әгәр дә без бүтән кеше белән таныштырсак яки алар мине үзләре белән таныштырсалар, бу бик зур йогынты ясамас иде. Ләкин, мин аларны тикшерү һәм эзләнүләр аша ачсам, алар белән сөйләшергә теләр идем.

Мин аларның эзеннән барырга теләгәнгә түгел, ә аларның карар кабул итү процессын, тормыш сайлауларында катнашкан нюансларны һәм сәүдә нәтиҖәләрен аңларга.

Роль модельләштерү - букшит. Тәмамлау башкаларның тормыш хәрәкәтләрен күчерүдән түгел, ә үз тормышыгызга игътибар итүдән килә. Башкаларны күчерү төп кимчелекле, чөнки сез үз кыйммәтләрегезне, максатларыгызны, өстенлекләрегезне, кызыксынуларыгызны исәпкә алмыйсыз, бу сезне үзегез аңларга тырышканга караганда начаррак калдырырга мөмкин.

**Ачани Сэмон Биау:** Кызык. Бу кабатланучы тема булыр: зур булса да, башкаларга охшарга тырышмагыз. Сез аларның аяк киемендә түгел. Киресенчә, бөеклекнең сезнең өчен нәрсә аңлатканын ачыкларга тырышыгыз. Бу процесста үзеңне яхшырак аңлау максатыннан, дөнья турында мөмкин кадәр күбрәк бел. Мин моны ике киңәшкә йомгаклый алам:

Беренчедән, якын арада булмаган әйберләр турында кызыксыну уят.

Икенчедән, белә торып практика ярдәмендә һөнәрләрегезне өзлексез камилләштерүгә үзегезне багышлагыз.

**Олумид Огунсанво:** Джим Рон, танылган шәхси үсеш лидеры, акыл белән әйтте: "Ияртүче булмагыз, студент булыгыз." Башкача әйткәндә, кешеләрдән өйрәнегез, аларга иярмәгез. Студент булу тормыш белән актив катнашуны, фаразларны шик астына куярга әзерлекне аңлата.

**Ачани Сэмон Биау:** Мин моны яратам.

**Олумид Огунсанво:** Бу сүзләр көчле. Студентларның фикер йөртүе акыл ияләренә караганда көчлерәк. Студентларның фикер йөртүе өйрәнә, һәм ияртүче фикер йөртүе күчерелә. Мин бу өземтәне яратам.

# 2Б: Самонның балачак хикэясе

**Олумид Огунсанво:** Самонның балачагы турында күбрәк белергә вакыт. Сэмон, сез үзегез үскән мохит турында ниндидер контекст бирә аласызмы?

**Ачани Сэмон Биау:** Мин бик эклектик мохиттә үстем. Мин авыл җирлегендә югары урта сыйныфта тудым. Минем туган шәһәрем Кенинең кечкенә Көнбатыш Африка илендә Бенин. Канди халкы ул вакытта 100,000 кешедән ким иде. Минем әти берничә бизнес алып барды һәм илдә хөрмәтле дәүләт эшлеклесе иде.

Бала чагымда мин Бениндагы иң ярлы кешеләр белән аралаштым. Без тузанда уйный идек, кайчак әти-әниемнән бик ерак. Минем белән ул шәһәрдәге иң ярлы балалар арасында ераклык юк иде. Мин бернәрсәгә дә теләмәдем, ләкин бозылып үсмәдем.

**Олумид Огунсанво:** Нигә сез хикәянең шул өлешеннән башладыгыз? Сезнең әтиегезнең дә, аерым мохитнең дә сезгә йогынты ясаганын сизгәнгәме?

**Ачани Сэмон Биау:** Әйе, төрле социаль-икътисади классларда үсү контрасты мине төрле өлкәләрдәге кешеләр белән аралашырга уңайлы итте. Бу, мөгаен, минем тормышта финанс бәйсезлеген аңлавымны формалаштырды. Ярлы булу нәрсә икәнен белә идем, чөнки дусларымның күбесе ярлы иде.

Кайбер балаларның берничә көн уен мәйданчыгында булулары бик сирәк иде, чөнки әти-әниләре авырган, һәм алар турында кайгыртырга кирәк иде. Башта ни өчен алар больницага бармаганнарын аңлый алмадым. Ләкин соңрак мин белдем, күп дусларымның әти-әниләре дәвалана алмыйлар һәм җитди авырулар белән көрәшү өчен өйдә ясалган даруларга таяналар. Мондый хәл минем гаиләмдә ишетелмәгән булса да, мин аңладым, бу бик күп гаиләләр өчен чынбарлык. Мин аңладым, кайбер кешеләр матди яктан бик авыр булганнар, аларның исән калулары куркыныч астында булган, ләкин алар бу хәлләрне җиңәр өчен бар көчләрен куйганнар.

**Олумид Огунсанво:** Бу кызык. Сезгә моны турыдан-туры тәэсир итмичә кичерү мөмкинлеге бирелде.

**Ачани Сэмон Биау:** Әйе, дусларымның гаиләләре белән мин аңламадым, акча җитмәү кешеләрне ничек чикли. Own2 гаиләм белән мин аңладым, байлык артык булырга тиеш түгел.

Иң беренче хатирәләремнең берсе - балачакта көчле ирек хисе. Мин мәктәптә яхшы идем һәм бик күп иреккә ия идем, шуңа күрә мин кечкенәдән азат булу нәрсә икәнен белә идем. Тугыз яшемдә мин әти-әниемә Бенин Республикасының де-факто башкаласы Котонуда укырга теләвемне әйттем. Минем әти-әнием кызыксындылар һәм борчылдылар, ни өчен мин анда укырга теләвемне сорадылар. Алар идеяга сез көткәнчә каршы тормады. Тугыз яшьлек бала ничә тапкыр башка шәһәрдә укырга сорый бит?

**Олумид Огунсанво:** Сез балачакта тирән ирек хисе булуын искә төшердегез. Сез Котонуга барырга теләдегезме, чөнки күбрәк ирек теләгән идегез?

**Ачани Сэмон Биау:** Мин күбрәк ирек эзләү өчен өйдән чыкмадым; Мин үземне ирекле хис иттем, шуңа күрә мин үзем сайлый алам дип ышандым. Мине башкала Котону кызыксындырды, Кандидан иң якын дустым ел саен җәйге сәфәре вакытында бу турыда хикәяләр сөйләгәннән соң. Минем үзем анда яшәргә теләдем.

Башта әти-әнием бу идеяга каршы килмәделәр, ләкин миңа бераз олырак булганчы көтәргә тәкъдим иттеләр. Аларның җаваплары мине рәнҗетте, мине җаваплы яки җитлеккән кеше дип санамыйлар. Артка борылып карасак, алар өчен шундый зур карар белән кечкенә балага ышанырга икеләнү аңлашылды.

Минем әти-әнием минем адымны хупларга теләмәделәр, һәм мин аларга җитди булуымны күрсәтергә булдым. Ахырда, әти-әнием исеменнән карар кабул иткән әти миңа бер көнлек ачлык игълан иткәннән соң рөхсәт бирде.

**Олумид Огунсанво:** Бер көнгә ачлык нәтиҗәсез яңгырый [Көлә].

**Ачани Сэмон Биау:** Бу вакыйгадан соң әти-әнием минем бала түгеллеген аңладылар. Мин алардан очраклы рәвештә башка шәһәргә күченә аламмы дип сорадым, 18 яшьлек бала китапханәгә барырга рөхсәт сораган кебек. Мин ярлылык, фругальлек, ярлы булмауның контрасты турында белә идем. Мин үземнең азатлыгымны бик нык тойдым, һәм тормышымда үземне иркен хис итмәгән вакытны искә төшерә алмыйм.

**Олумид Огунсанво:** Сезнең гаилә әгъзалары акча яки ирек турында турыдан-туры сөйләштеләрме?

**Ачани Сэмон Биау:** Пенсия һәм финанс бәйсезлеге турында сөйләшү булмады. Минем әти-әнием эшкуарлар иде; пенсия юк иде.

**Олумид Огунсанво:** Күрәм. Сезнең иреккә һәм / яки финанс бәйсезлегенә карашыгызга тәэсир иткән башка балачак тәҗрибәләре булдымы?

**Ачани Сэмон Биау:** Сезнең белән чиксез кызыксыну турында, тагын берсе әтиемнең бухгалтеры турында бүлешәсем килә. Чиксез кызыксынудан башлыйк. Мин ямьсез бала идем.

**Олумид Огунсанво:** Мәктәптә яхшы укыгангамы?

**Ачани Сэмон Биау:** Әйе, кызыксыну һәм тыелган яки урынсыз дип саналган әйберләрне барлау теләге аркасында мине "ямьсез" бала дип санадылар. Шуңа да карамастан, мин мәктәптә яхшы чыгыш ясадым, һәм академик чыгышым миңа җиңеллек китерде. Мәсәлән, сеңелләремә ир-атлар килү тыелса да, мин моның сәбәбен аңлау белән кызыксындым. Минем сеңелләрем белән яшәгән малай буларак, мин ни өчен бүтән малайларның теләмәгән булып күренгәннәрен аңлый алмадым. Алар академик яктан яхшы чыгыш ясамагангамы? Нәкъ шулай ук мин әтиемнең газеталарын аның өчен ни өчен мөһимлеген аңлар өчен булмаганда укый идем.

**Олумид Огунсанво:** Бу табигый кызыксыну каян килеп чыккан?

**Ачани Сэмон Биау:** Ике урыннан килә. Беренчедән, бу ирек төшенчәсе белән бәйле. Яңа әйберләрне барлау миңа комачауламады; берәр нәрсә турында беләсем килсә, мин аны икеләнмичә эзләдем. Кечкенәдән үк мин үземә туры килү яки цензура кирәклеген сизмәдем. Әгәр дә кызыксынуым мине берәр нәрсәгә китерсә, мин аңа иярер идем. Икенчедән, күңелсезлек минем тәртибемдә роль уйнады. Мәктәп эше миңа җиңел булганга, мин буш вакытымны һәм үземне чикләргә этәрү теләген таптым. Вакытны әрәм итү урынына, мин акылымны стимуллаштырырлык һәм яңа күнекмәләр үстерергә ярдәм итүче яңа проблемалар эзләдем.

**Олумид Огунсанво:** Кызыксыну, туры килмәү, мөстәкыйль уйлау, төрле юлларны барлау теләге еш кына финанс бәйсезлегенә һәм иреккә ирешүдә зур кызыксыну уята. Кемдер сандыктан тыш уйлаганда, яңа тәҗрибәләргә ачык, һәм традицион нормаларга туры килмәгәндә, алар альтернатив маршрутлар эзлиләр. Финанс бәйсезлеге - гадәти 9-5 эшкә 60-70 яшькә кадәр пенсиягә кадәр. Сезнең хикәядән күренгәнчә, бу сыйфатлар сезнең гадәти булмаган вариантларга омтылуыгызда роль уйнагандыр.

**Ачани Сэмон Биау:** Мин сезнең күзәтүегез белән килешәм. Тугыз яшемдә мин башкалабыз Котонуга күченү теләгемне тормышка ашырдым, анда бер апам белән калдым. Ул еш кына мине һәм ике яшь абыемны үзебез турында кайгыртырга калдырды. Бу тәҗрибә безгә һәрберебезгә мөстәкыйль булырга һәм үз тормышыбыз белән идарә итәргә мөмкинлек бирде. Котонуда яшәү миңа финанс белем бирде. Мин әти-әнием белән яшәгән һәм акча белән идарә итмәгәннән аермалы буларак, хәзер мин үз акчам белән идарә иткәнгә күрә азык кебек чыгымнар өчен бюджетлашырга тиеш идем (минем "P&L").

**Олумид Огунсанво:** Сездә P&L юк иде. Сездә югалтулар гына бар иде (Көлә).

**Ачани Сэмон Биау:** [Елмаеп] Минем чыгымнар бар иде. 11 яшемдә Котонуга күченгәч, әти-әнием миңа чыгымнарны каплар өчен акча җибәрделәр. Акчаны гадәттә читтә булган апам урынына миңа җибәрүне сорадым. Мин балигъ булмаганга һәм берүзем банкка бара алмаганга, мин акчаны акчалата алырга өстен идем. Кайчан артык акча түләргә һәм кайчан сакларга икәнлеген җентекләп планлаштырып, мин бер ай дәвамында бюджетлашырга өйрәндем. Мин көчле җаваплылык хисе үстердем һәм акча бетмәүнең мөһимлеген аңладым.

**Олумид Огунсанво:** Бу 11 яштән 14 яшькә кадәр булганмы?

**Ачани Сэмон Биау:** Дөрес.

**Олумид Огунсанво:** Мондый яшь вакытта андый тәҗрибәгә ия булу искиткеч. Гадәттә кешеләрнең университетка барганчы андый тәҗрибәсе юк. Бу шактый яшь, чагыштырмача. Балачакның тагын нинди тәҗрибәләре сезне финанс бәйсезлегенә әзерләде?

**Ачани Сэмон Биау:** Seven иде яшемдә мин әтиемнең бухгалтеры булдым.

**Олумид Огунсанво:** Бу көлке. Сез алдынгы математиканы белә идегез.

**Ачани Сэмон Биау:** Мин башлангыч мәктәптә дүрт яшемдә укый башладым, рөхсәт ителмәсә дә. Ничек без яшь таләпләрен үти алганыбызны хәтерләмим.

**Олумид Огунсанво:** Мин моны ничек эшләгәнегезне әйтә алам. Сезнең әти егетне белгән егетне белә иде. Менә шулай эшләде.

**Ачани Сэмон Биау:** [Елмаеп] Бәлки. Мин ул вакытта бу динамиканы белми идем. Бездә бөтен шәһәрне тәэмин итүче зур икмәк пешерү заводы бар иде. Минем җаваплылыгымның бер өлеше буларак, мин төнлә бухгалтерлык белән шөгыльләнер идем. Бездә берничә дистә сатучы бар иде, алар берничә йөз багет инвентаризациясен алырга иртә белән килерләр иде. Productss продуктларын сатканнан соң, алар счетларын чишү өчен төнлә кайтырлар иде. Керүләребезне (он, чүпрә, бензин h.б.) һәм нәтиҗәләрне (һәр сатучыга китерелгән багетлар саны) күзәтү өчен, әти табыш һәм югалту турында структурасы булган кәгазь дәфтәр кулланды. Без һәр сатучы өчен берәмлек бәясе буенча саннарны арттырырга һәм барысын да өстәргә тиеш идек. Вакыт-вакыт, ваклап сатучыларның бурычлары булыр иде, алар тиешле сумманы билгеләргә тиеш иде.

Китапларны тигезләү өчен, әти язуларны өстәр өчен калькуляторын кулланыр иде. Ләкин, мин математиканы яхшы белгәнгә, мин барысын да акыл белән исәпләргә тәкъдим иттем. Мин әтиемнең калькуляторы булырга тәкъдим иттем, 75 тапкыр 1243 һәм 75 тапкыр 419 кебек тигезләмәләр эшләдем. Мәктәптә мин әле 5 тапкыр 4 һәм 4 тапкыр төп тапкырлауны өйрәнә идем. Ахырда, мин P&L алырга тәкъдим иттем. идарә итү. Башта әтием шикләнде, ләкин ахыр чиктә ул мине сынап карарга ризалашты.

Кинәт мин үземне олы, тәҗрибәле сәүдәгәрләр килеп, балансларын чишә торган хәлдә таптым. Мин ул көнне ничә кисәк сатканнарын сорар идем һәм аларның номерларын үзебезнең язмаларга каршы тиз тикшерер идем. Кайбер психик математика ярдәмендә мин аларның соңгы балансын саный алам.

**Олумид Огунсанво:** [Көлә] Сез, мафиозо стиле, түләмәсәләр, аякларын сындырырга куркыттыгызмы? Бу ничек эшләде?

**Ачани Сэмон Биау:** [Көлә] Хәер, төгәл түгел, ләкин эмоциональ интеллект бик күп иде. Мин әтиемнең ваклап сатучылар белән ничек мөгамәлә иткәнен өйрәндем. Мәсәлән, бер ханым бар иде, ул үз финанслары белән идарә итү өчен еш көрәшә иде, һәрвакыт түләүгә соңга калу яки бурычлы булу өчен сылтау тәкъдим итә. Ул икмәк кәрзиненә су сипкән машина кебек әйберләрне гаепли, нәтиҗәдә ул сата алмаган әйберләр бозыла, һәм берничә ай эчендә кечкенә өлешләрдә түләргә куша. Бу әйберләр аның белән берәрсе белән булырга мөмкин булса да, нәрсәдер теге яки бу гел дөрес булмаган кебек тоелды. Ул килеп җиткәч, мин ләззәтләрне ташлап, саннарга игътибар итүне яхшырак белдем: "Сез безгә 80,750 CFA бурычлы." Бу алым аның зарлануларын һәм акланулярын кисеп алды.

Вакыт узу белән мин сәүдәгәрләрнең кәефен уку хисе үстердем һәм конфликтларны көтү һәм тарату өчен тиешле котлаулар һәм кечкенә сөйләшүләр кулланып, авыр сөйләшүләрне ничек эшләргә өйрәндем. Миңа 7 яки 8 яшь булганда, мин түләүләр җыя идем, кемнең безгә бурычлы булуын күзәтеп тордым, инвентаризация кулланну күзәтеп, бизнесның тәэмин итү ягын идарә иттем.

**Олумид Огунсанво:** Әйе, сезнең экономика, финанс менеджменты һәм бу әйберләр яшь вакытта бик күп иде. Бу бик сирәк.

**Ачани Сэмон Биау:** Артык булу һәм бизнес алып бару нәрсә аңлатканын мин аңладым. Бала чагымда да мин инфляция төшенчәсен аңладым, әти багет бәясен күтәргәндә, мин он бәяләренең йогынтысын сизә идем. Мин яшь вакытта бу төшенчәләрне аңлау һәм аңлау дәрәҗәсенә ия идем.

**Олумид Огунсанво:** Шунысы кызык, сез яшь вакытта бизнес финансларында да, шәхси финансларда да тәҗрибә туплагансыз. Алдагы хикәядән үзегезнең P&L белән идарә итү тәҗрибәгез, әтиегезнең ваклап сатучылар белән үзара бәйләнешен күзәтүегез белән берлектә, сезгә бәйле, ләкин аерым өлкәләрдә яхшы акча хисе тудырды. Бизнес финанслары һәм шәхси финанслар бер үк булмаса да, алар арасында күчереләргә мөмкин кыйммәтле дәресләр бар. Сезнең 13 яшькә кадәр ике тәҗрибә тупларга мөмкинлегегез искиткеч.

**Ачани Сэмон Биау:** Бизнес финанслау тәҗрибәсе мине яшь вакытта күчемсез милек дөньясына ачты. Безнең гаилә йорты төп базар урамында урнашкан иде, һәм без кибет сатучыларга агрегатлар арендага бирдек. Алар ай саен аренда түләгәннәрен һәм вакыт-вакыт ремонт чыгымнары булганын белеп, мин аренда бизнесының керемен исәпләү өчен икмәк пешерү предприятиясеннән табыш һәм югалту принципларын кулландым. Кибет сатучылардан күпме табыш алганнарын һәм кибетләрне арендага алудан шул керемнең күпме алганын белергә кызыксындым.

Минем базар тикшеренүләре турында әтием белән сөйләшкәнемне хәтерлим. "Мин шәһәр тирәсендә берникадәр тикшеренүләр үткәрдем, һәм урамдагы ике блок хуҗаларының безгә охшаш аренда түләвен ачыкладым. Ләкин безнең урыныбыз яхшырак, шуңа күрә без күбрәк акча түләргә тиеш." Минем әти миннән мәгълүматны ничек алганымны сорар иде, һәм мин башка хуҗаларның улы яки кызы белән дуслаштым, яисә сөйләшүне ишеттем.

Кайвакыт әти өстәмә мәгълүмат белән уртаклаша иде: "Бу кибетче яхшы арендатор булганга азрак түли, ләкин бизнесы яхшы эшләми, һәм ул күбрәк түләргә мөмкин түгел." Бу сөйләшүләр аша мин кечкенә вакытта бизнес белән бәйле темаларның киң ассортиментына ия булдым.

**Олумид Огунсанво:** Бу искиткеч иде! Сез балачакта нинди төп сабаклар алдыгыз, йомгак ясарга телисез?

**Ачани Сэмон Биау:** Берничә дәрес бар:

1. Мин аз керемле гаиләләрдәге дусларым белән үзара бәйләнештә акча булмауның чикләрен белдем.

2. Мин әтиемнең бухгалтеры булганга, финанс һәм бизнес белән иртә таныштым.

3. Миңа шәхси финанс, үз-үзеңне идарә итү, 11 яшемдә үз финансларымны әти-әниемнән ераклаштыру белән тәэсир иттеләр.

Кызык, алга киткәннәр алданрак килгәннәр, чөнки мин шәхси финанс турында белгәнче бизнеска булыштым.

**Олумид Огунсанво:** Университетка йөргәнче балачагыгызны нәрсә белгән яки эшләгән булсагыз иде?

**Ачани Сэмон Биау:** Мин югары җитештерүчәнлек мохитенә эләккән булсам иде, анда мин һәрвакыт кыйный торган түгел идем. Минем фикеремне күрсәтү өчен, монда мисал. Минем туган шәһәремдә мин академик яктан үзгәртелмәдем һәм үз классымда беренче урында тордым. Котонуга килеп җиткәч, тагын бер малай - соңрак яхшы дус булды - өстенлекле студент иде. Ул көчле һәм игътибарлы иде, мин күпчелек вакытта уйный идем.

**Олумид Огунсанво:** [Елмаеп] Сезгә яхшы күңел ошый.

**Ачани Сэмон Биау:** [Елмаеп] Әйе, миңа бик ошады, ул көчле иде.

Мин авыл җирлегеннән чикләнгән экспозиция белән килдем, ул әдәбиятның киң ассортиментына, шул исәптән танылган француз авторы Вольтер әсәрләренә дә ия иде.

Аның әтисе дәүләт министры иде, ә әтием җәмгыять катнашуына ныклы эшкуар иде.

Безнең яшәү рәвешебез бөтенләй башка иде, аның белән машинада һәм шоферда шәһәр буйлап йөрергә мөмкинлеге бар иде, ә мин мотоциклга таянырга һәм үзем юлларда йөрергә тиеш идем.

Аның гомуми класслары һәм күп фәннәрдәге аерым оныклары миннән югарырак иде. Ул күпчелек әйберләрдә бик оста иде, гомумән алганда бик яхшы иде.

Мин математика һәм физика буенча бик яхшы идем, ләкин ул француз һәм тарих кебек фәннәрдә яхшырак эшләде. Ул төрле катлаулы сүзләрне белә иде һәм француз имтиханнарында югары балл җыйды. Авыл җирлегендә үскәннәрнең күбесе миңа кагылмады.

**Олумид Огунсанво:** Кайбер курсларда чыгыш ясау экспозиция белән бик нык бәйләнгән.

**Ачани Сэмон Биау:** Чыннан да. Бу минем мәгънәсезлеген беренче тапкыр аңладым.

**Олумид Огунсанво:** Эх. Нигә сез шундый мәгънәсез сүз кулланасыз, "мәгънәсезлек"?

**Ачани Сэмон Биау:** Мин авылда булганда бер тапкыр гына килдем, шуңа күрә үземә бик ачуым килде. Мин тайга башладыммы һәм ни өчен югары позицияне саклый алмадым дип сорадым.

**Олумид Огунсанво:** Бала чагында сез иң яхшы булырга бик күп эго куясыз. Сезнең эгоыгыз аңа бәйләнгән иде. Сез нәрсә әйтәсез?

**Ачани Сэмон Биау:** Мин аны шулай атармынмы, белмим.

**Олумид Огунсанво:** Сез моны танырга теләмисез, ләкин ул шулай. Шуңа күрә сезне рәнҗеттеләр.

**Ачани Сэмон Биау:** Мин беренче урында тору өчен кирәк булганның барысын да көтәргә һәм эшләргә тиеш дип уйладым. Беренче номерлы драйвер үземне башкалар белән чагыштыру белән түгел, ә минем шәхси булу теләгем белән сугарылды.

**Олумид Огунсанво:** Мин аңлыйм. Бу бүтән кешеләргә карата булмаган. Мин шулай ук башкаларның чыгышларына карамастан, өстен булырга теләдем. Бу үземне бүтән кешеләр белән чагыштыру нәтиҗәсендә түгел иде.

**Ачани Сэмон Биау:** Имтиханнарның беренче Җыелмасыннан соң. Мин икенче урында идем. Ул математика һәм физика булмаган бар нәрсә өстенлек итте. Бу минем өчен уяну иде, чөнки мин француз телендә уңышка ирешү ихтыяр көче генә түгеллеген аңладым. Миңа әзерләнү өчен күбрәк көч куярга кирәк иде. Бу бүтән студент минем кимчелекләремне һәм кимчелекләремне фаш итте, һәм мин бераз ачуландым. Мин түбән күрсәткечемне төрле сылтаулар белән рационализацияләргә тырыштым, "ул дәүләт министрының улы, шуңа күрә ул бу өстәмә ресурсларны бушлай ала".

Күпмедер вакыт мин аны яратмый идем, һәм мин аны бик көчле һәм күтәренке дип таптым.

**Олумид Огунсанво:** Ул Җитәрлек уйнамаган.

**Ачани Сэмон Биау:** Әйе, ул бөтенләй уйнамады. Мин дусларыма әйтер идем: "Ул салкын бала түгел."

Ахырда, мин үземнең асоль булуымны аңладым. Бу миңа кирәк булган барлык мотивация иде. Мин китап кибетенә кердем һәм мин таба алган барлык классик француз әдәбият китапларын сатып алу өчен айлык пособие яртысын кулландым. Аларга акча бирер өчен, мин көнгә бер ашаудан баш тарттым һәм әти-әниемә әйтмәдем.

**Олумид Огунсанво:** Сез яңа ачлык диетасын башладыгызмы? [Көлә]

**Ачани Сэмон Биау:** Әйе. Мин математика һәм физиканы шулкадәр өйрәнергә кирәк түгел дигән нәтиҗәгә килдем. Киресенчә, мин әдәбият китапларын укыдым, яңа сүзләр өйрәндем. Бер ел эчендә мин әдәбиятта артта калудан көндәшлеккә диярлек киттем. Тарих белән бер үк. Мин бөтен каникул чорымны кече яшькә кадәр укуга багышладым. Мин бик тырыштым һәм Котонуга кайткач, аны Җимерергә әзер идем.

**Олумид Огунсанво:** Сез көчле идегез.

**Ачани Сэмон Биау:** Минем интенсивлыгым ярдәмсезлек хисе уятты. Мин хәзерге эшемнән күбрәкне эшли аламмы дип аптырый алмыйм. Summerгәйге каникулдан соң мәктәпкә кайткач, минем иң зур көндәшемнең Бениндагы француз мәктәбенә күченүен ишеткәч, мин гаҗәпләндем, соңрак аңа Франция университетына күчү җиңелрәк булыр. Миңа калса, ул кача иде.

Мин бу хикәяне үземнең яхшы кешеләр белән әйләндереп алу теләген күрсәтү өчен бүлешәм, хәтта алар мин яхшы эшләгән предметлар булмаса да. Артка борылып карасам, мин авылдагы кайбер елларымны потенциаль исраф итеп күрәм, чөнки мине урта классташлар гына чолгап алды һәм иң яхшы студентлар белән танышу мөмкинлеге юк иде.

Күз алдыгызга китерегез, минем яшь вакытта Билл Гейтска тиң кеше белән аралашу мөмкинлеге булса.

**Олумид Огунсанво:** Хәзер аерма Интернет. Дөньяда иң яхшысы булсагыз да, кешеләр тиз арада экспозициягә ия. Без компьютерлар һәм Интернет чыннан да бер нәрсә булганчы үстек. Әгәр дә сез моны хәзер укыйсыз икән, сезнең өчен җиңелрәк.

**Ачани Сэмон Биау:** Мин бик авыр дәрес алдым, ул авырту дәрәҗәсе белән килде. Мин дустым белән иртәрәк очрашмаганга үкенәм, мөгаен, Төньякта булган вакытта. Әгәр дә мин аны тизрәк очратсам, мин тормышымда француз һәм география белән кызыксынуымны үстерер идем.

Хәзер мин аңлыйм, билгеле бер өлкәдә оста булгач, алда торган үсешне һәм үсешне оныту җиңел. Нәтиҗәдә, мин яңа тәҗрибәләр эзләү һәм экспозицияне киңәйтү өчен аңлы тырышлык куйдым. Мин еш сәяхәт итәм, яңа дуслар табам, төрле өлкәләрдәге соңгы идеяларны, тенденцияләрне аңларга тырышам.

Киләсе бүлектә күрешербез!

# 2C: Selfз-үзеңә ышану һәм үз-үзеңә ышану принциплары

**Олумид Огунсанво:** Китапның һәр бүлегендә без үз тормыш хикәяләребез турында сөйләшә башлыйбыз, аннары хикәяләр өчен иң актуаль дип саный торган финанс бәйсезлеге принциплары турында сөйләшәбез. Бу бүлектә без үз-үзеңә ышану һәм үз-үзеңә ышану принциплары турында сөйләшәчәкбез. Selfз-үзеңә ышанудан башлыйк.

Selfз-үзеңә ышану - кешенең максатларга ирешү һәм киртәләрне җиңү сәләтенә ышануы. Финанс бәйсезлеге сездән чаралар күрүне таләп итә, һәм бу гамәлләр сезнең фикер йөртүегезгә нигезләнгән. Шуңа күрә, үз-үзеңне аңлау, үз-үзеңне бәяләү, мәгълүматны эшкәртү ысулын үз эченә алган үз-үзеңә ышану, финанс бәйсезлегенә ирешү өчен беренче адымнарның берсе.

**Ачани Сэмон Биау:** Әгәр дә сез тормышта пассажир булсагыз, башкалар эшләгәнне эшләсәгез, финанс бәйсезлегенә ирешү авыр булырга мөмкин. Бу чара күрә. Чаралар ясау өчен, сез аңа ышанырга тиеш, чөнки җәмгыять сез 70 яшендә генә пенсиягә чыга аласыз ди. Сез финанс яктан бәйсез булу өчен сездә булмаган көч яки осталык таләп итә башларга мөмкин. Сез моны җиңәргә һәм сезнең финанс бәйсезлегенә ирешә алуыгызга һәм бу сез теләгән әйбергә ышанырга тиеш.

**Олумид Огунсанво:** Selfз-үзеңә ышану көче финанс бәйсезлегеннән түгел, ә үзеңне белүдән һәм тормышың белән мәгънәле эш эшләүдән килә.

Күпчелек автобиографияләрдә кеше дөньяда чынбарлыкта үзгәрешләр кертә алуын аңлагач, борылыш. Алар чыннан да мөһим нәрсә эшли ала. Кешеләр бик сәләтле затлар, ләкин алар үз көченә ышанган очракта гына. Әгәр дә сез көчегезгә ышанмыйсыз икән, сез бернәрсә дә эшләмәячәксез.

Мәсәлән, Президент була алуларына ышанган кешеләр, бу максатка таба адымнар ясыйлар, мөмкинлекне аңлый алмаганнарга караганда. Бу бүлек балачак тәҗрибәләренә игътибар итсә дә, аның дәресләре төрле яшьтә кулланыла.

Сезне тормышның бу ноктасына китергән юлда калырга кирәк түгел. Хәзерге планыгызны дәвам итмичә, тормыштан теләгәнне алу өчен башка ысуллар булырга мөмкин. Өйрәнү - фикер йөртүеңне үзгәртү һәм үзеңне төрле фикер йөртү ысуллары белән таныштыру. Табигый агымга һәм кызыксынуларга иярегез, ләкин яңа мәгълүмат белән өйрәнү һәм үсү өчен сыгылмалы булыгыз. Selfз-үзеңне белү үз-үзеңә ышану алдыннан килә.

Әгәр дә сез бу китапны укыйсыз икән, сез, мөгаен, Европада яки Америкада, яисә үсеш өлкәсенең бай өлешендә яшисез. Бу, мөгаен, сезнең берничә өстенлегегез бар, бөтен дөнья хәтта күз алдына да китерә алмый (ачык акыл, сәламәт тән, һәм Интернет аша теләгән теләсә нинди мәгълүматка керү). Сезнең өчен башлангыч нокта - тормышыгызда теләсә нәрсә мөмкин булуына ышану өчен фикер йөртүегезне үзгәртү. Бу перспектива сезнең өчен һәрвакыт булган ресурсларны табу һәм куллану турында хәбәрдарлыгыгызны арттырачак.

**Ачани Сэмон Биау:** Сез тизлек булдыра белергә тиеш. Бу үз-үзеңә ышану ягыннан нәрсәне аңлата? Беренчедән, сез үзегезнең әйләнә-тирәгезне әйберләр һәм кешеләр белән тулыландырырга тиеш, сезне моны эшли алуыгызга ышандыра, һәм киресенчә ышанган әйберләрне һәм кешеләрне бетерергә тиеш.

**Олумид Огунсанво:** Алар сезнең гаиләгез һәм дусларыгыз булса да. Кайбер кешеләрнең тискәре образга ия булуларының бер өлеше - аларга иптәш, ире, хатыны, дус кызы, сеңлесе, әтисе, әнисе, укытучысы, начальнигы һ.б. Сез үзегезне бу кешеләрдән аерырга һәм үзегезне лаеклы дип саный торган урынга барырга тиеш.

Otherwiseгыйсә, бу тискәре йогынты сезне кире кайтарыр. Олыгайган саен Җиңелрәк. Олы кешеләр үзләре белән тату яшиләр һәм башкаларның аларны кабул итүләренә әһәмият бирмиләр, чөнки алар үз-үзләрен кадерләү эчтән киләләр һәм бүтән кешеләр алар уйлаганча алар белән кызыксынмыйлар. Әгәр дә сез яшьрәк кеше булсагыз, сез моны үстерә башлыйсыз һәм башкаларның үзләре турында күбрәк кайгыртуларын һәм сезнең турында уйларга вакыт үткәрмәвен аңлый аласыз. Шуңа күрә сезнең кем булуыгызны беркем дә билгели алмый. Сез тормыштагы кыйммәтегезне билгелисез.

**Ачани Сэмон Биау:** yourselfз-үзеңә ышаныр өчен, акылыңны үз сәләтләреңә ышанырга өйрәтергә кирәк. Бер эффектив ысул - максатларыгызга кечкенә адымнар ясау, бу вакыт узу белән уңышка ирешү хисе тудыра. Кечкенәдән үк хобби, спорт яки академиклардан өстен чыккан балалар үз сәләтләренә ныграк ышанган кебек, сез эзлекле практика аша үзегезгә ышану гадәтен үстерә аласыз. Мәсәлән, теннис уйнаучы балалар регуляр практика аша үз осталыкларын арттыралар, бу аларның теннис өлкәсендә генә түгел, ә башка спорт төрләрендә дә осталыкка ирешүләренә зур ышаныч китерә.

Сез үзегезне эшли алмассыз дип ышандырган кешеләрне актив рәвештә бетерегез һәм сезне тормыштагы максатларыгызга ирешергә сәләтле итә торган уңай тәэсирләр өсти.

**Олумид Огунсанво:** Бу китап астрог, чит кешеләр, азчылыклар һәм иммигрантлар өчен мөрәҗәгать итәчәк. Әлбәттә, китап һәркем өчен, чөнки финанс бәйсезлек принциплары универсаль.

Әгәр дә сез чит кеше дип таныйсыз икән, яңа ситуацияләр сезнең үз-үзегезгә ышануыгызны һәм үз-үзегезгә ышанычыгызны сынап карарга мөмкинлеген танырга кирәк. Алдан әзерләнеп, сез таныш булмаган территориядә йөргәндә нык һәм игътибарлы булып кала аласыз. Мисал өчен, сез Көньяк Дакотага күченгән Уганда иммигранты булсагыз, сез яңа мохиткә керәчәксез, анда 90% + кешеләр сезнең кебек күренмәскә яки эшләмәскә мөмкин. Бу яңа мохитнең авырлыкларын кичергәндә үз-үзеңә ышану һәм үз-үзеңне күрсәтү өчен үз-үзеңне кызгану һәм үз-үзеңне кайгырту практикасын икеләтергә кирәк.

**Ачани Сэмон Биау:** Мин шәхеслек белән бәйле фикерне ассызыклыйсым килә. Иммигрант гаиләләре еш кына үзләренең мәдәни тамырларыннан бәйсез булып тоелган һәм шәхес кризисы белән көрәшүче балалар тәрбияләү авырлыгы белән очрашалар.

Бу проблеманы чишүнең бер эффектив ысулы - балаларны үзләренең мәдәни мирасын тулысынча үзләштерергә дәртләндерү, мәсәлән, туган телдә сөйләшү яки туган илләренә бару. Бу балаларга үзләрен уңайлырак хис итәргә булыша һәм көчлерәк шәхес хисенә һәм үз-үзеңә ышануга китерә ала. Бу ысул белән балалар үз тамырларын тулысынча кабул итә алалар, мәсәлән, алар Нигерия нәселеннән булган америкалылар дип әйтә алалар. Алар бу шәхесне оялмыйча тулысынча кабул итәләр.

Альтернатив рәвештә, кайбер иммигрант гаиләләре күченгән илнең шәхесен тулысынча үзләштерергә мөмкин, мәсәлән, балаларын Америка үзенчәлекләрен кабул итәргә өндәү. Halfз-үзеңне аңлауда буталчыклыкка һәм аңлаешсызлыкка китерергә мөмкин булган ярты юлны кабул итү урынына бер карашка тулысынча тугры булу мөһим.

**Олумид Огунсанво:** Selfз-үзеңә ышану эчке һәм тышкы факторлар, шул исәптән сезнең әйләнә-тирәгез белән формалаша. Олыгайган саен сезнең әйләнә-тирә мохитегезне күбрәк контрольдә тотсагыз да, балалар күбесенчә әти-әниләренә һәм укытучыларына әйләнә-тиреләрен формалаштыруга бәйле. Шуңа күрә ата-аналар һәм укытучылар өчен балаларны үз-үзләрен яхшы бәяләргә, үз-үзләрен кадерләргә һәм үз-үзләренә ышанырга өндәү бик мөһим. Көчле үз-үзеңә ышану хисе булмаса, балалар үзләренең имиджларын яхшыртуда, тормышта тискәре үрнәкләрне бозуда зур психологик киртәләр белән очрашырга мөмкин, ахыр чиктә шәхси үсеш һәм финанс бәйсезлеге сәяхәтенә керешкәндә.

Someз-үзеңә ышану практикасын һәм яшәү рәвешен үстерергә ярдәм итүче кайбер китап тәкъдимнәре:

Беренчедән, Виктор Франклның " Кеше мәгънәсен эзләү ". [1]Нацистлар концлагерендә искиткеч авырлыклар белән очрашуга карамастан, үз максатын табу мөмкинлегенә үз-үзенә ышанган Холокосттан исән калган кеше турында хикәя.

Икенчедән, Брайан Трейси тарафыннан " Максималь казаныш [2]". Көндезге эшче булып эшләү, мәктәпне ташлау һәм гаиләсенең ярдәме булмау кебек зур кыенлыкларга карамастан, Брайан ахыр чиктә үз-үзенә ышану хисе үстерде. Himselfз-үзенә булган бу ышану аңа шәхси үсешен башларга һәм үзе өчен бәхетле тормыш булдырырга булышты.

Бу ике китап кешеләргә үз-үзләренә ышануларын яхшыртырга һәм аларның чиксез потенциалын аңларга булыша ала. Чын үзгәрешләр сезнең фикер, фәлсәфә, караш, эчке диалог өстендә эшләүдән башлана.


1. https://www.amazon.com/Mans-Search-Meaning-Viktor-Frankl-ebook/dp/B009U9S6FI

2. https://www.amazon.com/Maximum-Achievement-Strategies-Skills-Succeed-ebook/dp/B004PY-DB1C

Шул вакытта гына сез шәхси үсеш һәм финанс бәйсезлеге өчен чаралар күрә аласыз.

Хәзер без үз-үзебезгә ышануны тәмамлагач, без үз-үзебезгә бәйләнеш төшенчәсенә күчәчәкбезме?

**Ачани Сэмон Биау:** Әйе. Selfз-үзеңә ышану - кешенең үз көченә һәм сәләтенә таяну. Биек тартмадан стакан алырга соралган ике баланы күз алдыгызга китерегез. Бер бала аны алыр өчен нәрсәдер эзләргә мөмкин, икенче бала ата-анасына шалтыратырга һәм күтәрелүен сорарга мөмкин. Беренче бала мөстәкыйль. Икенчесе әле дә ярдәм системасы турында уйлый.

**Олумид Огунсанво:** Проблеманы чишүгә якынлашуның ике ысулы бар. Сез яисә (1) проблеманы үзегез ничек чишә алуыгыз турында иҗади уйлагыз яки 2) проблеманы чишүдә кем ярдәм итә алуы турында уйлагыз.

Selfз-үзеңә ышанмау проблемасы - бүтән кешеләргә таяну тулы чишелеш мәйданының бер өлешен генә күрсәтә. Кешеләр, әлбәттә, коммуналь төрләр, шуңа күрә чишелешләр ясарга булышучы кешеләр табу табигый. Ләкин, әгәр сез башкаларның сезгә ничек ярдәм итә алуы турында килешмәсәгез, сез, мөгаен, тулы потенциалыгыз турында уйламыйсыз. Кайвакыт сез проблеманы чишә аласыз.

**Ачани Самон Биау:** Әгәр дә сез тулы бәйсезлектән һәм башкаларга тулысынча бәйләнеш арасыннан сайларга тиеш булсагыз, бәйсезлекнең экстремизмыннан башлау яхшырак. Әгәр дә сез бөтен гомерегезне кешеләрдән сезнең өчен эшләргә кушсагыз, сез беркайчан да эшләргә өйрәнмәячәксез. Thoseәм ул кешеләр беткәч, сез ватылырсыз.

Selfз-үзеңә ышанудан башлау проблеманың асылын аңларга ярдәм итә. Проблемаларны үзегез чишәргә омтылу сезне бүтәннәрнең эш сыйфатын яхшырак бәяләргә мөмкинлек бирә.

Financialз-үзеңә ышану финанс бәйсезлегенә ирешү өчен дә бик мөһим. Бу кызыксыну хисе уята, сезне проблемаларны ничек чишәргә өйрәнергә этәрә, һәм килеп чыккан уңыш хисе тирән файда китерә ала. Берәр эшне үзегез тәмамлагач, сез үзегез белән горурланасыз, һәм бу уңай җавап сезне яңа проблемаларны кабул итәргә дәртләндерә.

Selfз-үзеңә ышану - зур мөстәкыйльлеккә, уңышка һәм шәхси канәгатьлеккә китерә торган яхшы цикл.

**Олумид Огунсанво:** Сэмон белән без бу бүлекнең төшенчәләрен ми сортлаганда иртә Җаваплылык принцибын кертү турында уйладык. Бу идея Самонның балачак тәҗрибәләре белән рухландырылган, аңа аңа төрле әйберләрне сынап карау һәм кечкенәдән Җаваплылык алу мөмкинлеге бирелгән. Баштагы Җаваплылык һәм бәйсезлек тыгыз бәйләнгән.

Ата-ана буларак, бу ике төшенчәнең ничек эшләвен исәпкә алырга кирәк. Балагызга ниндидер Җаваплылык бирү һәм аларны сәләтләренең читенә этәрү аларның үсеше өчен файдалы булырга мөмкин. Аларга биремнәр белән ышануыгызны күреп, алар мөстәкыйльләнәчәкләр, бу олы кеше өчен кыйммәтле сыйфат.

Selfз-үзеңә ышануның киресе - башкаларга ышану, синең тормышыңдагы проблемаларны чишәргә булышыр. Ләкин, финанс бәйсезлеге сездән карар кабул итүне һәм хәзерге траекториягезне үзгәртә торган һәм сезне яхшырак шәхси финанс юлына куйган чаралар күрүне таләп итә. Сез чаралар күрү өчен Җаваплы булганда, сез башкаларга ничек таяна аласыз? Сез булдыра алмыйсыз, шуңа күрә үзегезгә таянырга өйрәнегез.

Әйтик, сезгә торак чыгымнарын киметергә кирәк дип әйтик, чөнки бу сезгә билгеле бер яшьтә финанс яктан бәйсез булырга ярдәм итәчәк. Башта кешеләрдән торак чыгымнарын ничек киметкәннәрен сорау яхшыракмы? Аларның уникаль зәвыкларына, өстенлекләренә, теләкләренә туры килгән торак ситуациясен белгәндә, аларның Җаваплары сезгә ничек кагылыр? Outsideичшиксез, читтән ярдәм эзләгәнче эчтән башлау яхшырак.

**Ачани Сэмон Биау:** Кешеләр үз-үзләренә ышану өчен нәрсә эшли алалар? Балаларыгызга акча белән идарә итүне охшатучы видео уеннар яки уеннар сатып алмагыз, аларны чын акча белән эшләргә дәртләндерегез.

Аларга финанс Җаваплылыгын өйрәтер өчен бизнес алып барырга кирәк түгел - көнкүреш бюджеты белән идарә итү - башлау өчен яхшы ысул. Мәсәлән, сез аларга көнкүреш чыгымнары өчен бюджет бирә аласыз һәм чыгымнарны идарә итүдә һәм раслауда булышуларын сорый аласыз. Бу аларга милек хисе бирәчәк һәм аларга кыйммәтле күнекмәләр бирәчәк. Моннан тыш, сез аларга азык-төлек сәүдә сәяхәтләреннән квитанцияләр бирә аласыз, шуңа күрә алар акыл арифметикасы белән шөгыльләнәләр, әйберләрнең бәясен һәм аның көнкүреш бюджетына ничек тәэсир итүен аңлыйлар. Бу төр реаль тормышта уку мөмкинлекләрен биреп, сез балаларга үз-үзеңә ышанырга һәм Җаваплырак олылар булырга ярдәм итә аласыз.

**Олумид Огунсанво:** Салымнарның ничек эшләвен аңлатыгыз. Әгәр сез сатып алган барлык әйберләрнең суммасы 40 доллар булганда ни өчен 42 $ түләвегезне сорасалар, әйтегез, чөнки $ 2 сату салымы өчен хөкүмәткә бара.

**Ачани Сэмон Биау:** Төгәл, балаларга проблемаларны чишү күнекмәләрен үстерергә булышуның бер ысулы - чыгымнарны идарә итү белән бәйле гади проблемаларны чишү. Мәсәлән, сез аларга "Чыгымнарны оптимальләштерү өчен безгә нәрсә киметергә яки арттырырга кирәк?" Кебек сораулар бирә аласыз. Бу аларга критик фикерләү сәләтен һәм Җаваплылык хисе үстерергә булыша ала. Ата-аналар балалар кайбер эшләрне башкарырга бик яшь дигәч, еш кына ата-аналар моны үзләре ничек эшләргә белмиләр. Кайбер ата-аналар "балалар балалар булсын" диләр. Без әйберләрне кушмас өчен сак булырга тиеш. Мин сезгә балаларыгызны балалар хезмәтенә язарга кушмыйм.

**Олумид Огунсанво:** Яки аларны хәрби мәктәпкә Җибәрегез [Көлә]

**Ачани Сэмон Биау:** Балагызның үсешен әкренләтергә тиеш түгел. Әгәр дә сезнең балагыз сезнең финансларыгыз белән идарә итмәсә, алар, мөгаен, тормышта артта калганнардыр дип уйлыйм. Мин 7 яшемдә әтиемнең эше өчен бухгалтерлык белән шөгыльләндем. Сез балагызга 10 яшькә кадәр сезнең гаиләгез өчен бухгалтерлык хисабын ясый аласыз, һәм мин ышанам, көнкүреш исәбе бизнес-бухгалтериягә караганда катлаулырак.

**Олумид Огунсанво:** Бу үз-үзеңә ышану белән бик тыгыз бәйләнгән. Әгәр дә олы кеше, ата-ана буларак, сез үзегезне югары бәялисез һәм үзегезгә ышансагыз, сез балага Җаваплылык бирергә мөмкин. Әгәр дә сез үз-үзегездән шикләнәсез икән, сездә үз-үзегезне түбән бәяләү, сез балагызга Җаваплылык бирергә әзер түгелдер. Шуңа күрә без бу төшенчәләрнең барысын бергә куштык - үз-үзеңә ышану, үз-үзеңә ышану, һәм балачактагы Җаваплылык.

Олыгайган саен үз тормышыгыз өчен Җаваплылык алырга тиеш. Мин сәер, кайбер кешеләр, алар инде балалар түгел, 20-30 яшьләр тирәсендә булырга мөмкин, әле дә әти-әниләре кечкенә вакытта нәрсә эшләгәннәре турында сөйләшәләр. Гафу итегез, моны әйтергә, ләкин 18 яшьтән узганда, сез үз тормышыгыз өчен Җаваплылык алырга тиеш.

Мин кешеләрне аңларга, кабул итәргә, өйрәнергә һәм балалар белән булган хәлләрдән алга барырга өндим. Responsibleаваплы булу һәм тормышыгыз белән идарә итүнең бер өлеше - үткәннәрне калдыру, сезне рәнҗеткән һәм сезнең өметләрегезгә туры килмәгән кешеләрне кичерү.

Мин әйтү Җиңел икәнен беләм, һәм мин һәркемнең конкрет хәлен белмим. Мин моны аңлыйм. Барысы да әйберләр аша уза дип ышанам, ләкин олы кеше булгач, сезгә үткәннәрдән нәрсә кирәклеген белү яхшырак. Сезне өметсезләндергән һәм кичерегез һәм үз тормышыгыз өчен Җаваплылык алыгыз. Акланмагыз. Yourselfз-үзеңә ышан, үзеңә таян, тормышта теләгән бар нәрсәне көтеп кал.

Кичәгездәге кешеләр сезнең бүгенгегезгә тәэсир итмәсен. Pastткәннәрегезнең рухлары хәзерге чынбарлыкка комачауламасын. Сез теләгәнчә ләззәтләнү өчен сезнең алда бөтен гомерегез бар. Аларга карата булган үпкәләр - сез үзегезгә турыдан-туры тоткан чылбырлар. Әгәр дә сез балачактан ук үпкәләргә тотынсагыз, үзегезгә ышану яки үз-үзегезне югары бәяләү авыр. Selfз-үзеңне кичерү - без барыбыз да башлый алырлык сәяхәт, үзебезне үткәннәр кулыннан азат итү һәм үзебез теләгән киләчәкне булдыру өчен көч бирү.

**Ачани Сэмон Биау:** Мин бәхәсле яңгыраган аңлатмалар бирергә Җыенам, ләкин алар булырга тиеш түгел. Әгәр дә сез үз байлыгыгызны баланы мөстәкыйль булмасын өчен куллансагыз, сез аларга диссервис эшлисез. Әйтик, сез бизнес-класста очасыз һәм балагыз белән булсагыз, аны бөтен дөнья белән икътисад классына куегыз. Бала бизнес классында утырмый. Вакыт.

Икенчедән, сезнең балагыз белән булган тәҖрибәгез гел рестораннарга баруны үз эченә ала икән, аларны гади рестораннарга алып барырга тырышыгыз, алар төрле карашта булсын.

**Олумид Огунсанво:** Макдоналдс кебек [Көлә]

**Ачани Сэмон Биау:** Әгәр сезнең балагыз зиннәтле әйбер сатып алу өчен акча сораса, аларга акчаның өчтән бер өлешен бирегез. Өченчесен алу юлын табуны сорагыз, кайтыгыз, бәлки сез калган өченчесен бирерсез. Балагызны үз-үзенә ышану юлына куегыз.

Алда Олумид әйткәнчә, кайбер кешеләр олы, өйләнгән h.б., ләкин алар әле дә әти-әниләренең балалар өчен нәрсә эшләгәне турында сөйләшәләр. Сез, мөгаен, мөнәсәбәтләрегезне Җимереп кенә калмыйсыз, ә сез үсмәячәксез. Thingsзегез белән эш итү юлларын табыгыз. Сез әти-әниләрегезнең, дусларыгызның яки туганнарыгызның сезгә нәрсә эшләвенә карамастан, үзегез белән эш итү юлларын тапканчы үсмәдегез.

Шулай ук, 18 яшь булганда һәм колледжга барырга Җыенганда, гаиләгез янындагы колледжга бармагыз. Ата-анагыз сезгә Җиңел булмаган Җиргә китегез. Ата-анагызның акчаларын читкә куеп, аны арттыру өстендә эшләгез.

Ата-аналардан сезгә әйберләр бирүне сорамагыз, кредит сорагыз. Yourselfзегезне тормышыгызны хәрәкәтләндергән әйберләр өчен тулы Җаваплылык алырга тиеш.

**Олумид Огунсанво:** growthсеш акылына каршы тотрыклы бәйләнеш бар. Төгәл фикер йөртү - мин бу дөньяга осталык, сәләт, белем, интеллект Җыелмасы белән килүемне аңлата, һәм алар минем гомерем буе тотрыклы.

Mindсеш фикере киресенчә. Мин бу дөньяга осталык, белем, интеллект, сәләтләр Җыелмасы белән керәм, һәм мин аларны вакыт узу белән үстерә алам. Мин шаккаттым, теләсә кем тотрыклы фикер йөртүенә ышаныр, чөнки без һәрвакыт ачык өйрәнәбез һәм үсәбез. Сез гел үсәсез, яхшырасыз, өйрәнәсез һәм яңа әйберләрне сынап карыйсыз, һәм кешеләргә моны мөмкин кадәр иртәрәк кертү мөһим.

Сез теләгән әйберне өйрәнә аласыз. Хәзерге вакытта, миңа 38 яшь, мин космонавт булырга, берничә дәрес алырга, дәрәҖә алырга һәм космонавт булырга карар итә алам. Башка кешеләр эшләсә, сезнең өчен бу мөмкин түгел дип ничек ышанырга? Әлбәттә, сез моны эшли аласыз. Сез чиксез потенциалы булган кеше, һәм сез теләгәнне эшли аласыз.

Сез бүтән кешеләрнең сездән яхшырак, акыллырак, сөйкемле булуына ышанасыз, шуңа күрә тормыштан сездән күбрәккә лаек. Хәер, мин монда сезгә әйтергә тиеш, бу дөрес түгел. Сез түбәнчелек комплексын эшләдегез, аннан азат була аласыз. Сезнең хәтта моңа ышануыгыз үз-үзегезгә кире кайта. Шуңа күрә бу бүлек бик мөһим.

Сезнең үз-үзегезне хөрмәт итү дәрәҗәсе сезне башкаларга караганда начаррак дип ышандыра. Сез түгел. Кеше бик көчле. Әгәр дә сез яңа күнекмәләрне үзләштерергә, мәгълүмат алырга, кешеләр белән танышырга вакыт тапсагыз, сез теләсә нәрсә эшли аласыз. Mindcew уйлары супер мөһим, һәм сезнең өчен моны мөмкин кадәр иртә үстерү мөһим, чөнки ул үзе төзи. Менә шулай китап башланды. 2020-нче елда мин подкаст ясый алуыма ышандым һәм Банколь белән таныштым һәм без Афробилитны башладык. Подкаст аркасында Сэмон белән без бу FIREDOM китабын ясадык.

**Ачани Сэмон Биау:** Сезнең балаларыгыз фетнә күтәрерлек акыллы булганчы, дуслары белән интервью алыгыз һәм интервьюны узмаганнарны балаларыгызны күрмәсен. Мин сезгә интервью соравы бирермен, баланың булачак дустыннан математика буенча ни дәрәҗәдә яхшы булуларын сорармын. Әгәр дә алар математика буенча яхшы түгел дип җавап бирсәләр, баланы шул дусларны күрүдән туктатыгыз.

Тагын бер мөһим фикер - кыйммәтле мәктәпләр яхшы мәктәпләргә тиң түгел. Балаларыгызны мәктәпкә җибәрүгә килгәндә, ике төп сәбәп бар: социализация һәм уку өчен. Ата-ана буларак, сез социализация аша нәрсәгә ирешергә өметләнүегезне игътибар белән карарга тиеш. Әгәр дә студентларның күпчелеге "Мин теләсә нәрсә эшли алам" дигән уңай карашта булган мәктәп булса, балаңны шул мәктәпкә язылу яхшы булыр иде. Чөнки балалар, бик тәэсирле булгач, тирә-юньдәгеләрнең фикер йөртүләрен һәм тәртипләрен үзләштерәләр.

Франциядә репетитор булып эшләгән вакытта мин күп балаларның "Математика авыр" фикереннән абруйлы әзерлек мәктәпләренә кабул ителүен күрдем. Мин аларга тискәре хикәягә каршы торырга һәм карашларын үзгәртергә ярдәм иттем, ахыр чиктә аларның уңышларына китердем.

**Олумид Огунсанво:** "Мин Хда яхшы түгел" дигән әйтем конструктив түгел, чөнки ул үз-үзен чикләүче ышануны күрсәтә. Мисал өчен, мин беркайчан да бернәрсәгә дә оста түгел дип әйтмим, мәсәлән, пешерү, чөнки мин беләм, пешерүдә яхшырак булу өчен бары тик Интернетка керү, кайбер рецептларны йөкләү, практика, кабатлау һәм яхшырту. Мин Хда яхшы түгел дип әйтү - үз-үзеңне чикләүче ышану, чөнки синең үз-үзеңә ышану һәм үзеңне бәяләү алар кирәк булган җирдә түгел. Таныгыз, бүтән кеше берәр нәрсә эшли алса, сез дә аны эшли аласыз. Алар аны өйрәнер өчен вакыт таптылар. Димәк, сез дә аны өйрәнә аласыз.

Ахырда, үз-үзеңә ышану өчен, үз-үзеңне чикләүче ышанулардан баш тарту һәм үсеш фикерен кабул итү бик мөһим. Бу процесста булышыр өчен кайбер ресурслар эзлисез икән, монда үз-үзеңә ышану турында тәкъдим ителгән китаплар:

Беренче китап - Джин Симмонсның " Мин, Inc ". [3]Бу гаҗәп! Анда Америкага күченгән, Америка системасына яраклашкан, инглизчә сөйләшергә өйрәнгән һәм дөнья тарихындагы иң зур рок-төркемнәрнең берсе булган Kissның төп җырчысы булган иммигрантның хикәясе әйтелә. Гаҗәп! Мин бу китапны яратам. Иң түбән язылган китапларның берсе.

Эйн Рэндның ике китабы, " Фонтан [4]" һәм " Атлас кысылды [5]". Эйн Рэнд - искиткеч язучы, чөнки аның китаплары кешеләрнең тышкы шартларга карамастан үзләренә ышансалар, зур эшләр башкару потенциалын аңлау турында.

Ниһаять, Мич Альбомның " Сишәмбе Морри белән [6]". Китап тормышның тирән якларына керә, безгә шәфкатьлелек, мәхәббәт һәм кабул итү кыйммәте турында өйрәтә. Мин аннан алган иң тәэсирле дәресләрнең берсе - безнең үлемне кабул итеп һәм үлемнең барыбызны да көткәнен танып, без үз-үзебезгә ышану, үз-үзеңне кичерү һәм үз-үзеңне ярату өчен уникаль карашка ия булабыз. Бу тормышның нечкә һәм чиксез булуын искә төшерә, безне чынлык, игелек һәм рәхмәт белән яшәргә өнди.

Искиткеч! Шуның белән без бу бүлекне ябырбыз һәм киләсе бүлектә сезнең барыгызны да күрербез.

---


3.  https://www.amazon.com/Me-Inc-Build-Unleash-Business-ebook/dp/B00I2PG3TW

4.  https://www.amazon.com/Fountainhead-Ayn-Rand-ebook/dp/B002OSXDAU

5.  https://www.amazon.com/Atlas-Shrugged-Ayn-Rand-ebook/dp/B003V8B5XO

6.  https://www.amazon.com/Tuesdays-Morrie-Greatest-Lesson-Anniversary/dp/076790592X

# 3: Университет хикәяләре һәм мөстәкыйль фикерләү һәм кызыксыну принциплары

**Олумид Огунсанво:** Бу бүлек Самон белән без яңа илләргә күченеп, яшь өлкәннәр булып университет башлау турында. Бу әйләнә-тирә мохит өчен яңа булган чит кеше яки астердог өчен актуаль. Мин сөйләшүне түземсезлек белән көтәм, Самонның Европа университеты маҖаралары белән танышам, һәм Америка университеты маҖаралары турында искә төшерәм.

**Ачани Сэмон Биау:** Мин шулай ук шул университет елларында иң актуаль булган принципларны өйрәнүне түземсезлек белән көтәм:

Кызыксыну, бу сезнең бөтен хисләрегезне ачык тоту, барысын да кабул итү, сезнең алдыгызда дөрес булмаган әйберләр турында уйлану.

Бәйсез уйлау, FOMOның һәрвакыт булган куркынычы аркасында, дөньяда үзегез карар кабул итүне таләп итә (Сагынудан курку).

**Олумид Огунсанво:** Кызык булыгыз һәм үзегез турында уйлагыз, бу ике нәрсәдән мөһимрәк нәрсә бар?

**Ачани Сэмон Биау:** Мин үзебезне яңа мохиткә ничек күрсәтә алуыбыз һәм тормышыбызда бердәнбер суверен карар кабул итү хокукын саклап калуыбыз турында сөйләшергә бик шат.

# 3A: Олумид университеты хикәясе

**Ачани Сэмон Биау:** Сезнең университет тәҖрибәсе кайда һәм кайчан башланды һәм бетте?

**Олумид Огунсанво:** Минем колледж тәҖрибәм 16 яшемдә (2001 елда) башланып, 21 яшемдә (2006 елда) тәмамланды.

**Ачани Сэмон Биау:** Сезнең тәҖрибәгез бер илдә булдымы?

**Олумид Огунсанво:** Мин ике төрле университетта укыдым. Минем башлангыч университет тәҖрибәм Америкада 17 яшьтән 21 яшькә кадәр иде. Ләкин моңа кадәр мин 16 яшьтән 17 яшькә кадәр кыска вакыт эчендә Нигерия университетында укыдым. Бу дискуссиядә мин икесе турында да сөйләшәчәкмен. Бу тәҖрибәләр.

Башлау өчен, мин университет сәяхәтемне Нигериядәге Лагос Университетында (UNILAG) 2001-нче елда башладым. Мин көн саен мәктәпкә йөрдем һәм гаиләмнән бу яңа бәйсезлек азат ителде. Мин үз тормышымда күбрәк контроль һәм көчем барлыгын сиздем.

Бер елдан соң, 17 яшемдә, мин университеттагы укуымны дәвам итәр өчен Америкадагы Иллинойс технология институтына (IIT) күчендем. Мин химия инженериясе белгечлеге алдым, чөнки математика, физика һәм химияне яраттым. Беренче тапкыр Чикагога төшкәч, әйләнә-тирә Лагос белән чагыштырганда әйбәтрәк һәм чиста тоелды. Бу шулай ук кер юу машинасы, коры чистарткыч, сату машинасы һәм рестораннан ризык заказ бирү белән беренче тәҖрибәм булды.

Хәзер, әйдәгез, минем тәҖрибәмнең финанс ягына игътибар итик. Бу минем өчен бюджет белән идарә итү мөмкинлеге иде. Минем әти-әнием миңа күп акча бирделәр һәм миңа Америкада ничек идарә итәргә икәнлеген әйтергә куштылар.

**Ачани Самон Биау:** Нигерия ата-аналары моны гадәти хәл итәме?

**Олумид Огунсанво:** Мин бүтән ата-аналарның нәрсә эшләгәннәрен белмим. Бу 17 яшьлек бала өчен көч бирде, мин соңгы акча эшләргә тиеш булган акчам чикләнгән кебек тоелдым. Минем әти-әнием, акчам бетсә, нәрсә булачагын белмиләр иде. Әгәр миңа алдан сайлау мөмкинлеге бирелсә, мин, мөгаен, күбрәк күзәтүне сорар идем. Артка борылып карасам, аңладым, күбрәк Җаваплылык минем өчен уңай тәҗрибә булып чыкты.

**Ачани Сэмон Биау:** [Елмаеп] Сез үзегезнең P&L белән идарә иттегез (табыш һәм югалту).

**Олумиҗ Огунсанво:** Бу кызык иде. Беренче тапкыр ризык заказ биргәнем хәтеремдә. Кунг Пао тавыгы минем яраткан иде. Мин үз тормышым өчен күбрәк Җавап бирдем.

**Ачани Сэмон Биау:** Кызык. Бу сезнең финанс бәйсезлеге турындагы уйларыгызга ничек тәэсир итте?

**Олумиҗ Огунсанво:** Мин бу турыда уйламаган идем. Финанс бәйсезлеге турында ишеткәнем юк иде. Бу минем акчамны озаграк дәвам итәр өчен иде. Бу мин үземнең букны уйладым. Мәсәлән, мин дәресләрне калдырып, уңышсыз була алыр идем. Америка вузларында сезнең вакытыгыз белән нәрсә эшләвегез беркемгә дә игътибар итми, шуңа күрә система сезнең өчен күбрәк автономиягә ия. Хәл ачык иде: мин иммигрант, Чикагода яшәүче Нигерия. Мин аны эшләргә һәм эшләргә тиеш идем. Һәм мин эшләдем - классымда иң югары GPA алдым һәм сәяхәткә ошадым. Бу бик яхшы эшләде һәм миңа колледж тәҗрибәсе ошады.

Мин шулай ук үземнең кайбер шәхси финанс осталыгым турында өйрәттем, беренче чиратта керемемне арттыру урынына чыгымнарны киметүгә игътибар иттем. Шулай да, минем колледж тәҗрибәмнән иң мөһиме - үземне ничек идарә итәргә өйрәнү.

**Ачани Сэмон Биау:** Кешеләр Америкага кулланучыларга аз игътибар биргән илләрдән күченгәч, алар кинәт дулкынлану һәм күбрәк акча эшләргә теләк кичерергә мөмкин. Артык сарыф итү вәсвәсәсен сиздегезме? Алайса, сез аны ничек эшләдегез? Икенче яктан, вәсвәсәне сизмәсәгез, сезгә моңа нәрсә комачаулый?

**Олумиҗ Огунсанво:** Минем миием акчага ошаган. Мин аны сарыф итүдән яхшырак булыр идем. Мәсәлән, беренче семестрларның берсендә мин исәп-хисап ясый идем һәм миңа дәреслек кирәк иде. Ялгыз дәреслек 175 $ тора. Бу минем өчен бернинди мәгънә дә юк иде, шуңа күрә мин кулланылган дәреслекләр сатып алырга өйрәндем. Мин кулланылган дәреслекне мәктәп порталы аша 100 долларга яки турыдан-туры исәпләү курсын үткән бүтән студентлардан 80 долларга сатып ала алуымны ачыкладым.

Миңа эффективлык ошый. Бәлки бу психологик чыбыклы әйбер, яисә мин үсүче илдән булгангадыр. Мин төгәл сәбәбен белмим. Бу минем өчен акчага караганда, акчаны саклап калу һәм үзем өчен саклау мәгънәләрәк иде.

**Ачани Сэмон Биау:** Сөйләшә торган мизгел бар. Минем мием аны сарыф итәр өчен түгел, ә акча алу өчен чыбыклы иде.

**Олумид Огунсанво:** Әйе, минем банкта акча җыелганын күрү психологик яктан яхшырак иде.

**Ачани Сэмон Биау:** Студент булып финанс бәйсезлеге белән бәйле башка тәҗрибәләр бармы?

**Олумид Огунсанво:** Университетта минем ике максатым бар иде: Барысын да алыгыз һәм бозылмагыз. Мин университеттагы акчам белән идарә иттем. Мин беркайчан да акча бетергә якынлашмадым һәм кредит картасы алырга беркайчан да борчылмадым.

Студент буларак акча җыю чагыштырмача җиңел булды, чөнки чыгымнарым минималь иде. Кампуста яшәү чыгымнарны аз тотты, һәм миңа Чикаго поезд системасы яхшы эшләгәнгә машина кирәк түгел иде. Яхшы, яхшы кием өчен арзан бәядән кая кибет алырга өйрәндем, һәм кыйммәт бренд исемнәрен сатып алу мине борчымады

**Ачани Сэмон Биау:** Сезнең бүлешергә теләгән бүтән әйберегез бармы, финанс бәйсезлегенә сәяхәтегезгә?

**Олумид Огунсанво:** Әйе, минем уйларымны һәм карарларымны күрсәтү өчен спиртлы эчемлекләрдән ничек туктаганым турында сөйләргә телим. Повестьта мөстәкыйль фикерләү элементлары бар, алар финанс бәйсезлеге өчен бик мөһим.

ИИТта укыганда, мин башкалар кебек спиртлы эчемлекләр эчтем, билгеле бер вакыйга миңа күп уйламаганымны аңлаганчы. Лондондагы сеңелләрем белән булганда без барыбыз да эчкән мәҗлескә бардык. Ләкин, кинәт башым әйләнде һәм ванна бүлмәсенә кердем дә уйладым: "Мин монда нәрсә эшлим? Нәрсә була? Мин үземне бераз сәер хис итәм. Мин хәтта бу кичәгә ошамыйм."

Чикагога кире кайткач, ни өчен мин башта эчтем һәм бу минем тормышка нәрсә китерде дип уйлана башладым. Мин эчүнең яхшы һәм начар якларын исәпкә алмыйча, сукыр нормага ияргәнемне аңладым. Берничә минут уйлаганнан соң, мин 17 яки 18 яшемдә эчүне ташларга дигән карар кабул иттем, утырганда һәм чыннан да тәнкыйть турында уйлаганда нәрсә үзгәртә алуыгыз гаҗәп.

Бу мине яшьтәшләремнән аерган карарлар сериясенең беренчесе, чөнки ул вакытка кадәр мин Америкага күченгән башка Нигериялеләрдән аерылып тормый идем. Бу, мөгаен, минем тормышымда кабул ителгән иң яхшы карарларның берсе булып төшәчәк. Яшь вакытта туктап, мин эчүдән килеп чыккан һәм ситуацияләргә рациональ һәм логик яктан якынлаша алган бик күп тозаклардан сакландым.

Бу минем эчүне ничек туктатканым турында хикәя.

**Ачани Сэмон Биау:** Бу кызык. Сез моны башкалардан аердыгыз дип әйттегез. Төрле булу мөмкинлек бирә ала, чөнки сез туры килүне эзләмисез. Башкача тоелганы турында сөйләшә аласызмы?

**Олумид Огунсанво:** Әйе, мин бу турыда бүтән хикәя сөйләп сөйләшә алам. 12 яшьтән 14 яшькә кадәр мин Җәрәхәт алдым, берничә ай маңгаемда зур шеш калды. Мин бала чагымда оялдым, чөнки кешеләр шунда ук сизделәр. Ләкин, бу тәҗрибә мине башкаларның уйлаганнары турында азрак кайгыртырга һәм социаль төркемнәрдән аерылып тору өчен уңайлы булырга өйрәтте. Төркем көтүләренә туры килү кирәклеген мин беркайчан да сизмәдем, ул ИИТта университет ачканнан соң да дәвам итте.

Хәтерлим, кемнеңдер "Олумид - ялгыз" дигәнен ишетү һәм аны мактау сүзләре итеп кабул итү, хәтта кимсетелгән булса да. Мин көчле өметләр белән бернинди социаль төркемгә дә кермәдем, һәм балачактагы Җәрәхәтләр мине ялгыз булырга һәм үзем турында уйларга күнектерде. Мин нәрсә эшләргә тиеш, нәрсә эшләргә тиеш түгел дигән уйларым юк иде.

Башкалар минем эчүне туктату карары турында уйладылар. Хәзер утызынчы яшьләремдә мин алкогольнең аз булуын күрдем, һәм кешеләр миннән нигә эчмим дип сораштылар. Кызык, алар еш кына моны дини сәбәпләр аркасында дип саныйлар, бу төркемгә туры килү нәтиҗәсе кебек. Мин файда һәм чыгымнарны анализлагач, 17 яшемдә карар кабул иткәнемне аңлаткач, аларны кабул итү авыр.

Кайвакыт тормышта башка нәтиҖәләргә ирешү өчен төрлечә уйларга туры килә. Әгәр дә сез статус-квога иярсәгез, сез статус-кво тормышында тәмамланырсыз.

**Ачани Сэмон Биау:** Бу хикәяне сөйләгәнегез өчен рәхмәт. Финанс бәйсезлегенә ирешү дөньяның күпчелегеннән аерылып торырга тиеш, алар финанс яктан бәйсез түгел. Төрле булу белән комфортны үстерү - сезне FI юлында тоту өчен төп фактор.

**Олумид Огунсанво:** үсү өчен сезгә еш кына куркыныч янарга кирәк. Джеф Безосның моның өчен нигезе бар: бер яклы ишекләр (кире кайтарылмаган карарлар) ике яклы ишекләр (кире карарлар).

Аның кире яки кире кайтарылмавын ачыклау өчен карарны Җентекләп бәяләү мөһим. Бу сезгә ничек тиз эшләргә кирәклеген билгеләргә ярдәм итәчәк. Кайбер карарлар кире кайтарылмый торган бер яклы ишекләр, аларны Җиңел үзгәртеп булмый, мәсәлән, сез бала табарга уйласагыз, бу мәңгегә һәм сез аның белән яшәргә тиеш. Бер яклы ишекләр белән әкрен һәм Җентекләп хәрәкәт итегез.

Ләкин күпчелек карарлар кире кайтарыла. Тискәре куркынычларны аңлаганнан һәм бәяләгәннән соң, мин кешеләрне кыю булырга һәм бу карарлар белән "моны эшләргә" өндим. Сез бу карарлар белән тиз эксперимент ясау, уңышсызлык һәм башкалар уйлаганга игътибар итмәү өчен уңайлырак була аласыз. Кирәк булса, сез бу карарларны соңрак кире кайтара аласыз.

Шулай ук, минем тагын бер университет хикәясе бар.

**Ачани Сэмон Биау:** Тагын бер! Яхшы, тыңлыйк.

**Олумид Огунсанво:** Икенче карар дин турында иде. Мин бала чагымда Нигериядә тәрбияләндем.

**Ачани Сэмон Биау:** Сез моны Җентекләп әйтә аласызмы? Нигериядәге дини пейзаж катлаулы һәм нуанс булырга мөмкин, һәм аның динамикасы белән бөтен кеше дә таныш түгел.

**Олумид Огунсанво:** Әйе, миңа Нигериядә дин турында тарихи мәгълүмат бирергә рөхсәт итегез. Нигериядә дини демография шактый баланслаган, халыкның якынча 40-50% мөселман, 40-50% христиан динен таный. Ләкин, дини бәйләнешнең бүленеше бертөрле түгел һәм география буенча үзгәрә. Мәсәлән, Нигериянең төньягында яшәсәгез, сез мөселман булырга мөмкин (мәсәлән, Кадуна 90% тан артык мөселман); киресенчә, көньякта яшәсәгез, сез христиан булырга мөмкин (мәсәлән, Лагосның кайбер өлешләре күпчелек христианнар). Моннан тыш, Нигериянең аз проценты традицион Африка диннәрен тота.

Дин белән шәхси тәҗрибәмгә килгәндә, мин христиан булып үстем, диндар булмаса да. Минем әнием дини иде, энеләрем белән мине чиркәүгә алып барды, бәлки, атна саен, әти дини иде, ләкин чиркәүдә кызыксынмады.

**Ачани Сэмон Биау:** Нигериянең уртача христианнары сезнең кебекме яки күбрәк диндармы?

**Олумид Огунсанво:** Типик Нигериялеләр диндарлар, димәк, алар атна саен диярлек чиркәүгә йөриләр, атнага берничә тапкыр Изге Язмаларны өйрәнүдә катнашалар, еш кына кер юу кебек чиркәү ролендә хезмәт итәләр. Моннан тыш, аларның дини ышанулары турында сөйләшү - аларның шәхесләренең мөһим өлеше. Мин Нигериядә үскәч, дин минем тормышымның зур өлеше түгел иде, шуңа күрә мин бу турыда башкалар белән сөйләшмәдем.

Ни сәбәп булганын хәтерләмим, ләкин мин университетта дин турында кулдан килгәннең барысын да өйрәнә башладым. Мин бик күп тикшеренүләр ясый башладым. Бу мин, YouTube, Википедия, Реддит һәм Бөтендөнья челтәре, һәм без хакыйкатьне табу өчен сәяхәттә идек.

Ахырда мин аңладым, дин барысы да ясалган - бу кеше уйлап тапмаган әйберләрне аңлату һәм кешеләрнең тәртибен контрольдә тоту өчен ясалган. Борынгы заманнарда кешеләр яңгыр, ут, кояш кебек табигый күренешләрне фәнни аңламаганнар. Бу әйберләрне аңлату өчен без яңгыр, ут, кояш тәңреләрен барлыкка китердек. Бу тәңреләр бу табигый элементларны контрольдә тоталар һәм дога һәм корбаннар аша тынычланырга мөмкин иде. Кешеләр дөнья серләренә җавап эзләүне дәвам иткәндә, дин аңлату һәм куркынычсызлык хисе тудыру өчен үсеш алды. Вакыт узу белән, дини институтлар кешеләрнең ышануларын һәм тәртипләрен контрольдә тотып, көч һәм тәэсиргә ирештеләр. Бу аларга кайбер абруен сакларга һәм кыйммәтләренә һәм кызыксынуларына карап җәмгыятьләр формалаштырырга мөмкинлек бирде.

Мин 19 яки 20 яшемдә бик тиз динсез (атеист) булып киттем. Бу карар минем спиртлы эчемлекләр кабул итмәвемә охшаш иде, һәм ул мине туганнарымнан һәм дусларымнан аерды. Кызык иде, кешеләр аңа шундый тискәре мөнәсәбәт күрсәттеләр. Минем динсез булуыма реакция спиртлы эчемлекләргә караганда да тискәре иде, мөгаен, алкоголь кешеләрнең үзенчәлеге булмагангадыр. Бу реакцияләр халыктан аерылып тору өчен бик кыюлык кирәклеген раслады.

Диннең тулы булуын һәм аның ничек ясалганын ачыклау ышанмаслык иде. Бу тормышта мин күп нәрсә белгән мизгелләрнең берсе иде.

Мин барысын да укыдым - Библия тарихы, Коръән, Христианлык - документаль фильмнардан мәкаләләргә, блогларга һәм китапларга кадәр. Мин ачкан иң кызыклы әйберләрнең берсе - Изге Язмаларда нәрсә булырга тиешлеге турында фикер алышу. Вакыт узу белән Изге Язмалар үзгәрде, бүлекләр өстәлде һәм бүгенге көнгә ирешү өчен алынды. Мәгънәсе булмаган яки сакларга артык акылсыз өлешләр турында өзлексез бәхәсләр булды. Мин моны беркайчан да белмәдем, чөнки моны беркем дә чиркәүдә искә алмады. Библия хәзерге кебек булган дип уйлаган идем.

Тикшеренү һәм «Бу дөресме?» Кебек сораулар бирү кызык иде. Ни өчен бу дөрес түгел? Бу каян килеп чыккан? Бу кешеләрдә нинди стимуллар бар? Нигә бу озак дәвам итте? '

Йомгаклап әйткәндә, бу ике карар артындагы карар нигезе - 17 / 18дә спиртлы эчемлекләр һәм 19/20 атеизм - минем гомерем формалашты. Бүген дә мин алкоголь эчмим һәм мин әле дә атеист.

Сез күпчелек кеше эшләгән эштән бик нык аерылып торырга тиеш. Бу финанс яктан бәйсез булуның төп характеристикасы кебек.

**Ачани Сэмон Биау:** Бу бик кызык. Бу турыда бераз күбрәк сөйләшә алабызмы? Минем ике бәйләнешле уйым бар. Беренчедән, сезнең туры килмәвегез гаилә һәм дусларыгыз белән шәхси мөнәсәбәтләрегезгә ничек тәэсир итте?

Икенчедән, мин күз алдыма китерә алам, үз диннәре белән аерылып торган укучы өчен, алар сез әйткәннәрдән читләшергә мөмкин. Дини кеше матди яктан бәйсез була аламы? Кемдер, сезнең кебек, финанс бәйсезлегенә ирешү өчен, үз диннәреннән баш тартырга тиеш дип алып китәргә мөмкин.

**Олумид Огунсанво:** Зур сораулар. Беренче сорау: Минем туры килмәвем башкалар белән мөнәсәбәтләремә ничек тәэсир итте?

Чынлыкта, бу минем мөнәсәбәтләрнең 99% тәэсир итмәде. Күпчелек кеше һаман да дини булса да, алар чынлап та интуитив рәвештә беләләр, әйтмәсәләр дә. Кешеләр өчен дин турында рациональ, логик дискуссиядә катнашырга теләү бик сирәк, чөнки дин фактларга нигезләнмәгән эмоциональ һәм коммуналь тәҗрибә.

Фән - эксперимент, өйрәнү, эмпирик дәлилләргә нигезләнеп адаптацияләү аша хакыйкатьне ачуның системалы процессы. Икенче яктан, дин эмоцияләр һәм субъективлык белән күбрәк борчыла, һәм ул үзгәрмәс идеяларга һәм стазаларга игътибар итә. Яңа дәлилләргә нигезләнеп җайлашу һәм үзгәрү өчен ачык булган фәннән аермалы буларак, дин еш кына традицияләргә һәм үзгәрергә мөмкин булмаган ышануларга таяна.

Дин кешеләре белән бәхәсләрдә, бәхәсләрдә катнашу гадәттә киңәш ителми. Чөнки аларның дини ышанулары еш кына аларның җәмгыять һәм тәрбия хисе белән тыгыз бәйләнгән. Аларны бүтән ышандырырга тырышу нәтиҗәле сөйләшүгә китерергә мөмкин, чөнки аларның ышанулары еш кына тирән тамырланган. Аларның әти-әниләре яки җыелышлары дөрес түгел дип бәхәсләшү нәтиҗәле түгел, чөнки бу мөнәсәбәтләрдә киеренкелек һәм дошманлык тудырырга мөмкин. Әгәр дә мин берәрсе аның турында конкрет бәхәсләшергә теләгән очракта, мин гадәттә теманы үзгәртәм. Шуңа күрә бу минем күпчелек мөнәсәбәтләремә тәэсир итмәде, чөнки минем шәхес тибым аргументлы түгел. Әйткәндәй, минем дини тугрылыгым минем кайбер романтик мөнәсәбәтләремә тәэсир иткәндер, монда партнер күбрәк диндар кешене өстен күргәндер. Ләкин, мин андый кеше белән беркайчан да бетмәдем.

Икенче сорауга күчү: Кешеләр дини һәм финанс яктан бәйсез була аламы?

Әгәр дә сез моны укыйсыз һәм сез эштән китсәгез, беренче чиратта, калдырмагыз. Мин сезнең дөнья карашыгыз белән туры килмәгән әйберләрне ишеткәч, ачулану яки үпкәләү вакыты түгеллеген белдем. Киресенчә, бу ни өчен сез билгеле бер реакциядә булуыгызны чагылдыру һәм аңлау мөмкинлеге.

Әгәр дә сез диндар мөселман яки христиан булсагыз, үпкәләмәгез. Моны дингә һөҗүм дип санамагыз. Башка кешеләр сездән аерылып торган, һәм сез аларның сайлауларыннан нәрсәгә өйрәнә аласыз дип уйлагыз. Өйрәнү син үзгәрергә тиеш дигән сүз түгел.

Әгәр дә сездән аерылып торган кешеләрне кабул итсәгез, planetip планетасында рәхәтләнеп ял итү җиңелрәк. Otherwiseгыйсә, сез, мөгаен, бәхәсләшеп, мөнәсәбәтләрегезне киерерсез. Бу китапны укыганда, сез миннән аерылып торганымны аңларсыз. Бу бөтенләй яхшы. Мин төрле тормыш сайладым, ләкин алар сезгә кагылырга тиеш түгел. Сез үпкәләргә тиеш түгел, китапны кире кайтарырга тиеш түгел [Елмаеп].

Без барыбыз да төрле, кабул итү практикасы файдалы. Күпчелек дини китаплар кабул итүне вәгазьли. Минем карашларым сезгә һөҗүм түгел. Мин ясаган сайлауларны аңлатам, һәм сез төрле сайлау ясаган булсагыз ярый. Безнең өчен кешелек буларак бер-беребезне аңлау һәм кабул итү мөһимрәк.

**Ачани Самон Биау:** Дин булмаган кеше өчен вәгазьче кебек сөйләнде. Дөнья күптөрле булганга башкаларның толерантлыгы мөһим. Мин элек кешеләрнең фикерләрен кабул итмәүдә яки кире кагуда гаепле, аеруча формаль белем алмаган кешеләр. Вакыт узу белән мин алар белән кызыксыну өчен карашымны үзгәрттем, минем уйлавымга карап хөкем итү урынына аларның ничек уйлаганнарын аңларга тырышыгыз. Моның ярдәмендә мин кеше хәлен яхшырак аңлый алам һәм сукыр тапларымны күрә алам, ахыр чиктә башкалардан өйрәнәм.

**Олумид Огунсанво:** Growthсеш, мөгаен, тормышка якынлашуның яңа, көтелмәгән ысулларын өйрәнүдән килә, сез аларны һәрвакыт эшләгәнчә эшләүдән. Христиан булып үсү һәм атеист булу турындагы хикәямне ишеткәч, автоматик рәвештә атеистлар явыз, христианнар яхшы дип җавап бирмәгез. Киресенчә, бу хикәядән нәрсәгә өйрәнә алуыгыз турында уйлагыз. Хәтта ике христиан да төрле булырга мөмкин. Иң мөһиме - толерантлык, кабул итү һәм бер-берегезнең карар кабул итү процессыннан нәрсәгә өйрәнә алуыгызны ачыклау. Шуңа күрә сез бу китапны сатып алгансыз. Сез яисә финанс бәйсезлеге, шәхси финанс яки Африка иммигрантлары хикәяләре белән кызыксынасыз.

Безнең тормыш сезнекеннән аерылып торырга мөмкин, ләкин бу китапны сатып алуыгыз сезнең кайда булуыбыз турында карар кабул итүегез белән кызыксынуыгызны аңлата. Кызыксыну һәм өйрәнү мөмкинлеге итеп кулланыгыз.

**Ачани Сэмон Биау:** Бәйсез карар кабул итү һәм бу карарларга хуҗа булу мөһим. Сез карарлар кабул итәрсез һәм алар өчен тулы җаваплылык алмассыз. Әйтик, сез марафонны йөгерергә телисез икән, нәрсә начар булырга мөмкинлеген ачыклау һәм сез бу куркынычларга уңайлы булсагыз. Кайвакыт кешеләр карар кабул итәргә яки тормышларында нәрсәдер үзгәртергә теләгән кебек тоелалар. Ләкин, алар бу карар өчен җаваплылык алырга тиешлеген тулысынча эчкеләштермиләр, шуңа күрә бук җанатарга бәрелгәч, алар белән җаваплылыкны бүлешү өчен башкаларны эзли башлыйлар.

**Олумид Огунсанво:** Тулы хуҗалык һәм җаваплылык бу китапның барлыкка килүенә китерде. Без нәшер итүчеләр, редакторлар һәм башка бик күп кешеләр белән эшли алыр идек, ләкин без Сэмон белән китапны җиткерү өчен максималь җаваплылык һәм хуҗалык итәргә булдык. Чынлыкта, мин Самонны бик яратмасам, мин бу китапны үзем ясаган булыр идем. Шул рәвешле, гаепле кеше булмас, арадашчы булмас, мин генә. Бүләкләрем минем тырышлыгыма туры килүен, һәм мин куйган тырышлык күләме белән чыгару арасында туры сызыклы юл күрүен телим. Университет хикәясен берничә пункт белән тәмамлыйм:

Әгәр дә сезнең колледж яшендәге балаларыгыз булса, аларга бюджетларын һәм кредит карталарын идарә итү нигезләрен өйрәнергә ярдәм итегез. Мин элек акча белән идарә итү турында сөйләштем, ләкин кредит белән идарә итү дә мөһим. Уйлап карасам, кредит счетымны төзү һәм аз күләмдә кредит белән идарә итүне аңлау өчен кредит картасын ачсам яхшырак булыр иде. Мин моны карточкаларны тулысынча түләгәндә, баллар җыеп, югары балл җыйган вакытта өйрәнә алыр идем.

Әгәр дә сез колледж студенты булсагыз, төп дәресләрегездән читтә өйрәнергә һәм үсәргә омтылыгыз. Мин студент чакта 99% акылым академикларга тупланган иде. Аны тәмамлагач, мин бераз академиклар, бераз спорт төрләре, бераз социаль аралашу һәм бераз шәхси үсеш белән шөгыльләнү яхшырак икәнен аңладым. Сезнең академиклар начаррак булса да, баланслаган булу яхшырак.

Төрле кызыксынулар тормышны кызыклырак итә, һәм бу

студентларга һәм яшьләргә генә түгел, күпчелек олыларга да кагыла.

**Ачани Сэмон Биау:** Бик яхшы! Бүлешкәнегез өчен рәхмәт.

# 3Б: Самон университеты хикәясе

**Олумид Огунсанво:** Әйдә барыйк! Сэмон, сез университеттан нинди финанс бәйсезлеге дәресләре алдыгыз?

**Ачани Сэмон Биау:** Университетта укыган вакытта мин ике кыйммәтле дәрес алдым: керемнәр һәм чыгымнарны оптимизацияләү. Бу төшенчәләр финанс бәйсезлегенә ирешү өчен үзәк, һәм без аларны соңрак китапка кертәчәкбез.

Керем фронтында мин акча эшләү өчен мәктәптән тыш эшләү идеясе белән таныштым. Оптимизация техникасын кулланып, мин керемнәрне максимальләштерергә мөмкинлек бирүче иң яхшы эш мөмкинлекләрен ачыклый алдым.

Кыйммәт ягында, мин бюджет оптимизациясе турында аңладым һәм тормыш сыйфатымны корбан итмичә, тупас яшәүнең потенциаль өстенлекләрен ачтым. Бу тәҗрибәләр миңа чыгымнарны эффектив идарә итәргә һәм ресурсларымнан файдаланырга өйрәттеләр.

**Олумид Огунсанво:** Оптимизация - кайбер кешеләргә шатлык китерә торган әйбер, үзем дә. Сатып алуны яки карарны оптимальләштерү юлларын табу турында уйлау, мәсәлән, "Мин арзан бәягә чагыштырма продукт ала аламмы? Сыйфатның нинди сәүдәсе бар? Арзанрак вариантны сайлап мин нәрсә корбан итәм? Минем вакытым акыллы үткәреләме? бу турыда уйларга? " минем йөземә елмаю китерә.

Китапның бу ягы бөтен кешене дә җәлеп итмәсә дә, ул Самонны һәм минне дулкынландыра. Әгәр дә сез дә бу дулкынлануны үстерә аласыз икән, ул финанс бәйсезлегенә ирешкәндә көч бирә ала.

**Ачани Сэмон Биау:** Минем университет елларым үскәндә өйрәнгән кайбер сыйфатларны ныгытты, мәсәлән, мөстәкыйль фикер йөртүче булу һәм күпчелеккә сукыр иярмәү. Өстәвенә, мин "киллер менталитеты" булуның кыйммәтен белдем - минем максатларыма ирешү өчен бар көч. Киләсе хикәяләрдә мин ничек мөстәкыйль фикер йөртүемне ныгыттым, киллер менталитетын үстердем, керемнәрне оптимальләштердем, чыгымнарны оптимальләштердем.

Бәйсез фикерләү турында сөйләшик. Университетны башлагач, миңа академикларга гына игътибар итергә киңәш иттеләр. Башта ризалашсам да, тиздән аңладым, мәктәп минем өчен чагыштырмача җиңел, һәм мин минималь тырышлык белән яхшы чыгыш ясый алам. Традицион юлдан сукырларча бару урынына, мин тагын нәрсә эшли алам дип сорадым. Күпчелек студентлар минималь физик көч таләп итә торган эш эзлиләр, ләкин мин бу вариантлар белән чикләнмәдем. Мисал өчен, мин фермаларда тавык, күркә, казларны сою өчен бәйләнгән йөкле машиналарга йөкләү белән шөгыльләндем. Сәер сәгатьләргә карамастан (гадәттә төн уртасыннан иртәнге 4.00гә кадәр), бу эш студентларның эш урыннарыннан икеләтә күбрәк түләде.

**Олумид Огунсанво:** Бу эш турында сез ничек ишеттегез?

**Ахани Сэмон Биау:** Терлекчелек белән шөгыльләнүче эш табудагы уңышым өлешчә минем әйләнә-тирә мохитне сканерлау һәм аңлау сәләтем белән бәйле иде, ләкин мин аның кайберләрен уңыш дип атыйм. Студент эше булган дустымнан ул түләгән яки яхшырак түләгән башка мөмкинлекләрне беләме дип сорадым, һәм ул сәгатенә 15 - 20 доллар түләгән һәм мәктәптән тыш эш турында искә төшерде. Бу тәкъдим минем кызыксыну уятты, һәм мин башка потенциаль мөмкинлекләрне актив эзли башладым.

Терлекләрне йөкләү эше безгә кичке 11ләр тирәсендә китәргә һәм Франциянең көнбатышындагы Бриттанидагы кечкенә авылда урнашкан фермага бер сәгатьтән артык йөрергә кушты. Фермада эшләү миңа Франция авылындагы кешеләрнең яшәү рәвешен күзәтергә һәм аңларга мөмкинлек бирде, бу Бениндагы фермаларда үскәнемә охшаш иде.

**Олумид Огунсанво:** Вау.

**Ачани Сэмон Биау:** Франциянең төньяк-көнбатышындагы Брестка кайтканчы, мин күркә яки тавыкларны йөк машиналарына өч сәгать йөкләр идем. Гаҗәп, мин бу эштән стипендия акчасы һәм бакалавр дәрәҗәсен тәмамлаганда әти-әнием җибәргән акча комбинациясенә караганда күбрәк акча эшли алдым. Бу тәҗрибә миңа керемнәрне оптимальләштерү мөһимлеген өйрәтте.

**Олумид Огунсанво:** Мин сезнең хикәягезне бик кадерлим, чөнки ул мөһим дәресне күрсәтә. Аспирантурада мин академиклардан тыш, башка мөмкинлекләр турында уйлансам иде, дидем. Бу эштә 27 яшьлек яки 38 яшьлек эшкуар булсын өчен, бу һәркем өчен кыйммәтле дәрес. Сезнең алдыгыздагы мөмкинлекләрдән тыш, яңа юлларны барлау бик мөһим. Шәхси үсеш өчен уртак принцип - сезне куркытучы тәҗрибәләрне һәм мөмкинлекләрне регуляр рәвештә табу һәм җәлеп итү. Comfortзегезне комфорт зонасыннан берничә тапкыр этәреп, сез үзегезгә каршы тора аласыз һәм шәхси үсешне үстерә аласыз. Бу сезнең чикләрегезне киңәйтеп, шәхси үсешкә этәргәндә, халык алдында сөйләүдән скайдивингка кадәр берәр нәрсә булырга мөмкин.

Әйтергә кирәк, бу мөмкинлекләр сезнең карьерагызны алыштырырга тиеш түгел, һәм алар шунда ук керем кертергә тиеш түгел. Мәсәлән, уртача америкалы көненә өч сәгать телевизор карый. Сейнфельдта һәм Тәхетләр Уенында буш вакытыгыз булса, сез аны яңа мөмкинлекләр эзләү һәм үзегезне үстерү өчен куллана аласыз.

Ахырда, бу бүлек үзе турында уйлау һәм тормышның этапына карамастан, шәхси үсешкә инвестицияләр салу турында бара.

**Ачани Сэмон Биау:** Сезнең комментарий мине чыгымнарны оптимизацияләү темасына алып бара. Мин олы кеше буларак чыгымнарны инвестицияләргә үзгәртү төшенчәсен белсәм дә, мин аны университет елларында белмичә тормышка ашырдым. Мисал өчен, мин минималь зурлык таләпләренә туры килгән студия фатирын сайладым, бу аны бик арзан итте. Миңа ай саен 200 то 250 то түләргә туры килде.

**Олумид Огунсанво:** Вау.

**Ачани Сэмон Биау:** Шулай ук, хөкүмәт студентларга торак бәясен каплау өчен 150 евро түләде. Нигездә, аренда миңа бернәрсә дә диярлек төшмәде.

**Олумид Огунсанво:** Кызганыч, минем очракта, мин университетта укыган вакытта кампуста өч ел яшәдем. Өченче курска кадәр мин башкалар белән сөйләшә башладым һәм кампус читендә яшәү күпкә кыйммәтрәк булачагын ачыкладым. Мин меңләгән долларны саклап кала алырлык берничә блок ераклыкта яшәү мөмкинлеген беркайчан да уйламаган идем. Мин беркайчан да читкә карамадым.

**Ачани Сэмон Биау:** Сезнең читкә карау мөһимлеге турында әйткәнегез белән бик килешәм. Кайбер дусларым, шулай ук Бенин студентлары, әти-әниләренең профессорлар белән бәйләнеше аркасында кампуста торак ала алдылар. Бу ярдәм системасы Франциядә бар иде.

Ләкин, бу ярдәм системасы булмау миңа башка вариантларны өйрәнергә һәм кешеләр белән сөйләшергә мөмкинлек бирде, нәтиҗәдә мин яхшырак мөмкинлекләр таптым.

Минем студия фатирымны тапкач, киләсе карарны мин аңа нәрсә сатып алырга тиеш идем. Беренчедән, мин күңел ачу төрен сатып алмаска булдым, чөнки Франциядә булуымның төп максаты - укуымны туплау иде.

**Олумид Огунсанво:** Сезнең күңел ачу сезнең дәреслекләр иде [Көлә].

**Ачани Сэмон Биау:** Әйе! [Елмая] Алты айдан соң мин телевизор сатып алырга булдым. Ләкин, аны сатып алуымның сәбәбе Франция яңалыкларын яки массакүләм мәгълүмат чараларын карау түгел иде. Киресенчә, мин инглиз телен өйрәнергә теләдем, чөнки Бөек Британиядә эшләп күбрәк акча эшләп була дип ишеткән идем. Бу вакыт эчендә ясаган һәр чыгым минем киләчәгемә инвестиция иде.

Мин ясаган чыгымнарның берсе - автобус пассажиры сатып алу, бу миңа төнлә йөк ташу эшем өчен сәяхәт итәргә мөмкинлек бирде. Мин атнага өч көн 11 сәгатьтән 4-5 сәгатькә кадәр эшләдем, соңрак дәресләрдә йөрдем. Транспортка бу инвестиция миңа эшемне һәм укуымны нәтиҗәле тигезләргә мөмкинлек бирде.

**Олумид Огунсанво:** Ышанмаслык. Нигә сез алай уйлый алдыгыз? Башка кешеләргә бу менталитетны кабул итәр өчен нинди киңәшегез бар?

**Ачани Сэмон Биау:** Мин мөстәкыйль фикер йөртүченең фикер йөртүеннән башладым. Мин "әйберләр ничек булырга тиеш" дигән алдан уйлаудан башламадым. Киресенчә, мин кешеләрдән бар нәрсә турында сорарга һәм мөмкин кадәр күбрәк мәгълүмат тупларга нияt.ләдем.

Моннан тыш, мин бик дәртләндем һәм барлык мөмкинлекләрне максимальләштерергә тырыштым. Алда әйтелгәнчә, мин аз керемле балалар белән уйнап үстем, шуңа күрә фермада яисә ниндидер эш урыннарында эшләргә комачауламадым.

Мин аңладым, интеллектуаль эзләнүләр акча эшләүнең иң яхшы чарасы түгел. Мин интеллектуаль булмаган эшләрдән өйрәнә алган дәресләр белән кызыксындым. Терлекләрне йөкләү эше аша мин фермаларда эшләүче экипаж белән аралаштым. Күбесе 30 яшьтән 50 яшькә кадәр булган гаиләләр белән. Шул яшьтә билгеле күләмдә акча эшләүнең чиклелеген күрсәм дә, мин аларның хикәяләрен искиткеч эчтәлекле дип таптым.

Сезнең кебек, мин акча эшләүне өстен күрәм, импульсив чыгымнардан сакланам. Банкта беренче 1000 долларым булганда, мин бик дулкынландым һәм аның үсүен күреп ләззәтләндем. Мин моңа ышанмый идем. Мин аның үсүен карарга яраттым һәм минем күпме саклый алуымны күрү уенга әйләнде. Мәктәпне тәмамлагач, минем күпчелек яшьтәшләремә караганда күбрәк акча тупlangандыр.

**Олумид Огунсанво:** Мин гаҗәпләнмим. Сез финанс бәйсезлеккә юл тотасыз, әгәр бу сезнең банк счетының кыйммәтләнүен күрү бәхетлерәк итә икән, кием һәм телевизор кебек амортизацияләнгән активларны сатып алуга караганда.

Финанс бәйсезлегенә ирешү акыл үзгәрүен таләп итә. Сез финанс бәйсезлеккә ирешү сезнең өчен мөмкин дип ышанырга тиеш.

Дөресен әйтик. Финанс яктан мөстәкыйль булырга кирәк булган барлык мәгълүмат Интернетта һәм китапларда бар, ләкин сез моның мөмкинлегенә ышанганчы һәм сез "нигә" җитәрлек көчле булганчы, сез моны эшләмәячәксез.

Шәхси хикәяләребез белән уртаклашып, без тормышта безне финанс бәйсезлегенә алып барган психологик үзгәрешләрне күрсәтергә өметләнәбез. Сезнең тәҗрибәләрегезне күчерүегезне көтмибез, киресенчә, финанс максатларыгызга ирешү өчен фикер йөртүегезне үзгәртү мөһимлеген аңларсыз.

**Ачани Сэмон Биау:** Соңгысын иң яхшысын сакладым. Минем бакалавриат елларымдагы иң тәэсирле тәҗрибә белән уртаклашасым килә. Анда Франциянең шул ук университетында кытай студенты катнашкан, ул бездән күпкә олырак һәм чикләнгән французча сөйләшә иде. Мин аның тел программасына язылганмы яки француз телендә укыганмы, белми идем. Университетка яңа килгән кеше буларак, миңа башка халыкара студентлар белән бәйләнеш җиңелрәк булды. Беркөнне Кытай студенты мине үзенең тулай торагына чакырды һәм минем өчен пешерде, һәм без дуслаштык. Икенче яки өченче килүемдә мин аңа яхшырак танышу өчен сораулар бирдем, һәм мин аның яшьтәшләреннән олырак булуын күрдем.

Беренче дәрес эштә интенсивлыкның матурлыгы турында иде. Ул үзенең Франциягә килүен ничек саклаганы турында сөйләде, бу миңа онытылмас тәэсир калдырды. Ул миңа үзенең караватын күрсәтте, матрасны күтәрде һәм 25 000 $ акчасын чыгарды, барысы да доллар иде, евро Франциядә валюта булуына карамастан. Ул акча эшләү өчен дистә елга якын заводта эшләде, һәм бу сөйләшү миңа авыр эшнең һәм көчнең интенсивлыгын өйрәтте.

Икенче дәрес юмартлык турында иде. Көннәрдән бер көнне минем кытай дустым минем хәлләремне сорады, һәм мин стипендия акчасының тиздән килүен көттем, ләкин ул вакытка кадәр миңа әти-эниемнән матди ярдәм сорарга туры килергә мөмкин. Бу мин тулы булмаган кош-корт йөкләү эшен башлаганчы иде. Ул, икеләнмичә, миңа 1000 $ тәкъдим итте һәм әйтте: "Моны алыгыз, стресс ясамаска тиеш. Сез миңа кире кайтарырга тиеш түгел." Башта мин гаҗәпләндем һәм баш тарттым, ләкин ул: "Ничек яшәргә? Алыгыз", - диде. Ул ничектер минем кайгы-хәсрәттә булуымны аңлады, мин булмасам да, аның юмартлыгы миңа онытылмаслык тәэсир калдырды.

Йомгаклап әйткәндә, бу Кытай студенты белән очрашуым миңа хезмәтнең, интенсивлыкның, юмартлыкның кадерен өйрәтте. Минем өчен аңлашылмый, дистә ел дәвамында 25 000 евро эшләү өчен эшләгән кеше аның меңен ике тапкыр очраткан кешегә бирер иде.

**Олумид Огунсанво:** Шок!

**Ачани Сэмон Биау:** Бу турыда шулкадәр тирән нәрсә бар иде, ул күп хәйриячелекне һәм юмартлыкны рухландырды, мин соңрак үстердем. Бу тәҗрибә минем өчен көчле иде.

Минем кытай дустым белән очрашу миңа бик нык тәэсир итте, һәм мин аңладым, ун ел дәвамында көллияттә укырга туры килмәде. Бу миңа булган мөмкинлекләрне кадерләргә этәрде һәм мине алардан файдаланырга дәртләндерде. Аның тырыш хезмәт, тәвәккәллек, юмартлык хикәясе миндә онытылмас тәэсир калдырды һәм мине үз максатларыма ирешү өчен көчлерәк этәрергә этәрде.

**Олумид Огунсанво:** Искиткеч. Everyoneәркемнең үз көрәше, кыенлыклары бар. Мондый хикәяләрне ишеткәч, мин үземне басынкы хис итәм. Бездә булган лимоннан лимонад ясадык, ләкин башта яхшы лимоннар бар иде. Нәрсә генә кичерсәгез дә, сезнең хәлегезне яхшырту өчен төрле юллар бар. Сез үзгәртә аласыз һәм төрле әйберләрне сынап карый аласыз, сез беркайчан да биреш ергә тиеш түгел.

Бу бүлекне япканчы, сез өстәргә теләгән бүтән уйлар?

**Ачани Сэмон Биау:** Минем чыгымнарны тиз арада канәгатьләндерү урынына инвестицияләргә әйләндерүнең мөһимлеген ассызыклаучы тагын бер хикәям бар. Көнбатыш Франциядәге университетымнан Париждагы инженерлык училищесына күченгәч, мин дә шундый ук фикер белән төштем: монда акча эшләү өчен мин нәрсә эшли алам? Минем стипендия һәм әтиемнең матди ярдәме бар иде, ләкин мин моның күп өлешен сарыф итмәдем. Париждагы урта мәктәп укучылары өчен репетиторлык минем кебек университет студенты өчен отышлы әйбер булырга мөмкин дип уйладым, шуңа күрә мин моны студентлар йортларына йөреп башладым.

Мин репетиторлыкны дәвам иткәндә, мин күбрәк студентларга ирешү өчен машина йөртү минем керем агымын арттырырга мөмкинлеген аңладым, шуңа күрә мин машина алырга булдым. Күңел ачу өчен машина сатып алмадым, керемемне арттыру өчен. Мин үземнең репетитор календарьны бик оптимальләштердем һәм үз дәресләремнән соң артка кайттым. Шәһәрдәге мәҗлескә барырга теләгәндә, машина досларыма утырту өчен дә файдалы иде.

Шулай да, мин классташларым белән мәҗлесләр үткәрү яки репетиторлык һәм акча эшләү арасында карар кабул итәргә тиеш идем. Чәршәмбе төштән соң классташларым сыра эчәләр һәм бергә утыралар. Мин иң яшь студентларның берсе булсам да, мин үземне олы кеше кебек хис итә башладым һәм эшләгәндә һәм акча эшләгәндә вакытымны әрәм итү акыллы түгеллеген аңладым. Узган ел ахырына мин якынча 10,000 $ тупладым.

**Олумид Огунсанво:** Минем хикәядәге контраст ачык. Мин академикларга шулкадәр игътибар иттем, минем югары эшем аркасында студент репетиторы булып беренче эшемне алдым. Мин мөмкинлекләр эзләгәндә күпкә иркенрәк һәм агрессиврак идем. Соңрак бер дустым шимбә көнне валет булып эшләүне искә алгач, мин тагын да күбрәк акча эшләү мөмкинлеген аңладым.

Рамкадан тыш уйлау академик мөмкинлекләргә генә кагылмый. Бу шәхси үсеш һәм үсеш өчен кыйммәтле осталык. Мөгаен канәгатьлек эзләү урынына киләчәгегезгә инвестиция кертеп, сез озак вакытлы уңыш өчен нигез сала аласыз.

# 3C: Бәйсез уйлау һәм кызыксыну принциплары

**Олумид Огунсанво:** Китапның һәр бүлегендә без үз тормыш хикәяләребез белән уртаклашабыз, аннары шул хикәяләргә кагылышлы финанс бәйсезлегенең махсус принципларына игътибар итәбез. Бу бүлек мөстәкыйль фикерләү һәм кызыксыну принциплары турында.

Financial3-үзеңә ышанганнан соң, бәйсез уйлау һәм кызыксыну финанс бәйсезлегенә ирешү өчен бик мөһим. Киртәләрне җиңеп, максатларыгызга ирешү өчен, сез кызыксынучан һәм иҗади булырга тиеш, һәм сез шулай ук мөстәкыйль уйларга һәм башкаларның йогынтысыннан яки FOMO (Сагыну куркуыннан) сакланырга тиеш.

Төрле булу һәм күпчелек кеше хупламаган юл белән бару яхшы, сезнең өчен бу мәгънәле дип уйласагыз. Бәйсез уйлау бик мөһим, чөнки сез үзегезнең эчке кыйммәтләрегезне һәм теләкләрегезне чыннан да аңлыйсыз. Әгәр дә сез башкаларның фикере белән кызыксынырга рөхсәт итсәгез, сез чыннан да теләгән һәм кирәк булганны онытырга мөмкин. FOMO сезне максатларыгызга яки кыйммәтләрегезгә туры килмәгән юлга алып бара ала. Әйтик, дустың өй сатып ала ди, һәм син өй сатып алырга вакыт җитте дип уйлыйсың, чөнки син тормышыңда кирәк булган этапта. Сез үз максатларыгызны булдырдыгыз, аларга ирешү өчен чаралар турында критик уйлау мөһим. Күпчелек кеше сезнең максатларыгызны белми һәм аларның төрле максатлары бар, шуңа күрә аларның эшләре сезнең тормышыгыз белән бәйле түгел.

Бәйсез фикер йөртү өчен, нормадан тайпылу, популяр һәм ошамаган булырга уңайлы булырга тиеш. Бу азрак сәяхәт ителгән юлны алу дигәнне аңлатырга мөмкин, ләкин, ахыр чиктә, бу сезнең кыйммәтләрегезгә туры килгән юл булачак.

Ахырда, бу сезнең тормышыгыз, һәм сез үзегезнең гамәлләрегезнең нәтиҗәләре белән көрәшергә тиеш. Сезгә киңәш биргән яки сезнең сайлауга тәэсир иткән кешеләр, эш дөрес булмаганда, нәтиҗәләрен

Җиңәргә булышырлар.

Моны уйлап карагыз: Әгәр кемдер сезгә дүрт бала табарга киңәш итсә, алар сезнең өчен балалар турында кайгыртырлармы? ! К! Сез теләгәнчә күп бала табыгыз. Әгәр кемдер өч бүлмәле йорт сатып алырга тәкъдим итсә, алар ипотека яки аренда түләрләрме? Әлбәттә, юк! Сез теләгән кадәр йокы бүлмәсе булган йорт алыгыз, яисә бөтенләй сатып алмаска карар итегез. Сез барыбер нәтиҗәләре белән эш итәргә тиеш, нигә эчке теләкләрегезгә, теләкләрегезгә, максатларыгызга туры килгән бәйсез карарлар кабул итмәскә?

**Ачани Сэмон Биау:** Мин потенциаль бәхәсле мисал китерергә һәм дин турында сөйләшергә телим. Дин турында күп аңлатмалар бар, кайберәүләр кешенең агентлыгы юк дип әйтәләр, чөнки барысы да Алла белән идарә итә. Everyoneәркем үз ышану системасын сайларга хокуклы булса, кайберәүләр ачык логиканы, икенчеләре иманны өстен күрәләр. Кайсын гына сайласаң да, ышанганыңның киресе дөрес булырга мөмкинлеген тану бик мөһим. Бу хәбәрдарлык сезгә көтелмәгән нәтиҗәләр мөмкинлегенә ачык карашта калырга ярдәм итәчәк.

Ләкин, бер генә нәтиҗә булырга мөмкин дигән фикерне нык тотсагыз, сез проблемага эләкәсез. Башка сүзләр белән әйткәндә, сез тупас.

**Олумид Огунсанво:** Гарри Браунның " Мин ирексез дөньяда ничек ирек таптым "[1]китабы - мин азатлык турында укыган иң яхшы китапларның берсе. Ул төрле тозакларны өйрәнә, безгә ирекле булырга комачаулый, шул исәптән ышаныч тозагы. Бу тозак без билгеле бер нәтиҗәгә 100% ышаныч белән ышанганда һәм карар кабул итүгә хас булган куркынычларны һәм билгесезлекләрне танымаганда барлыкка килә.

Дин кебек кайбер фикер йөртү ысуллары белән төп проблема - ул кешеләрнең абсолют ышаныч белән уйлануларына китерә. Пробабилистик фикерләү, киресенчә, ихтималлык һәм куркыныч факторлар, алкоголизм эчмичә һәм куркынычсыз тизлектә машина белән авариягә эләгү очраклары мисалында күрсәтелгәнчә. Карарның абсолют ышанычына ышану - ышаныч тозагына төшү билгесе. Тормышта бернәрсә дә диярлек билгеле түгел - без шулай дип уйлыйбыз.

<hr>

1.    https://www.amazon.com/How-Found-Freedom-Unfree-World/dp/0965603679

Бәйсез уйлау сез һәрвакыт дөрес дип саныйсыз. Бу башкаларның карашларын аңлау, шулай ук үз эшләрегез өчен Җаваплылык алу дигән сүз. Нәтиҗә оптимальдән азрак булса да, сезнең карарларыгыз өчен Җаваплылык алырга уңайлы һәм кыю булу турында.

**Ачани Сэмон Биау:** Бәйсез фикер йөртү үзе турында уйлау иреген генә түгел, ә ялгыш булырга мөмкинлеген тануны һәм карар нәтиҗәләре өчен Җаваплылыкны да үз эченә ала. "

35 яшен тутырганчы, мин бары тик 5-6 ел аренда түләдем, бу ике ел бизнес мәктәбендә, өч ел бакалавр һәм аспирантурада. Бу вакыт эчендә минем максатым чыгымнарны киметү иде.

Эшемнән алган балларымны атна дәвамында кунакханәләрдә үткәрү өчен кулландым. Әни мине йорт алырга өндәде. Ипотека булмаганга, минем дусларым тормышта артта калдылар. Әгәр дә мин аларның киңәшләрен тоткан булсам, мин бүген кайда булыр идем дип уйлыйм, чөнки аларның күбесе әле дә финанс бәйсезлегенә ирешү өчен көрәшәләр.

Минем мөстәкыйль уйлау миңа һәркемнең минекегә туры килмәгән максатка омтылганын аңларга ярдәм итте. Без бер үк юлда булса да, кайберәүләр кыска спринтлар белән йөгерделәр, икенчеләре марафоннар белән йөгерделәр. Марафон йөгергәндә кыска дистанцияне йөгергән кеше сезне узгач, күңелсезләнү абсурд. Бу FOMOның реаль тормышта эшләвенең чагылышы. Сез йөгергән ярышны тану һәм аның принципларын тоту бик мөһим. Сез башкалардан һәрвакыт өйрәнә аласыз, ләкин аларның эшләрен сукыр үрнәк итеп тоту акылсызлык. "

**Олумид Огунсанво:** Шуңа күрә мин Рэй Далионы бик яратам. Ул ышану авырлыгы турында сөйли.

Тешемдә проблема булса, мин теш табибын тыңларга Җыенам, ләкин диетологны тыңламыйм. Киресенчә, минем диетам белән проблема булса, мин теш табибын түгел, диетологны тыңлармын.

Барысы да сезгә киңәш бирергә тели, ләкин нәрсә турында сөйләгәннәрен бөтен кеше белми. Әгәр дә мин шәхси финанс киңәшләрен эзлим икән, мин Самонны тыңлармын, чөнки ул 30-нчы елларда финанс яктан бәйсез иде. Мин һаман да эшләп, матди яктан яхшы эшләмәгән 82 яшьлек кешене тыңламас идем.

Шуңа күрә без үз-үзебезгә ышанудан һәм үз-үзеңә ышанганнан соң мөстәкыйль фикер йөртү турында сөйләшәбез. Yourselfз-үзеңә ышансаң, үзеңә ышансаң һәм чара күрер өчен үзеңә таянсаң, мөстәкыйль уйлау күпкә уңайлырак була.

**Ачани Сэмон Биау:** Бәйсез фикерләү булмаган очракларны ачыклау сәләтен үстерү бик мөһим. Моның өчен үз-үзенә сорау бирергә кирәк: 'Мин үз карашымны билгеле бер карашка куярга тиешме?' Мәсәлән, CNN континенттагы вакыйгалар турында ышаныч белән сөйләгән Африка белгечләрен регуляр рәвештә күрсәтә. Аларның киң укуларына карамастан, мин аларның фикерләрен ышанычлы дип санар идем, әгәр алар Африка культурасында яшәү һәм тулысынча чуму тәҗрибәсе булса.

**Олумид Огунсанво:** Тискәре күренешләргә бераз вакыт үткәрергә рөхсәт итегез. Мөстәкыйль уйлауның начар яклары бар, беләм, чөнки мин алар белән регуляр рәвештә очрашам. Күпчелек кеше сезне уңайсыз хис итәчәк, хәтта сезнең эшегезне яратмый. Мәсәлән, алар: "Сез бер бүлмәле фатирда яшисезме? Әйдә, нигә өй сатып алмыйсыз?" Кебек сүзләр әйтергә мөмкин. яисә "Сез чыннан да финанс яктан бәйсезме? Әйдәгез, әлбәттә, сез финанс яктан бәйсез түгел. Әгәр сез X $ түләгән эш тапсагыз, алмас идегезме?" Кешеләр үзләренең куркынычсызлыгын һәм үз-үзләренә ышанмауларын проектлауларын аңлау өчен каты тире үстерергә тиеш.

Бәйсез фикер йөртүнең начар ягы шунда: сез төрле булу, тәнкыйтьләнү һәм хөкем ителү белән яхшы булырга тиеш, ләкин моңа лаек, чөнки ким дигәндә сез үз тормышыгыз белән яшәвегезгә ышанасыз. Әгәр дә сез ни өчен "нормаль" булмаган эшләрне эшлисез дип сорамаса һәм сездән "традицион" булырга, туры килергә, эшләрне һәрвакыттагыча эшләргә кушмаса, бәлки сез шулай булырсыз чыннан да мөстәкыйль фикерләүче һәм күпчелекнең өлеше генә түгел.

**Ачани Сэмон Биау:** Мин беләм, мөстәкыйль уйлау арыган булырга мөмкин. Без аңлыйбыз, кайвакыт сез борчылырга теләмисез.

**Олумид Огунсанво:** Зур, мөһим тормыш карарлары өчен мөстәкыйль фикерләү өстенлекле булырга тиеш. Нинди оекбаш киеп йөрергә кирәк кебек вак карарларны тикшерү өчен сәгатьләр үткәрергә кирәкми. Мондый карарлар өчен килешү вариантлары җитәрлек булырга мөмкин. Ләкин, мөһим карарлар өчен, үзең турында уйларга һәм халыкка сукыр иярмәскә кирәк. Килешү вариантларын сайлаганда кеше үзе белән намуслы булырга тиеш.

Тормышның мөһим карарларын кабул итү сезнең шәхси кыйммәтләрегезне, ихтыяҖларыгызны, өстенлекләрегезне исәпкә алуны таләп итә.

**Ачани Сэмон Биау:** Куллануны өстен күргән Җәмгыятьтә мөстәкыйль фикерләү тагын да мөһимрәк була. Мисал өчен, бу мисалны карап чыгыйк:

Иптәшем белән без фатирыбыз өчен Калифорния патшасы караватын сатып алдык. Кызганычка каршы, без хәзерге вакытта караватның өчтән бер өлешен кулланабыз. Кирәк булмаган кимчелекләр тудырды һәм бер-беребезгә якын булуыбызны кыенлаштырды. Нигә без аңа акча әрәм иттек? Мин бер караватта йоклаган парларның, мөгаен, озаграк торулары һәм яхшырак яраклашулары күз алдыма китерә алам, чөнки алар йокларга ятканчы бәхәсләрне чишәргә мәҖбүр булалар, чөнки бүтән кая барасы юк.

**Олумид Огунсанво:** [Көлә]

**Ачани Сэмон Биау:** Әгәр парның Калифорния Кинг зурлыгында караваты булса, бу аерым йокы бүлмәләрендә йоклаган кебек булырга мөмкин. Безнең хәлдә, кулларымны сузсам да, мин иптәшемә физик яктан кагыла алмыйм, һәм бу кыска булганга түгел. Ул хәтта төнлә караваттан егылып төшә ала, һәм мин моны икенче көнне иртәгә кадәр сизми идем.

**Олумид Огунсанво:** [Гистерик көлү]

**Ачани Сэмон Биау:** Шулай ук, ни өчен яхшы сакланган юлларда йөргән кеше зур машина сатып алырга карар итә? Әгәр максат - аларның статусын яки байлыгын күрсәтү икән, андый машинага ия булу мөһим фактор булырга мөмкин.

**Олумид Огунсанво:** Мактану хокуклары һәм мактану стратегиясе бу китаптан читтә.

**Ачани Сэмон Биау:** Мин компанияләрне йөзләрчә миллион долларга саткан нигез салучы белән таныштым, һәм без бергә эчтек. Ул бик кечкенә мини Шевроле йөртте, мин зиннәтле машина йөрттем, машиналар белән аеруча кызыксынмасам да. Ләкин, аның машинасын күрү, мине сатып алыр алдыннан озак һәм каты уйламаганымны аңлады. Мин үземне бераз акылсыз хис иттем, чөнки минем йөзләрчә миллион долларым юк, һәм мин үз акчаларымны кадерләгән әйберләргә сарыф итә алыр идем. Моннан алып, мин икенче карават сатып алсам, Калифорния патшасын сатып алмам, һәм башка машина сатып алсам, зиннәтле машина сатып алырмын.

**Олумид Огунсанво:** Ярар! Бу язмада, әйдәгез кызыксыну принцибына күчик.

**Ачани Сэмон Биау:** Әйдәгез, кызыксынуны хәзерге эшчәнлегегезгә туры килгән нәрсәләрдән читтә өйрәнергә теләк итеп билгелик. Моны ачыклау өчен, ач баланы күз алдыгызга китерегез, алар алдындагы ризыкны санга сукмыйлар һәм аның урынына идәндәге сары тапка игътибар итәләр. Бу сезне гаҗәпләндерергә яки хәтта рәнҗетергә мөмкин, бу бары тик баланың кызыксынуының нәтиҗәсе, ул хәтта аларның биологик ихтыяҗын кире кагарга мөмкин. Бу кызыксыну көчен күрсәтә.

Хәзер, яхшырак карьера теләген белдергән һәм сезнең киңәшегезне эзләгән олы кеше турында уйлагыз. Әгәр дә сез алардан хәзерге вакытта ясаган адымнары һәм нинди эш белән кызыксынулары турында сорасагыз, алар ышанмасалар, алар җитәрлек кызыксынмаска мөмкин. Бу яңа эш табу алар өчен төп өстенлек булмаска мөмкинлеген күрсәтә. Әгәр дә кемдер эш эзләргә дәртләндерсә, алар эзлекле чаралар күрәчәкләр һәм мәгълүмат туплау өчен тикшеренүләр үткәрәчәкләр.

Кызыксынгач, сез беренче адымны ясыйсыз һәм әйләнә-тирәгездәге бар нәрсәне тикшерәсез, сез чистарта һәм төзи алырлык мәгълүмат туплыйсыз. Сезне дәвам итәргә һәм шунда ук күренгән нәрсәләргә карарга этәрүче энергия бар. Бу кызык кешеләрне булмаганнардан аера.

Бу ситуация турында уйлагыз һәм сезнең тирәгездә булган әйберләргә кызыксыну дәрәҗәсен карагыз. Ни өчен бу була? Әгәр дә сез кызыксыну булмауның сәбәпләрен ачыклый аласыз икән, сез бу кимчелекләрне чишү юлларын таба аласыз.

**Олумид Огунсанво:** Иммигрантлар һәм чит ил кешеләре бәхетле, чөнки аларда яңа илгә күченү өчен кызыксыну бар, алар анда гадәтләнгәннәрдән аерылып торган җәмгыятьне очраталар. Бу яңалык аларга кызыксынуны җиңеләйтә. Сезнең тарихыгызның һәм тарихыгызның өстенлекләрен тану бик мөһим. Моннан аермалы буларак, Миссисипи университетында укыган кеше кызыксыну дәрәҗәсенең түбән дәрәҗәсенә ия булырга мөмкин, чөнки гомере буе бер үк дәүләттә яшәү һәм көндәлек тәртипкә ияләшү.

Бу бүлекне укыганда, сез кызыксынуның файдасын ачык аңлый аласыз, ләкин без ачыклыкны әйтергә теләмибез. Киресенчә, без сезнең тормышыгызда кызыксынуны ничек үстерә аласыз һәм финанс бәйсезлегенә ирешергә ярдәм итәр өчен кабатлана торган нигездә тәрбияли аласыз.

**Ачани Сэмон Биау:** Әйдәгез балаларда кызыксынуны ничек кабызырга икәне турында сөйләшик. Яхшы хәбәр - балалар табигый кызыксынучан, чөнки алар тугач, алар өчен барысы да яңа. Ата-ана буларак, аларның табигый кызыксынуына комачауламаска, киресенчә, аны тәрбияләргә кирәк. Балагызның кызыксыну уятырга, алар белән танышырга һәм катнашырга рөхсәт итегез.

Мин экстремистларның берсе, алар үзләренә җитди зыян китермәсәләр, хәтта "начар" әйберләр белән тәҗрибә ясарга рөхсәт итәләр. Мәсәлән, алар кискен нәрсә белән уйныйлар икән, күзләрен кискән кебек, үзләренә бик зарар китермәсәләр, уйнарга рөхсәт итсеннәр. Әгәр дә алар җәрәхәтләнсәләр, бу алар өчен өйрәнү тәҗрибәсе булырга мөмкин.

**Олумид Огунсанво:** Кызыксынуыгызны арттыру өчен, балачак тәҗрибәләрегезне кызыксыну белән уйлагыз. Әгәр дә сезнең уңай тәҗрибәләрегез булса, бу кызыксынуны ничек саклап кала алуыгыз турында уйлагыз. Киресенчә, сезнең тәҗрибәгез кызыксыну уятмаган булса, сез кызыксыну булмауның төп сәбәбен тирәнрәк аңларга тиеш.

Физик затларда кызыксыну юк, чөнки алар дулкынландыра торган әйберләр тапмады. Дулкынлану һәм кызыксыну үзара бәйләнгән, берсе гадәттә икенчесенә китерә.

Сезнең тормышыгыз өчен дулкынландыргыч күренеш булдырыгыз, чөнки бу сезнең кызыксынуыгызны арттырачак һәм максатларыгызга ирешү өчен кирәкле адымнарны эзләргә этәрәчәк. Мин Тони Роббинсның "Сезнең ни өчен көчле булуыгыз, ничек аңлаешлы булуы" сүзләрен яратам.

Сезнең ачык максатыгыз ("нигә") һәм яхшы билгеләнгәннән соң, сез яңа идеялар һәм тәҗрибәләр белән кызыксыну өчен кызыксыну уятачаксыз.

**Ачани Сэмон Биау:** Килештем. Кызыксынучанлыкны дәвалый алмасак та, без үз тәҗрибәләребезгә нигезләнеп тәкъдимнәр тәкъдим итә алабыз. Шәхсән, кызыксынуымның кимүен сизгәч, шәһәремдә сәяхәт итү яки яңа урыннарны өйрәнү аны яңадан торгызырга булыша. Мәсәлән, сезнең тирәдәге барлык рестораннарны табу максатын кую, уңайлыклар өчен бер үк таныш урыннарга берничә тапкыр барудан да көчлерәк булырга мөмкин. Кайберәүләр ни өчен бозылмаган әйберләрне үзгәртергә тиеш дип уйларга мөмкин. Чөнки әйберләрне үзгәртмәсәң, <u>син</u> өзелерсең.

**Олумид Огунсанво:** Вау, бу бик авыр.

**Ачани Сэмон Биау:** Бер үк ресторанга кат-кат бару, чөнки ул үзен таныш хис итә, сагынылган мөмкинлекләргә китерергә мөмкин. Күрше ресторанның шул ук савытның яхшыртылган версиясен шактый арзан бәягә сатканын аңлагач, сез үкенергә мөмкин, башка вариантларны тизрәк тикшермәвегез өчен үзегезне акылсыз хис итәсез.

Киләсе сәяхәт: Мин сәяхәт итәргә яратам, чөнки ул сезне кызыксынырга мәҗбүр итә. Әйтик, сез Америкадан булсагыз һәм Европага килсәгез, сез евро һәм алмашу курслары белән кызыксынырга мөмкин, һәм бу ни өчен алмашу курсларының үзгәрүен ачыкларга мөмкин. Сәяхәт сезнең эчендә кызыксыну уята торган уникаль сәләткә ия. Ләкин, әгәр дә сез табигый кызыксыну өчен көрәшәсез икән, сез көтмәгәндә берәр нәрсә белән очрашканда "нигә" дип сорау гадәтен үстерә аласыз. Бу кызыксыну үз-үзеңә ышану идеясы белән бәйләнгән. Мәсәлән, "ни өчен кешеләр акча кулланалар?" кызыксынуыгызны киңәйтүне дәвам итәргә дәртләндерәчәк.

Кызыксыну дәрәҗәсен күтәрү өчен тагын бер тәкъдим - "кризис" булдыру. Бу сәер караш кебек тоелса да, нәтиҗәле булырга мөмкин. Мәсәлән, сез үзегезнең ачкычларыгызны белә торып алыштыра аласыз, бу сезне әйләнә-тирәгезгә игътибар итергә мәҗбүр итәчәк. Өстәвенә, үзегезгә ошаган кешеләр белән әңгәмә башларга тырышыгыз һәм йөрәк тибешенең ничек кабул итүен күзәтегез.

Башкалар белән кызыксынып, сез бик күп аңлатмаларны ача аласыз. Мәсәлән, сез кызыксынган кеше кызыксынмаса, сез аны шәхсән алырга теләрсез. Ләкин, аларны яхшырак аңларга омтылып, сез аларның тәртибенең сезнең белән бернинди бәйләнеше юклыгын, киресенчә, үз тормышларында булганны ачыклый аласыз.

**Олумид Огунсанво:** Кызыксыну финанс бәйсезлеккә ирешкәнче дә, вакытында да, аннан соң да кыйммәтле.

Финанс яктан бәйсез булганчы, кызыксыну - дулкынлану уята торган һәм сезне яхшы финанс киләчәгенә сәяхәткә этәрүче очкын.

FI сәяхәте вакытында кызыксыну мотивация чыганагы булып хезмәт итә, сезгә юлда калырга булыша, хәтта киртәләр белән очрашканда яки курсны көйләргә кирәк булса да.

Финанс бәйсезлегенә ирешкәч, кызыксыну өстенлекләре барлыкка килә. Әгәр дә сез боулинг, салса биюе яки сәяхәт кебек төрле кызыксынуларны һәм чараларны барлыйсыз икән, финанс бәйсезлегеннән соң булган ирек һәм вакыт белән бу эшләргә күчү җиңелрәк.

Әгәр дә сез ни өчен финанс бәйсезлеге турында китап кызыксыну бүлеген кертә, һәм "күп акча эшләргә" теләгән кеше булсагыз. Бу китап сез теләгән тормышны үз шартларыгыз белән яшәргә булышу турында, һәм бу күп акча эшләү дигән сүз түгел.

Wауәрхәлдә, минем сезнең өчен яхшы хәбәр бар, кызыксыну сезгә күбрәк акча эшләргә булыша, чөнки бу сезнең шәхси тормышыгызда гына түгел, бизнесыгызда һәм карьерагызда да ярдәм итә. Әйтик, сез ике хезмәткәр белән менеджер булсагыз, кемне алга этәрер идегез: бирелгән биремнәрне генә үтәгән яки сораулар бирүче һәм биремнәрнең сәбәбен аңларга омтылган кеше?

"Eҏгары эффектив кешеләрнең Җиде гадәте" китабы беренче гадәтне актив дип күрсәтә. Актив караш, мөстәкыйль фикерләү сәләте, кызыклы фикер йөртү - үз максатларыгызга ирешергә этәрүче акылның үзара бәйләнгән компонентлары.

Кем уңышка ирешә ала? Кемдер кызык, мөстәкыйль, актив, яисә артка чигенгән кеше, халык артыннан бара, һәм көтүдә югалып, дуслары, туганнары һәм җәмгыяте кушканны эшли. Бу бик ачык - миңа Җавап бирергә кирәк түгел.

**Ачани Сэмон Биау:** Кызыксыну булмау сезне финанс бәйсезлеге юлында югалтачак. Әгәр дә сез ничектер кызыксынмыйча барып җитә алсагыз да, сез депрессияләнгән пенсионер булырга мөмкин. Олумид әйтеп үткәнчә, кызыксыну сезгә бу сәяхәттә булыша ала. Әгәр дә сез проблеманы чишүче булып күренсәгез, сез күтәрелерсез. Проблемалар бар, чөнки чишелешләр ачык түгел, шуңа күрә сез проблемаларны чишүнең иҗади юлларын барлау өчен ачык булырга тиеш.

**Олумиҗ Огунсанво:** Рамкадан читтә иҗади уйлагыз, кызыксынсагыз, бу булырга мөмкин.

**Ачани Сэмон Биау:** Пассив булып калу куркыныч, чөнки башкалар кызыксыналар һәм үзләрен үстерәләр, шуңа күрә сез ахыр чиктә калырсыз.

**Олумиҗ Огунсанво:** Мин бәйсез фикерләү һәм кызыксыну принципларын үстерергә ярдәм итүче кайбер китаплар турында сөйләп ябырмын.

Беренче китап рекомендациясе - Ичиро Кишими һәм Фумитаке Коганың " Яратмаска батырлык ". [2]Китап ике япон авторы хикәяләү стилендә язылган һәм анда сезнең тормышыгыз белән ничек идарә итә алуыгыз һәм башка кешеләрнең фикерләре сезнең бәхетегезгә ничек тәэсир итә алуы турында әйтелә.

Насим Талебның " Антифрагиль " ны [3]тәкъдим итәм . Бу мәшһүр китап антифрагиллык төшенчәсен кертә, анда тискәре вакыйга сезгә уңай йогынты ясый ала. Нык система тышкы стресстан котыла ала, ләкин стресс кичергәндә антифрагиль системасы яхшыра. Бәйсез уйлау, кызыксыну, антифрагиль системалары уйлау бер-берсенә кушыла. Антифрагиль системасын проектлау башкача уйлау таләп итә. Насим - мәдәниятара фикер йөртүче, ул укучылар өчен дә файдалы.

**Ачани Сэмон Биау: Адам Грантның " Тагын уйла " [4]дигән** китабын тәкъдим итәсем килә . Күз алдыгызга китерегез, акылыгыз трубада кысылган газга охшаган, ул килеп сезнең фикерегезне киңәйтә. Бу без кадерләгән әйберләрне конструкцияләргә булыша. Бу сиңа күрсәтә, әйләнә-тирәбездәге әйберләр без уйлаганча түгел.

**Олумиҗ Огунсанво:** Искиткеч. Укыган өчен рәхмәт. Киләсе бүлектә күрешербез.

---


2.  http://www.amazon.com/The-Courage-to-Be-Disliked-audiobook/dp/B07BRPW98K

3.  https://www.amazon.com/Antifragile-Things-That-Disorder-Incerto/dp/0812979680

4.  http://www.amazon.com/Think-Again-Power-Knowing-What/dp/1984878107

# 4: Карьераның башлангыч хикәяләре һәм амбиция һәм батырлык принциплары

**Олумид Огунсанво:** Мин Америка һәм Европада корпоратив беренче эш урыннарыбызның хикәяләрен өйрәнергә бик шат. Безнең башлангыч эш урыннары, хезмәт хакы, начальниклар безнең һәм башкаларның акча белән идарә итү турында уйлавына зур йогынты ясыйлар.

Без шулай ук амбиция һәм батырлык принциплары турында сөйләшергә җыенабыз. Максатлар куярга амбицияле булыгыз, хәтта киртәләр яки курку очракларында да аларга таба барырга кыю булыгыз.

Сез күп авырлыклар һәм каршылыклар белән очрашачаксыз. Амбиция һәм батырлык сезне финанс бәйсезлегенә һәм үз шартларыгыз белән яшәү сәләтенә юнәлтәчәк.

**Ачани Сэмон Биау:** Без амбицияләребезне ничек үстердек һәм аларга омтылырга батырлык таптык. Бу принциплар безнең беренче карьерабызга ничек тәэсир итте һәм безгә финанс бәйсезлегенә ирешергә ярдәм итте. Башлыйк!

# 4А: Олумидның беренче карьерасы хикәясе

**Ачани Сэмон Биау:** Сезнең беренче эшегез нинди иде һәм аны ничек алдыгыз? Шулай ук, университеттан эшкә күчкәндә финанс бәйсезлеге турында уйларыгыз бармы?

**Олумид Огунсанво:** Мин университетта химия инженериясен укыдым, икътисад белән икеләтә дәрәҗә ясарга уйладым, ләкин ниһаять аңа каршы булдым. Аспирантура тәмамлангач, мин дәресләрне бераз күңелсез таптым, ләкин эшем кызыклырак булыр дип өметләндем. Мин 2006-нчы елда 21 яшемдә югары GPA белән тәмамладым, ләкин стажировка үтмәгәнгә эш табу миңа бераз кыен булды. Чөнки Америка студентларының эш визасы халыкара студентлар үз студент визалары белән стажировка үтәр өчен эшләнгән, ләкин күп компанияләр соңрак тулы вакытлы эшкә урнашачак студентларга стажировка бирергә теләгәннәр, бу минем кебек студентларга авыррак. Нәтиҗәдә, миңа җәй дәвамында башка эш эзләргә туры килде.

Күңелле һәм җиңел репетитор булып эшләдем. Мин шулай ук тәмамлаучыларны чакырып эшкә урнаштым, мәктәпкә иганәләр сорарга (ялварырга?). Бу авыр иде. Без ниндидер тупас һәм кырыс җавап алдык. "Мине ялгыз калдыр!" "Бу номерда миңа беркайчан да шалтыратмагыз!" "Бу кем ул?" "Минем номерны ничек алдыгыз?" Бу тәҗрибәләр күңелле түгел иде, һәм минем химия инженериясе дәрәҗәсе белән бернинди бәйләнешем юк иде, ләкин мин акча эшләү өчен нәрсә эшләргә тиеш идем. Чакыру эше күпчелек вакытта сорый иде, ләкин бу миңа телефоннан тишү һәм сату өчен бик уңайлы итте.

Чыгарылыш 2006 елның җәендә якынлашкач, мин тулы вакытлы эшкә гариза яза башладым һәм Honeywell UOP белән интервью алдым. Интервьюлар яхшы үтте, һәм алар миңа процесс-инженер булып беренче эшемне тәкъдим иттеләр. Мин 2006 елның сентябрендә Индианадагы нефть эшкәртү заводында башладым, Чикагога бик якын, мин көн саен ике автобус белән эшкә урнаша алам. Минем хезмәт хакым 56,000 $ иде, һәм мин башларга бик шат идем. Мин җылылык алмаштыргыч, насос һ.б. кебек төрле нефть эшкәртү җиһазларын проектлау өчен программа кулландым, шулай ук мин эшләгән җиһазны урнаштыру өчен кырга барырга туры килде.

**Ачани Сэмон Биау:** Бу Чикагодамы?

**Олумид Огунсанво:** Бу эш Индианадагы нефть эшкәртү заводында иде, ләкин Чикагога бик якын иде, мин көн саен ике автобус белән эшкә урнаша алам. Мин вакытлыча иммиграция эш визасында булганга, машина сатып алу куркынычын алырга теләмәдем. Бу минем беренче эшемнең хикәясе һәм мин аны ничек алдым.

**Ачани Сэмон Биау:** Вау, Америкадагы иммигрант студентларның проблемалары сезнең мәктәптән эшкә күчүегездә ачык күренә. Компанияләр стажировка бирүне өстен күрәләр, соңрак барлык иммигрантлар өчен булган кебек, эш рөхсәтенә мохтаҗ булмыйча, тулы вакытлы эшкә урнашырга мөмкин.

**Олумид Огунсанво:** Төгәл. Хакимият компанияләргә сезгә стажировка бирергә рөхсәт бирсә дә. Бу бик кызганыч. Минем бүлектә иң югары GPA булуына карамастан, минем дәрәҗә белән бәйле булмаган башка эшләргә урнашырга туры килде. Бу бераз сәер иде, ләкин сез бу әйберләрне җиңәсез. Иммиграция ничек урнаштырылган.

**Ачани Сэмон Биау:** Әгәр син Америка булсаң, виза чикләүләре турында беркайчан да уйламас идең. Хәтерлим, кайбер француз дусларым халыкара студентларга эш рөхсәте кирәклегенә гаҗәпләнделәр. "Нәрсә ул?" - дип аптырап сорарлар иде. [Көлә].

**Олумид Огунсанво:** [Көлә]

**Ачани Сэмон Биау:** Көндезге эшкә килгәндә, сездә эш эзләү стратегиясе бармы? Эш тәкъдим итү авыр булганга, сез дөрес тәкъдим көткәндә беренче тәкъдимне кабул иттегезме?

**Олумид Огунсанво:** Миңа акча кирәк иде. Мин Җәйне тәмамладым һәм эшкә урнашырга кирәк иде. Карьерамда соңрак мин күбрәк автономиягә ия булдым һәм күп эш урыннарыннан сайлый алам. Эш бирүче белән хезмәткәр арасындагы хакимият балансын аңлау мөһим. Әгәр дә сез моны аңламыйсыз икән, димәк, сезнең эш бирүчегезнең бөтен көче бар.

Кабатлау өчен: Минем беренче карьерам 21-25 яшьтә иде (мин 2006 елда 21 яшемдә университетны тәмамладым, һәм 2010 елда 25 яшемдә бизнес мәктәбенә йөрдем). Минем беренче карьерамның кыскача нәтиҗәсе - йөрәк әрни һәм авырту. Әйткәнемчә, мин үз карьерамны Honeywell UOP процесс дизайны инженеры булып башладым, ул вакытта ул Honeywell тарафыннан алынган. Кызганычка каршы, Honeywell UOP берләшкән компаниясе минем даими эш визасы гаризасын бирә алмады, һәм мине өч ай эчендә беренче эшемнән җибәрделәр. Бу бик авыр кичереш иде.

**Ачани Сэмон Биау:** Вау.

**Олумид Огунсанво:** Бу вакыйга 2007 елның гыйнварында, 2006-нчы елның сентябрендә эшемне башлаганнан соң булды. Мин тирән оят һәм оят хисе кичердем. Минем программадагы иң югары GPAларның берсе булган аспирантурадагы йолдызлы студент буларак, бу вакыйгалар борылышы мине гаҗәпләндерде. Әгәр мин илдән китәргә туры килсә, нәрсә булачагы турында уйлар (вакытлыча визадагы 90 көнлек эшсезлек чикләре аркасында) минем уйларымны Җәберли башлады.

Бу минем өчен искиткеч авыр вакыт иде. Мин үз бүлмәмдә берүзем елаганымны күрдем, алдагы адымнарны белмим. Бу турыда беркем белән дә сөйләшү уңайлы түгел иде, аеруча күп дусларым мине берничә ай элек котлаганнар иде. Мин көчнең динамикасын аңлый башлаган караңгы урынга әйләндем. Мин тормышның шахмат тактасына охшаганын аңладым, һәм миңа ломбард урынына күбрәк ирек бирәчәк стратегия табарга кирәк иде.

Бу, һичшиксез, минем тормышымдагы иң түбән нокталарның берсе иде. 21 яшемдә мин әле дә нәрсәне ачыкларга тырыштым, һәм берничә көн күз яшьләремне түккәнем хәтеремдә.

**Ачани Сэмон Биау:** Вау. Сез бу хәлне ничек кичерә алдыгыз һәм ул сезне ничек үзгәртте?

**Олумид Огунсанво:** Бәхеткә, эштән азат ителгәнче, мин машина яки йорт кебек зур сатып алулар ясамаган идем. Университет көннәренә охшаган тыйнак тормыш рәвешен дәвам иттем, бүлмәдәшләр белән фатир бүлештем. Шөкер, бу минем яшәү чыгымнарымның аз булуын аңлатты. Мин беренче чиратта поездларга һәм автобусларга таяндым, кайвакыт хезмәттәшләрем белән йөрдем.

Минем карпуль юлдашларымның берсе - Фарсы хатыны, ул шулай ук IITта укыган һәм химия инженериясе буенча магистр дәрәҗәсен алган, ә мин бакалавр дәрәҗәсен генә тәмамлаган идем. Гаҗәп, шул ук эш вазифаларына карамастан, ул ел саен миннән 1000 $ күбрәк, хезмәт хакы 57000 $ булган. Бу мине ике күзәтүгә китерде.

Беренчедән, компанияләрнең бакалавр дәрәҗәсе белән чагыштырганда мастер дәрәҗәсен югары бәяләмәве ачыкланды. Ике ел гомере һәм 40,000 $ өстәмә белем алуына карамастан, хезмәт хакының артуы минималь иде. Ул еш кына машинасы һәм ипотека өчен түләгәннән аз акча калганы турында зарланды. Бу мине шаккатырды, чөнки минем каршы тәҗрибәм бар иде һәм керемнең зур өлешен саклап кала алдым.

Икенчедән, мин аңладым, чыгымнар сайлау безнең тормыш траекторияләренә зур йогынты ясый ала. Хезмәт хакыбыз охшаш булса да, бездә төрле нәтиҗәләр бар иде. Мин дустым Нехил белән подвал фатирын бүлешеп ай саен 300- $ 350 аз аренда түләдем, ә фарсы дустым минем ипотека арендасыннан күпкә югарырак иде. Мин Җәмәгать транспорты өчен ай саен 75 $ пассажир куллансам да, ул машинасы өчен страховка, газ һәм ремонт чыгымнарын үз өстенә алды.

Күз алдыгызга китерегез, мин ул вакытта йорт һәм машина сатып алган идем. Мин тозакка эләккән булыр идем. 30 еллык ипотека белән мин нәрсә эшләр идем? Мин машина белән ничек эш итәр идем? Зур югалтуда сату? Мине актив сатырга һәм хәтта илдән китәргә мәҗбүр иткән хәл бик авыр булыр иде.

Бу хатирәләр әле дә хәтеремдә. Тәҗрибә мине катлауландырды һәм корпорацияләрне азрак ышаныч белән карарга этәрде. Мин корпорацияләргә таяна алмавымны белә идем, чөнки алар минем турында уйламыйлар. Бу минем шәхси финанс, финанс бәйсезлеге һәм иртә пенсия белән кызыксынуымны уятты. Бу минем финанс бәйсезлегенә сәяхәтемнең башы булды.

**Ачани Сэмон Биау:** Сез бүлешкән бу хикәя искиткеч хәрәкәтчән. Бу бик травматик һәм җиңү авыр булган булырга тиеш.

**Олумид Огунсанво:** Күпчелек кеше ПТСД белән таныш, ул травматик стресс бозуларын күрсәтә. Бу психик сәламәтлек торышы, ветераннар кебек травматик тәҖрибәләр кичергән кешеләргә тәэсир итә, травмадан арынырга һәм көндәлек тормышына тискәре йогынты ясарга, шул исәптән мөнәсәбәтләр һәм эш.

Икенче яктан, PTG яки травматик үсештән соң травмага азрак билгеле Җавап бар. Бу травма кичергәннән соң булырга мөмкин шәхси үсеш, үсеш һәм үзгәрү процессына карый. Күп яктан, бу минем тормышымда PTG мизгеле дип саныйм.

Күптән түгел мин хикәяне еламыйча әйтә алмадым, чөнки ул минем хисләремне искә төшерде. Ләкин, кайчандыр миңа кемдер синең газаплы тәҖрибәләрең турында күбрәк сөйләсәң, Җиңелрәк булачагын әйтте. Мин моның дөреслеген раслый алам.

**Ачани Сэмон Биау:** Сез һәм дустыгыз Нехил аренда түбән булсын өчен подвалда яшәвегез турында әйттегез. Мин бу мисалны иртәрәк кулланырга телим. Кешеләр беренче тапкыр хезмәт хакы ала башлагач, алар өчен бер тапкыр кулланыла торган керемнәрен исәпкә алып, күп акча эшләргә теләк сизелә. Ләкин, финанс бәйсезлеккә ирешү, гадәттә, баштан ук чыгымнарыгызны истә тотуны үз эченә ала. Күпме сарыф итсәгез, вакыт узу белән инвестицияләр һәм кушылу мөмкинлеге азрак. Киресенчә, чыгымнарны инвестицияләргә әйләндерегез, мәсәлән, уку мөмкинлекләре яки яңа эш перспективалары өчен челтәр.

Сезнең керемнәр арту белән чыгымнарны автоматик рәвештә арттыру контрпродукциягә китерергә мөмкин, бигрәк тә сезнең чыгымнарыгыз сезнең кыйммәтләрегезгә туры килмәсә.

**Олумид Огунсанво:** Финанс бәйсезлегенә ирешү өчен берничә стратегия бар.

Бер стратегия кеременне максимальләштерүгә юнәлтелгән, икенчесе чыгымнарны киметүгә юнәлтелгән. Төрле шәхесләр табигый рәвештә теге яки бу якка таяналар, аларның шәхесләре, экспозицияләре, мөмкинлекләре, урыны, осталыгы, белеме яки белеме тәэсирендә.

Ләкин, бер үк вакытта ике стратегияне дә куллану файдалы. Физик затлар үзләрен гел үстереп, яңа белем һәм күнекмәләр туплап, керемнәрен максимальләштерергә омтылырга тиеш. Шул ук вакытта, алар үз кыйммәтләренә нигезләнеп, чыгымнар киметергә, шатлык китерә торган өлкәләргә өстенлек бирергә, кирәксез чыгымнарны киметергә яки бетерергә тиеш. Ачкыч - керемнәрне максимальләштерү һәм чыгымнарны киметү арасында баланс табу, тормышның билгеле бер этабына, шартларына, мөмкинлекләренә нигезләнеп белә торып басым ясау. Нюанс шунда. Бу нюанс.

Әйтик, сез яңа шәһәрдә яңа гына эшкә керешкән 21 яшьлек булсагыз, башта чыгымнарны киметүгә игътибар итү мөһимрәк булырга мөмкин. Сезгә яңа урында торак һәм транспортны ачыкларга кирәк. Ләкин, төп чыгым өлкәләрен оптимальләштергәннән соң, игътибарыгызны керемнәрне максимальләштерүгә юнәлтү отышлырак булырга мөмкин. Бу эшне рекламалау, янгыннар, эшкуарлык экспериментлары яки иҗади проектларны барлау белән бәйле булырга мөмкин. Керем ягында зур мөмкинлекләр булганда, маргиналь керемнәрнең кимүе аркасында чыгымнарны киметү икеләтә булмас.

Тагын бер мисал - әгәр сез 38 яшьлек булсагыз, инде фругальлек белән шөгыльләнәсез һәм бюджетны тотасыз, һәм сезнең дүрт балагыз бар (ике бала, ике урта мәктәп яшүсмере һәм бер көллият студенты). Бу очракта чыгымнарны оптимальләштерү бераз кыенрак булырга мөмкин, һәм өстәмә керем мөмкинлекләрен эзләргә вакыт булырга мөмкин.

Финанс бәйсезлеге Җәмгыяте еш чыгымнарны минимальләштерүгә басым ясый, эшкуарлар керемнәрне максимизацияләүгә игътибар итәләр. Минем киңәшем - ике стратегияне дә алып бару, ләкин конкрет шартларга нигезләнеп өстенлекне сайлау.

**Ачани Сэмон Биау:** Бу сөйләшү өземтәле мизгелләр белән тулы. Карьераңның чираттагы этабына күчү: син тәмамлаганнан соң берничә ай эшкә урнашу турында әйттең, ләкин, кызганычка каршы, син эштән алындың. Соңыннан нәрсә булды?

**Олумид Огунсанво:** Мин шунда ук план төзи башладым. Минем төп борчым 90 көннән Америкадан китәргә туры килде, шуңа күрә мин магистр дәрәҗәсен алырга булдым. Бу миңа ике ел дәвамында программа дәвамында тагын бер студент визасы бирәчәк. Мин химия инженериясе деканы янына килеп, Honeywell UOPдагы хәлне аңлаттым. Мин мастер программасын тизрәк башларга теләвемне белдердем һәм программа чыгымнарын каплау өчен стипендия сорадым. Барлык логистиканы эшләгәннән соң, мин 75% стипендия белән химия инженериясе буенча магистр программасына язылдым. Уку вакытында мин эшкә урнашуны дәвам иттем һәм ахыр чиктә бүтән эшкә урнаштым, мин төнге дәресләрдә эшләдем.

**Ачани Сэмон Биау:** Мондый мөһим стипендияне ничек алдыгыз? Сез тырышып сөйләштегезме?

**Олумид Огунсанво:** Мин каты сөйләштем, чөнки миңа кирәк булмаган дәрәҗә өчен түләү гадел күренмәде. Минем химия инженериясендә шул ук кызыклы бакалавр дәрәҗәсе бар иде.

**Ачани Сэмон Биау:** Бигрәк тә сез фарсы хезмәттәшегездән магистр дәрәҗәсенең кимүен белә идегез.

**Олумид Огунсанво:** Әлбәттә. Магистр дәрәҗәсенә карамастан, аның хезмәт хакы миннән 1000 $ күбрәк иде, ул вакытта мин бакалавр дәрәҗәсен алган вакытта. Ни өчен мин магистр дәрәҗәсе өчен 40,000 $ түләргә тиеш? Ләкин, бу карар минем өчен тагын да уңайлырак булды, яңа позициянең якынча 50% түләүне тәкъдим итүе. Димәк, минем программа чыгымнарының күбесе капланачак. Моннан тыш, миңа яңа виза алу өчен яңа компания кирәк иде, чөнки иммиграция процессын кабат үтәргә теләмәдем. Мин кадрлар һәм юридик коллектив белән виза гаризаларын эшләвен расладым.

Көне буе эшләп, аннары төнлә сәгатьләр буе дәресләргә йөрү авыр иде. Минем көннәр акылсыз иде. Мин тугыздан бишкә кадәр эшләдем, аннары туры класс режимы алтыдан сигезгә яки тугызга кадәр. Киләсе ике ел минем тормышым иде.

**Ачани Сэмон Биау:** Вау. Сезгә халыкара студент буларак төнлә дәресләр алырга рөхсәт иттеләрме?

**Олумид Огунсанво:** Әйе, халыкара студент буларак, мин теләсә кайсы вакытта, шул исәптән төнге дәресләрдә дә, дәресләр алу мөмкинлеген алдым. Миңа шулай ук студентларның эш визасы өстендә эшләргә рөхсәт иттеләр.

**Ачани Сэмон Биау:** Яңа эш зуррак хезмәт хакы белән килгәнме?

**Олумид Огунсанво:** Әйе, минем яңа хезмәт хакым елына 58,000 $ иде, бу минем беренче эшемнән бераз югарырак. Бу эш белән мин машина алырга булдым. Бу кулланылган BMW 3 сериясе, бәясе 17000 $. Бу эштә мин үземне куркынычсызрак хис иттем, чөнки алар минем эш визасына гариза бирергә ризалаштылар. Мин машинаны яраттым, аның тышкы һәм эчке ягы кара иде, хәтта "ОЛУМИД" дип язылган буш тәлинкәләр дә бар иде. Машина белән бик күңелле идем.

**Ачани Сэмон Биау:** Кызык.

**Олумид Огунсанво:** Машина турында бик яхшы хатирәләрем булса да, артка борылып карасам да, бу минем финанс сәяхәтемдә ясаган хаталарның берсе булгандыр. Бу, әлбәттә, машина сатып алу карары аркасында түгел, ә төрле транспорт вариантларын һәм аларга бәйле булган гомуми бәяне (ТСО) тикшерү өчен җитәрлек вакыт сарыф итмәгәнгә.

Икенче эштә мин бик күп уңай тәҗрибәләр кичердем, ләкин хикәя кабат кычкырды. АКШ Н1-В визасы лотерея системасында эшли, кызганычка каршы, мин гариза биргән беренче ике тапкыр сайланмадым. Бу миңа шунда ук тәэсир итмәде, чөнки минем студент эш визасы бар иде. Ләкин, 2008-2009 еллар җиткәч, нефтьнең бәясе финанс кризисы һәм соңыннан ихтыяҗның кимүе аркасында төште. Нәтиҗәдә, мин 24 яшем алдыннан 2009-нчы елда икенче эшемнән азат ителдем.

**Ачани Сэмон Биау:** Вау. Тагын!

**Олумид Огунсанво:** Бу бөтенләй көтелмәгән хәл түгел, чөнки минем командага күпчелек 6 ай эчендә җибәрелгән иде. Ләкин мин үземне бераз моңсу хис иттем. Эшне югалту һәрвакыт янып тора. Шуңа күрә мин беренче карьерамның йөрәк әрнүе хикәясе дидем. 23 яшемдә, 24 яшем тулгач, мине булган беренче ике эштән азат иттеләр.

Нефть һәм газ сәнәгате циклда эшли, һәм нефтьнең бәясе төшкәч, компанияләр чыгымнарын киметергә омтылалар. Мин күңелем төште, чөнки берничә ел элек беренче эшемдә булганны хәтерлим.

Ләкин, 2006-нчы елда беренче эш югалтудан аермалы буларак, мин бу юлы психик һәм финанс яктан яхшырак тордым. Ике ел эчендә мин барлыгы 40,000- 50,000 $ (тулаем хезмәт хакымның 50%) экономияли алдым, шуңа күрә финанс яктан уңайлы идем.

Мин әле Нехил белән бер подвал фатирында яшәдем. Минем аренда шактый күтәрелмәде. Мин 21 яшьтән 25 яшькә кадәр 300- $ 350 / ай аренда түләдем.

Мин үз чыгымнарымны нәтиҗәле башкарганга, мин чагыштырмача хакимият урыныннан карар кабул итә алыр идем. Мин каты фикер йөртүен үстердем һәм чара күрергә әзер идем. Бәхеткә, миңа илдән китәргә туры килмәде, чөнки минем мастер программасында студент визасы бар иде. Мин йөрәгемдә химия инженериясе минем өчен түгеллеген белә идем, шуңа күрә университетта икътисад буенча икеләтә белем алырга уйладым һәм ни өчен беренче ике эшемә ашкынуым җитмәде.

Күбрәк эшкә гариза бирү һәм көтелмәгән лотерея системасы белән эш итү урынына, мин моны винтладым һәм бизнес-мәктәпкә барырга һәм тормышымны үзгәртергә булдым. Мин бизнес мәктәбеннән соң нәрсә эшләргә теләгәнемә тулысынча ышанмый идем, ләкин моның финанс, технология һәм бизнес комбинациясен үз эченә алачагын белә идем. Мин бизнес мәктәпләренә 2009-нчы елда мөрәҗәгать итә башладым, һәм мин алдагы бүлектә моны өйрәнермен.

**Ачани Сэмон Биау:** Вау. Бу хикәя бик авыр кичерә. Сез күптән түгел тәмамлаган, егерменче еллар башында, ләкин сез бик күпне кичергән идегез.

**Олумид Огунсанво:** Минем турында кайгыртучы кеше юк иде. Минем әти-әнием юк иде. Мин илдә иммигрант идем, 23 яшендә ике тапкыр эшсез калды.

**Ачани Сэмон Биау:** developingсеш илләрендә яшәүчеләр Америкада яшәү сезгә яхшырак тормыш бирә дип әйтеп, сезнең хикәягезне кире кагарга мөмкин, ләкин тормышның нинди яхшы булуына карамастан, һәркемнең үз проблемалары бар.

Европа һәм АКШ бик төрле. Ике сәбәп аркасында Франциядә сценарийны күз алдына китерү кыен, кемгәдер карьерасында шундый башлангыч этапта ике тапкыр җибәрергә мөмкин:

1. Компания банкротлык ягында булмаса, аны җибәрү бик кыен. Компанияләр рентабельлелекне саклап калу өчен гадәттә киметмиләр.

2. Әгәр сез эштән алынган булсагыз, гадәттә яңа эш табу өчен 90 көннән артык вакыт бар. Мин төгәл озынлыкны искә төшерә алмыйм, ләкин ул юмартрак.

**Олумид Огунсанво:** Эх, иммигрантлар өчен дә?

**Ачани Сэмон Биау:** Әйе, юмартрак. Франциядә бердәнбер киртә гадәттә эш эзләү. Лотерея системасы юк, һәм сезнең уку белән бер дәрәҗәдә эшегез булса, сез эш рөхсәтен аласыз.

Сез 23/24 яшегездә бизнес-мәктәп заявкалары турында уйлана башлавыгыз турында әйттегез. Киресенчә, мин 29 яшемә кадәр бизнес мәктәбенә мөрәҗәгать итмәдем. Франциядә күп кеше MBA дәрәҗәсен кадерләми. Сездә зур эш тәҗрибәсе булырга һәм гадәттә 30 яшькә якын булырга тиеш дигән киң таралган ышану бар. Расписание һәм перспективалар төрле, һәм Европада әйберләр тоткарлана. Мәсәлән, Германиядә күпчелек университет студентлары укуын тәмамламыйлар һәм егерменче еллар уртасында эшли башлыйлар. Корпоратив тормыш Европада тотрыклырак була, ә Америкада ул үзгәрүчән булырга мөмкин.

Сезнең хикәягезне ишеткәч, минем белән резонанс булган төп эмоцияләргә йомгак ясарга рөхсәт итегез: Беренчедән, сез беренче эштән үзегез турында кайгыртырга тиешлеген шок һәм аңлау. Икенчедән, бизнес мәктәбе аша яңарту яки яңартуны дәвам итеп, тормышыгызны бүтәнчә үз өстегезгә алырга тәвәккәллек.

Финанс бәйсезлеге өчен актуаль булган беренче елларда кешеләр сезнең турында тагын нәрсә белергә тиеш?

**Олумид Огунсанво:** Минем хикәянең төп темасы - мин фидакарь кеше. Шулай итеп, бизнес мәктәбенә барырга булгач, мин бардым. Бу минем төп өстенлегем булды, тулы вакытлы эш кебек. Мин иртә уяныр идем, юыныр идем, укырга мәктәпкә барыр идем. Мин кампуста калыр идем, чөнки мин әле мастер студенты идем, һәм дәресләрем кич белән иде. Мин GMAT китапларымны класска алып керер идем, дәресләрем төнлә башланганчы укыр идем. Максатың булганда, аны тормышка ашыру өчен бар юлдан бару мөһим.

Мин бөтен вакытымны һәм көчемне эшкә багышлый алган кеше тибы. GMAT-та 700-дән артык баллга ирешү турында уйлагач, миңа көн саен диярлек өйрәнергә туры килде. Мин аның атипик түгеллеген аңлавымның бердәнбер сәбәбе - минем карашымны уртаклашкач, кешеләр минем ераклыкка барырга әзер булуым белән гаҗәпләнгәч.

Мәсәлән, бу китапны тәмамлау һәм чыгару өчен безгә 3-5 ай вакыт кирәк булачак, чөнки без процесска багышланган һәм дәртле. Кайвакыт, тышкы тикшерүне эзләгәнче, сезнең өчен мөһим булган нәрсәгә нигезләнеп, үз ышануларыгызны булдыру яхшырак. Башта тышкы йогынтыга таянсагыз, алар сезне эчке мотивациягезгә шик тудырырга мөмкин.

Башкаларның раславына карап, үзегезнең эчке ышанычыгызны үстерегез.

**Ачани Сэмон Биау:** Сез миңа кереш сүздә кешеләрнең бу китаптан алып китүләрен теләмәгән нәрсә турында искә төшерәсез. Дөнья кешеләр өчен шаблоннар һәм уен китаплары булдырды. Бу уен китапларына иярү финанс бәйсезлегенә ничек китерә алуын күз алдына китерү кыен. Сезнең хикәягездә GMATка әзерләнү өчен иң яхшы интенсивлык турында башкаларның фикерен эзләмәдегез. Сез аның мөһимлеген белә идегез, шуңа күрә сез максималь интенсивлыкны кулланырга булдыгыз.

**Олумид Огунсанво:** Төгәл, табигый ритмны үзегезгә көч бирерлек дәрәҗәгә иярегез. **Тормышка кызыклы уен китабы, регуляр китабы, кулланма китабы яки шаблон юк. Бары тик үзең булу һәм үзеңне яхшырту. Калганнарның барысы да буш.** Сез бик үкенеп 70 яшь булырга теләмисез. Хәзер вакыйгаларны ясарга вакыт.

Эшсез калмыйча нәрсә булганын контрфактив белмим. Мин 17 еллык процесс дизайны тәҗрибәсе булган инженер башкаручысы булып шул траекториядә дәвам итәр идем дип шикләнәм. Бу тормыш ничек гадәти булыр иде?

Барысы да яхшы булды, чөнки мин исән калу өчен куркыныч янарга мәҗбүр булдым. Барысы да бер үк йогынты ясамаска мөмкин, мине куркыныч астына алырга этәрделәр, ләкин алар үзләрен куркыныч астына куярга мөмкин.

**Ачани Сэмон Биау:** Кайберәүләр рискка кереп нәрсә әйтергә теләгәнеңне аңламаска мөмкин. Ганадагы бай гаиләдән 18 яшьлек балага куркыныч янау нәрсәне аңлата? Яисә инде матур, гади, стресссыз тормышы булган америкалылар өчен куркыныч яныймы? Инде уңайлы кешеләр өчен куркыныч янау нәрсә аңлата?

**Олумид Огунсанво:** Мин аңлатырга тырышырмын. Беренчедән, шәхесләр үз тормышлары турында уйланырга һәм нәрсәгә ирешергә теләгәннәрен эшләргә тиеш. Бу план мөнәсәбәтләр, сәламәтлек, эшкуарлык, карьера, финанслар, тәҗрибәләр яки алар игътибар итергә теләгән бүтән аспектлар белән бәйле максатларны үз эченә ала.

Бу максатларның һәрберсенә ирешү өчен сез берничә юл булырга мөмкин. Мәсәлән, сезнең мөнәсәбәтләрегезне яхшырту өчен сез дүрт-биш юл булырга мөмкин. Бу күп юлларның барысы да алар белән бәйле төрле дәрәҗәдәге куркынычларга ия.

Максатларның һәр категориясе эчендә, мөгаен, аларга ирешү өчен берничә юл бар. Мәсәлән, мөнәсәбәтләрне яхшырту өчен дүрт-биш төрле юл булырга мөмкин, аларның һәрберсе төрле дәрәҗәдәге бәйләнешле рискларга ия. Күпчелек кеше консерватив алымны сайлый, гадәттә иң куркыныч вариант булган (күпчелек артыннан). Минем алдагы фикерем кешеләрне күбрәк исәпләнгән куркынычларны карарга дәртләндерү иде, аеруча алар потенциаль төшенүләрне җентекләп бәяләгәндә һәм аңлагач. Нәрсә югалтырга? Күпчелек кеше, аеруча Европа яки Америка кешеләре, куркынычсызлык челтәрләре һәм аркалары аркасында күбрәк куркыныч яный ала.

Сез искә алган мисалларда, кемнеңдер финанс яктан хәле яхшы, бу беренче чиратта аларның финанс перспективасына кагыла. Тормыш финанс кына түгел. Бу китап финанс бәйсезлегенә юнәлтелгән кебек тоелса да, ул сез теләгән тормышны булдыру һәм яшәү турында. Сез теләгән тормышны финанслау гына түгел. Бу кешенең әле дә мөнәсәбәтләр белән бәйле максатлары булырга мөмкин, мәсәлән, романтик партнер табу, яки башкалар арасында сәламәтлек максатлары. Димәк, алар һаман да курс схемасын табып, күбрәк куркыныч янау юлларын таба алалар, чөнки алар тормышның финанс ягын гына чиштеләр.

**Ачани Сэмон Биау:** Берәр нәрсә Җитәрлек кыен булмаса, мин башка максатлар эзлим. Әгәр дә сез үзегезне Җитәрлек куркыныч астына куймасагыз, сез эшләгән эшегез өчен агрессив максатлар куя аласыз.

Берәр нәрсә Җитәрлек авыр булмаса, мин яңа максатлар эзлим. Әгәр дә сез үзегезне Җитәрлек куркыныч астына куймыйсыз икән, сез хәзерге эшегездә тагын да амбицияле максатлар куя аласыз. Мәсәлән, мин Германиядә эшләгәндә, төрле илләргә, шул исәптән Берләшкән Гарәп Әмирлекләренә сәяхәт итү мөмкинлеге алдым. Берләшкән Гарәп Әмирлекләрендә берникадәр вакыт үткәргәннән соң, мин эшемнән тыш яңа нәрсәгә омтылдым. Шул вакытта мин Дубайда компьютерлар сатып алып Бенинда сатырга булдым. Бу минем эшем белән бернинди бәйләнеше дә юк иде, чөнки мин анда акча эшли идем, ләкин мин аны яңа проблема итеп күрдем.

**Олумид Огунсанво:** Абсолют, һәм монда тормышның кайбер өлкәләре бар, аларда сез күбрәк куркыныч яный аласыз: мөнәсәбәтләр, сәламәтлек, шәхси үсеш / үсеш / белем, эшкуарлык, шәхси финанс, физик мохит, тәҗрибә.

Йомгаклап әйткәндә, карьерамның беренче еллары йөрәк әрнүе һәм авырту белән билгеләнде. 23 яшемдә берничә эш югалту миңа тормышымда яңа курс төзергә кирәклеген күрсәтте. Шуңа күрә мин тормышымны яңартырга һәм бизнес мәктәбенә мөрәҗәгать итәргә булдым.

# 4Б: Самонның иртә карьерасы хикәясе

**Олумид Огунсанво:** Самон, университетны тәмамлагач нәрсә булды?

**Ачани Самон Биау:** Университетны тәмамлагач, мин төрле эш урыннарына гариза яза башладым, һәм Бөек Британиядә эш эзләү аеруча кызыксынды. Франциядән Бөек Британиягә яхшырак тормыш өчен "качу" хикәяләрен ишеттем. Анда бөтенләй башка чынбарлык кебек тоелды, һәркем инглизчә сөйләшә һәм бизнесны уникаль рәвештә алып бара. Резюмемны monster.com кебек вебсайтларга урнаштырдым һәм Франция компанияләренә дә мөрәҗәгать иттем.

**Олумид Огунсанво:** Сезнең игътибарыгыз беренче чиратта Франциядән читтә, Бөек Британиядә халыкара мөмкинлекләр табуга юнәлтелде?

**Ачани Сэмон Биау:** Әйе, иң мөһиме, мин инглиз телен куллана алган мохиттә эшләргә теләдем. Бөекбритания табигый сайлау кебек тоелды, ләкин мин Скандинавия, Швейцария яки Германия кебек башка вариантларны да карадым, алар ахыр чиктә.

**Олумид Огунсанво:** Сез ул вакытта инглиз телендә ни дәрәҗәдә оста идегез? Сезнең инглизчә хәзер искиткеч.

**Ачани Сэмон Биау:** Ул вакытта минем инглиз телен белү урта дәрәҗәдә иде.

Әйткәндәй, мин сезнең белән инглиз телен ничек өйрәнгәнемне сөйләдемме, белмим. Мин чыннан да аның белән мәшәкатьләндем. Мин мәктәптә укытылган укыту планына иярмәдем. Ун яшемдә Америка инглиз телен аңлау һәм сөйләшү теләге зур иде. Мин кассеталар сатып алдым, хәтта Котонудагы Америка Мәдәният Centerзәгендә булдым, үземне телгә чумдыру өчен.

Эш эзләүгә кире кайткач, мин үземнең "франкофон-нес" минем глобаль экспозицияне чикләгәнен сиздем. Яңалыклар укырга теләгәндә, ул һәрвакыт француз телендә иде. Бөтен дөнья карашыгызны инглизчә булмаган тел белән генә күз алдыгызга китерегез.

**Олумид Огунсанво:** Франкофон Африка белән Англофон Африка арасында ачык аерма бар. Нигериядә үсеп, инглиз теле милли тел иде, димәк, Нигериядән читтә киләчәк турында уйлаганда, Бөекбритания яки Америка еш кына төп вариантлар булган, Канада да мөмкин булган. Тел кешенең киләчәк мөмкинлекләренә һәм тормышына зур йогынты ясый.

Әгәр дә сез бу китапны укыган ата-ана булсагыз һәм сез үзегез һәм / яки балаларыгыз өчен финанс бәйсезлеге белән кызыксынсагыз, аларга күп телләр бүләк итү искиткеч булыр иде. Мәсәлән, сеңлем, Нигерия булганга, балаларын кечкенә вакытта француз мәктәбенә укырга кертә. Алар балачактан ук француз телен яхшы беләләр, бу алар өчен күп мөмкинлекләр ача.

Нигерия француз телендә сөйләшүче илләр белән әйләндереп алынган, шуңа күрә без күп француз дәресләрен алырга тиеш идек, ләкин мин ул вакытта укытучылар һәм укыту программалары җитмәгәнлектән җитди кабул итмәдем. Ләкин, сезнең мөмкинлекләрегез булса, балаларыгызга күп телләргә иртә бүләк итү отышлы булыр. Бу турыда сезнең уйларыгыз нинди?

**Ачани Сэмон Биау:** Минем экстремаль карашым бар. Минем уйлавымча, булдыра алган һәрбер кеше финанс яктан мөстәкыйль булырга тиеш, бу аларга балаларының белемен дәвалау мөмкинлеге бирә, әгәр алар бала табарга теләсәләр. Әгәр дә минем балаларым булса, мин 10 яшькә кадәр ким дигәндә дүрт телле булырга омтылыр идем, бу белә торып мәктәптә тел өйрәнеп кенә калмыйча, культурага чумган илләрдә дә яшәргә тиеш. Тел аерымланган төшенчә түгел; культурасы белән тирән бәйләнгән. Мәсәлән, Норвегиядә Йорубаны өйрәнгән һәм сөйләшкән Норвегияне күз алдыгызга китерегез. Алар "Бүген һава торышы яхшы, һәм мин бик бәхетле" кебек әйберләр турында еш сөйләшергә мөмкин. Монда бернинди начарлык юк, ләкин Нигериялеләр гадәттәге сөйләшүләрдә һава торышы турында сөйләшмиләр. Мәдәнияткә чумып, тәрҗемә итү генә түгел, виссераль һәм телне аңлау диярлек ирешелә.

**Олумид Огунсанво:** Мин тулысынча килешәм. Тормыш тәҗрибә өчен ясалган, һәм алар үз телләрендә кешеләр белән бәйләнештә булганда, бу тәҗрибәләрне чыннан да кадерли алалар. Бу бик гади. Икенчел фикерләр булган профессиональ һәм финанс өстенлекләрен искә төшермичә.

**Ачани Сэмон Биау:** Ярар, әйдәгез эшкә ничек абынуым турындагы хикәягә кире кайтыйк. Ул вакытта минем эш сайлау беренче чиратта финанс уйлары белән эшләнмәде, һәм мин хезмәт хакына артык игътибар итмәдем. Минем өчен иң мөһиме - зур эш шартларында булу һәм ниндидер мәгънәле эш. Хезмәт хакы каралса да, мин рольләр арасында хезмәт хакында зур аермалар булырга мөмкинлеген белми идем. Мин CV-ны Монстрга урнаштырдым һәм инглизчә каплау хаты яздым. Ахырда, мин Франциядәге Accenture компаниясеннән елына 32,000 евро түләгән тәкъдимне алган идем.

Көтмәгәндә, Германиядәге Дойче Телеком Консалтингыннан шалтырату алдым. Француз компанияләре гадәттә кандидатларны очмыйлар яки Франциядә интервью өчен сәяхәт чыгымнарын капламыйлар. Шулай да, Дойче Телеком Консалтинг мине билет бәясе турында борчылмыйча, интервью өчен Парижадан Боннга очты.

Бу Германиягә беренче тапкыр килүем иде, һәм мин бу мөмкинлеккә бик шат идем. Франциядә үткән интервьюларымда мин күрсәтер идем, сәяхәт чыгымнары турында сөйләшмичә, миңа төшке аш тәкъдим итмәделәр. Франциядәге интервьюларның берсенә ризык ваучеры алганымны хәтерлим.

Интервью барган саен без хезмәт хакы турында сөйләшә башладык, һәм алар минем өметләрем турында сораштылар. Калын булып, мин, 000 38,000 сорадым, бу Accenture тәкъдименнән 25% күбрәк иде. Әгәр алар моңа ризалашсалар, мин бай булырмын дип уйладым. Мин шаккаттым һәм шатландым, кадрлар хезмәткәре гафу үтенеп Җавап бирде, "Эх, беләсезме, без сезгә 45000 евро тәкъдим итәрбез. Бу монда хезмәт хакы өчен башлангыч нокта."

**Олумид Огунсанво:** [Көлә]

**Ачани Сэмон Биау:** Мин бер секундка туңдым. Бу Франциядәге тәкъдимемнән якынча 50% югарырак иде. Күп сораулар минем күңелемне су басты. ", 000 45,000?" "Нигә ул биек?" "32,000 евро чик буенда тигез үсеш алган Франциядә зур хезмәт хакы саналганда бу ничек мөмкин?" "Нигә мин моны белмәдем?" "Мин никадәр бай булырмын?" "Тоту бармы?"

Шунда ук кызыксыну һәм Франциядән читтә мөмкинлекләр

эзләмәгән өчен үкендем. Германиягә күченергә уйласам, мин дә шул ук хата җибәрмәскә булдым. Мин үfloatвемнең комфорт зонасыннан башка географик урыннарда мөмкинлекләр эзләргә булдым.

Бай булу өмете мине бик шатландырды. Минем Франциядәге Француз һәм Франкофон Африка дусларым, ни өчен Германиягә күченергә уйлыйм, дип сорагач, көнләштеләр, яисә мәгълүматсыз булдылар. Алар шулай ук мин мондый илгә күченүнең нәтиҗәләрен уйладыммы дип сорадылар.

Мин җентекләп планлаштырмасам да, башка иммигрантлар анда алга китә алса, мин дә аңлый алыр идем дип уйладым. Башка урыннар турында белергә кызыксындым. Интервью вакытында мин свастикалар кигән яки гадәти булмаган әйберләр белән очрашкан кешене күрмәдем.

**Олумид Огунсанво:** [Көлә] Сәер татуировкалар юк.

**Ачани Сэмон Биау:** Мин Германиядә яхшы булырмын дип ышандым. Мин тагын берничә кара кешене күрдем һәм зур төрек халкын очраттым. Германиядәге тормыш белән кызыксынып, мин тирә-якка сорадым. Кайбер кешеләр аны зур, тыныч һәм гадел дип тасвирладылар. Башкалар идарә итүдә кара кеше буларак расизмны һәм алгарыш проблемаларын искә алдылар. Мин Германия, Франция һәм башка Көнбатыш илләре кебек, лаеклы кешеләр дә, расизм очраклары да бар дигән нәтиҗәгә килдем. Охшаш динамика Нигериядә төрле этник төркемнәр арасында булгандыр.

**Олумид Огунсанво:** Безнең бакалавриат елларыбыздагы алдагы бүлектә без белә торып, мөмкинлекләргә киңрәк карый идек. Нигә сез эш эзләүгә бер үк менталитет белән мөрәҗәгать итмәдегез? Эш эзләү аз белә иде бугай.

**Ачани Сэмон Биау:** Сезнең бу сорауны биргәнегезгә мин бик шат. Студентларның бакалавриатта эш эзләгәндә, мин чыннан да белә торып, авантюрист идем. Ләкин, чыгарылыштан соң эш эзләүгә килгәндә, Бөек Британия һәм Германияне исәпкә алганда, мин әле дә ул илләрдә регуляр телекоммуникация позицияләренә гариза бирдем. Франциядә мин Accenture һәм Alcatel кебек таныш компанияләргә мөрәҗәгать иттем.

Мин Бөек Британия һәм Германияне эш эзләүгә керттем, чөнки минем инглиз телен кулланырга теләдем. Ләкин, мин ул вакытта саннарны тулысынча аңламаганлыктан, финанс өстенлекләрен бик аз уйладым. Соңрак мин финанс бәйсезлеген тирәнрәк аңладым. Бу сәяхәттә миңа нәрсә ярдәм итте, кызыксыну һәм көндәшлелек. Want-edзем теләгәнне һәрвакыт ачык аңламасам да, мин яңа әйберләрне сынап карарга әзер идем. Бу кызыксыну мине көтелмәгән мөмкинлекләрне ачу позициясенә куйды.

Әгәр дә сез үзегезне комфорт зонасыннан чыгармасагыз һәм кызыксынсагыз, булган мөмкинлекләр турында беркайчан да белмисез. Мин теләгән карьера вариантын сайлый алуыма һәрвакыт ышандым. Инде моны эшләүчеләр, ниндидер өстенлеккә ияме?

**Олумид Огунсанво:** Әйе. "Нигә мин шулай эшли алмыйм?" - дип уйладыгыз.

**Ачани Сэмон Биау:** Чынлыкта, нигә моны эшләмәскә һәм тагын да яхшырак эшләргә?

Германиядәге тәҖрибәмгә кире кайтып, мин 2006-нчы елда 24 яшемдә Дойче Телеком Консалтингына кушылдым, һәм минем 45000 € хезмәт хакыма бик шатландым. Шулай да мин юлда берничә сюрприз белән очраштым. Беренчедән, Франция белән чагыштырганда Германиядә югары салым салуның шокы. ГаҖәп, мин шул ук чиста керем диярлек яисә бераз күбрәк акча эшләдем. Икенчедән, яңа эшкә ике-өч ай кала, миңа Көньяк Африкадагы өч айлык халыкара проект өчен мөмкинлек бирделәр. Биремне кабул итү хезмәт хакын арттыруга китерәчәк, һәм мин Германиядә башлангыч чиста хезмәт хакымнан € 2000 / айга (, 000 24,000 / ел) якынча 2500 € / айга (, 000 30,000 / ел) уртача арту көттем.

**Олумид Огунсанво:** Бу чиста хезмәт хакы. , 000 45,000 тулаем хезмәт хакыннан 24,000 net. Бу акылсыз.

**Ачани Сэмон Биау:** Мин салымнарда зур күләмдә түләдем, шул исәптән гадәти керем салымы, көнбатыш Германиядә көнчыгышны реконструкцияләү өчен бердәмлек салымы, һәм өстәмә чиркәү салымы. Практик булмаган христиан буларак, мин чиркәү салымыннан баш тарттым.

**Олумид Огунсанво:** Рациональ күзлектән караганда, сезнең чиркәү белән бәйләнешле түгеллеген игълан итү һәм сезнең өчен процент күләмен билгеләү урынына, үзегез сайлаган процент өлешен кертү яхшырак. Алар шулай эшләячәкләр кебек.

**Ачани Сэмон Биау:** 2006 елның октябрендә Дойче Телеком Консалтингына кушылганнан соң өч ай узгач, мин Яңа ел тирәсендә халыкара йөкләмәне башладым, һәм минем чиста хезмәт хакым айга 7000 еврога кадәр артты. 2007 ел ахырына кадәр мин хезмәт хакымнан һәм бонусымнан, 000 100,000 артык акча тупладым. Компания кунакханәләрдә урнашу урыны бирде, клиентларга бару өчен аренда машиналарын каплады, һәм безгә такси чыгымнарын түләргә рөхсәт бирде. Мин шактый күләмдә акча саклый алдым.

**Олумиڊ Огунсанво:** Сез кунакханәләрдә күпме тордыгыз? Ниһаять, сез корпоратив торакка күчендегезме?

**Ачани Сэмон Биау:** Мин Көньяк Африка кунакханәләрендә, аннары Дубайда калдым. Дубайда без арендага бирә алган пособие бар иде. Бер хезмәттәшем белән Пальм Джумейра утравы дип аталган искиткеч микрорайонда 3 бүлмәле урын арендага алдык.

Минем өчен әйберләр мәгънәсез иде. Берничә ай элек мин Франциядә, алга киткән илдә студент идем. Аннары мин Германиягә күчендем һәм Франциянең кечерәк икътисады барлыгын аңладым, мин хәтта белми идем, чөнки Германия франкофон дөньясында бик сирәк сөйләшәләр. Бу минем өчен исәпләнмәде. Германиядә мин ягулык чыгымнары тулысынча капланган Мерседес С-класс компаниясе машинасы белән башладым. Мин Көньяк Африка һәм Дубайга сәяхәт иттем, кешеләрнең 20 ел карьерасында Франциядә яки Германиядә эшләгәнгә караганда күбрәк акча эшләдем. Нигә боларның барысы минем белән булды? Мин искиткеч бәхетле идем, ләкин аның ничек булганы белән кызыксындым.

**Олумиڊ Огунсанво:** Халыкара авырлык пособие аркасында 3Х хезмәт хакы арттымы?

**Ачани Сэмон Биау:** Әйе, төрле пособиеләр бар иде, шул исәптән авырлык пособие. Өстәвенә, Германиядән читтә эшләүче буларак, ел эчендә алты айдан артык эшләгәндә, мин Германиядә тулы салым салмаганга, кайбер салым тупладым.

Дойче Телекомда беренче курсымда мин бик күп сәяхәт иттем, күп яңа кешеләр белән таныштым һәм инглиз телен камилләштердем. Мин 23 яшемдә зиннәтле кунакханәләрдә торырга күнектем. 2022 елның сентябренә кадәр мин Җиһаз сатып алдым, ул вакытка кадәр кулланган университет җиһазларыннан ераклаштым.

**Олумид Огунсанво:** Сезнең хикәягезне укыган һәм аны бары тик уңыш дип уйлаган кешеләр өчен алар нинди принципларны алып китә алалар?

**Ачани Сэмон Биау:** Ачкыч - үз сәяхәтеңне башкалар белән чагыштырмаска һәм аларның казанышларын уңыш дип кире кагарга тырышу. Everyoneәркемнең юлы уникаль, һәм кайберәүләр финанс бәйсезлек сәяхәтен соңрак тормышта башлаганнардыр. Башкалар, мөгаен, финанс яктан бәйсез булып туганнар, чөнки әти-әниләре миллиардерлар.

**Олумид Огунсанво:** [Гистерик көлү]

**Ачани Сэмон Биау:** Игътибар итү принциплары кызыксыну һәм амбиция. Тирә-яктагы вакыйгаларны күзәтегез һәм үзегезне яңа мөмкинлекләр эзләргә этәрегез.

Сез башкалар кебек үк барырга тиеш түгел. Кызыксынучан һәм көндәшлеккә омтылыгыз, һәрвакыт үзегезне җиңәргә тырышыгыз. Сезнең хәзерге хәлегез һәм әйләнә-тирәгез белән канәгать булу җиңел, ләкин мин укучыларны нәрсәгә ирешә алуларын чикләмәскә өндим. Бу минем хикәядән төп алым.

**Олумид Огунсанво:** Экстремаль кешеләр экстремаль нәтиҗәләргә ирешәләр. Мин үземне экстремаль дип тасвирламаска да мөмкин, ләкин тормышыгызда уңай үзгәрешләр кертергә тырышу турында искиткеч нәрсә бар. Әгәр дә сез кайда икәнлегегез белән канәгать булсагыз, сез чара күрмәскә мөмкин. Ләкин Самон хикәясе күрсәткәнчә, аның кызыксынуы һәм йөртүе аңа булган мөмкинлекләрдән тулысынча файдаланырга этәрде. Сезнең лауреатларыгызга таяну финанс бәйсезлегенә китерергә мөмкин түгел.

Мин сезнең хикәядән алган бер принцип - актив мөмкинлекләр эзләү, кызыксыну һәм исәпләнгән куркынычларны алырга әзер булу.

Әгәр дә сез Парижда үскән, француз дуслары белән уратып алынган һәм Франциядә генә белем алган Кавказ француз баласы булсагыз, сез Согуд Гарәбстанына яки Берләшкән Гарәп Әмирлекләренә күченүдән курка аласыз. Куркынычсызлык һәм куркыныч төп проблемалар булыр иде. Киресенчә, иммигрант булу рычаг өчен уникаль өстенлекләр тәкъдим итә. Башка җирдән күченеп, сез таныш булмаган культураларга күнеккәнсез, яңа әйберләрне сынап карау өчен уңайлы. Мәсәлән, Самон иммигрант иде, ул Франциягә күченгәнче Бенинда авыл фермасы тормышын һәм шәһәрдә яшәгән. Бу фон аңа Көньяк Африка яки Берләшкән Гарәп Әмирлекләрендә халыкара проектларны кабул итүне җиңеләйтте, чөнки ул яңа мохитне өйрәнүдән курыкмый иде.

Сезнең тормышыгызда булган бар нәрсә сезне кем итте. Pasttкәннәрегезне кабул итегез һәм яхшы киләчәк булдыру өчен кулланыгыз. Сезнең тарих - сезнең шәхси өстенлегегез. Бу - синең уникальлегеңнең супер көче.

Әгәр дә сез көн саен мәктәпкә берничә сәгать җәяү йөрергә тиеш булган шартларда үскән булсагыз, сез аны уңайсызлык дип кабул итә аласыз. Шулай да, җәяү йөрүнең сәламәтлеккә файдасын, тикшерү өчен өстәмә вакытны, кешеләр белән танышу һәм илнең төрле почмакларын өйрәнү мөмкинлеген карау яхшырак булыр иде. Объектив чынбарлык юк, безнең тормышны субъектив дәвам итү. Алайса, нигә үз-үзеңне ныгыту өчен тормыш тарихына уңай караш кабул итмәскә? Бу сезнең шартларыгыз өчен башкаларны гаепләүдән һәм гаепләүдән файдалы булыр.

**Ачани Сэмон Биау:** Килештем. Шулай ук, ул вакытта минем өчен ул кадәр мөһим түгел иде. Шуны истә тоту бик мөһим: сезнең бердәнбер игътибарыгыз акча яки материаль байлык булса, сез беркайчан да канәгатьләнмәячәксез, һәм сез акча бирә алган чын кыйммәттән ләззәтләнерсез.

**Олумид Огунсанво:** Мин аңа тагын да тәм өстәрмен. Шәхси финансларга оста кешене күз алдыгызга китерегез. Алар егерменче еллар уртасында башласалар да, финанс бәйсезлегенә ирешү өчен әле 10-15 ел кирәк булыр. Гадәттәге кеше өчен хәтта 30-50 ел кирәк булырга мөмкин. Бу елларда тормышта шатлык һәм канәгатьлек табу, розалар исе кирәк.

Шуңа күрә сез шәхси финансны яхшы белсәгез дә, нигезне ачыкларга омтылсагыз да мөһим түгел, финанс яктан бәйсез булу өчен гомерегез кирәк булыр! Әгәр дә сез финансларга бик нык игътибар итсәгез, дистә еллар дәвамында финанс иреген көтеп калырга мөмкин. Акча төп максат булырга тиеш түгел. Финанс бәйсезлегенә юлда ЖУРНЕЙдан ләззәтләнегез, чөнки сәяхәт сезнең тормышыгыз.

**Ачани Сэмон Биау:** Мин моның корбаны идем. Кешеләр үз тормышларыннан ләззәт алу күп акча әрәм итү яки сарыф итү дигән сүз. Notk. Сезнең киләчәгегезгә куркыныч тудырмыйча, канәгатьләнү табу һәм онытылмаслык тәҗрибәләр булдыру өчен бик күп юллар бар.

**Олумид Огунсанво:** Сез бүлешергә теләгән бүтән хикәя бармы, сезнең шәхси финансларыгызга, финанс бәйсезлегегезгә, карашларыгызга яки карашларыгызга тәэсир иткән?

**Ачани Сэмон Биау:** Әлбәттә. Минем беренче эшкуарлык предприятияләреннән бер хикәя бар, алар белән уртаклашасым килә. Бу тәҗрибә миңа күп керем агымының өстенлекләрен аңларга булышты.

Хәтерлисездер, әтием күп бизнес белән шөгыльләнгән, шуңа күрә мин һәрвакыт төрле проектлар һәм предприятияләр белән танышуны табигый дип саный идем. 2007-нче елда, карьерамда берничә ай гына, минем өйдәге чиста хезмәт хакым Германиядәге 2500 fromдан 7000 € 9000 range арасына кадәр Көньяк Африка, Дубай, Малайзия һәм башка җирләрдә чит ил кешеләре булып китте. Өстәвенә, минем торак чыгымнары минималь иде, чөнки минем компания урнашты, электр һәм су өчен түләүләрне каплады. Бу миңа кереммемнең зур өлешен сакларга мөмкинлек бирде, минем чит ил контракты белән бәйле минималь чыгымнар аркасында Германиядә булганга караганда җиде тапкыр күбрәк.

**Олумид Огунсанво:** Искиткеч!

**Ачани Сэмон Биау:** Миңа 27 яшь иде, күңелсезләнә башлагач, өч ел ДТда эшләдем. Мәктәп каникуллары вакытында Франциядә студент булып эшләгән микро-эшкуарлык предприятиясен киңәйтү турында уйладым. Ул вакытта мин Франциядән Бенинга компьютерлар алып, дустым ярдәмендә сата идем. Мин Берләшкән Гарәп Әмирлекләрендә идем, капиталым күбрәк иде, шуңа күрә мин моны зуррак бизнеска әйләндерә алыр идем дип уйладым. Франциядән ноутбуклар сатып алу урынына, без аларны Берләшкән Гарәп Әмирлекләреннән арзанрак сатып алырга булдык.

Ләкин без кайбер авырлыклар белән очраштык. Берләшкән Гарәп Әмирлекләрендәге клавиатура QWERTY, ә француз телендәге клавиатура AZERTY иде. Моннан тыш, Берләшкән Гарәп Әмирлекләрендәге электр кабельләре Бенин һәм Франциянекеннән аерылып торды. Без ноутбукларны Берләшкән Гарәп Әмирлекләреннән Бенинга сатуга җибәргәнче, бу сорауларга чишелеш табарга тиеш идек.

Ниһаять, без ноутбуклар һәм зарядлы кабельләр сатып алу берәмлегенең экономикасын аңладык, ләкин клавиатура урнаштыру проблемасы белән калдык. Аннары дустым Бениндагы Берләшкән Гарәп Әмирлекләре клавиатураларына француз хәрефләрен буярга тәкъдим итте!

**Олумид Огунсанво:** [Елмаеп] Син шаярасыңмы? Бу 100% акылсыз яңгырый.

**Ачани Сэмон Биау:** Ахырда, без стикерлар сатып алып, QWERTY клавиатураларына практик чишелеш итеп урнаштырырга булдык. Без суга төштек һәм 20,000 € (һәрберсе, 000 10,000) булган компанияне кертеп, бизнес башладык. Минем ролем Берләшкән Гарәп Әмирлекләреннән ноутбуклар сатып алу һәм аларны сату өчен Бенинга сәяхәт итү иде. Вакытка сизгер заказлар өчен без ноутбукларны көймә ярдәмендә җибәрер идек. Очыш чыгымнарын оптимальләштерү өчен, мин Найроби аша Kenya Airways белән очыр идем.

**Олумид Огунсанво:** Әй, илаһым. Бик күп ноутбук белән сәяхәтне ничек эшләдегез? Сез аларны тикшердегезме? Аларның юк ителүеннән курыктыгызмы?

**Ачани Сэмон Биау:** Башта мин компьютерларның күбесен кул багажымда йөрттем һәм кабельләрдә тикшердем. Бизнес үсә барган саен, мин ноутбукларның кайберләрен тикшерә башладым, аларны зыяннан саклар өчен кием белән бәйләдем. Без төрле урыннардагы бәяләрне игътибар белән күзәттек һәм иң яхшы бәяләргә карап Франция яки Дубайдан җибәрер идек. Ахырда, без хәтта Кытайдан сатып ала башладык. Бизнес алга китте, ел саен сатудан 200,000 доллардан артык акча эшләде һәм берничә ел эчендә керемнәрнең ун тапкыр диярлек үсешен кичерде.

Мин бер проспект аша акча эшләүдә уңышлы булсагыз да, монда туктарга кирәк түгеллеген белдем. Сез яңа мөмкинлекләрне өйрәнүне дәвам итә аласыз.

Мин уңайлы хәлдә идем, һәм мин моны акча өчен эшләмәдем. Мин арбитраж таптым һәм аның артыннан киттем. Мин моны бер компьютер белән генә түгел, ә зуррак масштабта йөзләгән санаклар белән эшләдем.

Ләкин, ахыр чиктә, бизнес авырлыклар белән очрашты. Без салым салып һәм Бениндагы хезмәткәрләребезгә социаль яклау түләп намуслы булу "хата" ясадык. Көннәрдән бер көнне салым органнары килеп, бу өлкәдәге күпчелек предприятияләрнең сатуларының якынча 10% игълан итүләрен ачыкладылар. Алар салым законын чыгардылар, анда узган еллардагы үзгәрешләр кертелде. Без аптырадык, ләкин үзебезне көчсез хис иттек. Система белән көрәшә алмыйча, без инвентаризацияне бетерергә һәм бизнесны туктатырга булдык.

Шуңа да карамастан, бу тәҗрибә мине эшкуарлык дөньясына ачты. Без хезмәткәрләрне эшкә алырга, инвентаризация белән идарә итәргә, бизнес чыгымнарын оптимальләштерергә тиеш идек. Бу бик кыйммәтле уку тәҗрибәсе иде, мин хәтта бизнес мәктәбендә укыганчы.

**Ачани Сэмон Биау:** Повестьның әхлагы - сез үзегезне тынгысыз хис иткәндә һәм өйрәнү сызыгы тигезләнгәндә яңа мөмкинлекләр эзләү. Артык уңайлы булмагыз; һәрвакыт яңа нәрсә өстәргә омтыл. Дөнья чиксез мөмкинлекләр һәм мөмкинлекләр белән тулы. Эчке шатлык һәм канәгатьлек бар, яңа әйберләрне өйрәнүдән, яңа күнекмәләрне үстерүдән, алар тиз арада финанс табышына китермәсәләр дә.

**Олумид Огунсанво:** Матур. Хикәягезне уртаклашкан өчен рәхмәт.

# 4С: Амбиция һәм батырлык принциплары

**Олумид Огунсанво:** Хәзер без шәхси хикәяләребез белән уртаклаштык, әйдәгез игътибарыбызны күчерик һәм финанс бәйсезлегенә сәяхәтне тизләтә алырлык махсус принципларга игътибар итик. Бу бүлектә без өч бүлеккә бүленгән амбиция һәм батырлык принципларын өйрәнербез. Башта без бу принципларны билгеләячәкбез. Икенчедән, без аларның финанс бәйсезлегенә ничек ярдәм итә алулары турында сөйләшәчәкбез. Finallyәм, ниһаять, без бу принципларны алга таба өйрәнү өчен китап тәкъдимнәрен бирербез.

Амбициядән башлыйк, бу тәвәккәллек һәм тырышлык таләп итә торган эшне башкару өчен көчле теләк. Амбиция без алда сөйләшкән принциплар белән ничек бәйле, һәм ул ничек финанс бәйсезлегенә омтылырга ярдәм итә ала?

Башта без үз-үзеңә ышану һәм үз-үзеңә ышану турында сөйләштек. Сез үз-үзегезне чикләүче ышануларны юкка чыгаручы һәм теләсә нәрсәгә ирешү сәләтегезгә ышану уята торган фикер йөртүен үстерәсез. Сез шулай ук үз тормышыгыз өчен бердәнбер Җаваплылыкны үз өстегезгә аласыз. Алга таба, кызыксынуыгыз сезне яңа мөмкинлекләр белән танышырга һәм мөстәкыйль уйларга этәрә, юкка чыгу куркуыннан (FOMO). Сез тормышның нинди булачагына дулкынланасыз, кызыксынасыз.

Алга таба, сез үзегез теләгән тормыш булдыру теләген үстерәсез, ул финанс яктан бәйсез булырга. Бу янып торган теләк - амбиция. Табигый рәвештә үз-үзеңә ышану, үз-үзеңә ышану, кызыксыну һәм мөстәкыйль уйлаудан үсә. Амбиция аеруча астрослар, чит кешеләр, чит ил кешеләре, күчмә кешеләр, азчылыклар һәм иммигрантлар өчен бик мөһим була. Чит кеше буларак, сезнең яңа мохитегезне аңлау һәм мөмкинлекләрне тану бик мөһим. Амбицияле булу сезгә яңа тормышны күз алдына китерергә һәм омтылырга мөмкинлек бирә.

**Ачани Сэмон Биау:** Мин тулысынча килешәм. Башта финанс бәйсезлеге өчен кирәк булган сумма куркытырга мөмкин. Әйтик, сез ай саен 12000 $ эшлисез һәм финанс бәйсезлегенә ирешү өчен сезгә миллион доллар кирәк дип санасагыз, мөмкин түгел дип уйлау һәм тырышмыйча бирешү табигый.

Амбиция - омтылыш максатлары кую һәм ирешү сәләтеңә ышанырга мөмкинлек бирүче акыл хәле. Амбиция мөстәкыйль фикерләү белән тыгыз бәйләнгән һәм максат кую белән ныгытыла. Сезнең тормышыгыз өчен хыялларыгызны һәм теләкләрегезне үз эченә алган күренеш булдыру өчен, сез башкалардан аерылып торырга сәләтле булырга тиеш.

Ләкин, максатсыз, амбиция генә юнәлешсез һәм төпсез тырышлыкларга китерә. Нәкъ шулай ук, амбициясез, сез үтәлмәгән потенциалга китерә торган кечкенә максатлар куясыз.

**Олумид Огунсанво:** Яхшы әйтелгән. Амбиция соңгы бүлектән бәйсез уйлау һәм максат кую арасында күпер булып тора, без киләсе бүлектә карап чыгарбыз. Роберт Киосаки кешеләргә үз фикерләрен "Мин булдыра алмыйм" дән "Ничек мин булдыра алам?" Күченә күчерергә киңәш итә .[1] Бу алым мөмкинлекләргә һәм проблемаларга "мин булдыра алмыйм" яки "Бу мөмкин түгел" дип әйтүдән тыелып кулланылырга мөмкин, киресенчә, амбицияле кешеләр үз сәләтләренә ышаналар һәм вакыйгаларны тормышка ашыру өчен актив чаралар күрәләр.

Бу китапны сатып, сез финанс бәйсезлегенә ирешү белән кызыксынуыгызны күрсәттегез. Ләкин ул үзеннән-үзе булмаячак. Бүген, иртәгә түгел, тиздән һәм "киләчәктә" түгел. Уңышка алып бару өчен бүген чаралар күрегез.

**Ачани Сэмон Биау:** Әгәр дә сез амбиция үстерергә телисез икән, монда берничә китап тәкъдиме бар. Башлау өчен, Джим Роннын " Амбиция көче [2]" искиткеч ресурс. Бу китап амбицияле булу өчен үзегездәге көчле көчне уята.

**Олумид Огунсанво:** [Елмая] Син нәрсә беләсең, Самон? Мин шул


1. https://www.goodreads.com/quotes/645564-i-can-t-afford-it-shut-down-your-brain-it-didn-t

2. https://www.amazon.com/Power-Ambition-Awakening-Powerful-Within-ebook/dp/ B09FNP7GCX

ук китапны тәкъдим итәргә җыендым. Бу ышанмаслык, чөнки без моңа кадәр тәкъдимнәрне тупламадык, сөйләшмәдек.

**Ачани Сэмон Биау:** Әйе, чыннан да. Бу гаҗәеп эчтәлекле китап. Автор үз әсәрендә амбицияне гади эш түгел, ә акыл хәле итеп билгели. Ул чын амбициянең тиз теләк түгел, ә тәртипле, ашкынучан һәм обессив теләк булуын әйтә. Сезнең хәзерге шартларыгызга түгел, ә киләсе мөһим казанышларыгыз турында гел уйланган фикер йөртү кабул итү бик мөһим. Марафонны уңышлы йөгерсәгез, монда туктамагыз; триатлонга омтылу.

**Олумид Огунсанво:** Амбиция принцибының матурлыгы шунда ки, без аны финанс бәйсезлеге контекстында еш сөйләшсәк тә, аның шәхси үсештә бик киң кулланылышы бар. Амбиция сезгә бизнес башларга, партнер табарга, яисә сез куйган максатка ирешергә көч бирә ала. Финанс бәйсезлегенә омтылуда үстерелгән акыл, осталык, осталык һәрвакыт тормышның башка мөһим өлкәләренә, мәсәлән, мөнәсәбәтләр, сәламәтлек, эшкуарлык һ.б.

**Ачани Сэмон Биау:** Әйткәндәй, сез саклаган компания. Amb3-үзеңне амбициясе булмаган шәхесләр белән әйләндереп алу, үзеңнең дискка комачаулый ала, хәтта табигый рәвештә уңышка ирешү теләге булса да. Әгәр дә сез хәзерге вакытта зур үзгәрешләр кертергә уйлыйсыз икән, амбицияле максатларга ирешкән яки аларны актив рәвештә эзләгән дуслар белән күбрәк вакыт үткәрү файдалы булырга мөмкин. Охшаш һәм дәртле шәхесләр белән аралашу сезне рухландырырга, кыйммәтле мәгълүмат бирергә һәм үз амбицияләрегезгә ирешергә омтылганда ярдәм күрсәтергә мөмкин.

**Олумид Огунсанво:** "Сез иң күп вакыт үткәргән биш кешенең уртачасы" дигән киң таралган сүзләрне кем популярлаштырды?

**Ачани Сэмон Биау:** Кем?

**Олумид Огунсанво:** [Көлә] Джим Рон. Бу мине дә гаҗәпләндерде. Әйе, сез тәкъдим иткән китап авторы шул ук Джим Рон. Сезнең иҗтимагый түгәрәк һәм амбиция дәрәҗәсе үзара бәйләнгән.

Күпчелек принциплар үзара бәйләнгән. Мәсәлән, без үз-үзебезгә ышану турында берничә бүлек элек сөйләштек. Әгәр дә сездә үз-үзегезгә ышану зур булса, димәк, кыю чаралар күрү ихтимал. Хәзер без амбицияне өйрәнәбез. Амбицияле булу еш кына кыюлык таләп итә. Бу төшенчәләр китапта аерым тәкъдим ителергә мөмкин, ләкин алар ясалма аермалар. Безнең максат - бу сыйфатларны үстерергә һәм үстерергә рухландыру, тормышыгыз белән искиткеч нәрсәгә ирешү мөмкинлегенә ышану.

**Ачани Сэмон Биау:** Әлбәттә. Буш амбиция белән тәвәккәл амбицияне аеру бик мөһим, чөнки соңгысы башкару кебек башка мөһим сыйфатлар белән бергә бара. Көнчелек аркасында амбиция сезнең чын максатларыгызга туры килмәскә мөмкин.

Башлап Җибәргәндә, сез чын күңелдән кызыксынган әйберне сайларга тиеш, чөнки сез башкаларның уңышына сокланып, аны кабатларга омтылсагыз да, сездә чын теләк булмаса, кирәкле көчне сарыф итү мөмкинлеге азрак булыр. . Башка сүзләр белән әйткәндә, сезнең амбициягездә чын дәрт Җитмәсә, сез процесс дәвамында мотивация һәм тугрылыкны саклап калу өчен көрәшергә мөмкин.

**Олумид Огунсанво:** Амбиция турында бу бүлек бер сәбәп аркасында мөстәкыйль фикерләү бүлегенә иярә. Алдагы бүлек турында уйланып, мөстәкыйль фикер йөртү белән, сез шәхес буларак сезнең белән чыннан да резонанс булган әйберләргә амбицияле булырга мөмкин. Yourselfз-үзеңә тугры калу, гадәттә, синең өчен яхшырак эшләячәк юл.

**Ачани Сэмон Биау:** Әгәр сезнең өчен мөһим булган әйберләргә карата көчле теләк булса, сез уңышка ирешерсез һәм сез куйган максатларга ирешерсез. Киресенчә, сез үз амбицияләрегезне башкаларга көнләшкәнгә яки башкалардан танылырга теләгәнгә генә куып барсагыз, сез теләгән позициягезгә ирешә аласыз, ләкин сез чынлап та үтәлмәвегезне сизә алмассыз.

**Олумид Огунсанво:** Әлбәттә, сезнең амбицияле максатларыгыз эчтән килеп, сезнең өчен шәхси әһәмияткә ия булырга тиеш. Хәзер мин берничә киңәш бирергә телим. Мин башта "Амбиция көче" тәкъдим итәргә Җыендым, ләкин сез моны искә төшергәнгә, мин моны ташлыйм. Киресенчә, мин " Титан кораллары [3]" ны тәкъдим итәм, Тим Феррис. Китап төрле өлкәләрдән дөнья дәрәҖәсендәге башкаручыларны күрсәтә. Укучылар үзләренең хикәяләре аша үз эшләрен күчереп кенә түгел, ә алардан өйрәнеп кыйммәтле төшенчәләргә ирешә алалар. Сез

---

3.     https://www.amazon.com/Tools-Titans-Billionaires-World-Class-Performers/dp/1328683788

аңлый башлый аласыз, әгәр башкалар зур әйберләргә ирешкән икән, сез дә үзегезгә амбицияле максатлар куя аласыз. Башкалар хыяллары белән яшәгәндә, нигә сез яшәргә теләмәгән тормышка урнашырга?

Бу амбиция принцибын тәмамлый. Алга таба батырлык турында сөйләшергә тиешме?

**Ачани Сэмон Биау:** Әйе, әйдәгез минем яраткан темаларның берсе булган кыюлыкка күчик. Батырлык оялчан тавыкны тормышның күп өлкәләрендә калын арысланнан аера. Ул гасырлар дәвамында кешеләр тарафыннан яхшы сыйфат булып бәяләнде, һәм шулай. Батырлык - акыл көче, ул безне көткәннән арттыра, яңа нәрсәгә керешүне яки без очраткан проблемаларны түзүне үз эченә ала. Бу безгә каршылыкларга, куркынычларга, авырлыкларга каршы торырга көч бирә, авырлыкларга карамастан, аларны ныклык белән Җиңәргә мөмкинлек бирә.

**Олумид Огунсанво:** Көчле! Батырлык финанс бәйсезлегенә сәяхәттә мөһим роль уйный, ул күтәрелешләр, төшүләр, киртәләр белән тулган. Батырлык булмаса, күңел төшенкелегенә бирелү Җиңел. Ләкин, кыюлык белән, сез бу авырлыкларны Җиңә аласыз, дәртләнеп кала аласыз һәм максатларыгызга таба алга баруны дәвам итә аласыз. Батырлык - финанс бәйсезлегенә ирешкәннәрне юлда эзләүдән баш тартмаган кешеләрдән аеручы төп фактор. Бу миңа Nike нигез салучы Фил Найтның өземтәсен искә төшерә: "Куркаклар беркайчан да башланмады, көчсезләр юлда үлделәр. Бу безне калдыра."

Безнең максат - сезнең өчен мәгънәле тормышны ачу һәм сәяхәткә барырга әзер булу, чөнки сез моңа лаек дип саныйсыз. Батырлык - сезне бу сәяхәттә нык торырга этәрә.

**Ачани Сэмон Биау:** Без барыбыз да курку кичерәбез, ләкин батырлык - бу хисләрне тану, аларның безгә ничек тәэсир иткәнен аңлау һәм аларга карамастан дәвам итү сәләте.

**Олумид Огунсанво:** Курку - мөһим эшләрнең котылгысыз өлеше. Куркуны, зәгыйфьлекне, билгесезлекне кабул итегез һәм карамастан алга баруны дәвам итегез.

**Ачани Сэмон Биау:** Кыю кеше куркынычны күрмәгән кеше түгел, ә аны күргән һәм китергән куркуны таныган кеше икәнен танырга кирәк. Ләкин, аларда куркуга карамастан, аларга каршы торырга көч бирүче эчке көч бар. Батыр булу өчен сез гадәттән тыш шәхес булырга тиеш түгел; сез үз хисләрегезне контрольдә тотарга һәм проблема белән бәйле куркынычларны танырга өйрәнергә тиеш. Онытмагыз, бердәнбер чын уңышсызлык бөтенләй омтылмый, һәм куркуга каршы торып, чаралар күреп, сез нәрсәгә ирешә алуыгыз белән үзегезне гаҗәпләндерергә мөмкин. Мин бу проблеманы таныйм. Мин югалырга мөмкин, ләкин шулай да дәвам итәрмен.

Бу фикерне ачыклау өчен анекдот белән уртаклашам: анда утрауны яулап алырга командир һәм аның солдатлары бар иде. Алар көймәләренә утырып ярга килеп Җиттеләр, ләкин солдатлар дулкынлану һәм билгесезлек белән тулды. Шуннан соң командир гаскәрләрне тагын да эчке илләргә алып барды һәм үз позицияләрен саклар өчен шунда калдырды. Ул иң кыю солдатлар белән ярга кайтты һәм көймәләрен яндырды, артка чигенү мөмкинлеген бетерде. Бу барлык солдатларны да тәвәккәллек белән көрәшергә мәҗбүр итте. Командир, сугышчылардан башка чара калмаганнарын белсәләр, аның солдатларының батырлыгы артачагын аңлады.

**Олумид Огунсанво:** Без кире кайтмыйбыз. Без алга барабыз яки үләбез! Кызык.

**Ачани Самон Биау:** Гаскәрләр янган көймәләренә шаһит булгач, солдатлар психик үзгәрешләр кичерделәр. Алар әле дә курыктылар, ләкин ачыклыктан килгән тәвәккәллек бар иде. Сугыш яки үлә. Батырлык, әлбәттә, курку юклыгын аңлатмый, киресенчә, бу дөрес юл икәнлегенә ышандыру һәм тәвәккәллек белән алга бару.

**Олумид Огунсанво: Самон, хәзер MJ DeMarcоның " Язылмаган " [4] китабыннан FTE дип аталган концепция кертү өчен иң яхшы вакыт (Fuck This Event). Бу кеше үзләренең таш төбенә төшкәннәрен аңлап, тормышларын ашыгыч рәвештә үзгәртергә һәм бүтән юнәлештә барырга кирәк булганда килеп чыга.

Мин 24 яшемә кадәр берничә эшемне югалттым. Мин шунда ук аңладым, компанияләр минем иң яхшы мәнфәгатьләрем юк. Мин үз тормышым белән бүтән нәрсә эшләргә тиешлеген белә идем. Күпчелек кеше үзләренә бирергә тиеш сорау: Сез FTEның булуын көтәргә телисезме? Сезнең компаниянең сезне Җибәрүен көтәргә телисезме?

4.    https://www.amazon.com/UNSCRIPTED-Life-Liberty-Pursuit-Entrepreneurship/dp/ 0984358161

Сезгә таш төбенә төшкәнче көтәргә кирәкме, яисә <u>хәзерге вакытта</u> травматик FTE вакыйгасы булмаган максатларга ирешү өчен актив адымнар ясый аласызмы?

FTEлар котылгысыз була. Сез эшләгән компания сезнең гаиләгез түгел, сезгә нәрсә әйтсәләр дә. Аларның сезнең өчен иң яхшы кызыксынулары юк. Алар сезгә теләсә нинди мөмкинлекне ватырлар. Алар сезне үз хезмәтегез өчен кулланалар.

**Ачани Сэмон Биау:** Компанияләр кайвакыт компаниядәге һәркемнең уртак миссиядә булуын әйтсәләр дә, һәрбер кешенең шәхси миссиясе барлыгын, ахыр чиктә үз карьерасы һәм иминлеге өчен җаваплы булуын онытмаска кирәк. Уртак шартлар аркасында хезмәттәшләр дус булырга мөмкин, шартлар үзгәргәндә һәркем үз юлыннан барырга тиеш.

**Олумид Огунсанво:** Максатларыгызга сәяхәт башлау өчен батырлык кирәк. Ләкин, сездә җитмәсә, FTE ахыр чиктә сезне нәрсәдер эшләргә мәҗбүр итәчәк. Әйдәгез, исәпләнгән рискның мөһимлеге турында сөйләшик. Батырлык һәм сезнең комфорт зонасында булу бер-берсенә туры килми. Статус-квога иярү финанс бәйсезлегенә китермәячәк, һәм сезнең комфорт зонасы сезне статус-квода тотып калыр. Батырлык - антидиот.

**Ачани Сэмон Биау:** Сезнең сүзләрегез миңа француз шигырен искә төшерә: **"Вайнкре санс куркыныч, триумф санс глирында"** (**Әгәр дә сез куркынычсыз җиңсәгез, димәк сез дансыз җиңәсез**). Сез үзегезнең комфорт зонасында булганда, сез бернинди кыенлыклар булмаган уенда җиңәсез.

**Олумид Огунсанво:** "Акылсыз уеннар уйнагыз һәм ахмак призлар яулагыз" дигән әйтем бар . "Сезнең комфорт зонасында булу ахмак уен уйнауга охшаган. Сез үзегезнең куркынычсыз тәртибегезгә һәм алдан билгеләнгән юлга ияреп, ел саен 3% күтәрү кабул ителүенә һәм тормышыгызның "ярый" икәненә ышандырасыз. Ләкин ни өчен сез искиткеч тормыш алып бара аласыз?

Әгәр дә сез финанс бәйсезлегенә 40ка ирешергә һәм аны 48гә җиткерергә уйласагыз да, бу статус-кводан яхшырак. Статус-кво сезне 75кә кадәр саклап калырга мөмкин. Бу саннар турында гына түгел; бу үзеңне киләчәккә дулкынланырга этәрү, һәм бу киләчәкне булдыру өчен кыю һәм амбицияле булу турында.

Финанс бәйсезлеге өчен исәпләнгән куркынычларны алу бик мөһим. Сэмон алда курку ролен искә төшерде. Сез яңа мөмкинлекләрне барлаудан һәм үзегезне анда калдырудан курка аласыз, ләкин сезнең эшегез дә куркыныч тудыра. Сез бу куркынычларны төгәл бәяләдегезме? Сезнең компания сезнең хезмәтегезне таләп итмәгәч, нәрсә була? Саф рациональ күзлектән караганда, сезнең куркынычларыгызны киртәләп, уяу булу мәгънәле. Хәзерге хәлегез белән бәйле рискларны дөрес бәяләп, сезне күбрәк исәпләнгән рисклар алырга дәртләндерергә мөмкин.

**Ачани Сэмон Биау:** Акыллы сүзләр. Батырлык финанс бәйсезлегенә сәяхәтне ничек хуплый? Кыюлык турында уйлагыз, сезне финанс бәйсезлеге баскычына этәрә һәм күтәрелешне саклый.

**Олумид Огунсанво:** FTE яки тышкы шартларны сезне кыю булырга мәҗбүр итмәгез. Әгәр дә сездә соңрак FTE зиннәте булмаса? Сез шәхси финансларыгызга җитди карарга кирәклеген һәм пенсиягә ун ел гына калганын аңлап, үзегезне алтмышынчы елларда табарга мөмкин. Шул вакытта сез алдан чара күрмәгәнгә үкенергә мөмкин. Хәзер башлагыз! Бераз олырак булсагыз да, башларга беркайчан да соң түгел. Сез беркем белән дә ярышта түгел.

Күпчелек куркынычларны аңлагач, кыю булу җиңелрәк. Батыр кеше сукыр сугышта гаепләнүче кеше түгел; ул рискларны җентекләп бәяләгән һәм алга баруны сайлаган кеше, чөнки алар файда чыгымнардан артыграк дип саныйлар. Ләкин өстенлекләр чыгымнардан өстенме-юкмы икәнен ачыклау өчен, күзләрегезне ачарга, күз алдыгызга китерергә һәм сезнең хәлегездәге сәүдә нәтиҗәләрен аңларга кирәк.

**Ачани Сэмон Биау:** Олумид бу FTE вакыйгасын тормышыгызда ничек ясарга дигән сорау күтәрде. Әгәр дә сез үз балаларыгызда кыюлык, үз-үзегезгә ышану, үз-үзегезгә ышану үстерергә телисез икән, аларга сездән ерак һәм тормыш уңайлыкларыннан ерак торырга мөмкинлек бирү файдалы. Мин алда искә алган янган кораб турында анекдотны хәтерлисезме? Балагызны ярдәмгә чакырмыйча, каядыр ташлап китүегезне күз алдыгызга китерегез. Алар үзләре ничек яшәргә икәнлеген аңларга тиешләр.

Кайбер кешеләр моны коточкыч идея дип санарга мөмкин, чөнки бала гомер буе травма ала. Ләкин монда нәрсә: аларны реаль дөньядан саклап, сез аларның тормышындагы иң зур травмага китерәсез. Ялган уңай тәҗрибә тудырып, сез аларны дөньяны чынбарлыктан кичерүдән мәхрүм итәсез. Балаларга ниндидер бәйсезлек дәрәҗәсен кичерергә һәм проблемалар белән очрашырга рөхсәт итеп, сез аларга үсеш өчен кыйммәтле мөмкинлекләр бирә аласыз.

**Олумид Огунсанво:** Әйе, барысы да рискны бәяләүгә кайтып кала. Аларга җитәрлек бәйсезлек, үз-үзеңне тәэмин итү, үз-үзеңә ышану куркынычын бәяләү зуррак куркыныч тудыра. Аларны бу кораллар белән җиһазландырмыйча, сез аларны киләчәктә уңышка урнаштырмассыз. Бу бик кызганыч.

**Ачани Сэмон Биау:** Моны уйлап карагыз - сез үз балаларыгызны артык сакласагыз һәм аларга авырлыклар кичермәсәгез, сез аларны озакламый уңышсызлыкка куясыз. Аларга авырлыклар белән очрашырга, әйберләрне үзләре аңларга рөхсәт итү мөһим.

Мәсәлән, балаларыгыз эш базарына керәләр, ләкин эшне тәэмин итү өчен көрәшәләр. Әгәр дә сез үз компаниягездә алар өчен эш булдырырга уйласагыз, сез аларның озак вакытлы уңышларына комачаулыйсыз. Шулай итеп, сез аларның төп күнекмәләрен үстерү һәм үз-үзеңне тәэмин итү өчен кирәкле кыйммәтле тәҗрибә туплау сәләтенә комачаулыйсыз. Моннан тыш, сез аларны коткарыр өчен булмаганда нәрсә була? Аларга кыенлыклар белән очрашырга һәм мөстәкыйльлекне үстерергә рөхсәт итү бик мөһим, хәтта вакытлыча киртәләр белән очрашса да. Алар сезнең байлыгыгызны мирас итеп алсалар да, алар мөстәкыйль булырга өйрәнмәгәнгә, аны әрәм итәрләр.

Олыгайгач, кыюлык начальнигыгыз белән сөйләшә һәм үзегезне яклый белү дигән сүз. Мәсәлән, сез ышаныч белән әйтә аласыз: "Әй, мин бу әйберләргә ирештем, һәм мин рекламага лаек дип саныйм." Сез шулай ук әйтә аласыз, әйберләр эшләмәсә, сез башка мөмкинлекләрне өйрәнерсез. Yourselfзеңне якларга һәм хәзерге позицияңнән читтә эш мөмкинлекләрен өйрәнергә кыю булу мөһим, бигрәк тә син түләнмәгән, бәяләнмәгән яки кулланылмаган дип санасаң.

**Олумид Огунсанво:** Яки, бәлки, берьюлы өчесен дә кичерергә мөмкин! [Көлә]

**Ачани Сэмон Биау:** Эш интервьюсында сез эмоциональ яктан басым ясарга тырышучы әңгәмәдәшне очратырга мөмкин. Аларның ышануларына каршы торырга һәм үзегез өчен торырга кыю булыгыз. "Гафу итегез, ләкин монда математик яктан күргәннәрдән мин дөрес әйткән кебек тоелырга курыкмагыз. Сез ышануыгызның сәбәбен аңлатып бирә аласызмы?"

**Олумид Огунсанво:** Кечкенә, көндәлек гамәлләр аша амбиция үстереп, сез финанс бәйсезлеккә ирешү кебек зур максатларга ирешү сәләтегезне ныгытасыз.

**Ачани Сэмон Биау:** Стив Магнусның " Авыр эшләрне эшлә "[5]китабын тәкъдим итәсем килә . Ул куркуны җиңүне өйрәнә һәм спортта һәм башка өлкәләрдә кыенлыкларның кыйммәтлеген күрсәтә. Магнус, югары күрсәткечле спортчылар өчен галим һәм тренер, иң югары күрсәткечләргә ирешү өчен акыл һәм тән белән эшләүнең мөһимлегенә басым ясый. Магнус берничә багана аша эчке көчне тупларга тәкъдим итә, шул исәптән:

• Чынбарлыкны кабул итү һәм теләсә нинди фасадны ташлау.

• Тәнегезне тыңлау һәм аның стресска һәм авырлыкларга ничек җавап биргәнен белү.

• Куркуга һәм очыш ситуацияләренә импульсив реакция бирү урынына тәнегезгә җавап бирү.

• Уйланырлык чаралар күрү, ныклык һәм кырыслык булдыру өчен урын булдыру.

**Олумид Огунсанво:** Реакция автоматик, ләкин җавап белә. Бу финанс бәйсезлекнең микрокосмиясе: белә торып тормышка каршы автоматик статус-кво тормыш.

**Ачани Сэмон Биау:** Стив Магнус фикер алышкан соңгы багана уңайсызлыклардан артып китә. Массакүләм мәгълүмат чаралары һәм реклама төп максат итеп ешлыкны һәм люксны алга этәрәләр, ләкин бу фикер шәхси үсешкә комачаулый ала. Мәсәлән, бала математика фәнен уңышсыз калдырганда, ата-аналар аларга әле дә бөек дип әйтүдән сакланырга тиеш.

---

5.  https://www.amazon.com/Hard-Things-Resilience-Surprising-Toughness/dp/006309861X

**Олумид Огунсанво:** [Көлә] Яисә кайвакыт ата-аналар укытучыны гаеплиләр.

**Ачани Сэмон Биау:** Уңайсызлыкны арттыру бик мөһим, чөнки ансыз сез тормышта мәгънәле нәрсәгә ирешә алмассыз. Кайвакыт без эшне башкармыйбыз, ләкин без алга этәрергә батырчылык итәргә тиеш.

**Олумид Огунсанво:** Минем ике китап тәкъдимем бар. Беренчесе - Nike нигез салучы Фил Найтның " Аяк киеме эте ". [6]Бу китапта ул Nike-ны ничек башлап җибәргәне һәм аңа каршы булган каршылыклар, шул исәптән финанс кыенлыклары, хокукый бәхәсләр, кискен көндәшлек турында сөйли. Аның Nike сәяхәтендә күрсәткән батырлыгыннан һәм түземлегеннән без барыбыз да өйрәнә алабыз. Эшмәкәрлек - финанс бәйсезлегенең иң яхшы юлларының берсе, һәм бу китап бизнес төзү турында макияж ясамый.

Икенче рекомендация - Джим Ронның " Тормышыгызны әйләндерә торган көн ". [7]Китап тормышында төп мизгелгә Җиткән шәхесләрнең мисалларын китерә, алар үзгәрү кирәклеген аңлыйлар. Алар кыя төбенә сугалар һәм алга баручы әйберләргә төрлечә карарга тиешлеген аңлыйлар. Мин моны 21 һәм 23 яшемдә очраттым, ике эшемне дә югалттым, һәм бу китапта охшаш FTE һәм кризис мизгелләре белән очрашкан кешеләрнең төрле мисаллары тәкъдим ителә.

Бу китапны язуда безнең максат - сезне хәзерге хәлегездән тыш уйларга һәм сез теләгән тормышка каршы чаралар күрергә дәртләндерү. Без үзегезгә: "Бу мин яшәргә теләгән тормышмы?" - дип сорарга телибез. һәм үзгәртү. Без аңлыйбыз, кайвакыт мондый фикер йөртү өчен авыр вакыйга кирәк, ләкин без сезнең китабыгыз тормышыгыздагы уңай үзгәрешләр өчен катализатор булып хезмәт итәр дип ышанабыз. Ышанычтан тыш, сезне чын күңелдән дәртләндерә торган тормышка күчегез. Шуның белән без бу бүлекне япа алабыз, киләсе бүлектә күрербез.

---

6.  https://www.amazon.com/Shoe-Dog-Phil-Knight-audiobook/dp/B01CRJA470

7.  https://www.amazon.com/That-Turns-Your-Life-Around/dp/B01M7VOBM8

# 5: Бизнес Мәктәп хикәяләре һәм максат кую принциплары һәм шәхси үсеш принциплары

**Олумид Огунсанво:** Минем бизнес мәктәбендә укыган вакытым турында бик яхшы хатирәләрем бар, һәм мин хикәяләр сөйләргә һәм кеше капиталын киңәйтүнең финанс бәйсезлегенә юл ача алуы турында сөйләшергә бик шат.

**Ачани Сэмон Биау:** Бу бүлектә без бизнес-мәктәп елларында үз тәҗрибәләребезне өйрәнәчәкбез, алар шәхси үсеш өчен катализатор булып хезмәт иттеләр һәм тормышыбыз өчен яңа курс төзеделәр.

**Олумид Огунсанво:** Моннан тыш, без максат кую һәм шәхси үсеш принциплары турында сөйләшәчәкбез. Амбицияле максатлар кую һәм бу максатларга ирешү өчен үзеңне үстерү. Искиткеч. Киттек!

# 5А: Олумидның Бизнес Мәктәбе хикәясе

**Ачани Сэмон Биау:** Олумид, алдагы бүлектә без сезнең беренче карьерагыз турында сөйләштек, шул исәптән бәхетсез эш югалту һәм бизнес мәктәбен дәвам итеп тормышыгызны яңадан торгызу карары. Бу сәяхәтнең ничек үткәнен бүлешә аласызмы?

**Олумид Огунсанво:** Әлбәттә. Минем бизнес мәктәбенә омтылуым минем тормышымны күбрәк контрольдә тоту һәм үземне югары потенциаль траекториягә кую теләгеннән иде. Миңа ул вакытта нинди хисләр кичергәнемне аңлату өчен рәсем ясарга рөхсәт итегез. 10 кеше белән машинада үзегезне күз алдыгызга китерегез, һәрберсе сезгә төрле юнәлешләр һәм фикерләр бирә. Кайберәүләр йомшак кына читкә юнәлтәләр, икенчеләре сезнең карашка комачаулыйлар, хәтта сезне этәрәләр. Тышкы йогынты күп булганда, тормышыгызны контрольдә тоту авыр була. Бу шәхесләр сезнең тормышыгыздагы төрле басымны күрсәтәләр, мәсәлән, начальниклар, хезмәттәшләр яки йогынты ясаучы һәркем. Сез машина йөртүче булсагыз да, машина максимум биш кеше өчен генә эшләнгән, яисә спорт машинасында хәтта икесе генә. Бу аналогиядә төп максат - машинаны тыныч кына йөртү, ике кулы тәгәрмәчтә, һәм азрак читкә юнәлтү, бу сезнең тормышыгыз белән идарә итәргә мөмкинлек бирә.

Мин күбрәк агентлык эзләдем, һәм бизнес-мәктәп яңадан торгызылыр, миңа яңа әйберләр өйрәнергә, кешеләр белән элемтәгә керергә һәм яхшырак хезмәт хакы алырга мөмкинлек бирер дип ышандым. Менә минем бизнес мәктәп сәяхәтем ничек үтте:

**Контекст:** Бу 2009 иде, һәм миңа 24 яшь иде. Элекке бүлектә әйтеп үткәнемчә, элеккеге эшемдәге бәхетсез вакыйгалар аркасында мин үземне авыр хәлдә таптым. Мин Америкада калу өчен төнлә магистр дәрәҗәсен дәвам иттем.

**Мәктәп сайлау:** 17 яшемә кадәр Нигериядә, аннары Америкада яшәп, мин Европада яшәп, башка нәрсә кичерергә теләдем. Мин моңа кадәр берничә тапкыр Европада булып кайтсам да, анда беркайчан да яшәмәгән идем. Европа бизнес мәктәбендә уку мөмкинлеге дулкынландыргыч тоелды, һәм мин шулай ук Оксфорд белән сентименталь бәйләнештә идем, чөнки әти Җитмешенче елларда университетта укыган иде. Мин беренче чиратта LBS, Оксфорд, Кембридж һәм INSEAD кебек югары дәрәҗәдәге Европа мәктәпләренә игътибар иттем, берничә Америка мәктәпләре резерв.

**Эшләр:** Мин кирәкле китаплар һәм курслар алып, GMAT препаратларына чумдым. Минем көннәр структуралашты, уянудан, душтан башлап, көне буе GMATка әзерләнү өчен, ИИТка бару, аннары төнлә дәресләр. Бу монотонлы һәм күңелсез кебек тоелырга мөмкин, ләкин миңа процесс ошады, чөнки мин тормышымны үзгәртә идем. Мин GMATда яхшы чыгыш ясадым һәм MBA кушымтасының бүтән аспектларын, шул исәптән рекомендация хатларын һәм очеркларны тәмамладым.

**Нәтиҗә:** Оксфордтан 2009 елның 11 декабрендә "Оксфорд MBA Программасы 2010/11" дигән ачык булмаган тема белән хат алганымны яхшы хәтерлим. Электрон почтаны ачкач, керү тәкъдимен күрдем. Мин хисләр белән тулдым һәм шатланып еладым диярлек. Мин бүлмәмдә биедем (бию - минем кызыксынуымның берсе, алдагы бүлектә әйтелгәнчә). Бу искиткеч һәм тормышны үзгәртә торган мизгел иде! Мин белә идем, минем тормышым беркайчан да беркайчан да беркайчан булмаячак.

Минем бизнес мәктәбенә заявка сәяхәтем күбесенчә ялгыз эш иде. Мин заявка бирү планнарым турында әти-әниемә хәбәр итмәдем, һәм группа өйрәнүендә катнашмадым, гаризамны сочинение белән беркем белән дә бүлешмәдем. Мин шулай ук кайсы бизнес мәктәпләренә мөрәҗәгать итү турында киңәш эзләмәдем. Әлбәттә, бу бөтенләй ялгыз түгел иде, миңа элеккеге хезмәттәшләремнең һәм профессорларымның рекомендация хатлары кирәк иде (минем бизнес мәктәбемнең рекомендация хатларын язган һәркемгә кычкыру). Мин бүген мондый ысулны беркемгә дә тәкъдим итмим. Мин моны эшләдем, чөнки ул процессны кичергән яки ул вакытта MBA булган кешене белмәдем, чөнки яшьтәшләремнең күбесе 20 яшьләр тирәсендә һәм карьераларын башлаганнар.

Бу тәҗрибә турында еллар узгач, мин Европа мәктәпләрен сайлавым

Европада яшәү теләгемнән яки Америка системасына ризасызлыгымнанмы дип уйладым. Эш югалтуым белән бәйле вакыйгалар мине әле дә рәнҗетте һәм Америка системасы мине рәнҗетте дип уйладым. Шуңа күрә, минем Европага күченү карарым Европага билгеле бер тарту түгел, ә өлешчә Америкадан качу булгандыр.

**Ачани Сэмон Биау:** Монда бушатырлык әйберләр күп. Әйдәгез, бизнес-мәктәпкә бару карарыгызны яңадан карап чыгыйк. Сез Америка системасы төшенкелеген, Европада яшәү теләген һәм әтиегезнең Оксфорд белән эмоциональ бәйләнешен искә төшердегез. Ләкин, сез финанс бәйсезлеген этәргеч фактор буларак ачыктан-ачык әйтмәдегез. Сез ул вакыт эчендә финанс бәйсезлеге турындагы уйларыгызны Җентекләп әйтә аласызмы?

**Олумид Огунсанво:** Минем балачактан ук шәхси финанс белән кызыксынуым бар. Бу беренче эшемне алганнан соң дәвам итте, анда мин туплаган акчамны фаразлау өчен электрон таблицалар төзи башладым һәм 2006 һәм 2010 еллар арасында шәхси финанс блогларына кердем. Акрын гына бай булыгыз [1](JD Roth), Иртә пенсия экстремиясе [2](Джейкоб Лунд Фискер) һәм Минем акча блогым (Джонатан Пинг) [3]. Мин шулай ук хәзерге вакытта актив булмаган бүтән вебсайтларны укыйм, мәсәлән, thesimpledollar.com, allfinancialmatters.com, net-banker.com, bargaineering.com h.б. УТ (Финанс бәйсезлеге һәм иртә пенсия) хәрәкәте ул вакытта чагыштырмача кечкенә иде, һәм термин үзе киң танылмады. Нәтиҗәдә, мин бу блогларны ачыктан-ачык УТ белән бәйле чыганаклар түгел, ә шәхси финанс ресурслары дип саный идем.

**Ачани Сэмон Биау:** Сезне ул вакытта шәхси финанс блогларына нәрсә Җәлеп итте?

**Олумид Огунсанво:** Миңа шәхси финанслар турында уку һәм бизнес мәктәбе алдыннан акча белән эффективрак булу юлларын ачу ошады. Бизнес мәктәпкә заявка бирү процессын башлагач, төп максатларым иң зур керем белән мөмкин булган иң яхшы эшкә урнашуга юнәлтелде. Финанс бәйсезлеге минем уйымда ачык булмаган; Мин табыш потенциалын максимальләштерү белән күбрәк борчылдым.

---

1.     http://getrichslowly.org

2.     http://earlyretirementextreme.com

3.     https://www.mymoneyblog.com/

**Ачани Сэмон Биау:** Шулай итеп, аудиториябезгә ачыклау өчен, эшегезне югалткач һәм бизнес-мәктәпкә мөрәҗәгать итә башлагач, башка мастер программасын дәвам иткәндә, сезнең төп мотивыгыз контрольне яңадан торгызу һәм тормышыгызны үзгәртү иде. Сезнең шәхси финанс белән кызыксынуыгыз булса да, финанс бәйсезлегенә ирешү бизнес мәктәбенә кергәндә сезнең өчен махсус максат түгел иде.

**Олумид Огунсанво:** Бу дөрес. Финанс бәйсезлеге мин ул вакытта актив эзләгән яки хәтта тулысынча аңлаган әйбер түгел иде. Әгәр сез бу турыда 2009-нчы елда сорасагыз, мин бу төшенчәне аңламас идем. Бай булу нәрсә аңлатканын белсәм дә, ул вакытта финанс бәйсезлек идеясе киң таралмаган һәм киң таралган булмаган.

**Ачани Сэмон Биау:** Сезнең бизнес мәктәбегезнең тәҗрибәсе ничек булды?

**Олумид Огунсанво:** Бу искиткеч иде! Мин бизнес мәктәбендә укыган вакытта ике финанс бәйсезлеге дәресен өйрәндем.

Беренчедән, кеше потенциалын арттыру өчен кеше капиталын арттыру бик мөһим. Сезгә бизнес мәктәбенә барырга яки магистр дәрәҗәсен алырга кирәк түгел, ләкин шәхси үсешкә игътибарны арттыру һәм керемнәрегезне арттыру өчен белемнәрегезне киңәйтү бик мөһим.

Икенче дәрес - үзеңне яңа кешеләргә ачу, офыкыңны киңәйтү өчен яңа карашлар. Бу ике дәрес үзара бәйләнгән, чөнки сезнең дөньяга карашыгызны киңәйтү шәхси үсеш өчен сәләтегезне арттыра, бу үз чиратында керемнәр потенциалын арттыра. Кеше капиталын арттыруга төрле чаралар ярдәмендә ирешеп була (мәсәлән, сез YouTube, Курсера һ.б. куллана аласыз), кешеләр белән очрашу һәм яңа тәҗрибә туплау сезнең дөнья карашыгызны һәм керемнәрегезне киңәйтүнең эффектив ысулы. Бу хикәядән финанс бәйсезлеге белән кызыксынган кешеләр өчен бу ике төп дәрес. Бу минем хикәядән финанс бәйсезлеге белән кызыксынучылар өчен ике төп алым. Сез бизнес мәктәбенә йөрмәсәгез дә, бу принциплар төрлечә кулланылырга мөмкин.

**Ачани Сэмон Биау:** Яхшы әйтте.

**Олумид Огунсанво:** Хәзер, Оксфорд һәм МИТтагы тәҗрибәм турында кайбер детальләргә кереп китик.

Аспирантура һәм аспирантура арасында зур аерма булган күпчелек аспирантлардан аермалы буларак, мин Оксфордта 25 яшемдә, аспирантура тәмамлаганнан соң дүрт ел узгач кына башладым. Мин бик яшь булганга, минем бакалавриат тәҗрибәмнең киңәюе кебек тоелды.

Оксфордта мин аспирант булып эшләгән хаталарымны кабатламаска дигән карар кабул иттем, анда мин академикларга гына игътибар иттем. Киресенчә, мин тагын да яхшырак булырга һәм бизнес мәктәбе тәкъдим иткән барлык мөмкинлекләрдән тулысынча файдаланырга теләдем. Нәтиҗәдә, мин төрле студентлар хөкүмәтләрендә, клубларда, төркемнәрдә актив катнаштым.

Мин С секциясе өчен MBA класс вәкиле итеп сайландым, безнең MBA программасында өч бүлекнең берсе, һәрберсе 80 укучыдан тора. Моннан тыш, мин Африка Группасының уртак президенты һәм Маркетинг / Тышкы элемтәләр вице-президенты булып эшләдем. ИИТтагы бакалавриат көннәрем белән чагыштырганда, мин бик күп чараларда катнаштым һәм һәрвакыт мәшгуль идем. Мин конфет кибетендәге бала кебек идем, бу искиткеч тәҗрибә иде һәм мин аны бик яраттым!

Инженерлык белеменнән чыгып, мин финанс, икътисад, маркетинг кебек бизнес төшенчәләренә чикләндем. Мин Оксфордтагы вакытымнан файдаланырга булдым, шул ук классларда көненә берничә тапкыр йөрер идем (чөнки лекцияләр төрле вакытта MBA бүтән ике бүлеккә аерым укытылды). Мин моны мөмкин кадәр күбрәк белем үзләштерү мөмкинлеге итеп күрдем. Бервакыт минем макроэкономика профессорым ни өчен бер үк классны берничә тапкыр кабул итүем турында сорады. Мин планлаштырудагы аермалардан файдаланырга һәм булган белемнәрнең һәрберсен үзләштерергә теләвемне аңлаттым. Моннан тыш, мин башкаручы MBA (EMBA) студентларының Җәй дәвамында күбрәк дәресләр алу мөмкинлеген күрдем, шуңа күрә мин берничә EMBA классларын тикшердем. Оксфордтагы кешеләр белән өйрәнү, үсү һәм алар белән бәйләнеш минем өчен дулкынландыргыч тәҗрибә булды.

Минем анда булган вакытым турында бик күп истәлекле хатирәләрем бар. Бер тиз мисал - мин Оксфорд бизнес мәктәбенең төрле программалары - MBA, MFE (Финанс MSc), EMBA һәм Башкарма Мәгариф - бер-берсеннән бераз аерылып торганнарын аңлагач. Мин инициатива белән барлык программалардан студентлар Җыела торган чара оештырдым. Бу төн иде, һәм без бик рәхәтләнеп ял иттек!

Мин Оксфорд студенты гына түгел идем; Мин MBA экосистемасына бик нык кереп киттем, актив катнаштым һәм трансформатив тәҗрибәләр аша үткән төрле кешеләр челтәре белән бәйләнештә тордым.

Оксфорд студентлары, программаларына карамастан, колледжларда яшиләр. Мин MBA программасына иртәрәк гариза биргәнгә, минем сайлау өчен колледж вариантлары бик күп иде. Минем төп игътибарым арзан сайлау иде, шуңа күрә мин башка факторларга артык игътибар итмәдем. Ахырда, мин Ворчестер колледжын сайладым, чөнки аның бюджетка яраклы бүлмәсе бар иде. Бу өй башындагы кечкенә чатыр иде, мин сузылганда ике якка да кагыла алыр идем. Шкаф юк иде, шуңа күрә мин мәктәп башланганчы Аргостан шкаф сатып алдым. Кечкенә мәйданга карамастан, Ворчестер матур күл һәм үрдәкләр белән искиткеч колледж булып чыкты. Раштуа тәнәфесендә мин хәтта MBA студентларым өчен Ворчестер гастрольләрен оештырдым. Мин Ворчестерны бик яраттым.

**Ачани Сэмон Биау:** Ашарга күп нәрсә бар. МИТ рәсемгә ничек һәм кайчан керде?

**Олумид Огунсанво:** Оксфордта укыганда, минем беренче планым тәмамлау һәм шунда ук эшкә урнашу иде. Ләкин, 2010 елның дүртенче кварталында мин Майкл Сун белән әңгәмә кордым, мин аны студентлар хөкүмәт советы аша очраттым. Ул миңа MIT MSMS (Менеджментны өйрәнүдә MS) бер еллык программа турында сөйләде, аны Оксфордта безнең программаны тәмамлаганнан соң алып була. Күпчелек очракта, АКШтан булмаган MBA программалары бер ел дәвам итә, ә Америка бизнес мәктәпләрендә гадәттә ике еллык программалар бар. Халыкара MBA студентлары белән туклану өчен, MIT бу программаны эшләде, аларга MIT-та өстәмә бизнес елы тәкъдим итү. Бу идея мине кызыксындырды, ләкин мин тулысынча ышанмый идем, чөнки Оксфордны тәмамлап, Европада эш табармын дип уйлаган идем.

Шикләремә карамастан, мин барыбер гариза бирергә булдым, чөнки күп нәрсәне югалтырга туры килмәде, һәм мин соңрак карар кабул итә алыр идем. Моннан тыш, мин Оксфордта өч ай гына булганнан бирле эш тәкъдимнәре алмадым (мин Оксфордка 2010 елның сентябрендә кушылдым һәм 2010 елның декабрендә МИТка гариза бирдем).

**Ачани Сэмон Биау:** Сезнең бизнес мәктәбендә уку өчен төп мотивыгыз тормыш траекториясен үзгәртәчәк һәм сезгә күбрәк контроль бирәчәк эш табу иде. Бигрәк тә Америка мәгариф системасы белән өметсезлекне исәпкә алып, МІТ моңа ничек туры килде?

**Олумид Огунсанво:** Бу яхшы сорау. Минем МИТка бару карарымда берничә фактор роль уйнады.

Беренчедән, элеккеге инженер буларак, мин табигый рәвештә МИТка тартылдым, ләкин бу турыда артык дулкынланасым килмәде. Мин гариза бирдем һәм тәкъдим алсам гына хәлне бәяләргә булдым. Минем уйлавымча, психик энергияне сездә булган вариантларны бәяләү өчен куллану яхшырак.

Икенчедән, МИТка бару минем эш эзләү өчен киртә булып хезмәт итте. Бер еллык МВА программаларындагы студентлар, Оксфордтагы кебек, кайвакыт эш эзләүдә кыенлыклар белән очрашалар, чөнки аларның Америкадагы ике еллык программалар белән чагыштырганда ярты вакыты бар. Моннан тыш, МВА дәрәҗәләре АКШтан читтә югары бәяләнми, һәм бер еллык МВА студентларының җәйге стажировка узу мөмкинлеге юк. Оксфордтан соң МИТта катнашып, мин бу проблемаларны җиңеләйтә алыр идем, гәрчә бу өстәмә ел эшсез дигән сүз.

Өченчедән, мин МІТ стипендиясен алдым, бу зур үзгәрешләр кертте. Бу финанс ярдәм булмаса, мин тәкъдимне кабул итәр идемме, белмим. Яңа илдә тагын бер дуслар челтәре төзү һәм ике гаҗәеп университетның өлеше булу мөмкинлегенә мин бик шат идем.

Бүген искә төшереп, 2023-нче елда, унике елдан соң, МИТка бару мин кабул иткән иң яхшы карарларның берсе иде. Мин бик гаҗәеп кешеләр белән таныштым һәм икенче чыгарылыш бизнес челтәрен төзедем. Оксфордта бездә глобаль студентлар җәмгыяте бар иде, кешеләрнең 90% тан артыгы Бөек Британия булмаган студентлар иде. Моннан аермалы буларак, МИТта ул күбрәк Америка фокусына ия иде, бизнес-мәктәп укучыларының 40% тан кимрәге халыкара булмаган шәхесләр иде. Оксфорд Сауд Бизнес Мәктәбе (SBS) тулысынча Оксфордка һәм бер машинаның өлешенә интеграцияләнде, ә MIT Sloan ачыктан-ачык аерылып торды һәм күбесенчә MITтан бәйсез иде. Оксфорд академик чисталыкка басым ясады, ә MIT мәгарифкә тагын да тулы караш белән карады. Мәсәлән, Оксфордта класста катнашу минем гомуми классларыма тәэсир итмәде, ләкин күп MIT Sloan классларында ул минем классларның зур өлешен (30-50%) тәшкил итте. Оксфордтагы Ворчестер колледжы белән чагыштырганда, уку, китаплар, һәм MIT Тан залындагы торак аренда (800 $) кертеп, MIT чыгымнары югарырак иде (5 275 яки 440 $).

Оксфордта да, МИТта да булу минем өчен зур хөрмәт, алар искиткеч тәҗрибә иде! Элек Оксфордтагы вакытым тормышымның иң яхшы елы дип әйтә идем, хәзер мин яшәгән елны тормышымның иң яхшы елы дип әйтәм.

Кызганычка каршы, соңгы вакытта Америка бизнес мәктәпләре белән бәйле чыгымнар артты, ике еллык программалар өчен $ 150,000 - $ 250,000. Бу зур бәя билгесе, мөгаен, күпчелек кеше өчен акланмый. Мин бизнес мәктәбенә йөрдем, чөнки ул минем тормышымны үзгәртәчәк, ләкин хәзер бу бераз мошенниклык һәм күпчелек кеше өчен кыйммәт түгел дип уйлыйм. Күпчелек кешегә ачык сәбәп булмаса һәм инвестиция кереме мәгънәсез булса, бизнес мәктәбенә барырга киңәш **итмим** .

**Ачани Сэмон Биау:** Бу кызык. Бизнес мәктәбендә укыганда, мин дә тәҗрибәдән файдаланырга теләдем. Мин мәгариф буенча магистратурага керергә булдым, чөнки мин инде MBA өчен түләгән идем, һәм өстәмә чыгымнар юк иде. Хикәягезгә кире кайтып, сез "тормышыгызны үзгәртергә" теләдегез. Оксфордта һәм МИТта булган вакытта үз фикерләрегез турында күбрәк сөйли аласызмы?

**Олумид Огунсанво:** Бизнес мәктәбен башлагач, минем ике төп максатым бар иде: иң яхшы эшкә урнашу һәм дәресләремнән мөмкин кадәр күбрәк белү. Челтәр төзү һәм кешеләр белән очрашу минем радарда да юк иде.

Чынлыкта, әгәр мин төнге барга барырга яки Оксфордта булачак тестларга укырга уйласам, мин 80% өйрәнүне сайлар идем. Артка борылып карасам, иң яхшы ысул булмагандыр, ләкин ахырда яхшы эшләде. Бик күп гаҗәеп кешеләр белән очрашуымның сәбәбе - мин бик иҗтимагый һәм Оксфордтагы кичәләрдә һәм чараларда катнаша башладым (ахыр чиктә күбрәк өйрәнү өчен артка чигенгәнче). Моннан тыш, минем студентлар хакимиятендә актив катнашуым күбрәк кешеләр белән аралашу һәм танышу өчен яхшы ысул иде.

MIT Оксфордтан аерылып торды, чөнки мин төркемнәрдә азрак катнашырга булдым, чөнки мин Оксфордта күп эшләгән идем. МИТта мин эш эзләүгә күбрәк игътибар бирдем һәм минем өчен мәгънәле төркемнәрдә катнаштым, мәсәлән, MIT Sloan 2012 Африка конференциясен оештыруда булышу.

**Ачани Сэмон Биау:** Челтәргә көчле теләгеңне нәрсә этәрде? Бу белә торган стратегияме?

**Олумид Огунсанво:** Челтәр планы юк иде. Минем тирә-яктагы вакыйгаларның бер өлеше булырга теләдем. Шуңа күрә мин Оксфордта бик күп төркемнәргә кушылдым һәм төрле чараларда катнаштым. Бу акылсыз иде диярлек. Мин аны "челтәр" өчен эшләмәдем, чөнки мин яхшы тәҗрибә тупларга һәм Оксфорд кебек махсус урында вакытымны файдаланырга теләгәнгә эшләдем. Бу миңа үз-үзеңә тугры булу мөһимлеге турында хикәяне искә төшерә.

МИТта диссертация язарга туры килде, чөнки минем программа MSc дәрәҗәсе иде. Минем башлангыч стратегиям миңа эш табарга булышучы теманы сайлау иде. Нефть һәм газ тармагына игътибар итү, нефть эшкәртү заводында химик инженер булып эшләвемне исәпкә алып, энергетика өлкәсендә эш табу "җиңелрәк" булыр дип уйладым. Мин бу турыда диссертация яза башладым, ләкин тезис мине күңелсезләндерде, һәм мин берничә атна дәвамында экранга буш карап тордым. Ахырда, мин "моны винт!" - дидем. һәм курсны үзгәртергә һәм мине чын күңелдән кызыксындырган нәрсә турында язарга булдым: смартфон операцион системалары. Аерма шунда ук ачык һәм минем диссертациягә сарыф ителгән һәр мизгел шатланды. Мин яңа өлкәләрне бик теләп тикшердем һәм мобиль экосистема турында күбрәк белдем. Әгәр дә сез кызыксынсагыз, минем диссертацияне монда [4]укый аласыз .

Энергетика өлкәсендә тезис язу вакытымны әрәм итмәскә тиеш идем. Диссертация, мөгаен, вак-төяк булыр иде. Мин нефть һәм газ тармагын яратмавымны тирәнтен белә идем. Мин технологияне һәм смартфоннарны яратам, ләкин мин эшне оптимальләштерергә

---

4.     https://dspace.mit.edu/handle/1721.1/72854?show=full

тырыштым.

Мин хәзер бу хикәяне сезнең уникаль, шаян, төсле үзегезне кабул итү һәм төп җәмгыятьнең уртача нормаларына туры килү теләгенә каршы тору өстенлекләрен күрсәтү өчен бүлешәм. Элегерәк китапта мин әйттем: **үзең бул һәм үзеңне көннән-көн яхшырт** . Хәзер мин күзәткән принципларны кертеп, бу сүзләрне көчәйтергә телим: **yourself3-үзеңә ышан, үзеңнең чын шәхес бул, амбицияле кыйммәтләргә нигезләнгән максатлар куй һәм максатларыңа ирешү өчен көн саен үзеңне үстер.**

Сезгә уникаль кыйммәтләр, максатлар һәм кызыксынуларга туры килгән чаралар күрергә кирәк. Тормыш бик кыска, ләззәтләнмәс өчен.

**Ачани Сэмон Биау:** Сез ахырда китергән нюансны бик кадерлим. Кайбер укучылар үзләре булу белән яңа тәҗрибәләргә ачык булу арасында өзелергә мөмкин. Сезнең ачыклау бик кыйммәт, чөнки сез яңа әйберләргә ачык булырга киңәш итмисез, киресенчә, сезгә шатлык китерә торган эшләрнең мөһимлегенә басым ясыйсыз. Монда сез чыннан да алга китә аласыз, иң югары күрсәткечләргә һәм нәтиҗәләргә ирешә аласыз.

**Олумид Огунсанво:** Әлбәттә, бу китапның асылы. Элегерәк әйтеп үткән идек, FIREDOM финанс турында гына түгел, ә сез теләгән тормышны алып бару турында. Үouiәм сез теләгәнне эшли алмасагыз, ничек ул тормыш белән яши аласыз? Шуңа күрә финанс бәйсезлеге бик кадерле. Гомереңне дәвам итәр өчен акчаң җитәрлек дәрәҗәгә җиткәч, син теләгәнне эшләргә күбрәк мөмкинлекләр бар. Финанс бәйсезлеге булмаса, сез акыл көчегезне һәм вакытыгызны акча эшләргә һәм бүтән кешеләр кушканны эшләргә тырышырсыз.

Минем тормышымның бу бүлегеннән ФИ буенча иң мөһим дәрес - дөньяның ничек эшләве турында күбрәк белү һәм табыш потенциалын арттыру өчен кеше капиталын арттыру. Newзегезне яңа кешеләргә һәм идеяларга күрсәтегез. Авантюрист булыгыз, яңа әйберләрне сынап карау өчен үзегезнең комфорт зонасыннан читтә калыгыз. Мин Чикагода калырга һәм Чикаго Университетында яки Төньяк-Көнбатыш Келлогг бизнес мәктәбендә укырга җиңел сайлый алыр идем. Ләкин монда кызык һәм маҗаралар кайда? Оксфордка бару, субфускны (Оксфорд имтихан костюмы) киеп, имтихан мәктәпләренең матур бинасында тестларымны язу күпкә дулкынландыргыч иде.

Мин Лондонда эшкә урнаша алыр идем, ләкин МИТка керү һәм бөтенләй яңа мохит кичерү тагын да дулкынландыргыч иде. Мин Оксфордны МІТта башлагач та тәмамламаган идем. Мин матрикуляция өчен МИТка очтым, тәмамлау өчен Оксфордка кайттым, аннары дәресләр башлау өчен кире МІТка очтым. Бу искиткеч иде. Мин дөньяви тормышка урнашмадым, маҗараларны сайладым.

Миңа авантюрист булырга һәм тормышымны үзгәртү өчен төрле нәрсәләрне сынап карарга туры килде. Шулай да, маҗараларны кабул итү өчен бөтен тормышыгызны үзгәртергә кирәк түгел. Сезнең тотрыклы эшегез яки уңышлы бизнесыгыз булса да, сез үзегезне үстерә аласыз, комфорт зонасыннан читтә мөмкинлекләр эзләп маҗараны сайлый аласыз.

**Ачани Сэмон Биау:** Мондый кызыклы хикәя белән уртаклашкан өчен рәхмәт. Сез дә, мин дә финанс бәйсезлегенә ирешү максатыннан МВА-ны эзләмәдек. Бездә өстенлек, шәхси үсү, яңа мөмкинлекләрне өйрәнү өчен эчке диск бар иде. Сез тормышыгызны үзгәртергә теләдегез. Чикагода калу һәм эшләр яхшырак булыр дип өметләнеп, өзлексез гариза бирү урынына, сез үзегезнең комфорт зонасыннан чыгып, бик драматик эш эшләргә кыю карар кабул иттегез.

**Олумид Огунсанво:** Минем яшел карточкам яки АКШ паспортым булмаганга, АКШтан китү зур куркыныч тудырды. Ләкин мин тормышымны үзгәртергә теләгәнгә, мин бу куркынычны алырга әзер идем. Кайвакыт, сез рискка әзер булырга тиеш.

**Ачани Сэмон Биау:** Сезнең хикәягездә тәвәккәллек уртак Җеп булып тоела. Сездә шундый мотивация һәм ут бар иде, һәм сез беркайчан да биреешмәдегез. Эш перспективалары эшләмәгәндә дә, сез Оксфордка кердегез һәм академикларга гына игътибар итмәскә булдыгыз. Кайбер кешеләрнең үзгәрергә теләкләре булырга мөмкин, ләкин алар кирәкле көч куярга әзер түгелдер. Башкаларның исемлегенә ияру сезнең максатларыгызга туры килмәскә мөмкин, һәм шулай булса да, аны башкару өчен бу шәхси көч кирәк.

**Олумид Огунсанво:** Бу башлангыч очкын һәм мотивация үзеңне алга этәрү өчен бик мөһим. Хәтерлим, ни өчен мин күп еллар элек шундый тәвәккәл идем. Мин гаҗәпләндем, чөнки һәркем теләгәнчә иде дип уйладым. Мин искиткеч эшләр эшләргә телим. Мин үзгәрергә телим. Минем үз-үземә тугры булуым белән горурланырлык тормыш алып барасым килә.

Сэмон, сез бик дөрес әйтәсез. Бу эчке ут, үзеңне яхшыртырга һәм тормышың белән мәгънәле нәрсә эшләргә кирәк. Эчтәге очкынны табыгыз һәм аны үз максатларыгызга һәм теләкләрегезгә юнәлтү өчен кулланыгыз. Тәмамланмаган тормышка урнашмагыз; сез теләгән тормышны күз алдыгызга китерегез һәм аны булдыру өчен кирәк булганны эшләгез. Киләсе бүлектә күрешербез!

# 5Б: Самонның Бизнес Мәктәбе хикәясе

**Олумид Огунсанво:** Самон, мин сезнең бизнес мәктәбегез сәяхәте турында сөйләргә бик шат. Баштан башлыйк. Сезне бизнес мәктәбендә укырга нәрсә этәрде?

**Ачани Сэмон Биау:** Мин башта Германиядә Дойче Телеком Консалтингында эшләгәндә һәм проектлар консультациясе өчен төрле илләргә сәяхәт иткәндә бизнес мәктәбен карый башладым. Мин эшләгән техник эш мин көткәнчә кадерле түгеллеген аңладым. Минем ролем бизнес-очраклар төзү һәм илләр яңа мобиль операторлар өстәгән вакытта яңа телекоммуникацион операторлар өчен радио челтәрләрен проектлау белән бәйле иде.

Техник эшем катлаулы булса да, мин мөһим карарлар кабул ителгән бүлмәләрдә булмаганымны аңладым. Бу "идарә итү консультантлары" иде, минем эшем аларга булышу иде. Мин карарлар кабул ителгән өстәлдә урын алырга теләдем.

**Олумид Огунсанво:** Аңладым. Сез техник коллективның өлеше идегез, ләкин бизнес командасы кызыклырак эш эшләде дип уйладыгыз.

**Ачани Сэмон Биау:** Төгәл. Көньяк Африка, Ливия, Берләшкән Гарәп Әмирлекләре кебек илләрдәге проектларымда мин MBA алу карарыма тәэсир иткән ике динамиканы күрдем. Беренчедән, Дойче Телеком командалары эчендә "Техник консультантлар" һәм "Коммерция консультантлары" бар иде. Мин "Техник консультантлар" төркеменә кердем, программа анализы һәм финанс проекцияләре өстендә эшләгән "Коммерция консультантлары" өчен керемнәр бирү өчен Җаваплы. "Коммерция консультантлары" еш кына клиент ягыннан лидерлар белән аралаштылар, алар генераль директордан бер-ике дәрәҗә түбән иде.

Икенчедән, без еш кына бер үк клиентлар өчен эшләгән BCG һәм МакКинси кебек компанияләрдән "идарә итү консультантлары" белән очраштык. Б.

Бер яктан, мин карар кабул итү процессыннан икеләтә читкә китүемне сиздем һәм зуррак рәсемдә эшемнең реаль йогынтысы турында уйладым. BCG / McKinsey командалары яки хәтта безнең Дойче Телеком "Коммерция Консультантлары" кулланган бизнес-терминология миңа таныш түгел иде. Минем кертемнәрем чыннан да кадерле түгеллеген сизә алмадым.

Бу мине карьерамда алга бару өчен өстәмә күнегүләр кирәкме-юкмы дигән сорау тудырды. Мин бизнес һәм финанс төшенчәләре турында күбрәк белергә тиешме дип уйладым. Мин китап укырга тиешме? 2010 елда мин MBA төшенчәсен һәм аның потенциалын ачтым, минем осталыгымны арттыру һәм яңа профессиональ мөмкинлекләр ачу. Берничә айдан соң мин программага гариза бирү турында Җитди уйладым. Минем техник тәҗрибәмне бизнесны ныклап аңлау миңа клиентларга яхшырак булышырга һәм мөһимрәк тәэсир ясарга мөмкинлек бирер дип ышандым.

**Олумид Огунсанво:** Самон, әйдәгез сезнең хикәягездән тиз арада читкә китик һәм шәхси үсеш турында сөйләшик. Бизнес мәктәбе безнең өчен кадерле иде, ләкин бу күпчелек кешеләр өчен дөрес юл булмаска мөмкин. Кайбер кешеләр шәхси үсеш өчен альтернатив юллар сайлый ала.

Без YouTube, Udemy, edX, Coursera, Тик Ток һәм башка бик күп МООС (массакүләм ачык онлайн курслар) һәм вебсайтлар кебек платформалардан өйрәнә алган чорда. Яшь кеше бушлай курсларда уку, онлайн курслар өчен түләү яки осталыкларын һәм белемнәрен арттыру өчен рәсми дәрәҗә программасына язылу арасында ничек карар кабул итәргә тиеш? Бик күп төрле уку вариантлары булганда, алар ничек сәүдә-сатуны ясый һәм аларның ихтыяҗларына иң яхшысын билгели алалар?

**Ачани Самон Биау:** Яшь кешегә минем киңәшем максат куюдан башлау, аннары бу максатка ирешү өчен кирәкле осталыкларны һәм челтәрләрне ачыклау булыр иде. Хәзер, сезнең сорау турында сөйләшик. Минем очракта, мин клиентларга консультация хезмәте күрсәтергә теләдем, шуңа күрә идарә итү консалтингының ачык юл икәнен аңладым. Мин идарә итү консалтинг компанияләренең күбесенең MBA таләп итүен белдем. Бу уйлау процессы һәркемгә шартларына карап төрле булырга тиеш. Мисал өчен, кемнеңдер Оксфорд аспирантурасы бар икән, алар тәмамлаучылар челтәрен MBA эзләмичә эшкә урнаштырырга һәм Удеми кебек платформалар аша күнекмәләр алырга мөмкин.

Осталыкны үстерү - бер тапкыр белем алу гына түгел, ә дәвамлы практика. Осталыкны үстерү һәм үзеңне яхшырту өчен төрле ысуллар бар:

Беренчедән, сез үзегез өстен булырга теләгән өлкәдә махсуслашкан компаниядә эшләп тәҗрибә туплагыз. Әгәр дә сез балансны үзләштерергә телисез икән, баланс белән эш итүче компаниядә эшләгез.

Икенчедән, MBA яки когортка нигезләнгән курс кебек дәрәҗә программасына язылу турында уйлагыз, анда сез укытучылар һәм яшьтәшләр белән аралашып, аларның тәҗрибәләреннән өйрәнә аласыз.

Ниһаять, сез үз-үзегезне, интерактив булмаган курсларны сайлый аласыз, яисә булган башка уку ресурсларын куллана аласыз.

**Олумид Огунсанво:** Шәхси үсеш - һәрбер кеше өчен уникаль сәяхәт, һәм өйрәнүнең һәм үз-үзеңне яхшырту формасының конкрет шартларга туры килүен ачыклау мөһим. Онытмагыз, сез үз үсешегез өчен Җаваплы, сезнең компания түгел, начальнигыгыз һәм, әлбәттә, сезнең укытучы яки инструктор түгел. Сезнең компания сезнең турында уйламый һәм алар нинди уку материаллары бирсәләр дә, сез яхшырак эшче булырга ярдәм итәрләр, сезгә тормыш максатларына ирешергә һәм ирек тормышын яшәргә булышмас.

Шулай итеп, сезгә амбицияле максатлар куярга кирәк (киләсе бүлек, 5С, максатларны ничек эффектив куярга икәнлеге турында тулырак мәгълүмат бирәчәк) һәм бу максатларга ирешү өчен шәхси үсеш планы төзергә кирәк. Бу план үз-үзеңне яхшырту гадәтен формалаштырып, көндәлек эшләрне үз эченә ала. Бәхеткә, сез төрле уку вариантларын сайларга тиеш түгел, чөнки алар бер-берсеннән аерылмыйлар. Сез берьюлы берничә вариантка вакыт бүлеп бирә аласыз, мәсәлән, YouTube видеоларын карау, edX курсларында булганда яки мастер программасын алып бару һәм Курсера белән укуыгызны тулыландыру.

Яхшы хәбәр - күп уку вариантлары арзанрак була, һәм күп курслар бушлай. Ләкин, MBA кебек университет дәрәҗәләре кыйммәт булырга мөмкин, шуңа күрә альтернатива һәм аларны эзләгәнче инвестиция кереме турында уйлау мөһим.

Начар яңалык - сез яңа күнекмәләрне үзләштерергә һәм кеше

потенциалын арттырырга дәртләндерергә һәм дәртләндерергә тиеш. MOOCs өчен тәмамлау дәрәҗәсе гадәттә түбән, 5% белән 15% га кадәр. Шуңа күрә без амбицияле максатлар куярга һәм сезне дулкынландырырлык киләчәк тормыш өчен күренеш булдыруга басым ясадык. Сезнең потенциаль киләчәгегез белән чын күңелдән дулкынлангач, сез көн саен шәхси үсешкә тугры калырсыз.

Ничек кенә булмасын, Сэмон, әйдәгез сезнең хикәягезгә кире кайтыйк.

**Ачани Сэмон Биау:** Мин GMATны тикшерә башладым һәм берничә Америка мәктәпләренә мөрәҗәгать иттем. Миңа MIT-тан кире кагу хаты килде, бу аның инженерлык абруе аркасында иң яхшы сайлау чараларының берсе иде. Бу каты сугу булды. Ләкин, аннары мин Стэнфордтан кабул итү хаты алдым, ул ике мәктәптә дә инженерлык программалары булганга, раслау кебек тоелды.

Бизнес мәктәбенә мөрәҗәгать итү тәҗрибәмнән ике төп алым:

Башта мин кызыксындым һәм башкаларның эшләренә игътибар иттем. Дойче Телекомдагы "коммерция консультантлары" һәм BCG һәм МакКинси менеджмент консультантлары белән кызыксынуым MBA программалары белән кызыксыну уятты. Мин еш кына МакКинси яки BCG клиентларга анализларын һәм слайдларын күзәтү өчен тәкъдим иткән идарә киңәшмәләренә йөрергә тырышыр идем. Мин белмәгәнне белергә теләдем. Мәктәптәге дусларымның күбесендә шундый ук кызыксыну юк иде.

Икенчедән, һәрвакыт яхшылыкка омтылу, теләсә нәрсәгә ирешә алуыгызга ышану мөһим. Мин беркайчан да МакКинси яки BCG консультантларын югарырак дәрәҗәдә күрмәдем, яисә аларның карьералары минем өчен мөмкин түгел дип ышандым. Аларның эше белән мин дулкынлана алыр идемме. Әгәр мин дулкынландыргыч тапсам, ул компанияләргә кушылу ысулын табар идем. Selfз-үзеңә ышану бик мөһим.

**Олумид Огунсанво:** Рәхмәт белән шөгыльләнергә һәм булганыгыз өчен рәхмәтле булырга кирәк, ләкин бу сез үз-үзегездән канәгать булырга тиеш диган сүз түгел. Сез үз хәлегезне яхшырту өчен мөмкинлекләр эзләүне дәвам итәргә тиеш. Сэмон, сезнең хикәягез моны яхшы күрсәтә. Сезнең Дойче Телекомда бик яхшы эшегез булды, дөнья буйлап сәяхәт иттегез һәм яхшы керем алдыгыз. Сез тәҗрибә өчен бик рәхмәтле идегез, ләкин сезнең үсү һәм камилләшү теләге бар иде. Рәхмәтне мөмкинлекне барлау белән баланслау бик мөһим. Рәхмәтне мөмкинлекләрне барламыйча белдерү тукталуга китерә, шул ук вакытта рәхмәтсез мөмкинлекләрне барлау ризасызлыкка һәм зарлануга китерә.

**Ачани Сэмон Биау:** Мин тулысынча килешәм. Миндә "астердог менталитеты" дип аталган нәрсә бар иде. Мин үзем беркайчан да уңайлы булмаган идем. Мин гел авырлыклар эзләдем, үземне биеклеккә күтәрелергә һәм чикләремне узарга этәрдем. Бизнес мәктәбе аша сәяхәт вакытында мин берничә мөһим нәрсәне белдем:

Яңа әйберне башлап җибәргәндә максатлар кую мөһим. Әгәр дә сез үз максатларыгызны ачыклау өчен көрәшәсез икән, сезне кызыксындырган предметларны өйрәнүгә яки өйрәнүгә игътибар итегез. Минем өчен максатым карар кабул итүгә тәэсир итү иде, һәм ул вакытта акча минем төп приоритетым түгел иде. Дойче Телекомда яхшы эшләсәм дә, мин үз белемемне күтәрергә кирәклеген белә идем. Ләкин, мин бу максатның бик киң булуын аңладым. Артка борылып карасам, кешеләр бизнес мәктәбендә өч төп сәбәп аркасында укыйлар: академиклар, карьера үсеше, челтәр мөмкинлекләре.

**Олумид Огунсанво:** Әйе, бизнес мәктәбен башлагач, сез MBA сәяхәтенә стратегик караш барлыгын аңладыгыз. Сез академикларга, эш эзләүгә яки челтәр төзүгә игътибар итә аласыз. Бу миңа адаптив максат кую төшенчәсен искә төшерә һәм мин бу китапны язганда сөйләштем.

**Ачани Сэмон Биау:** Әйе, әйдәгез адаптив максат кую турында сөйләшик. Башкалардан киңәш эзләгәндә, сез башларга җыенган нәрсәгә охшаш тәҗрибә кичергән вакытта, аларның контекстын һәм максатларын аңлау бик мөһим. BCG өчен Көнбатыш яки Якын Көнчыгыш офисын сайлау турында киңәш сорагач, мин һәрвакыт кеше сайлаганда нәрсә оптимальләштергәнен аңларга тырыштым.

**Олумид Огунсанво:** Моның сәбәбен аңламыйча һәм аны уникаль ситуациягә яраклаштырмыйча киңәш алмагыз. Аларның конкрет ситуацияләре сезнең өчен актуаль булмаска мөмкин.

**Ачани Сэмон Биау:** Әйе, мин кешеләргә бизнес-мәктәптән нинди максатлар куйганнарын аңлау өчен сөйләштем. Аларның бизнес мәктәбендәге эшләренең бизнестан соңгы мәктәп планнарына ничек туры килгәнен аңларга теләдем.

**Олумид Огунсанво:** Көн ахырында бу сезнең тормышыгызны онытмаска кирәк, һәм сез конкрет максатларыгызга һәм кыйммәтләрегезгә туры килгән карарлар кабул итәргә тиеш. Ләкин сез бу карарларны тулы контекстны тулысынча аңлау нигезендә кабул итәргә тиеш.

Мәсәлән, аш сайлаганда, сез беренче ресторанга барып, очраклы рәвештә савыт-саба алмас идегез. Төрле рестораннардагы менюларны тикшерер идегез, кызыксынуларыгызны исәпкә алыр идегез, сезнең өстенлекләрегезгә туры килгән ризык сайлар идегез. Бу алым, чикләнгән мәгълүматка нигезләнеп, оптималь сайлау урынына, барлык вариантларны исәпкә алып, мәгълүматлы карар кабул итүегезне тәэмин итә.

**Ачани Сэмон Биау:** МВА программасын башлагач, Стенфордтагы төрле мөмкинлекләрне ничек өстен куярга икәнен белми идем. Мин андый проблема булмаган классташларымнан киңәш сорадым. Мин Стэнфордка бару максатлары һәм хәзерге вакытта сайлаганнары турында сорау белән башладым. Фикер алышулардан мин түбәндәге төшенчәләргә ирештем:

Беренчедән, профессорлар һәм факультет әгъзалары белән мөнәсәбәтләр төзү киңәш ителә. Бу бәйләнешләрдән нәрсә килеп чыга алуына ышанмасагыз да, алар белән офис сәгатьләренә йөреп яки кофе җыелышларын оештырып акыллы эш.

Икенчедән, төрле карьера юлларын барлау мөмкинлекләрен куллану файдалы. Кайбер яшьтәшләремнең МВА уку белән беррәттән венчур капиталы (VC) фирмаларында стажировка узуларын ачыкладым. Бу мине кызыксындырды, гариза бирдем һәм VC стажировкасына кабул ителдем. Беренче игътибарым менеджмент консалтинг эшенә тупланган булса да, мин башка өлкәләрне өйрәнү өчен ачык идем.

**Олумид Огунсанво:** Сез кызыксынганга бу мөмкинлек алдыгыз. Моңа кадәр финанс бәйсезлегенә ирешү өчен кызыксыну мөһимлеге турында сөйләштек. Тагын бер кат ассызыклыйсым килә, сезнең игътибарыгызны читкә юнәлтү. Кызыксыныр өчен бер стратегия - кызыклы эшләрне башкаручы күп кешеләр белән аралашу.

**Ачани Сэмон Биау:** Кайбер кешеләр нәрсә теләгәннәрен төгәл беләләр, ләкин ышанмасаң, белгәннәреңә һәм белмәгәннәреңә басынкы булырга кирәк. МБАны тәмамлаганнан соң, минем максат - идарә итү консалтинг өлкәсенә керү иде, ләкин мин карар кабул итү роленда булуымның төп максатына ирешергә ярдәм итүче башка мөмкинлекләргә ачык идем.

Мәсәлән, VC стажировка вакытында мин Венчур Капитал индустриясе белән таныштым. Мин стартапларда кирәкле позицияләрне алу еш VC ассоциациясе булып эшләвен, аннары уңышлы портфолио фирмаларының берсенә күчүен белдем. Бу экспозиция булмаса, мин бу юл турында белмәс идем. Ахырда, консультация, зур технология, VC тәкъдимнәрем булса да, ул минем курсны үзгәртмәде. Ләкин, бу белем ярдәмендә мин тәкъдимнәрне дөрес үлчәя алыр идем.

**Олумид Огунсанво:** Бу - Стенфордка мөрәҗәгать итүдән башлап, заявка бирү, кабул итү һәм анда вакытны файдалану өчен стратегия ясау турында тулы хикәя. Хәзер, сез тормышыгызның бу бүлегенең ахырында безне йөртә аласызмы? Ниһаять, Стенфордта вакытыгызны ничек тәмамладыгыз? Сезнең бизнес мәктәбе тәҗрибәсенең соңгы өлешендә нәрсә булды, һәм сезне BCG консалтинг тәкъдимен сайларга нәрсә этәрде?

**Ачани Сэмон Биау:** Бизнес мәктәбе башлануы турында тагын бер тиз хикәя сөйләргә рөхсәт итегез. Мин инвестицияләр кыйммәтен арттыру өчен Мәгарифтә уртак дәрәҗә алырга булдым. Стенфордтагы уку түләүләре минем бөтен бакалавриат өчен түләгән гомуми укуымнан 200 тапкырга артыграк иде. Мин Стэнфордта гына 100 000 доллардан артык түләү белән тәмамладым, ә Франциядә укуым уртача берничә йөз евродан артмады.

**Олумид Огунсанво:** Әй, Алла!

**Ачани Сэмон Биау:** Мин Стэнфордтагы вакытымнан файдаланырга теләдем, шуңа күрә уртак дәрәҗә алу мөмкинлеге турында электрон почта алгач, киләчәк планнарымны исәпкә алып, белем дәрәҗәсен алу өчен менә дигән мөмкинлек дип күрдем. мәктәпләр төзү. Кайбер классташларым артык күпне кабул итмәскә һәм MBA тәҗрибәмне җимерергә киңәш иттеләр, ләкин мин хөрмәт белән аңлаттым, минем максатым тәҗрибә белән ләззәтләнү түгел, ә киләчәккә вариантларымны киңәйтү.

Хәзер, минем бизнес мәктәп сәяхәтемнең соңгы өлешенә күчү. Мин Стенфордта ике көчле курс алдым. Аларның берсе "Шәхесләр динамикасы" дип аталган, анда без башкаларның безне ничек кабул итүләрен белү өчен кечкенә төркемнәрдә яшерен сөйләшүләр алып барган идек. Калган курс "ingсүче предприятияләр белән идарә итү" иде, ул симуляцияләрне кулланып, хезмәткәрләрне туктату, яңа персонал туплау һәм тискәре җавап бирү кебек күнекмәләрне өйрәтте.

Кызык, бу ике курс финанс ягыннан да кыйммәтрәк булып, уку ягыннан иң кыйммәтле булып чыкты. Бу миңа бу финансларны һәм катлаулы күнекмәләрне үзем өйрәнә алуымны аңлады, ләкин бу ике курстан алган йомшак осталык бәяләп бетергесез иде.

Бу тәҗрибәдән алган сабак шунда: яңа мохиткә кергәндә ачык максатларга ия булу һәм шул максатларга туры килгән чаралар күрү бик мөһим. Максатларыгызны уртаклашкан һәм сукыр таплардан саклану өчен үз тәҗрибәләреннән өйрәнгән башкаларны эзләгез.

**Олумид Огунсанво:** Сезнең хикәя оптимизациягә булган мәхәббәтегезне күрсәтә. Сез Стэнфорд Бизнес Мәктәбендә яңа ситуациягә кердегез һәм шуннан яхшырак файдалану өчен анда вакытны оптимальләштерү турында уйлана башладыгыз.

Финанс бәйсезлегенә ирешү өчен, тормышыгызны оптимальләштерүгә игътибар итү мөһим. Ләкин, бу сезне дулкынландырган һәм шул максатларга ирешү өчен нәрсә үзгәртелергә яки оптимальләштерелергә тиешлеген ачыклау өчен чаралар күргәннән соң гына булырга мөмкин. "Eңгары эффектив кешеләрнең җиде гадәте" дигән искиткеч китаптагы беренче гадәт активлаша - оптимизациягә охшаган сыйфат. Альтернатива - тормышны булганча кабул итү, бу финанс бәйсезлеккә ирешүне кыенлаштыра ала.

**Ачани Сэмон Биау:** Кызганычка каршы, җәмгыять безне еш кына карар кабул итмәскә өнди, бу үз-үзеңне канәгатьләндерүгә китерә. Мәсәлән, Амазонка кулланган алгоритмнар үткән өстенлекләребезгә нигезләнеп китаплар һәм рестораннар тәкъдим итәләр. Бу фикер йөртү безнең максатларга ирешү өчен кирәк булган авыр эшне куюны кыенлаштыра, чөнки без карар кабул итү өчен башкаларга көннән-көн бәйле булабыз.

Ләкин, бу фикерне кабул итеп, без кызыксыну хисебезне югалтабыз һәм безнең бәхет өчен башкаларга бәйләнешле булырга мөмкин. Ахырда, без үзебез карар кабул итәргә һәм үз тормышыбыз өчен Җаваплылык алырга тиеш.

**Олумид Огунсанво:** Сез үз тормышыгыз өчен иң яхшы нәрсәне беләсез, чөнки сез үзегезне үз карашларын куйган кешеләргә караганда яхшырак аңлыйсыз. Әгәр дә сез гел тышкы тикшерүне һәм ярдәмне эзлисез икән, сез булырга теләгән Җирдән ераклашырга мөмкин.

Сезнең хикәядә бик күп принциплар бар. Без максат кую турында сөйләштек, һәм мин шулай ук шәхси үсеш өстәр идем, чөнки һәркем бизнес мәктәбенә йөрергә яки өстәмә дәрәҗә алырга теләми. Бу бүлек бизнес мәктәбе турында, ләкин ахыр чиктә тормыш максатларына ирешү өчен кеше капиталын, осталыгыгызны, челтәрегезне арттыру турында.

**Ачани Сэмон Биау:** Стенфордтагы кайбер дусларым стартапларга кушылырга теләделәр, мин идарә итү консалтингы, VC яки Google һәм Microsoft кебек зур технология роллары белән кызыксындым. Кызык, мин ачык юнәлештә булган кешеләрнең күбесе эре корпорацияләрдә позиция эзләмәгәннәр. Киресенчә, алар үз стартапларын башларга яки беренче этаптагы компанияләргә кушылырга теләгәннәр.

Шул вакытта мин "өч йөз" төшенчәсен белдем. Өч йөз - кыска вакыт эчендә күп акча эшләү мөмкинлеге өчен нинди стартапка кушылырга икәнен сайлау өчен кагыйдә. Кагыйдә - ел саен керемнәр 100% яки аннан да күбрәк үскән, 100 миллион доллардан торган керемгә ирешү юлында һәм 100 хезмәткәрдән дә азрак булган стартапларны максат итү. Әгәр дә сез мондый компаниягә менеджер дәрәҗәсендә яки аннан да күбрәк капитал белән кушылсагыз, 5-7 ел эчендә сез миллионлаган кыйммәтле капиталга ия була аласыз. Минем бизнес классташларымның күбесе бу принципны куллануга һәм мондый стартапларда рольләргә актив рәвештә туплануга юнәлтелде.

**Олумид Огунсанво:** Тормыш алдан билгеләнгән юлдан бармый. Ул детерминистик яктан түгел, ә проблемалы рәвештә ачыла. Өч йөзне тасвирлаудан, бу, әлбәттә, зур технология компаниясенә керү белән чагыштырганда, зуррак бүләкләр белән зуррак куркынычлы стратегия.

**Ачани Сэмон Биау:** Мин өч йөз турында белмәдем, чөнки финанс максатларын аңлар өчен һәм алар ничек ирешә алырлар дип уйлаган кешеләр белән сөйләшмәдем. Мин бу сорауларны бирмәдем, чөнки минем карашым чикле иде. Кызыксынганда, сез ачык булмаган мәгълүматны туплау ысулларын таба аласыз, ләкин бу бераз уйлануны таләп итә.

**Олумид Огунсанво:** Чынлыкта, бу китап кызыксынган һәм старт алырга яки финанс бәйсезлегенә сәяхәтен тизләтергә теләгән һәркем өчен. Сэмон белән без Африка иммигрантлары, шуңа күрә күпчелек укучылар иммигрантлар, азчылыклар, чит ил кешеләре яки чит кешеләр булырга мөмкин дип уйлыйм, принциплар һәркемгә дә кагылса да. Чит кешеләр буларак, без кызыксыну уятудан зур файда ала алабыз, чөнки экосистеманың башка әгъзалары инде яхшы бәйләнгән һәм бер-берсе белән таныш. Уенның ничек уйнавын белү безнең өчен, бу авыр булырга мөмкин. Ләкин, кызыксынып, сораулар бирел, без экосистеманы һәм аның эшләрен тирәнрәк аңлый алабыз, бу ахыр чиктә безгә уңышларга булышачак.

**Ачани Сэмон Биау:** Бизнес мәктәбендә соңгы айларымда мин яхшырак эшли алганым турында уйланып, ял итәр өчен, дуслык урнаштырыр өчен күп вакыт үткәрдем.

**Олумид Огунсанво:** Самон, сезнең ике максатыгыз бар иде: идарә итү консультанты булу кыска һәм урта вакытлы максат һәм мәктәпләр төзүнең озак вакытлы белем максаты.

**Ачани Сэмон Биау:** Әйе, башта минем максат - идарә итү консультанты булу иде. Ләкин заявка сочинениесен язганда, мин тормышымның омтылышлары турында уйлана башладым, бу мине мәктәпләр төзүнең һәм мәгарифтә уңай йогынты ясауның икенче максатын булдыруга китерде. Бу аңлау мине мәгарифтә икенче магистр дәрәҗәсен алырга дәртләндерде, минем максатларыма ирешү өчен кирәкле күнекмәләр бирер дип ышанам.

Ләкин, бизнес-мәктәп сәяхәтемнең ахырына якынлашканда, минем өстенлекләрем үзгәрә башлады. Мин аңладым, мин чыннан да теләгән әйбер башкаларга киңәш бирү урынына эффектив карарлар кабул итә алырлык позициядә булу. Ни өчен консультация эффект ясау өчен бердәнбер юл дип сорагач, мин үзгәрешләр булдыру өчен үз осталыгымны үстерергә кирәклеген аңладым. Шулай итеп, мин консультацияне укыту мәйданында күрдем, анда мин мәгарифтә үзгәрешләр кертү өчен кирәкле күнекмәләргә ия була алам. MBA тәмамлангач, минем өчен Стенфорд бренды булу минем резюмега BCG бренды өстәүгә караганда мөһимрәк булды.

Мин инде тышкы тикшерү кирәклеген сизмәдем. Мин булган урында канәгать идем, килгән мөмкинлекләр өчен мин бик рәхмәтле. Бу сәяхәт миңа тәэсирне өстен куярга һәм дөньяда мәгънәле аерма булдыруга игътибар итергә өйрәтте.

**Олумид Огунсанво:** Самон, без тикшерү турында әйткәннәрне тикшерә алабызмы? Без хәзер терапия сессиясен үткәргән кебек. Брендны тикшерү нәрсә аңлата?

**Ачани Сэмон Биау:** Кайвакыт, нәрсәгә ирешкәннәр белән ялганламаганнар арасындагы аерма, аларның белемнәре җитмәүдә генә түгел, ә ышанычсызлыкта да. Минем дусларымның күбесе миннән соң Стенфордка керә алуларына ышандылар. Аларга кадәр ышаныч җитмәгән.

Университет маркалары билгеле бер ышаныч дәрәҗәсен бирә. Ләкин, бу дөрес ышаныч дип уйламыйм, чөнки ул тышкы тикшерүгә таяна. Ышанычның төп формасы үзеңнең тулы һәм җитәрлек булуыңны белүдән килә. Growcкәч, үз максатларыгызга эшләгәндә, сез аңлыйсыз, сездән башка беркем дә яхшырак түгел, һәм сез булырга теләгән нәрсәгә әйләнә аласыз.

**Олумид Огунсанво:** Бу искиткеч иде. Бу китапны укыганда һәм безнең профильләрне тикшергәндә, сез Самонның Стенфорд һәм BCG фоны кебек тышкы маркерларыбыз яки Оксфорд һәм МИТтагы белемем белән куркуга бирелергә мөмкин. Ләкин, үз-үзеңә ышану һәм үз-үзеңне бәяләү тышкы тикшерүдән түгел, ә эчтән килеп чыкканын онытмаска кирәк.

Бу китап финанс бәйсезлеккә ирешү турында, ләкин алда әйтеп үткәнебезчә, ул шәхси үсеш турында да. Шәхси үсеш тикшерүдән һәм көчле фикер йөртүдән башлана. Selfз-үзеңә ышану һәм үз-үзеңне бәяләү абстракт яңгырарга мөмкин, ләкин алар шәхси үсеш өчен бик кирәк. Yourselfз-үзеңә ышанмыйча, үзеңне ачып, максатлар куйганда, киртәләр белән очрашырга мөмкин. Сәяхәтне башлар өчен сез үзегезгә ышанырга тиеш. Ярдәм һәм ярдәм эзләү мөһим булса да, сез үз-үзегезне үстерү һәм үз максатларыгызга ирешү сәләтегезгә ышанырга тиеш.

**Ачани Сэмон Биау:** Минем бизнес мәктәбем тәҖрибәсеннән алган иң кыйммәтле дәрес, башта тышкы тикшерү аша, ләкин соңрак эчке тикшерү аша ышаныч казану иде. Uredскәч, мин бөтен кешене дә тигез күрә башладым. Бу фикер миңа финанс бәйсезлеккә ирешү һәм Африкада мәктәпләр төзү кебек озак вакытлы максатлар куярга мөмкинлек бирде. Ләкин, мин бу максатларга ирешү өчен башкаларга таянырга теләмәдем. Мин үстергән ышаныч мине үземнең карьера юлымны билгеләр өчен бик мөһим икәнемне аңлады. Бу балачакта булган ирек хисен кире кайтарды, миңа теләгән әйберне куярга мөмкинлек бирде.

**Олумид Огунсанво:** Бу Самонның бизнес-мәктәп сәяхәте аша ирешкән нәтиҖәсе. Ләкин шуны истә тотарга кирәк: бизнес-мәктәпкә бару яки магистр дәрәҖәсен алу бу нәтиҖәләргә ирешү өчен кирәк түгел. Ачкыч - үзеңнең кадереңне аңлау, кеше потенциалын тану, тормышта үз максатларыңа һәм теләкләреңә ирешү өчен куллану. Киләсе бүлектә барыгызны да күрербез!

# 5C: Максат кую һәм шәхси үсеш принциплары

**Олумид Огунсанво:** Әйдәгез, әйберләрне алыштырыйк һәм финанс бәйсезлегенә сәяхәтне тизләтә алырлык махсус принциплар турында сөйләшик. Максат кую һәм шәхси үсеш принципларын өч бүлектә карап чыгарбыз. Башта без бу принципларны билгеләячәкбез. Икенчедән, без аларның финанс бәйсезлегенә юлны ничек тизләтә алуларын тикшерербез. Өченчедән, без бу принципларны үстерү һәм куллану турында күбрәк белә алырлык кайбер китапларны тәкъдим итәрбез.

Максат кcustomдан башлыйк. Максат кую - сез ирешергә теләгән әйберне ачыклау һәм омтылышларыгызны күрсәтү өчен стратегик юл картасын булдыру процессы. Без үз-үзеңә ышану, үз-үзеңә ышану, кызыксыну, мөстәкыйль уйлау, амбиция, батырлык кебек принциплар турында сөйләштек. Без шулай ук FTE төшенчәсенә кагылдык, кеше таш төбенә җиткәч һәм тиз үзгәртү кирәклеген аңлагач. Хәзер, киң караш булдыру, конкрет амбицияле максатлар кую, һәм бу максатларга ирешү өчен көндәлек чаралар күрү өчен, акылыңны һәм батырлыгыңны юнәлтергә вакыт.

Күренеш - сезнең киләчәгегезнең нинди булуын теләгән ачык һәм көчле психик образ. Бу теләгән киләчәк дәүләт сезне максатларыгызга ирешү өчен чаралар күрергә дәртләндерә һәм дәртләндерә. Күренеш булдыру өчен, үзегез теләгән тормыш турында сораулар бирергә кирәк. Мәсәлән:

Сез нинди тормыш рәвеше телисез? Партнерда нинди сыйфатлар эзлисез? Кайда яшәргә телисез? Сез нинди Җәмгыятьнең өлеше булырга телисез? Сез нәрсә эшләргә телисез? Кем белән эшләргә телисез? Сез нинди тәҗрибә һәм маҗараларга омтылырга телисез? Сез нинди уку һәм шәхси үсеш мөмкинлекләрен эзлисез?

Киләчәк күренеш - сез теләгән әйбернең зур картинасы. Алга таба, бу күренешкә ирешү өчен озак вакытлы максатлар булдырырга кирәк. Озак вакытлы максатларыгызның финанс өлешенә тирән чумып алыйк. Бу озак вакытлы максатлар сезнең финанс бәйсезлегегезне (FI) максатчан бәяне һәм максатка ирешү өчен кирәкле срокны үз эченә ала. Сез бу максатны һәм вакыт сызыгын онлайн пенсия калькуляторлары ярдәмендә бәяли аласыз (мәсәлән, Empower Personal Dashboard (элек personalcapital.com дип аталган). Мәсәлән, сезнең максат 20 ел эчендә $ 2M туплау булырга мөмкин. Онытмагыз, бу мисал бары тик үзбилгеләнгән, Сезнең FI максаты һәм расписаниесе сезнең хәзерге чыгым гадәтләрегезгә һәм киләчәк пенсия чыгымнарыгызны урнашу урыны, салым, гаилә күләме, торак өстенлекләре, мал-мөлкәт, медицина чыгымнары һ.б. өлкәләренә туры килү сәләтенә бәйле. LeanFIRE ( Сакчыл финанс бәйсезлеге / иртә пенсия ) хәрәкәт әгъзалары, мәсәлән, түбән FI максатлары 300k доллардан 600k долларга кадәр.

Пенсия калькуляторлары сезнең FI максатыгызны билгеләүгә комплекслы һәм төгәл караш тәкъдим итә. Ләкин, тупас смета эзлисез икән, сез 3% -4% бармак кагыйдәсен (һәм тиешле 25X-33X күп) гадирәк ысул буларак куллана аласыз. Пенсия калькуляторлары төгәллекне тәэмин итсәләр дә, 3% -4% кагыйдә сезнең FI максатыгызны башлангыч бәяләү өчен тиз һәм уңайлы ысул тәкъдим итә.

3% -4% кагыйдә пенсия инвестиция портфеленнән куркынычсыз алу ставкасы (SWR) турында күрсәтмә бирә. Акча бетү куркынычын киметү өчен, пенсия вакытында ел саен күпме акча алып була, дип саный. Бу кагыйдә буенча, пенсиянең беренче елында сез портфолио бәясенең 3-4% ала аласыз. Мәсәлән, 1 миллион доллар портфолио белән бу 30к- 40к доллар булыр иде. Киләсе ел саен сез инфляцияне исәпкә алу өчен акча күләмен көйлисез. Икенче елда сез узган елгы сумманы һәм инфляция көйләнгән өлешен кире кагар идегез, бәяләр күтәрелү белән бергә баруыгызны тәэмин итәрсез. 4% кагыйдә киң билгеле булса да, мин үзем аны 3-4% кагыйдә дип атарга яратам, чөнки ул катгый кагыйдәгә караганда күбрәк күрсәтмә булып хезмәт итә. Шулай ук, ул башта 30 еллык пенсия өчен эшләнгән, шуңа күрә кечкенә вакытта финанс бәйсезлегенә ирешкән һәм 40-60 ел дәвамында пенсияләре озынрак булган кешеләр өчен, сакчыл караш киңәш ителергә мөмкин, мәсәлән, 3% алу ставкасын исәпкә алу. 3,5% ка кадәр.

25X-33X күплеге 3% -4% алу ставкаларыннан алынган һәм FI өчен кирәк булган инвестиция портфолио күләмен бәяләү өчен кулланыла. Бу чыгару ставкаларының киресен күрсәтә, ел саен 3% - 4% портфолиодан чыгаруны күздә тоткан FI өчен кирәкле сумманы күрсәтә. Күпне исәпләү өчен, без 3% ка (1/3% = 33X) бүленгән 3% бармак кагыйдәсенең киресен алабыз, һәм 4% бармак кагыйдәсе өчен ул 4% ка бүленә ( 1/4% = 25X).

3% -4% бармак кагыйдәсенең уңай ягы - аны куллану җиңеллеге. Мәсәлән, түбәндәге таблицада пенсия чыгымнарының төрле дәрәҗәләрен каплау өчен кирәк булган төрле FI максатлары күрсәтелгән.

| Пенсия көтелгән чыгымнар | | Финанс бәйсезлеге инвестиция портфолио максаты ($ гомер буе дәвам итәргә кирәк) | |
|---|---|---|---|
| Айлык ($ / ай) | Ел саен ($ / ел) | 25X күп кулланып түбән смета (4% бармак кагыйдәсе) | 33X күп кулланып югары смета (3% кагыйдә) |
| $ 1700 | $ 20k | $ 0.5M | $ 0.7M |
| $ 3,300 | $ 40k | $ 1.0M | $ 1,3M |
| $ 6700 | $ 80k | $ 2.0M | $ 2.7M |
| $ 10,000 | $ 120k | $ 3.0M | $ 4.0M |
| $ 13,300 | $ 160k | $ 4.0M | $ 5.3M |
| $ 16,700 | $ 200k | $ 5.0M | $ 6.7M |

Шулай да, 3% -4% бармак кагыйдәсен куллануның начар яклары бар. Беренчедән, ул ким дигәндә 50% акцияләр (акцияләр) булган инвестиция портфолиолары өчен эшләнгән һәм күчемсез милек, акча яки фонд базарына инвестицияләнмәгән чиста актив классларда кулланылырга тиеш түгел. Икенчедән, бу сезнең киләчәктә вакытлыча зуррак чыгымнарыгыз булырга мөмкин, мәсәлән, балалар колледжы өчен чыгымнар.

Йомгаклау өчен, күзаллау булдыру һәм озак вакытлы максатлар кую - финанс бәйсезлеге юлында мөһим адымнар. Пенсия калькуляторларын кулланасызмы, яисә 3% -4% кагыйдә, бу ысуллар сезнең максатны бәяләргә, планлаштыруыгызны күрсәтергә һәм FI ягына сәяхәт иткәндә балкып торган төньяк йолдыз бирергә ярдәм итә ала.

Алга таба, сез кыска вакытлы максатлар булдырырга тиеш, бу сезнең максатка һәм вакыт сызыгына ирешергә ярдәм итәчәк. Мисал өчен, сез ел саен билгеле күләмдә инвестиция салырга уйлый аласыз, беренче елда 50к доллар, икенче елда 60к доллар. Финанс калькуляторлары сезнең максатка ирешү өчен кирәк булган инвестицияләр күләменә кирәк булган еллык суммаларны бәяләүдә булыша ала.

**көндәлек эшләргә** бүлеп куярга кирәк , бу аларга ирешергә ярдәм итәчәк.

Сезнең күзаллау, озак вакытлы һәм кыска вакытлы максатлар булдыру, көндәлек чаралар күрү - без максат кую дигәнне аңлата. Дөрес максатлар кую өчен амбиция кирәк, һәм сәяхәт вакытында авырлыкларны Җиңәр өчен батырлык кирәк.

**Ачани Сэмон Биау:** Шикәр кебек максат кую турында уйлагыз - бу безгә ашыгыч һәм эмоциональ канәгатьлек бирә. Әгәр дә без катлаулы эшләрне үз өстебезгә алсак яки көн тәртибебездән чыксак, эзлекле дәртләнеп калу авыр булырга мөмкин. Мәсәлән, Усейн Болтны алыгыз. Әгәр дә ул моның өчен көн саен йөгерсә, ул мотивацияне саклап калу өчен көрәшергә мөмкин. Ләкин Олимпия уеннары алты ай кала һәм аның күзаллавы - алтын яулау, бу максат аның эчендә ут кабыза һәм аны күнегүләрдә саклый.

Озак вакытлы һәм кыска вакытлы максат куюны аеру мөһим. Күпчелек кеше, шул исәптән мин дә, озак вакытлы максатларга көндәлек эшләр яки кыска вакытлы максатларсыз гына ялгыштык. Ләкин бу еш кына аларга ирешә алмауга китерә.

**Олумид Огунсанво:** Сез максатларны һәм гамәлләрне берләштерергә тиеш. Сез икенчесеннән башка була алмыйсыз. Максатсыз, сез беркайда да тиз йөрмисез. Dailyәм көндәлек гамәлләрсез, сезнең максатлар тормышка ашмаячак, чөнки сез эзлекле кушылу чараларын күрмисез һәм алга китешегезне күзәтмисез. Без әйберләрне күзәткәндә һәм үлчәгәндә яхшырак эшлибез.

**Ачани Сэмон Биау:** Төгәл. Озак сроклы максат куйгач, сез аны көн саен ясый алырлык адымнарга бүләргә тиеш. Бу ысулның ике файдасы бар. Беренчедән, сез кирәкле көндәлек эшләрнең гомуми күренеш белән чагыштырганда кечерәк һәм азрак булуын аңларсыз. Икенчедән, сезнең алгарышны һәм тырышлыкны үлчәү ысулы булу бик мөһим.

**Олумид Огунсанво:** Шуңа күрә бу принципларны билгеле бер

тәртиптә карау мөһим. Максатлар кую һәм кирәкле көндәлек эшләрне үз-үзеңә ышанмыйча, мөстәкыйль уйлау, кыюлык, амбициясез кабул итү авыр булырга мөмкин. Әгәр дә сезнең карашыгыз сезнең кыйммәтләрегезгә һәм теләкләрегезгә туры килмәсә, ул тотрыклы булмаска мөмкин.

**Ачани Сэмон Биау:** Максат кую безгә проблеманы нәтиҗәле чишәргә ярдәм итә. Мин сезгә бер мисал китерим. Еш йөргән менеджмент консультанты буларак, мин төрле кредит карталарында һәм тугрылык программаларында баллар тупладым. Ләкин, мин бер авиакомпаниядә гомерлек Платина әгъзасы булу өчен билгеле бер максат куйганчы гына, мин аңа ирешү өчен кирәк булган көн саен адымнарны аңладым. Мин айга ничә рейс ясарга кирәклеген санадым һәм бу статуска ирешү өчен вакыт кирәклеген санадым. Аннан мин сәяхәтемне максимальләштергән проектларга һәм чараларга өстенлек биреп, стратегия уйлап таптым, мәсәлән, тренинг урынына интервью үткәрү. Мин шулай ук АКШ кебек аерым төбәкләрне озынрак очышларга юнәлттем. Бу куркыныч кебек тоелган максатны кечкенә идарә ителә торган эшләргә бүлеп, мин биш ел эчендә Платина статусына ирештем.

**Олумид Огунсанво:** Күрүегезне, озак вакытлы һәм кыска вакытлы максатларны, көндәлек эшләрне ясаганнан соң, сез ай саен сакларга кирәк булган акча күләмен сиздерергә мөмкин. Әгәр бу куркуга һәм борчылуга китерә икән, димәк, амбицияңне һәм батырлыгыңны яңадан бәяләргә кирәк. Сез бу сыйфатларны чыннан да үзләштердегезме һәм аларны актив кулланасызмы? Алайса, проблема булырга тиеш түгел, чөнки сез тормышта нәрсә теләгәнегезне ачык күзаллыйсыз, һәм аңа ирешү өчен кирәкле кыюлыкны үстерә аласыз.

Тагын бер игътибарга лаек фикер - бернинди план да камил түгел. Яхшы башлангыч план сезгә кирәк. План төзегез, аны үтәгез, кабатлагыз, көйләгез һәм кабатлагыз. Камил планны көтмәгез, чөнки ул юк. Иң мөһиме - башлау. Сез һәрвакыт соңрак үзгәртә аласыз. Бу чиктән тыш төгәллек турында түгел, дулкынлану һәм башкару турында. Фән һәм инженерлык белгечлеге булган кеше буларак, мин төгәллеккә карата тискәре карашны аңлыйм, ләкин бу очракта дулкынлану, момент, башкару, сыгылучылык иң мөһиме.

**Ачани Сэмон Биау:** Мин балаларга максатлар куярга ярдәм итә торган кайбер практикалар белән уртаклашасым килә. Мәсәлән, минем алты балам бар, һәм мин аларның әти-әниләренә озак вакыт килгәч, аларның берсе белән көндәлек практиканы тормышка ашырам. Көнне үзебезгә максатлар куеп башлыйбыз. Ул минем максатларым турында сорый, ә мин аның турында сорыйм. Төнлә без алга китеш, максатларыбызга ирешергә нәрсә булышканы, каршылыклар турында сөйләшәбез.

Максат кую практикасы безнең арада кызыклы йолага әйләнде һәм миңа балам белән тыгыз бәйләнеш булдырырга булышты. Мин аның максатлары турында гына сорамадым; ул шулай ук минем белүем белән кызыксынды. Кайвакыт ул уйнап миңа үз максатларым белән барырга онытмый, һәм ул мине дә Җавапка тартырга ярата. Мин киткәч, ул әтисеннән практиканы дәвам итүне сорады.

**Олумид Огунсанво:** Сезнеңчә, максатлар куймыйча, финанс яктан бәйсез булырга мөмкинме?

**Ачани Сэмон Биау:** notk.

**Олумид Огунсанво:** Максатсыз финанс яктан бәйсез булу гаҗәеп кыен булыр иде. Ничектер күп акча белән бетсәң дә, барысын җиңел генә югалтырга мөмкин. FI булу һәм FI булып калу - төрле осталык.

**Ачани Сэмон Биау:** Сез бәхетле булсагыз, бу байлыкны саклап калырга мөмкин. Минем дусларым бар, мәктәпне ачык юнәлешсез тәмамлап, стартапка абындылар. Алар эш эзләмәгәннәр, һәм стартапка кушылу мөмкинлеге аларга башкаларның тырыш хезмәте аркасында килгән. Стартап ахыр чиктә уңышлы булды, һәм кинәт катнашучыларга акча агылды. Минем бер дустым матди яктан тормыш иптәшенә өйләнү бәхетенә иреште. Ләкин, бу сценарийның сирәк булуын әйтергә кирәк. Бик күпләр байлыкны тиз тупладылар, аны тиз югалту өчен генә.

**Олумид Огунсанво:** Тышкы сценарийларга түгел, урта (реалистик) сценарийларга игътибар итү яхшырак. Финанс бәйсезлеге сездән төрле микро чаралар күрергә, сәүдә нәтиҗәләрен аңларга, рисклар белән идарә итәргә һәм FOMO корбаны булмасын өчен талэп итә. Hardәм авыр эшне куймыйча, буранга абынсагыз да, бу акча, мөгаен, озакка сузылмас, чөнки сез аны идарә итү һәм бәяләү осталыгын үстермәгәнсез. Джим Рон әйткәнчә, максат акча өчен генә түгел, ә процесста булган кеше өчен баету булырга тиеш.

**Ачани Сэмон Биау:** Кайбер кешеләр бәхәсләшергә мөмкин, әгәр сез күп акча эшлисез икән, конкрет максатлар куймыйча, финанс яктан бәйсез булу җиңелрәк. Мин килешмим. Проблема шунда: сездә дисциплиналар җитмәгәндә, керемнәрегез арта барган саен, чыгымнарыгыз да арта. Яхшы максат куймыйча, финанс бәйсезлегенә ирешүегез бик ихтимал.

Көн саен эзлекле рәвештә чаралар күрү гаҗәеп көчле булырга мөмкин. Мин моны мандарин телен өйрәнергә булдым. Мин көн саен телдә бер яңа гыйбарәне өйрәнү максатын куйдым, һәм мин аны белгәнче, берничә әйбер әйтә алдым. Мин лифтта кытай кешесен очратканда, мин сөйләшүне башлар идем һәм еш кына яңа дуслар табар идем. Бу гадәтләрнең көче - алар көтелмәгән нәтиҗәләргә китерергә мөмкин. Көндәлек эшләрнең кумулятив эффекты осталыкка китерергә мөмкин, бу сезгә баштагы максаттан артып китәргә мөмкинлек бирә.

**Олумид Огунсанво:** Сез финанс бәйсезлеккә ирешүегезне күзәтүдән килгән дулкынлануны бәяләп бетерә алмыйсыз. Күпме алга киткәнемне күргәч, мин үземне бик көчле хис иттем. Бәлки мин бераз акылдан язганмын, ләкин мин чыннан да көн саен FI максатыма ирешү өчен чиста кыйммәтемнең ничек үсүен күзәттем.

**Ачани Сэмон Биау:** [Елмаеп] Гаҗәп. Сезнең күзәтүегезне күз алдыгызга китерү минем йөземә елмаю китерә.

**Олумид Огунсанво:** Мин үземне искиткеч хис иттем.

**Ачани Сэмон Биау:** Кайвакыт кешеләр финанс бәйсезлегенә максатлар кую сезне аянычлы тормыш белән яшәргә тиеш дип уйлыйлар. Алар моны укып, сез газапланасыз дип уйларга мөмкин. Ләкин сезгә әйтим, Олумид бөтенләй моңсу түгел. Ул оптимизациягә гашыйк.

**Олумид Огунсанво:** Әлбәттә! Бу процесс дәвамында мин бик күңелле идем, һәм мин, әлбәттә, аяныч түгел идем. Бу сезнең чыгымнарыгызны оптимальләштерү һәм идарә итү турында, без 6C бүлектә күбрәк сөйләшербез.

**Ачани Сэмон Биау:** Моны ишетү бик яхшы! Хәзер, мин берничә киңәш, практика, китап тәкъдимнәре яки финанс бәйсезлеге белән кызыксынган укучыларыбыз өчен бүтән киңәшләр белән уртаклаша аласызмы дип уйладым.

**Олумид Огунсанво:** Әйе, минем ике китап тәкъдимем бар.

Беренчедән, Джефф Олсонның " Бераз кыры ". [1]Китап гаҗәп һәм матур. Анда тормыштагы барлык максатларыгызны көндәлек эшләргә әйләндерү турында сүз бара. Сезнең максатлар финанс максатлары, сәламәтлек максатлары, мөнәсәбәтләр максатлары, Җәмгыять максатлары, карьера максатлары булырга мөмкин. Бу минем тормышымны үзгәрткән китапларның берсе иде, чөнки мин максатлар куя идем, ләкин эзлекле көндәлек чаралар күрүнең мөһимлеген беркайчан да аңламадым. Көн саен нәрсәдер эшләү сезнең уйларыгызны үзгәртә һәм алга китәргә ярдәм итә. Мәсәлән, Сэмон белән без бу китап өстендә ике ай ярым эшләдек, һәм мин аның өстендә көн саен эшләргә ышанам. Көн саен бераз эшләп, алга китеш күләмендә ул зур үзгәрешләр кертә.

Көн саен чаралар күреп гадәтләр булдыру ачык күренә, ләкин мин китап укыганчы беркайчан да эшләмәдем. Gen Y Финанс Гай блогының [2]бик көчле тәкъдиме аркасында мин аны очраттым .

Икенче китап - Джеймс Клирның " Атом гадәтләре ". [3]Бу "Бераз кыр" га охшаган һәм көндәлек чаралар күрү, максатларны кечкенә адымнарга бүлү һәм аларны автоматик гадәтләргә әйләндерү мөһимлегенә басым ясый. Мин сезгә бер мисал китерим: мин көн саен диярлек спортзалга йөрим, һәм бу турыда ике тапкыр уйламыйм да. Бу минем тешләремне чистарту кебек көндәлек эшемнең бер өлеше. Бу гадәткә әйләнде, мин актив эшләргә тиеш түгел. Бу минем графикның мәңге өлеше. Мин кешеләрне бу китапларны укырга һәм көндәлек практикалар турында уйларга өндәп торам.

**Ачани Сэмон Биау:** Максат куюның иң мөһим ягы - тишек сәләте. Кайвакыт, хәзерге юлыгыз сезне теләгән нәтиҗәләргә алып бармаганда яки шартлар үзгәргәндә, сезгә карьера, максатлар яки тормыш юнәлешендә зур үзгәрешләр кертергә кирәк булыр. Максатларыгызга туры килү өчен юнәлешне үзгәртү бу акт пивотинг дип атала.

**Олумид Огунсанво:** Пивотинг - максатларыгызга ирешү өчен юнәлешегезне үзгәртү өчен ачык булу дигән сүз. Бу зур үзгәреш яки


1.  http://www.amazon.com/Slight-Edge-Jeff-Olson/dp/1935944312

2.  https://www.genyfinanceguy.com/

3.  https://jamesclear.com/atomic-habits

кечкенә көйләү булырга мөмкин; үзгәрешнең зурлыгы мөһим түгел. Иң мөһиме - үзгәрү кирәк булганда танырлык дәрәҗәдә сыгылучан булу һәм бу үзгәрешне ясау өчен уңайлы булу. Финанс бәйсезлегенә сәяхәтегездә сыгылучылык мөһим корал. Әгәр дә сез бик каты һәм үзгәрүләргә каршы торсагыз, финанс бәйсезлегенә ирешү авыр булачак, чөнки сез киләчәкнең ничек булачагын алдан әйтә алмыйсыз.

**Ачани Сэмон Биау:** Әйдәгез, финанс бәйсезлеге сәяхәтенә практик тәэсир турында сөйләшик. Бизнес мәктәбенә йөргән күп кеше карьерасын үзгәртә. Алар хәтта профессиональ үзенчәлекләрен үзгәртә алалар. Мисал өчен, мин бизнес мәктәбенә йөргәнче телекоммуникационер идем, ләкин анда булган вакытта мин идарә итү консалтинг өлкәсенә кердем. Бу үзгәреш минем тормышымда мөһим урын булды. Ачкыч - максатлар кую һәм бу максатларга ирешү өчен чишелешләр табу өстендә актив эшләү.

**Олумид Огунсанво:** Планнар төзи башлагач, сез ясаган планнар үзгәрергә мөмкинлеген аңларга кирәк. Монда пивотинг уйный. Сез аңлаешсызлык һәм үзгәрү белән уңайлы булырга тиеш, чөнки тормыш гел үсештә. Эшләр үзгәргәндә, сез агым белән барыр өчен Җайлашырга тиеш, чөнки сезнең югары дәрәҗәдәге күренешегез элеккечә калырга мөмкин, ләкин көндәлек план үзгәрергә мөмкин. Карл Ричардс (behaviorgap.com сайтыннан), "Планга тугры булмагыз, планлаштыру процессына тугры калыгыз" диде. Джефф Безос "Эшләргә карата тискәре караш булдыр" дигән гыйбарәне популярлаштырды. Шәхси үсешнең гаҗәеп авторы Брайан Трейси: "Уңыш уңышсызлыкның ерак ягында", диде.

Бу идеяларны бергә туплау - үзгәрү өчен ачык булганда чаралар күрү, план буенча бармаганда төшенкелеккә бирелмәү. Алга баруыгызны дәвам итегез, кирәк булганда төрле карашларны сынап карагыз, озак вакытлы карашыгызны һәм максатларыгызны истә тотыгыз. Бу сезнең стратегияләрегезне көйләү һәм үзгәртү турында, шул ук вакытта зуррак рәсемгә игътибар итү.

**Ачани Сэмон Биау:** Бу мәгърифәтле. Тәкъдимнәргә килгәндә, максат кую турында берничә китап бар, минемчә, алар көчле. Бу китаплар карьера үзгәрү контекстында иде, ләкин минемчә, алар сәламәтлек, фитнес, мәхәббәт, мөнәсәбәтләр кебек тормышның башка өлкәләрендә дә кулланыла. Бер китап Адам Марклның " Pivot " [4] дип атала . Адам Маркл китабы карьерага күчкән һәм тулы потенциалына ирешергә омтылган шәхесләр өчен юл картасын тәкъдим итә, рисклар һәм уңышсызлыклар турында борчылулар. Бу китап карьера күчү белән шөгыльләнүче һәм тулы потенциалына ирешергә омтылган шәхесләр өчен практик кулланма булып хезмәт итә, куркынычлар һәм уңышсызлыклар тирәсендәге борчылуларны чишә. Бу этап-этап күнегүләр сериясен тәкъдим итә һәм үз-үзеңне чагылдыруны җиңеләйтә һәм укучыларга алгарышына комачаулый торган киртәләрне ачыкларга һәм җиңәргә булыша. Ачык күзаллау булдыру, каршылыкларны җиңеп, үз максатларына хәлиткеч чаралар күрү белән, кешеләр тулы потенциалына ирешү өчен юл ача ала.

**Олумид Огунсанво:** Самон, FIREDOM укучысы күренеш булдыру төшенчәсен бик абстракт тапса һәм аның файдалы булуына шикләнсә, нәрсә эшләргә? Күрү көйләнеше артык "йомшак" һәм файдасыз дип уйлаган кешегә нәрсә әйтер идегез?

**Ачани Сэмон Биау:** Күренеш файдалы, чөнки ул сез теләгән әйбернең башлангыч ноктасын бирә.

**Олумид Огунсанво:** Бу янып торган теләк һәм тормышыгызны контрольдә тоту турында. Аны бүтән беркем дә куя алмый.

**Ачани Сэмон Биау:** Әгәр дә кемдер күрү сәләтен артык аңлаешсыз яки шома дип санаса, бу әле дөрес күренеш булмаска мөмкин. Күренешегезне чистарту һәм ачыклау мөһим, ул сезнең белән резонанс булып, сезне дулкынландырганчы.

**Олумид Огунсанво:** Максатлар еш туры сызык түгел. Бу сезнең өчен иң яхшы нәрсә эшләгәнен аңлаучы сәяхәт. Исегездә тотыгыз, Самон Дойче Телекомны эшләтеп җибәргәндә барачак урыны өчен тулысынча тәмамланган планы булмаган. Ул идарә итү консалтингындагы мөмкинлекне таныды һәм аңа омтылу өчен үзәк ясады.

**Ачани Сэмон Биау:** Практик мисал китерү өчен, әйтик, сез 30 яшегездә 35 яшькә кадәр финанс бәйсезлегенә ирешү максатын куйдыгыз. Сез хәзер юрист булып эшлисез, бу өлкә сезгә ошаса да, ул яхшы түли, бу мәҗбүри түгел. Сезнең теләк. Көннәрдән бер көнне дустыгыз сәламәтлек саклау өлкәсендә медицина Җайланмалары программалары өчен кызыклы идея тәкъдим итә. Башта, сез бу мөмкинлекнең юрист буларак осталыгыгызга туры килүенә ышанмыйсыз. Ләкин, идея һәм аның потенциалы турында күбрәк белгән саен, сез мөмкинлеккә дулкынланасыз. Сез мөмкинлекне эзләргә һәм законнан сәламәтлек саклау өлкәсенә кадәр карьера ясарга карар итәсез. Бу үзгәреш сезнең карьера юлында зур үзгәрешне күрсәтә.

**Олумид Огунсанво:** Сезнең өчен чыннан да мөһим нәрсәне аңлау өчен батырлык һәм амбиция кирәк.

**Ачани Сэмон Биау:** Иң начар сценарийда да, яңа мөмкинлек эшләмәсә, сез ике ел эчендә белер идегез. Тәвәккәллекне йомшарту өчен, сез стартап белән хезмәт хакы турында сөйләшә аласыз, бу адвокат булып эшләгән эшегезнең 80% тәшкил итә. Сез шулай ук чыгымнарыгызны көйли аласыз, шуңа күрә сез шул ук күләмдә акча Җыясыз, әйберләр төзелсә, потенциаль миллионга үсәргә мөмкин.

**Олумид Огунсанво:** Әгәр дә кемдер бу бүлекне тыңласа һәм башта күрү һәм максат кую төшенчәләрен бик абстракт яки импрактив тапса, мин аларны кызыксыну принцибын онытмаска өндим. Нигә моны ассызыклаганыбызны аңларлык кызыксыну белән булыгыз. Без Сэмон белән утызынчы елларда финанс бәйсезлегенә ирештек, шуңа күрә без моны мөһим дип саныйбыз. Шикләнүләрне читкә куеп, максат куярга тырышыгыз. Сынап карау бернинди зияны да юк. Берәр нәрсә турында күзаллау куегыз, нәрсә булганын күрү өчен көндәлек максатлар куегыз.

Мин экспериментларны яратам, шуңа күрә мин аны эксперимент итеп карарга өндим. Сез нәрсә югалтырга тиеш? Сез риза булмаган идеялар белән очрашканда, кызыксыну белән аларга мөрәҖәгать итегез һәм алар сезнең өчен эшләвен тикшерегез. Мәгълүматны белемле чыганаклардан автоматик рәвештә кире кагмагыз, чөнки бу сезнең эгоизмга яки алдан ук төшенчәләргә каршы тора.

**Ачани Сэмон Биау:** Бу гамәлләрнең катлаулы табигатен тану. Әгәр дә сез бала чакта экспериментларны сынап карау гадәтегез булса, сез олы кеше буларак экспериментны дәвам итәрсез. Әгәр дә сез Җалачагыгызда тишекләр кичергән булсагыз, мәсәлән, мәктәпләрне алыштыру яки яңа хобби белән шөгыльләнү кебек, сез олы кеше булып тишек ясау өчен уңайлырак булырсыз.

Ата-аналарга шуны әйтәсе килә, үзгәрешләр дошман буларак түгел, ә авыр тәҗрибәләр аша балаларыгызда ныклык үстерү мөмкинлеге буларак каралырга тиеш. Күпчелек ата-аналар балалары өчен тотрыклы мохит булдыру иң яхшысы дип саныйлар, һәм башка илгә күченү, мәсәлән, аларны бутаячаклар.

Ләкин бу оптималь перспектива булмаска мөмкин. Ата-ана буларак сезнең бурычыгыз - балаларыгызны үзләренә каршы торган тәҗрибәләргә биреп, ныклыкка әзерләү. Бу тәҗрибәләр балаларда үз-үзеңә ышану, үз-үзеңә ышану, кыюлык, кызыксыну уята. Балалар яңа мохит белән очрашканда, алар киләчәктә файдалы булган стратегияләрне уйлап табалар. Мәсәлән, эшсез калу һәм виза проблемалары аркасында гаилә яңа илгә күченергә тиеш булса, мондый үзгәрешләрне кичергән бала яңа мохиткә яраклашу өчен яхшырак җиһазландырылачак. Балаларны үзгәртүдән саклау аларны тормышта очратырлык үзгәрешләргә әзерли алмый. Changeзгәреш баланың үсешендә уңай көч булырга мөмкин. Бу аларга яңа ысуллар белән өйрәнергә һәм үсәргә булыша ала.

**Олумид Огунсанво:** Мин моны яратам. Бу бик матур. Моның өчен рәхмәт, Самон.

**Ачани Сэмон Биау:** 26 яшемдә, остаз миңа контентив, ләкин файдалы карьера кую киңәше бирде. Мин әле Дойче Телекомда эшли башладым, һәм остазым миннән: "Алга таба нинди компаниягә кушыласыз?" - дип сорады.

Бу сорау мине гаҗәпләндерде, чөнки мин күптән түгел генә башлаган идем һәм киләсе адым турында уйларга бик тиз ышанган идем. Ул болай диде: "Соңгы адымны хәзерге компаниягә тәкъдим алган көнне әзерли башларга кирәк." Минем остазымның киң фикере максат куюның мөһимлеге турында иде. Ул потенциаль алдагы адымнарны ачык сурәтләү шәхси карьера максатларын һәм хәзерге эш өчен инициативаларны билгеләргә ярдәм итәчәк дип саный. Ул вакытта мин тәҗрибәсез идем һәм аның киңәшен ничек кулланырга икәнен тулысынча аңламый идем. Ләкин шуннан бирле мин аны яшь командаларга тренерлыкның бер өлеше иттем, ким дигәндә өч кеше аны уңышлы кулланды.

Мәсәлән, минем бер остазым азык-төлек технологиясе стартапына кушылды, һәм мин аны киләсе ике-өч ел һәм аннан соңгы максатларын ачыкларга өндәдем. Ул Европада яки АКШта җитлеккән компаниядә СОО булырга омтылды. Минем киңәшем буенча, ул үз эшен башлаганнан соң бер ай эчендә азык-төлек технологиясе стартапын ничек алып бару турында плейбуклар бастыра башлады. Ул конференцияләрдә катнашты, ООО һәм нигез салучылар белән челтәрдә торды, һәм операция начальнигы исемен үзгәртүне яклады. Ике елдан соң, алга барырга әзер булгач, ул шалтыратты һәм бер атна эчендә аңа ике эш тәкъдиме булды.

**Олумид Огунсанво:** Искиткеч. Шәхси үсешкә күчик. Бу бүлектә без шәхси үсешнең финанс бәйсезлеген тизләтергә һәм кайбер тәкъдимнәр бирергә мөмкин. Шәхси үсеш - үзеңне физик һәм психик яктан яхшырту процессына, тормышта зуррак уңышларга, бәхеткә, уңышларга ирешү. Бу шәхси финансларга гына түгел, сәламәтлек, карьера, бизнес һәм тормышның башка максатларына да кагыла. Бу китап беренче чиратта финанс бәйсезлегенә һәм шәхси финансларга юнәлтелгән булса да, шәхси үсешнең максатларыгызны тизләтә алуын тану мөһим. Selfз-үзеңне яхшырту процессы нигезле һәм тормышның барлык өлкәләренә кагыла. Бу бүлекнең алдагы өлешендә без максат кую турында сөйләштек. Максатларыгызны куйганнан соң, табигый табигый адым - аларга ирешү өчен үзегезне яхшырту өстендә эшләү. Бу бертуктаусыз күчү.

**Ачани Сэмон Биау:** Шәхси үсеш турында сөйләшүебезне башлап җибәрү өчен, әйдәгез белә торган практика төшенчәсен өйрәник. Белемле практика - осталыкны яки сәләтне өйрәнүгә һәм камилләштерүгә юнәлтелгән караш. Бу катлаулы биремнәрне кечерәк компонентларга бүлү, яхшырту таләп итә торган өлкәләрне ачыклау, һәм бу өлкәләрне чишү өчен максатчан укыту техникасын куллануны үз эченә ала. Белемле практика өч төп компоненттан тора.

Беренчедән, искиткеч спектакль үрнәкләренә үзеңне күрсәтү бик мөһим. Гадәттән тыш эш башкару сезнең миегезне сизгерли һәм сезгә омтылырга яки омтылырга мөмкинлек бирә. Алга таба, үзегезнең эшегезне бәяләү өчен кире элемтә механизмы кирәк. Гадәттә, камиллеккә ирешкән яки таныган кеше, сез кыска булган урыннарны күрсәтеп, кыйммәтле җавап бирә ала. Ниһаять, белә торып практикада катнашканда, үзегезнең тискәре карашларыгызны белү һәм конкрет камилләштерү максатларын кую мөһим. Практика, үз чыгышыңны күзәт, һәм практиканы үзләштергәнче өстендә эшләүне дәвам ит.

Белемле практика шулай ук кыйммәтләргә нигезләнгән чыгымнарда яхшырак булу өчен кулланылырга мөмкин (бу уникаль кыйммәтләрегезгә нигезләнеп чыгымнарны яңадан тигезләштерә һәм без 6С бүлектә күбрәк тирәнәячәкбез). Valuesрнәк кыйммәтләргә нигезләнгән чыгымнарның нинди булуын аңлаудан башлап, тиешле мисалларга экспозиция эзләгез. Мәсәлән, мин Дубайда ай саен 800 $ яшәргә өлгердем, ә Олумид Калифорния арендасын оптимальләштерде, бүлмәдәшләре булганга һәм эшкә якын яшәп. Бу чын кыйммәтләргә нигезләнгән чыгымнарның төп табигатен күрсәтә.

Lifeз тормышыгыз турында уйлагыз, яхшырту аспектына өстенлек бирегез. Башкаларны күчерү урынына үзең өчен персональләштерелгән стратегия булдыр. Мәсәлән, кыйммәтләргә нигезләнгән чыгымнар транспорт чыгымнарын нульгә киметүне аңлата икән, максат куегыз һәм бушлай автобус хезмәтен куллану кебек стратегия уйлап табыгыз. Беренче көн авыр булырга мөмкин, чөнки сез билгеле бер вакытта уянырга һәм автобус сәяхәтенә керешергә тиеш. Автовокзалга барганда һәм автобуска утырганда үзегезне күзәтегез. Нәрсә булганын һәм кичергән хисләргә игътибар итегез. Кайсы уңай хисләрне кабул итәргә, нинди тискәре хисләрне Җиңәргә икәнен ачыклагыз. Икенче көнне кабатлау һәм төзәтмәләр кертү максатын куегыз. Итерация һәм уйлану аша сез кыйммәтләргә нигезләнгән чыгымнар практикасын гел яхшырта аласыз.

**Олумид Огунсанво:** Рәхмәт, Самон, бу кыйммәтле фикерне уртаклашкан өчен. Сез шәхси үсеш һәм чыгымнар турында мисал китергәнгә, үз-үзеңне яхшырту керемнәрне ничек арттыра алуы турында мисал китерим. Әйтик, сезгә 35 яшь, 50 яшькә кадәр финанс бәйсезлегенә ирешергә омтыласыз, максатчан чиста бәясе 3 миллион доллар, баштан ук.

Әгәр дә сез бу озак вакытлы максатка чын күңелдән дулкынлансагыз, сез алдагы адымга бара аласыз: кыска вакытлы максатлар кую. Әйтик, сез 3 елга елына 100,000 $ сакларга тиеш, ләкин сез хәзер 3000 $ гына саклыйсыз. Билгеле, сезнең хәзерге хәлегез белән кирәкле нәтиҗәләр арасында аерма бар. Бу аерманы каплар өчен, сез финанс хәлегезне яхшырту өчен көн саен, ай саен һәм регуляр рәвештә ясый алырлык эшләрне ачыкларга тиеш.

Бу этапта шәхси үсеш бик мөһим була, чөнки сез үз осталыгыгызны арттыру, бизнесыгызны киңәйтү яки зуррак хезмәт хакы алу юлларын формалаштыра башлыйсыз. Персональ үсеш стратегиясе эшкуарның мастер-төркемен булдыруны үз эченә ала, анда бизнес хуҗалары хезмәттәшлек итә һәм фикер алыша ала. Бу шулай ук Coursera, edX яки Udemy кебек платформалардан яхшырак эш перспективалары өчен яңа күнекмәләр алу дигән сүз.

Персональ үсеш төрле максатларга хезмәт итә, мәсәлән, табыш потенциалын арттыру, кыйммәтләргә нигезләнгән чыгым гадәтләрен яхшырту, яисә мөнәсәбәтләрне үстерү һәм җәмгыятьләр төзү өчен социаль күнекмәләрне көчәйтү. Өстәвенә, шәхси үсеш сезне тагын да ошатырга һәм челтәрегезне киңәйтергә ярдәм итә алуын тану мөһим, бу шәхси һәм профессиональ максатларга ирешүдә бәяләп бетергесез.

**Ачани Сэмон Биау:** Челтәрегезне гомуми бәяләү өлеше итеп карагыз. Киләсе ике елда Google'да 500 кеше белән тоташу максатын куя аласыз. Аны кечкенә максатларга бүлегез, мәсәлән, атна саен биш яңа кеше белән очрашу. Progressзегезнең күпме бәйләнешләр ясавыгызны һәм нинди дә булса мөнәсәбәтләр бетүен сорап, алга китешегезне өзлексез бәяләгез. Элекке үзара бәйләнештә яхшы булмаган әйберләр турында уйлагыз һәм бу белемнәрне киләчәктә яхшырак бәйләнеш өчен нигез итеп кулланыгыз. Сезнең карашыгызны кабатлагыз һәм чистартыгыз.

**Олумид Огунсанво:** Без кызыксыну һәм амбициянең мөһим принциплар булуына басым ясадык. Алар үз-үзләрен канәгатьләндерү һәм тормышта тулы потенциалына ирештеләр дигән төшенчә белән көрәшәләр. Кызыксынмыйча, күбрәк өйрәнергә һәм өйрәнергә этәргеч юк, һәм амбициясез, максатлар куярга һәм аларга омтылырга этәргеч юк.

Кайбер кешеләр, билгеле бер этапларга ирешкәч, мәсәлән, университетны тәмамлагач, үзләрен яхшырту дәвам итергә кирәк түгел дип саныйлар. Ләкин, шәхси үсеш - кешенең гомере буена дәвам итә торган процесс. Тормышның төрле өлкәләрендә үсеш һәм яхшырту өчен һәрвакыт урын бар. "Мин университетны тәмамладым. Нигә мин

Үз-үземне яхшыртуга игътибар итергә тиеш?" аннары сез ноктаны югалтасыз. Шәхси үсеш белем яки дәрәҗә алу турында гына түгел. Бу сезнең максатларыгызга ирешү өчен кеше потенциалын һәм потенциалын арттыруны үз эченә ала. Бу китап бизнес мәктәбе турында бүлекне үз эченә алса да, шәхси үсеш төрле формаларда булырга һәм киләсе дәрәҗәгә чыгарга мөмкинлек бирә.

Дерек Сиверс бервакыт әйтте: "Әгәр дә күбрәк мәгълүмат җавап булса, без барыбыз да алты пакетлы абс белән миллиардер булыр идек." Шәхси үсеш яңа мәгълүмат алудан тыш; ул вакыт эчендә бу белемнәрне эчкеләштерүне һәм эзлекле куллануны үз эченә ала. Сез шулай ук аны көндәлек тормышыгызга кертергә һәм чын шәхси үсеш өчен аны көн тәртибегезнең гадәти өлеше итәргә тиеш.

Сез бу китапны укыйсыз, чөнки сез финанс бәйсезлеге белән кызыксынасыз. Нишлисең? Сез шәхси үсеш сәяхәтенә беренче адым ясадыгыз! Бу китап барысы да финанс бәйсезлеге турында, ләкин ул моннан күпкә күбрәк. Бу сезнең тормышыгызның һәр өлкәсендә шәхси үсешне кабул итү турында. Шәхси үсеш супер державага охшаган. Бу гел тигезләнү һәм көн саен үзеңнең яхшырак версиягә омтылу турында. Yourselfз-үзеңне өзлексез камилләштереп, үз кыйммәтләреңә һәм теләкләреңә туры килгән максатларга актив эшләгәндә, син үзеңне канәгатьләндерү хисе сизәчәксең.

Мин бу концепциягә гашыйк. Мин үзем өчен мөһим булган өлкәләрдә шәхси үсеш өчен көн саен бер сәгать бүлеп бирәм. Мин моны финанс бәйсезлегенә ирешкәнче дә эшләдем, һәм мин моны гомерем буе дәвам итәрмен.

**Ачани Сэмон Биау:** Мин Олумид белән уртаклашканнар белән тирән резонансланам. Менә мин аны үз тормышымда ничек тормышка ашырам. Мин аңладым, минем бәхетем ирешү хисен тоя, ә бәхетсезлек туктау яки ябышу хисеннән килә. Финанс бәйсезлегенә ирешкәч, мин яңа телләрне өйрәнеп вакыт-вакыт үз-үземә каршы торырга булдым.

Минем тәртибем гади: мин уянам, бушлай тел өйрәнү кушымтасын эшләтеп җибәрәм һәм көнемне аның белән башлыйм. Бер агрегатны тәмамлау өчен мин 15 минут тирәсе багышлыйм. Минем шәхси кыенлыгым, башка бурычларыма карап, 50 яшь тулганчы ел саен бер-ике яңа тел өстәү. Бу шәхси үсеш иллюстрациясе булып хезмәт итә.

Мин телләрне яратам, шуңа күрә яңаларын өйрәнү дулкыны мине дәртләндерә.

**Олумид Огунсанво:** Мин бу чорда яшәвем өчен бик рәхмәтле, күп санлы онлайн уку платформалары бушлай курслар тәкъдим итә яки бушлай компонентлары булган (Курсера һәм Удеми кебек). Акча һәм мөмкинлек инде киртәләр түгел; чын проблема хәзер өйрәнергә әзер. Бу теләк дулкынлану белән сугарылган, шуңа күрә без сезнең тормышыгыз өчен күренеш булдыру һәм дулкынлану өчен мөһим адымга басым ясыйбыз.

1960-70 нче еллар кешеләре бүгенге мөмкинлекләр өчен үтерерләр иде. Сезгә бары тик вакыт бүлеп бирү, дулкынлану һәм чаралар күрү генә кирәк. Сэмон белән бүлешкән искиткеч хикәяне карап чыгыйк. Ул берничә телне өйрәнү өчен Дуолингоны бушлай куллана. Сездә нинди аклану бар?

**Ачани Сэмон Биау:** Әйе. Сәяхәт иткәндә, мин үземнең телдә күнекмәләр бирергә мөмкинлек биргән авиакомпанияләрне өстен күрәм. Хәзерге вакытта мин еш кына Эмиратлар белән очарга уйлыйм, хәтта озын маршрут булса да, алар "этник" киноларның төрле төрләрен тәкъдим итәләр. Мәсәлән, Калифорниядән Берләшкән Гарәп Әмирлекләренә сәяхәтем якынча 14 сәгать дәвам итә, аннары соңгы юлга карап тагын 6 сәгать яки аннан да күбрәк вакыт бар. Мин еш сәяхәт иткәнгә, мин очыш вакытын кино карау һәм тел белү белән кулланам. Бу субтитрлар белән кино карау, өлешләрне артка кайтару һәм аларны кабат карау. Мин кайвакыт бер фильмда дүрт сәгатькә кадәр вакыт үткәрәм, чөнки җөмләләрне кычкырып әйтү белән еш туктыйм. Очыш артык күп булмаганда, мин хәтта пауза ясыйм һәм җөмләләрне кычкырып әйтәм.

**Олумид Огунсанво:** Ышанмаслык! Мин һәркемне амбицияне кабул итәргә, ачык күзаллау куярга, тормышларына максатлар куярга һәм шәхси үсешнең бетмәс сәяхәтен башларга өндим. Бу сезнең бөтен тормышыгызны үзгәртә ала. Менә шәхси үсешнең акыл җыелмасын үстерүче кайбер тәкъдимнәр:

Беренче: Джим Ронның " Бер еллык уңыш планы ". [5]Бу программа сезнең уйларыгызны үзгәртә ала. Бу күнегүләр белән тулы шәхси үсеш

---

5.    https://www.amazon.com/Rohn-Year-Success-Plan-Workbook/dp/B003OYMDKY

сәяхәте. Кызганычка каршы, оригиналь версия инде мөмкин түгел, ләкин сез яңартылган версияне сынап карый аласыз [6], мин аның оригиналын ясаганнан бирле аның сыйфатын гарантияли алмыйм.

Икенче: Гарри Браунның " Мин ирексез дөньяда ничек ирек таптым ".[7] Китап ирек төшенчәсенә керә, ул финанс бәйсезлеге һәм FIREDOMда өйрәнелгән ирек темалары белән тыгыз бәйләнгән. Браун безне тоткарлый торган киртәләрне ачыклау һәм җиңү өчен кирәк булган психик базаны өйрәнә, ничек чаралар күрергә һәм чын иреккә ирешергә ярдәм итә. Мин аны өч тапкыр укыдым һәм аны һәр уку белән күбрәк яратам.

**Ачани Сэмон Биау:** Бу тәкъдимнәр белән уртаклашкан өчен рәхмәт. Сезнең шәхси үсеш сәяхәтегезне башлап җибәрә алырлык хак тәкъдим итәсем килә. Минем башкаларны рәнҗетүемә бик нык нәфрәтләнәм, һәм бу сыйфат минем тормышымда мөһим роль уйный. Myselfземә максат куйгач, мин ашыгычлык яки кризис хисе тудырам, бу мине тугры калырга мәҗбүр итә. Бер эффектив стратегия - мин белгән кешегә мөрәҗәгать итү, мине җавапка тартыр һәм үз максатыма ирешә алмасам, оят хисе уятыр. Мисал өчен, мин гарәп телен өйрәнергә уйлагач, мин Перс култыгы төбәгендәге өлкән җитәкчеләргә бу эшне эшләвемне һәм гарәп телендә даими яңартулар белән уртаклашырга теләвемне хәбәр иттем. Бу миңа басым бик зур, ләкин ул моны үтәргә көчле этәргеч булып хезмәт итә. Сез үзегезнең характерыгызны һәм сезнең белән иң яхшы резонансны уйлап чыгара аласыз.

**Олумид Огунсанво:** Әйе, "җәмәгать бурычы" яки "җаваплылык партнеры" стратегиясе сезнең максатларыгызга омтылуда сезнең мотивациягезне һәм түземлелегегезне ныгыта ала. Сезнең ниятләрегезне ачык игълан итеп яки ышанычлы җаваплы партнер ярдәмен кертеп, сез көчле ярдәм челтәрен булдырасыз.

Еллар дәвамында мин илһамлы цитаталар җыентыгын җыйдым. Бу бүлекне тәмамлагач, мин сезне яратып монда тупладым, алар сезнең эчендә очкын кабызырлар дип өметләнәм. Сез аларны кадерле дип табарсыз!

*" Күбрәк булу өчен, син тагын да күбрәк булырга тиеш "* - Джим Рон


6.     https://store.jimrohn.com/the-new-jim-rohn-one-year-success-plan.html

7.     http://www.amazon.com/How-Found-Freedom-Unfree-World/dp/0965603679

*" Син үз тормышыңны теләгәнчә үткәрә аласың, ләкин аны бер генә тапкыр үткәрә аласың "* - Лиллиан Диксон

*" Әгәр дә сез башкаларга ярдәм итсәгез, сез теләгән әйбергә ия була аласыз. "*

*бүтән кеше сезнең эшегезнең нәтиҗәләрен үзегез теләгәнчә кичерәчәк. Әгәр ялгышсагыз, моның өчен газапланырсыз. Дөрес әйтсәгез, сез бәхет табарсыз. Сез карар кабул итәргә тиеш. "Сез кемгә? беләсезме? " Бу сезнең киләчәгегез өчен куркыныч. Сез белергә тиеш.* "- Гарри Браун

*" Мин корбан түгел, мин исән калам "* - Элизабет Эдвардс

*" Уңыш - сез эзләгән әйбер түгел. Уңыш - сез үзегезгә җәлеп ителгән әйбер "* - Джим Рон

*" Ахырдан башлап "* - Стив Кови

*" Искиткеч булырга онытмагыз "* - Джон Грин

*" Чемпион кебек уйлагыз "* - Зиг Зиглар

*" Проблемалар чишелә "* - Дэвид Дойч *"Чиксезлекнең башы"* ннан

*" Азрак проблемалар теләмәгез. Күбрәк осталык теләгез "* - Джим Рон

*" Бәхет проблемаларны чишә. Проблемаларны чишү яңа проблемалар тудыруга китерә "* - Марк Мансон

*" Минем проблема икәнемне аңлау һәм кабул итү миңа чишелеш булырга мөмкинлек бирә "* - Билгесез

*" Уңыш - сез эзләгән әйбер түгел. Уңыш - сез үзегезгә җәлеп ителгән әйбер "* - Джим Рохн

*" Ningиңү гади. Көн саен уяныгыз һәм башкалар булдырмаган эшләрне эшләгез "* - Джим Рохн

*" Бүген аяк баскан бармаклардан сак булыгыз, чөнки алар иртәгә үбәргә тиеш булган ишәккә тоташырга мөмкин "* - Билгесез

*" Уңыш уңышсызлыкның ерак ягында "* - Брайан Трейси

*" Актио п өчен битарафлык булдыру "* - Джефф Безос

*" Яхшы планның иң зур дошманы - камил план хыялы "* - Карл фон Клаусевиц

*" Чынлык аша көндәшлектән качыгыз "* - Хәрби-диңгез Равикант

*" Сезнең unapologetically сәер үзегез булыгыз "* - Крис Сакка

*" Фактлар үзгәргәч, мин үз фикеремне үзгәртәм. Син нәрсә эшлисең, әфәнде? "* - Джон Майнард Кейнс

" *Озак вакыт килгән кебек тоела, гаилә. Бу мәкерле план турында уйлаган көннән бирле. Бер көнне мин төш күрдем. , Мин аны куарга тырыштым. Ләкин мин беркайда да бармый идем, кеше йөгерә идем. Мин белә идем, бәлки, берәр көн аңлар идем. Трина теннерны йөз олыга алыштыра. Барысы да бала, беркем дә кызыксынмый. Сез кычкыруны дәвам итәргә тиеш. "алар сине ишеткәнче* " - Тини Темпах

" *Чыгымнарны контрольдә тоту күбрәк эшләгән кебек, үз-үзеңне контрольдә тоту, уңышлырак булу авыррак* " - Сэм Доген (Финанс Самурай)

" *Ягулыкны тикшерегез, сез барырга теләгән идегез* " - Эйн Рэнд китабыннан Джон Галт "Атлас кысылган"

" *Минем тормыштагы кыйммәтләремне һәм өметләремне башкаларга юнәлтү дөрес түгел дип уйлыйм* " - Уэйн Дайер

" *Куркаклар беркайчан да башламады һәм көчсезләр юлда үлделәр. Бу безне калдыра* " - Фил рыцарь

" *Кичә барлык шикаятьләр өчен соңгы вакыт* " - Брайан Трейси

" *Алар бүтән Illmatic ясармын дип уйладылар, ләкин ул һәрвакыт алга барам, беркайчан да ахмак түгел. Менә тагын бер классик* " - Нас "Стилматик" (The Intro) "

"*Мин бизнесмен түгел. Мин бизнес, кеше. Миңа үз бизнесымны эшләргә рөхсәт итегез.* "- Джей-З "Сьерра-Леонедан Алмаз (Ремикс)"

" *Selfз-үзеңне тәртипкә китерү - син үзеңә ошыймы-юкмы, кирәк булганда эшли* " - Брайан Трейси

" *Уңышка элеватор тәртипсез, ләкин баскычлар һәрвакыт ачык* " - Зиг Зиглар

" *Планга тугры булмагыз, планлаштыру процессына тугры калыгыз* " - Карл Ричардс

" *Чишегез, сезгә беркайчан да бирмисез дип вәгъдә бирә* " - Джим Рохн

" *Укуга чын мәхәббәт, үстерелгәндә, зур көч. Уку чаралары мул - бу бик аз өйрәнергә теләк* "- Хәрби-диңгез Равикант

" *Әгәр дә сез үзегезгә авыр булсагыз, тормыш сезгә җиңел булыр, ә сез үзегезгә җиңел булырга кушсагыз, тормыш сезгә авыр булыр* " - Зиг Зиглар

" *Сез ир-атларны үрнәк мәктәптә укытырга тиеш, чөнки алар бүтәннәрдә өйрәнмәячәкләр* " - Альберт Швейцер

" *Мин торт өчен түгел, ә торт өчен килдем* " - Кэти Стантон

" *Гадәттә көндәшлек бик күп, ләкин гадәттән тыш аз* " - Робин Шарма

" *Арканның ахырына килгәч, анда төен бәйлә һәм асыл* " - Билгесез

" *Сездән бай кешеләр генә бай схемалар юк* " - Хәрби-диңгез Равикант

" *Бу очраклы эш алып бару миңа ошамады* " - Джон Д Рокфеллер

" *Илһам тиз бозыла, шунда ук эш ит* " - Хәрби-диңгез Равикант

" *Күпме өйрәнсәң, шулкадәр курыкмыйсың." Өйрән "академик уку мәгънәсендә түгел, ә тормышны практик аңлауда. Дөньяның ничек эшләве турында күбрәк белгән саен, син аннан курыкмассың. Син наданлыктан башка куркырга бернәрсә дә күрмәячәк* "- Джулиан Барнс

" *Яшьлекнең өстенлекләрен аларда булганда кулланыгыз, аларда булганнан соң яшь өстенлекләрен кулланыгыз. Яшьлекнең өстенлекләре - энергия, вакыт, оптимизм һәм ирек. Яшьнең өстенлекләре - белем, эффективлык, акча, көч. Тырышлык белән сез соңгыларның кайберләрен яшь вакытта ала аласыз, ә кайберләрен картайгач саклый аласыз* "- Пол Грэм

" *Тәнкыйтьче мөһим түгел, көчле кешенең ничек абынганын яки эшне башкаручы аларны яхшырак эшли алганын күрсәтүче кеше түгел. Кредит аренада булган, йөзе бозылган кешегә карый. тузан, тир һәм батырлык белән көрәшүче; кем ялгыша, кем кабат-кабат килеп чыга, чөнки хатасыз һәм кимчелексез көч юк* "- Теодор Рузвельт

# 6: Соңгы карьера хикәяләре һәм керемнәрне максимальләштерү принциплары һәм кыйммәтләргә нигезләнгән чыгымнар

**Олумид Огунсанво:** Бу мавыктыргыч бүлеккә рәхим итегез, анда без бизнес-мәктәп тәҗрибәсеннән соң булган авантюристик сәяхәтне өйрәнәбез. Финанс бәйсезлегенә омтылганда карьерабызда үткән юлларны ачканда безгә кушылыгыз.

**Ачани Сэмон Биау:** Без кыйммәтле вакытыбызны һәм акчабызны шул кызыклы бизнес-мәктәп дәрәҗәләрен алуга сарыф иттек. Хәзер профессиональ дөньяны яңадан карарга һәм финанс бәйсезлегенә ирешүебезне арттырырга вакыт.

**Олумид Огунсанво:** Без шулай ук ике йомгаклау принцибын чишәчәкбез: керемнәрне максимизацияләү, мөмкин кадәр күбрәк акча эшләү, һәм кыйммәтләргә нигезләнгән чыгымнар, һәр авыр эшләнгән долларны сезнең кыйммәтләрегезгә һәм карашларыгызга туры китереп сарыф итү. Бу принциплар бик мөһим, чөнки алар финанс бәйсезлегенә ирешү өчен сезнең тырышлыгыгызның кульминациясен күрсәтәләр.

# 6A: Олумидның Соңгы Карьера хикәясе

**Ачани Сэмон Биау:** Олумид, әйдәгез сезнең бизнес мәктәбегезнең ахырына һәм яңа карьера башына әйләнеп кайтыйк. Сез нинди карьера сайладыгыз һәм финанс бәйсезлеге факторы ничек кабул ителде?

**Олумид Огунсанво:** Соңгы бүлектән хәтерлисез, мин 2010 - 2012 елларда Оксфорд һәм МИТ бизнес мәктәбендә укыдым. Моңа кадәр мин инженер булып эшләдем, идарә итү консультациясе турында ишеткәнем юк иде. Минем дусларымның күбесе инженерлар иде, һәм мин белгән дөнья иде. Ләкин соңыннан мин МакКинси, Бейн һәм BCG кебек компанияләр белән идарә итү консалтинг дип аталган бу өлкәне ачтым. Алар матур костюмнар киеп, компанияләргә киңәш бирделәр, һәм мин аны кызык таптым.

Бала чагымда Нигериядә әнием безгә компьютер сатып алды, һәм мин Америкага күченгәнче Интернетны өйрәнә башладым. Бу иртә экспозиция минем технология компанияләрендә кызыксыну уятты. Бизнес мәктәбе вакытында мин идарә итү консалтингында яки технологиядә карьерага юнәлдем, ләкин технология өлкәсенә көчлерәк омтылышым бар иде.

Бизнес мәктәбе алдыннан мин еллык хезмәт хакы 50,000 $ белән 60,000 $ арасында эшләдем, һәм бизнес-мәктәптән соң, MIT Sloan студентларының уртача хезмәт хакы нигезендә 110,000 $ белән 130,000 $ арасында булыр дип көтелә. Бу минем кереммемне икеләтә арттыру мөмкинлеге иде. Мин МИТта эшкә урнашу процессын уздым һәм зур технология компанияләреннән тәкъдимнәр алдым, бу мине дулкынландырды. Ләкин соңыннан миңа МакКинси Лагос килде. Бу башта мин уйлаган әйбер түгел иде, чөнки мин Сан-Франциско, Бостон яки Нью-Йоркта МакКинсига игътибар иттем. Ләкин, мин алар белән сөйләшә башлагач, кызык таптым. Нигерия сәяси вәзгыять, инфляция һәм алмашу курсы белән контроль астында булган борылыш кичергән кебек иде.

2002-нче елда Нигерияне ташлап, хәзер 2012-нче елда булганга, мин кире кайту теләгәнемә ышанмый идем. Ләкин, МакКинси Лагосның кызыклы тәкъдиме, хезмәт хакы башка урыннар белән чагыштырыла, салымнар һәм торак чыгымнары түбән, макро шартларын яхшырту белән мине технологик тәкъдимнәрдән баш тартырга һәм Нигериягә кайтырга карар кабул итте.

Ул вакытта мин финанс бәйсезлек төшенчәсен тулысынча аңламый идем. Ләкин мин тиз арада идарә итү консалтингының акча эшләү һәм экономияләү өчен керемле роль булуын тиз белдем. Бу минем өчен гади формула иде: минем эшемдә бонуслар һәм акцияләр алу өчен, эшемдә яхшы чыгыш ясагыз, мөмкин кадәр саклагыз. Идарә итү консалтингында акча экономияләү өчен бик күп мөмкинлекләр бар. Мәсәлән, минем бер дустым ике ел кырда фатиры булмаган. Миңа калса, мин арзан фатирны айга 700- 800 $ арендага алдым. Мин шулай ук еш сәяхәт иттем, кулланырга өйрәнгән баллар тупладым.

Мин МакКинси биргән өстенлекләрне максимальләштерергә өйрәндем. Сезнең компания тәкъдим иткән финанс һәм файдасыз өстенлекләрне аңлау бик мөһим.

**Ачани Сэмон Биау:** Сез технология тәкъдимнәрен кире кагарга һәм Лагоста идарә итү консультациясен алып барырга булдыгыз. Сезнең уйларыгыз нәрсә иде? Сез аны кыска вакытлы әйләнү дип саныйсызмы?

**Олумид Огунсанво:** Ул вакытта мин озак вакытлы максатлар куярга һәм күзәтергә белми идем, һәм урнашу яки карьера турында конкрет планнарым юк иде. Мин МакКинси мөмкинлегеннән файдаланырга һәм эшләрнең ничек барганына нигезләнеп карарлар кабул иттем. МакКинсида булган вакытта мин кыска вакытлы юнәлешле идем, чыгымнарымны киметкәндә иң югары күрсәткечләргә ирешүне максат итеп куйдым. Бу фикер минем финанс бәйсезлеген аңлавым белән эшләнмәде, ул вакытта мин тулысынча эчкеләштермәгән идем. Киресенчә, бу минем 2009 елдан алып өч елдан артык эшсез булуымнан килеп чыккан. Нәтиҗәдә, эффективлык һәм оптимизация минем өчен иң мөһиме иде.

Лагостагы тәҗрибәм фантастик иде, чөнки мин чыгымнарны төп кыйммәтләремә туры китереп оптимальләштердем һәм максималь ләззәтне минималь бәягә киметү урынына мөмкин булган иң аз бәядән табам. Бу принцип, кыйммәтләргә нигезләнгән чыгымнар буларак билгеле, 6С бүлектә алга таба өйрәнеләчәк. Онытмагыз, максат сезнең финанс бәйсезлегенә юл чыгымнарын очраклы рәвештә киметү түгел. бу сезнең чыгымнарыгызны Җаныгыз өчен мөһим. Аерым булмаган чыгымнарны киметү, мөгаен, бәхетсезлеккә һәм элеккеге чыгымнарыгызга кире кайтуга китерәчәк.

**Ачани Сэмон Биау:** Мин монда кайбер төп төшенчәләрне күрәм. Йомгакларга тырышырга рөхсәт итегез, сез миңа дөрес әйттемме, әйтә аласыз. Бу мөстәкыйль уйлау һәм кыйммәтләргә нигезләнгән чыгымнар мөһим факторлар кебек. Әгәр дә сез күпчелек артыннан барырга омтылган кеше булсагыз, сез тормышыгызга кыймммәт өстәмәгән әйберләргә акча сарыф итәрсез.

Мәсәлән, сез эчәргә яратмасагыз да, дүрт сәгать барда дусларга кушылырга ышанырга мөмкин.

**Олумид Огунсанво:** Әлбәттә. Бу акча турында гына түгел. Кыйммәткә нигезләнгән чыгымнар финанс карарларыннан тыш тарала; бу шулай ук үз вакытыгызны ничек сайларга икәнлегенә кагыла. Everүәр мизгел мөмкинлек бәясен күтәрә, һәм барда сәгатьләр үткәрү, башка мәгънәле чараларда катнашу потенциалын корбан итү дигән сүз. Вакыт чыгымнары матди булмаган табигате аркасында еш игътибарсыз калса да, олыгайган саен аның әһәмияте көннән-көн ачыклана. Тормыштагы иң кыйммәтле әйберләрне санау авыр.

**Ачани Самон Биау:** Тормышка үз сәяхәтең белән аңлау үзеңне аңлау һәм гамәлләреңне чын кыйммәтләрең белән тигезләү кебек. Әйтик, сез мәҗлесләргә ошаган булсагыз, сез анда ничә тапкыр катнашуыгыз һәм ул сезгә китергән ләззәт турында уйланырга тиеш. Кичә үткәрү сезнең өчен зур әһәмияткә ия икән, димәк, аңа игътибар итегез һәм тормышыгызда чын күңелдән ләззәтләнү өчен нәрсә бетерергә кирәклеген аңлагыз. Эфиризмга нигезләнгән чыгымнарыгызны приоритетлау - сезгә иң шатлык китерә торган ресурслардан бер нәрсәне ачыклау һәм ресурсларыгызны аңа багышлау дигән сүз.

**Олумид Огунсанво:** Практик мисал китерим. Без очрый торган төрле чыгымнар арасында торак, азык-төлек, транспорт иң мөһим. Эффектив сайлау өчен, сезнең өчен чыннан да мөһим нәрсә турында уйлагыз. Сез зиннәтле һәм иркен резиденцияләрдә шатлык тапкан кеше, яисә кечерәк, арзанрак фатир сезнең ихтыяҖларыгызны һәм омтылышларыгызны канәгатьләндерерлекме? Endгары җиһазларның җәләп итүе чын әһәмияткә ияме, яисә сез үз бәхетегезне бозмыйча, бюджетка яраклы альтернатива кабул итә аласызмы? Әгәр төп урында яшәү төп өстенлек булмаса, арзанрак җирдә урнашу мөмкинлеген өйрәнегез. Онытмагыз, сезнең вариантларыгызны җентекләп карап чыгу, финанс максатларыгызга туры килгән сәүдә-сатулар өчен ачык һәм сыгылмалы булып калу мөһим.

Шул ук принцип транспортка кагыла. Люкс машинага ия булу сезнең өчен сөйләшеп булмый икән, аны чын күңелдән эзләгез. Ләкин, бу сезнең өстенлекле исемлектә булмаса, ышанычлы кулланылган Хонда кебек арзанрак альтернативаларны карагыз. Waysәрвакыт истә тотыгыз, кыйммәтрәк вариантны сайлаган саен, ул аны эшләү өчен озаграк эшләргә тәрҖемә итә. Яңа кулланылган Тесла өстендә аңлы рәвештә кулланылган Хонда сайлау белән, мәсәлән, сез 45 урынына 35 яшендә финанс бәйсезлегенә ирешә аласыз, эшегез таләпләреннән 10 ел өстәмә азатлык кичерә аласыз.

Хәзер, керем ягы турында сөйләшик. Эш мөмкинлекләрен бәяләгәндә, хезмәт хакын гына түгел, бәхетегезне һәм канәгатьләнүегезне дә исәпкә алыгыз. Әгәр дә сез аз хезмәт хакы алган эшнең үтәлү ихтималы зуррак икәненә ышансагыз, бу юнәлештә бару яхшы. Ләкин, теләгән финанс максатларыгызга ирешү өчен озаграк эшләргә мөмкинлеккә әзер булыгыз. Онытмагыз, сезне тормышка ашыручы нәрсә вакыт узу белән үсә ала, һәм аз хезмәт хакы алган карар кабул итү сезнең теләгән нәтиҖәләрегезне китерә алмый. Тормыш сәүдә-сатулар белән тулы, һәм сез бәхетне өстен күрәсезме, кыска һәм озак вакытлы керемнәрне максимумлаштырасызмы, тиешенчә компромисслар ясыйсызмы. Без сезнең өчен бу карарларны кабул итә алмыйбыз. алар сезнең кыйммәтләрегезгә һәм омтылышларыгызга нигезләнеп тирән уйлануны таләп итәләр.

Әйтик, сезнең теләк музыкант булып карьера ясарга омтылса, бу тормышның соңгы этабына кадәр, бәлки, 85 яшькә кадәр эшләргә мөмкин. Ләкин, бу сезгә зур шатлык һәм канәгатьлек китерсә, озын сәяхәт булырга мөмкин. сезнең өчен кыйммәт. Киресенчә, әгәр дә сез көчле аналитик күнекмәләргә ия булсагыз һәм консалтинг фирмасында эшлисез икән, музыка сезнең теләк булса, сез үзегезне мәңге бәхетсез һәм туймаслык итеп хис итә аласыз.

**Ачани Сэмон Биау:** Музыкант булырга теләгән, ләкин карарның кире кайтарылмавы өчен борчылган кешегә нинди киңәш бирер идегез?

**Олумид Огунсанво:** Бәхеткә, күп карарлар кире кайтарыла. Ләкин, сез карарны үзгәртсәгез дә, башлангыч карар кабул иткән вакыт белән бәйле мөмкинлек чыгымнары бар. Бу вакыт юкка чыкты, шуңа күрә сез аны җибәрергә һәм карар кабул итү сәләтегезгә тәэсир итмәскә тиеш. Чумган бәянең ялгышлыгы корбаны булмагыз. Мин кешеләргә әйтәм, карар кабул иткәндә кыю булырга һәм сез кабул иткән барлык карарларны онытырга.

Мин кешегә үз-үзенә ышану, үз-үзеңә ышану, кызыксыну һәм мөстәкыйль фикер йөртүгә игътибар итеп, үз фикерләре өстендә эшләргә киңәш итәр идем. Аннары, амбицияле озак һәм кыска вакытлы максатлар булдырыгыз, алар аз керемле, ләкин югары канәгатьләнерлек карьера сайлауда катнашкан сәүдә нәтиҗәләрен исәпкә алалар, ләкин югары керемле, ләкин азрак үтәлгән. Мин аларны шулай ук сандыктан тыш уйларга дәртләндерер идем. Мәсәлән, буш вакытта музыка белән шөгыльләнгәндә яки керем ихтыяҗларын каплау өчен күп эш белән шөгыльләнгәндә, зур хезмәт хакы алган карьера булырга мөмкин. Әгәр дә сездә кызыксыну һәм проблемаларны чишү мөмкинлекләре чиксез.

Ourselvesз-үзебезне чиктән тыш тәнкыйтьләү һәм үткәндә нәрсә төрле булырга мөмкинлеге турында уйлау урынына, үз-үзеңне кичерү һәм хәзерге мизгелгә игътибар итү. Киресенчә, мин позитивлыкка, оптимизмга игътибар итәм, нульгә нигезләнгән фикер йөртү белән шөгыльләнәм, үткәннәрдән өйрәнмим, алга бармыйм.

**Ачани Сэмон Биау:** МакКинсида нульгә нигезләнгән фикер йөртү белән шөгыльләнгәндә мисал китерә аласызмы?

**Олумид Огунсанво:** МакКинсидан китү юлына якынлашканда, фирмага ике ел инвестиция салгач, потенциаль реклама өчен калырга теләдем. Ләкин, мин бу уйлау тозагын таныдым һәм нульгә нигезләнгән фикерләү төшенчәсен кабул иттем. Мин артка чигендем һәм максатларымны, теләкләремне яңадан бәяләдем. Минем һәрвакыт технологиягә карата яратуым бар иде, һәм мин хәтта смартфон операцион системаларында диссертация яздым. Шулай ук, мин

МакКинсига кадәр технология компанияләренең берничә тәкъдимен кире кактым һәм мин анда технологик проектлар эшләргә теләгән идек. Ахырда, нульгә нигезләнгән фикер йөртү ачкычы - яңа эш башлау һәм үткән гамәлләр яки тышкы басым түгел, ә төп кыйммәтләр һәм теләкләр белән идарә итү.

Мин тормышны күбрәк планлаштыра башладым һәм технологиядә эшләүнең нәрсә аңлатканын өйрәнә башладым. Технология булырга тиеш урын кебек тоелдым. Технология өлкәсендәге кешеләргә Оксфорд & MIT алум сайтлары аша мөрәҗәгать иттем, сөйләшүләр алып бардым. Ахырда, мин Google'дан тәкъдим алдым, һәм 2014-нче елда мин тагын бер тапкыр Нигерия белән технологик гигантка кушылу белән хушлаштым.

**Ачани Сэмон Биау:** Әйдәгез, Google'дагы тәҗрибәгезгә кереп китик. Сез нәрсә уйлый идегез һәм анда эшли башлагач, финанс бәйсезлегенә ирешү өчен нинди максатлар куйдыгыз?

**Олумид Огунсанво:** Шул вакытта финанс бәйсезлек чынга ашты! Расписаниене турыдан-туры төзик: Бу 2014, миңа 29, һәм мин Google'дан октябрьдән башларга тәкъдим алдым. Google старт алганчы МакКинсида калу урынына, мин 2014 елның августында китәргә булдым, бу бик яхшы карар булып чыкты. Бу миңа август һәм сентябрь айларында тормышымны барлау һәм планлаштыру иреге бирде. Мин үз тормышым турында уйланырга һәм технология индустриясенә ничек кереп Америкага кире кайтырга икәнлеген аңладым. Нәкъ шул чорда мин финанс бәйсезлеге (FI) хәрәкәтен яңадан ачтым.

Карьерамда мин чыгымнарны оптимальләштерү турында белү өчен кайбер шәхси финанс блогларын укыган идем. Ләкин, икенче тапкыр финанс бәйсезлегенә абынгач, мин гашыйк булдым. Мин үземне бик яхшы ресурсларга чумдым, аеруча игътибарга лаек: Акцияләр сериясе (JL Коллинз) [1], Мэд Фиентист [2], Акрын гына Бай бул (JD Рот) [3], Акча Мыеклы әфәнде [4], FI яшәү [5] һәм, әлбәттә, Reddit финанс бәйсезлеге


1.     https://jlcollinsnh.com/stock-series/

2.     https://www.madfientist.com/

3.     https://www.getrichslowly.org/the-get-rich-slowly-philosophy/

4.     https://www.mrmoneymustache.com/

5.     https://livingafi.com

төркеме [6]. Иң тәэсирле чыганак JL Коллинз язган Акцияләр сериясе иде. Бу минем финанс бәйсезлеккә ирешүнең гади булуына күзләремне ачты. Мин ике ай дәвамында көненә биш-алты сәгать үткәрдем, портфолио төзелеше, риск белән идарә итү, инвестиция стратегиясе, куркынычсыз тартып алу ставкалары, һәм салым счетлары, 401К, ИРА кебек катлаулы инвестиция счетлары. Һәм HSAs. Мин моны эшли алганымны белә идем. Мин акылымның киңәюен сиздем. Мин үземне көчле хис иттем. Бу искиткеч иде.

Рәсми рәвештә Google'да эшли башлаганчы, минем төгәл эш планым бар иде. Мин экономия максаты куйдым: тулаем керемнең 50% яки салымнан соң хезмәт хакымның 90%. Trackлда калыр өчен, мин алга китешемне күзәтү өчен бюджет булдырдым. Мин шулай ук киң нигезләнгән индекс фондларына юнәлтелгән инвестиция стратегиясен эшләдем. Google'ка кушылгач, мин монстр кебек эшли башладым.

Ориентация вакытында минем беренче сорауларымның берсе - Google'ның 401к матчын ничек максимальләштерү турында. Фасилитатор аңлатты, октябрь булганлыктан, күпчелек хезмәткәрләргә берничә ай эчендә максималь матчны алу өчен кирәк булган тулы 17,500 долларны экономияләү кыен булыр. Мин елмаеп куйдым. Ул минем нинди кеше икәнемне аңламады. Мин күпчелек кешеләргә охшамадым.

Финанс бәйсезлегенә ирешү минем өчен иң мөһим әйберләрнең берсе булды, һәм мин аның белән мәшәкатьләндем. 2014 елдан 2020 елга кадәр, мин финанс бәйсезлегенә ирешкән ел, сәгать эше кебек иде: башкару, өйрәнү, эксперимент ясау, көйләү, аннары тагын бераз башкару. Стратегик яктан бүлмәдәшләр белән яшәп чыгымнарны оптимальләштерү өчен иң яхшы фатирлар таптым. Эшкә якын яшәгәнгә мин машина алырга борчылмадым; Киресенчә, мин автобуска яки велосипедка таяндым һәм ял көннәрендә кирәк булганда гына машина арендага алдым. Мин сәяхәт чыгымнарын субсидияләү өчен баллар куллану буенча белгеч булдым. Минем ашамлыкларымның барысы да диярлек Google'да ләззәтләнде, кыйммәтле ашау гадәте кирәклеген бетерде. Мин тренажер залына керүне ташладым һәм Googleдагы спорт залларын кулландым. Мин берничә тапкыр күтәрелдем. Мин бәхетле идем, бик күңелле идем. **Көндәлек чаралар күрү һәм чиста**

---

6.    https://www.reddit.com/r/financialindependence/

**прогрессны күзәтү минем планның мөһим өлешләре иде** . Карьерам дәвамында туплаган максатларыма эзлекле рәвештә ирештем һәм 2020-нче елда 35 яшемдә финанс яктан бәйсез булдым.

Минем финанс бәйсезлек сәяхәтемнең борылышы - 2014 елның август һәм сентябрь айлары, мин финанс бәйсезлеккә гашыйк булдым, киләчәгем турында чын күңелдән дулкынландым һәм анда барып җитү өчен ачык максатлар куйдым. Финанс бәйсезлеге - киләчәк хыялларыгызга тизрәк ирешү сәләтен ачучы ачкыч, чөнки бу хыяллар еш кына чыгымнар белән килә. Бәхеткә, мин инде тармакта - технологиядә идем, бу зур акция грантлары һәм күрсәткечләр нигезендә акцияләр өчен киң мөмкинлекләр бирә.

Кешеләр миңа еш кына шәхси финанс сораулары белән мөрәҗәгать итәләр, "Мин пенсиягә кирәкле сумманы ничек бәяләргә?" яки "Максатларыма ирешү өчен мин күпме җыярга тиеш?" яки "Иң яхшы инвестиция нәрсә?" Бу сорауларга җавапларны Интернетта бик җиңел табып була. Финанс бәйсезлегенә ирешү өчен кирәк булган барлык мәгълүмат инде бар. Шәхси финанс турында меңләгән, бәлки хәтта миллионлаган китаплар, блоглар, курслар, подкастлар, видео һәм мәкаләләр бар. Пенсиягә күпме кирәклеген, акчаны ничек сакларга, максатларыгызга ирешү өчен төрле инвестицияләр кертү һ.б. турында күп мәгълүмат бар инде.

**Ләкин, кешеләрнең бу мәгълүматны табу өчен көрәшүләренең сәбәбе - алар әле үз финанс сәяхәтләре турында җитәрлек дулкынлану һәм мотивация үстермәгәннәр** . Шуңа күрә, шәхесләр үзләренә бирергә тиеш сорау - киләчәк тормышлары турында тирән кызыксыну һәм дәртне ничек кабызырга, һәм финансларның уникаль күренешләрен яклауда катализатор булып хезмәт итә алуы. Сез берәр нәрсәгә чын күңелдән дулкынлангач, пәрдә күтәрелә, кинәт информация бөтен җирдә кебек тоела. Сезгә кирәк булган ресурслар игътибарга алына, һәм сез финанс бәйсезлегенә юл күрсәтә алырлык зирәклекне һәм аңлауны кабул итәсез. Бу дулкынлануны үстерү - шәхси сәяхәт. Бу сезнең идеаль киләчәгегезне күз алдына китерү, мәгънәле максатлар кую, финанс карарларыгызда максат табу яки финанс уңышларына ирешкән башкалардан илһам эзләү белән бәйле булырга мөмкин.

Сезнең финанс сәяхәтегездә сезне нәрсә кызыксындырганын тикшерү өчен вакыт бүлегез. Финанс бәйсезлеге сезнең тормышка китерә алган мөмкинлекләрне һәм ул тәкъдим итә алган ирекне күз алдыгызга китерегез. Сөйләшүләрдә катнашыгыз, җәмгыятьләргә кушылыгыз, һәм бу юлга кергән кешеләрнең хикәяләренә һәм тәҗрибәләренә чумыгыз. Сезнең дәртегезне һәм мотивациягезне тәрбияләп, сез финанс бәйсезлегенә омтылучы көчле көч булдырырсыз. Онытмагыз, сез эзләгән мәгълүмат инде анда, сезне кабул итүегезне көтә. Сезнең дулкынлануыгызны һәм мотивациягезне үстереп, сез уникаль финанс уңышлары турында хикәя төзү өчен кирәкле белем һәм ресурсларның күплеген ачасыз. Мәгълүматның байлыгын тикшергәндә һәм финанс бәйсезлегенең киләчәгенә күчүегезне башлап җибәргәндә, сезнең энтузиазм сезгә юл күрсәтсен.

Менә хакыйкать: финанс бәйсезлегенә ирешүнең сере юк. Әгәр дә сез бу китапны сер итеп өмет итеп сатып алган булсагыз, сюрприз! Берсе дә юк. Китапны кире кайтармагыз. Киресенчә, кызыклы киләчәк тормышны күз алдыгызга китерегез һәм андагы мәгълүматны эзли башлагыз. Өйрәнү сызыгы беркайчан да бетми. Мин һаман да шәхси финансларга гашыйк. Берничә сәгать элек мин заявка бирергә теләгән кредит картасын тикшереп бер сәгать ярым үткәрдем. Күз алдыгызга китерегез, мин 2014-нче елда бу дулкынлану өчен нинди дулкынлану кичергән идем.

Бу бөтен китапның асылы. Без кыска юллар, көмеш пулялар, яшерен соуслар, тылсымлы формулалар, тылсымлы чөгендерләр, алтын ачкычлар яки супер махсус тылсымлы инвестиция стратегияләрен тәкъдим итмибез. Бу әйберләрнең барысы да буш. Без сезне дәртләндерә торган нәрсә - сез теләгән тормышны күз алдына китерү һәм сезне анда алып барачак көндәлек планны үтәү өчен батырлык туплау.

**Ачани Сэмон Биау:** Вау. Супер өземтәләр. Сәяхәтегезне безнең белән бүлешкәнегез өчен бик зур рәхмәт. Сез бу дулкынлануны беренче тапкыр сизгән мизгелгә кире кайтара аласызмы? Сезне нәрсә дулкынландырды?

**Олумид Огунсанво:** Мин тормышта эшләргә кирәк булмаган ноктага ирешә алуымны аңлагач, дулкынландым. Гомерем буе мине тәэмин итәр өчен җитәрлек финанс ресурсларым булыр иде. Бу уй минем эчендә көчле очкын кабызды. Бу ачыш иде, мин андый ачыклык һәм гадилек турында беркайчан да уйламаган идем. Аны ирешеп булмый торган хыял итеп күрү урынына, мин аны сизелерлек һәм ирешеп була торган максат итеп күз алдыма китерә башладым. Мин беркайчан да финанс яктан бәйсез яки пенсиягә чыккан кешене очратканым юк иде. Эшләрен ташлап китү уңайлы булган кешене очратканым юк иде. Беркайчан да. Концепция минем өчен бөтенләй чит иде.

Pastткән тәҗрибәләрем турында уйланып, мин шәхси үсеш циклларын кичердем, дөньяга карашымны киңәйттем һәм җәмгыять нормаларына каршы тордым. Мәсәлән, мин мөстәкыйль фикер йөртү сәяхәтенә кердем һәм атеизмны ачтым, миндә урнашкан дини ышануларны шик астына алдым һәм барлык дини әйберләрнең ясалганын ачыкладым. Шулай ук, мин вегетариан булырга, сайлауларымны яңадан бәяләргә һәм аларны минем кыйммәтләремә туры китерергә карар иттем. Бу үткән үзгәрешләр һәм алар китергән мөһим үзгәрешләр миндә дулкынлану хисе һәм мин чынлап та теләгәнгә ирешү мөмкинлегенә ышану уятты. Минем өчен дулкынлану бик җиңел булды, финанс бәйсезлеккә омтылу минем гомерлек бәйсез уйлау һәм шәхси үсеш сәяхәтемнең табигый киңәюе булды.

**Ачани Сэмон Биау:** Мин үземне тыгылган кешеләр күп дип күз алдыма китерә алам. Алар финанс бәйсезлек идеясы белән резонансланалар һәм алар белән бәйле дулкынлану кичерергә телиләр, ләкин ничек эшләргә яки нинди чаралар күрергә белмиләр.

**Олумид Огунсанво:** Ярар, мин 5С бүлек башында максат кую турында бик күп детальләргә кердем, әйдәгез монда тагын бер мисалга кереп китик. Бу өлеш махсус гранул мәгълүматны кадерләүчеләр өчен. Менә сез берничә адым ясый аласыз:

**Адым 1 (күренеш булдыру):** Киләчәк тормышыгызны күз алдыгызга китерегез. Билгеле санда тормышыгызның нинди булуын теләгәнегезне күз алдыгызга китерегез. Мисал ясыйк. Әйтик, сез үз вакытыгызны Париж белән Лондон арасында тигез бүләргә телисез, өч бүлмәле матур өч бүлмәле йортта өч бала белән яшисез. Сезгә хәзер 40 яшь, 55 яшь тулган вакытта бу яшәү рәвешенә ирешергә омтыласыз.

**2 адым (FI максатлы исәпләү):** Интернетка керегез һәм бу детальләрне пенсия калькуляторына кертегез. Пенсия калькуляторы теләгән пенсия яше (55), хәзерге чыгымнарыгыз (бу базаны бәяләү өчен хәзерге чыгымнарыгызны күзәтергә кирәк) һәм киләчәк чыгымнарыгыз турында сорар (сез киләчәк күренеш өлешләренең бәясен тикшереп бәяли аласыз, мәсәлән, сез Лондондагы өч бүлмәле фатирның бәясен 750,000 € табу өчен эзли аласыз). Әйтик, пенсия калькуляторы сезгә 15 ел эчендә 2,8 миллион евро кирәклеген күрсәтә. Бу сезнең FI максаты һәм датасына әйләнә. Альтернатив рәвештә, сез 3С -4% бармак кагыйдәсен куллана аласыз (25Х-33Х күп), 5С бүлектә каралган, сезнең киләчәк чыгымнарыгыз нигезендә FI максатыгызны өчпочмаклау өчен.

**3 адым (Максат көйләү):** Сезнең максатка һәм датага ирешү өчен махсус максатлар булдырыгыз. ФИ максатына ирешү өчен керем һәм экономия планын эшләгез. Әгәр дә сез 15 ел эчендә 2,8 миллион еврога ирешү мөмкин түгел диярлек, сез план төзегәнче максатлы номерыгызны һәм датаны үзгәртә аласыз. Максатлы датаны һәм санны үзгәртү үзгәрешләрне көйләргә мөмкин:

1) Расписание үзгәртү (аны 15 елдан 30 елга кадәр озайту).

2) өстенлекле урыныгызны үзгәртү (Париж читендәге арзан бәяле шәһәрне исәпкә алып)

3) Торак планнарыгызны көйләү (өч бүлмәле йорт урынына кечерәк бер бүлмәле фатир сайлау).

**4 адым (Көндәлек гамәлләр һәм башкару):** Кыска вакытлы планнар төзегез һәм озак вакытлы финанс бәйсезлеге максатларына ирешү өчен көндәлек чаралар күрегез. Бу сезнең озак вакытлы максатларыгызны ел саен кечерәк, ирешеп була торган адымнарга бүлү дигән сүз. Мәсәлән, беренче елда сезгә, 000 84,000 эшләргә һәм бу керемнең 50% экономияләргә кирәк булырга мөмкин. Моның өчен, 000 84,000 түли торган эш эзләү (яки бизнес башлау) һәм керемеңнең 50% ын саклап калу өчен чыгымнарны киметү юлларын ачыклау таләп ителә.

Эчлек төп. Планың конкрет аспектларына бәйләнү, мәсәлән, Парижда яшәү яки өч бүлмәле йорт кирәк, башка тормыш рәвешен сайлау мөмкинлеге булганга караганда, дистә еллар озаграк эшләргә туры килергә мөмкин.

**Ачани Сэмон Биау:** Сез күрсәткән үрнәкне мин бик яратам, һәм мин аннан кайбер принциплар алырга тырышам. Беренче принцип - дулкынлану мәгънәле күренеш куюдан башлана. Дулкынлану эчтән килеп, сезне көчле дәртләндерергә тиеш. Әгәр дә сезнең карашыгыз эчке кыйммәтләрегезгә һәм теләкләрегезгә туры килсә, ул вакыт сынавын дәвам итәчәк. Ләкин, әгәр дә сез берәр кешене охшату яки тенденциягә ияру өчен күзаллау һәм максатлар куйсагыз, сез теге яки бу тенденция беткәч яки максатка ирешкәч, сез үзегезне канәгатьләндерә алмассыз.

Yourselfзеңне аңлау - беренче адым. Сезнең тәҗрибәгездән ишеткән икенче нәрсә - сыгылучылыкның мөһимлеге, мин аны төп принцип итеп ясарга телим. Йомгаклау өчен: эчтән күренеш эзләүдән башлап Җибәрегез; икенчедән, финансларыгызны планлаштыру өчен төп принципны кабул итегез; өченчедән, башкару тәртибен саклагыз. Ачык максатларыгыз булганнан соң, ул иң тиз йөгерүче булырга Усаин Болт тренировкасына охшаган. Моның өчен тылсым юк. FOMO (Сагынудан курку) белән баш тартмагыз, чөнки сездә зуррак нәрсә бар, сез аны бик яратасыз.

**Олумид Огунсанво:** Сез кая барганыгызны белгәч, FOMO булырга бернинди сәбәп юк. Әйтик, сезнең өч бүлмәдәшегез бар һәм аренда өлеше 2000 $. Хәзер син дустың өенә барасың. Бу бик матур урын, ләкин аның арендасы 6000 $. Сезнең дустыгыз 86 яшендә пенсия планы булырга мөмкин, алайса, ни өчен сез шундый ук кыйммәтле фатирда яшәргә телисез?

Дустыгыз белән бер үк генетика, кыйммәтләр, фон һәм максатлар белән уртаклашмасагыз, нигә сез аның карарларын күчерә аласыз? Аның карарлары сезнең максатларыгыз өчен мәгънәле. Әгәр дә син дустыңа 46 яшьтә пенсиягә чыгарга теләгәнеңне әйтсәң, ул синең аңа охшаганыңа гаҗәпләнер.

Бизнестан соңгы карьера бүлеген тәмамлау өчен, мин сорауга Җавап бирим: "Финанс бәйсезлеге моңа лаекмы?" Моның бәясе генә түгел, ул минем тормышымда иң яхшы эшләрнең берсе. Эшләр арасындагы ике айлык тәнәфес өчен мин бик рәхмәтле. Бу миңа киләчәгем турында хыялланырга һәм бу хыялны тормышка ашыру планын булдырырга мөмкинлек бирде. Google'да эшләү гаҗәп тәҗрибә иде. Мин Google Bi-zops өлеше идем, анда мин мөһим проектларда эшләдем һәм гел яңа нәрсәләр белдем.

Әгәр дә сез финанс бәйсезлеккә омтылырга уйлыйсыз, ләкин тормышыгызны үзгәртү яки машинаны сату кебек зур тормыш үзгәртүләре турында борчыласыз икән, сезне ышандырырга рөхсәт итегез, ахырда. Финанс бәйсезлегенә ирешү сезгә финанс стресс йөгеннән башка, үз шартларыгыз белән яшәргә ирек һәм сыгылучылык бирә. Хәзерге эшегезне яратсагыз да, күбрәк вариантлар булу һәм финанс бурычлары тозагына эләкмәү яхшырак. Сезнең эшегезне яратырга этәрүче факторлар, мәсәлән, менеджер, команда, культура, хезмәт хакы, теләсә кайсы вакытта үзгәрергә мөмкин. Сез бүген яраткан эш яки бизнес иртәгә иң зур кайгы чыганагы булырга мөмкин. Мөмкин кадәр тизрәк финанс яктан бәйсез булырга план төзеп, үзегезнең коймагызны кирпеч белән саклагыз.

Сез акча өчен генә эшләргә һәм начальнигыгыз яки менеджерыгыз сезгә ошыймы дип гел басым ясарга теләмисез. Финанс бәйсезлеге белән бәйле рисклар булса да, сезнең эшегезгә һәм хәзерге траекториягезгә бәйле рисклар бар. Ахырда, сайлау сезнеке.

Хәзер, бу төрле кисәкләрне бергә тупларга рөхсәт итегез. Минем мөстәкыйльлек һәм ирек тормышы турында үз карашым бар иде. Мин бу күренешкә туры килгән конкрет максатлар булдырдым. Максатларның берсе финанс яктан мөстәкыйль булу һәм төрле шәһәрләрдә яшәү, сәяхәт итү, теләгәнчә акча сарыф итү һәм шәхси проектлар алып бару өчен уңайлы яшәү рәвеше алып бару иде. Бу максатларга шулай ук торак, балалар, мәгариф һәм башка чыгымнар кебек бәяләр кертелде. Бу бик мөһим, мин үз максатларыма ирешү өчен кулланган кайбер югары дәрәҗәдәге стратегияләр һәм тактика турында сөйләшәм.

E_arning, S_aving, I_nvesting, P_rotating and L_egacy) дип аталган стратегия эшләдем , аны ESI Акча [7] һәм Финанс Остазы [8] (Todd Tresidder) берләштереп эшләдем .

**E_arning:** Минем табыш стратегиям туры иде - эшемнән акцияләр, бонуслар, акция грантлары алу өчен яхшы эшләп, мөмкин кадәр күбрәк акча эшләгез. Мин шулай ук күчемсез милек һәм эшкуарлык кебек эштән тыш керем китерүче вариантлар турында бераз тикшердем, ахыр чиктә мин төп эш чыганагы буларак үз эшемә игътибар итергә булдым. Бу карар нигезендә эшемнән еллык хезмәт хакым берничә йөз мең долларга

7.    https://esimoney.com/

8.    https://www.financialmentor.com/

җитте, һәм бу башка альтернативалар белән чагыштырганда отышлырак вариант булды (без 6C бүлектә керемнәрне максимумлаштыру стратегиясенә тирәнрәк өйрәнербез).

<u>S</u> aving: Алда әйтеп үткәнемчә, мин тулаем хезмәт хакымның 50% яки салымнан соң хезмәт хакымның 90% экономияләргә омтылдым.

**Ачани Сэмон Биау:** Бу бик агрессив максат иде.

**Олумид Огунсанво:** Әйе, ул агрессив иде, ләкин, әлбәттә. Мин үз максатымга һәм киләчәгемнең якты күренешенә лазерлы идем. Мин нәрсәгә ирешергә теләгәнемне төгәл белә идем һәм мин күз алдыма китергән киләчәккә ирешү өчен көчле диск тойдым. Мин кыйммәтләргә нигезләнгән чыгымнар принцибын кабул иттем, чыгымнарымны чыннан да шатлык һәм канәгатьлек китергән әйберләр белән тигезләдем. Торак чыгымнары минем экономия ставкасына иң зур йогынты ясады. Минем аренда минем бөтен карьерам өчен 1000 $ - 1500 $ иде, чөнки минем бүлмәдәшләрем бар иде. Минем транспорт чыгымнары һәм ашамлыклар минималь иде, чөнки мин Google автобусына утырып, кампустагы ашамлыкларның күбесен ашадым. Myself3-үземнән мәхрүм калмыйча, мин бик рәхәтләнеп яшәдем. Иммигрант булгач, мин үсештә үскән илдә үсү өстенлеге алдым, анда кешеләр фругальлекне өстен күрергә күнеккәннәр. Бу фон миңа тормышны рәхәтләнеп азрак сарыф итү уйларын кабул итүне җиңеләйтте.

**Ачани Сэмон Биау:** Бу төшенчәләр белән уртаклашкан өчен рәхмәт. Бер-ике әйберне тирәнрәк казасым килә. Сез керемнәрегезне һәм бәя стратегияләрегезне искә төшердегез. Керем ягында, сез үз эшегезгә генә игътибар иттегез, бу технологиядә зур хезмәт хакы алган эшегезне һәм бу өлкәгә булган кызыксынуыгызны аңлатты. Ләкин, башкалар өчен керемнәрне диверсификацияләү тагын да кулайрак булырга мөмкин.

**Олумид Огунсанво:** Технологиядә минем зур хезмәт хакым һәм бу өлкәгә булган мәхәббәтем минем төп керем чыганагы буларак эшемне өстен күрү мәгънәгә ия. Мин технологияне яратам. Мин подкаст ясадым (Афробилитация), анда мин технология компанияләрен тикшерәм, бу турыда төннәрдә һәм ял көннәрендә укыйм. Ләкин минем хезмәт хакым 48,000 $ булса, сез үз ишегегезгә акча салуның башка ысулларын эзләр идем. Кайберәүләр өчен эшкә игътибар итү логик булырга мөмкин, ләкин бу бер размерлы стратегия түгел. Сезнең сайлау сезнең яшь, белем базасы, челтәр, мөмкинлекләр, максатлар, хезмәт хакы, популярлаштыру потенциалы, автономиягә мохтаҗлык һәм башка факторларга бәйле булырга тиеш.

**Ачани Сэмон Биау:** Кыйммәт ягында, сез кыйммәтләргә нигезләнгән чыгымнарны ничек тормышка ашыруыгыз турында әйттегез. Сез аңа бераз тәм бирер өчен кулланган кайбер хаклар турында махсус сөйләшә аласызмы?

**Олумид Огунсанво:** Әлбәттә. Бездә аңа багышланган 6С бүлек бар, ләкин мин бу турыда хәзер хикәя контекстында сөйләшә алам. Күпчелек кеше өчен иң зур чыгымнар салым, торак һәм транспорт белән бәйле. Кызганычка каршы, мин үз салымнарымны оптимальләштерә алмадым, чөнки карьерамның күбесендә офиста булырга тиеш идем. Бу күбесенчә төзәтелде. Күпчелек кеше салымнары эш урыны белән генә билгеләнә дип уйлый, ләкин алай да алай түгел. Минем тәҗрибәмдә, карьерамның күпчелеге өчен якынча 40% салым түләү минем тулаем экономия ставкасын 50% тан арттыруны кыенлаштырды.

Икенче пункт - торак. Минем хезмәт хакымда яки яшемдә күпләр Сан-Францискода арендага яки ипотекага ай саен 3000-6000 доллар сарыф иттеләр. Мин моны эшләргә әзер түгел идем. Мин айлык арендамны 1000 доллардан 1500 долларга кадәр сакладым, 27 яшендә бизнес-мәктәпне тәмамлаганнан алып, 35 яшемдә финанс яктан мөстәкыйль булганчы. Әгәр сез минем арендага 1000 доллардан 1500 долларга кадәр булган чыгымны 3000-6000 доллар сарыф иткән кеше белән чагыштырсагыз, бу айлык аерма 2000 $ тирәсе. 4500 долларга кадәр, 8 ел эчендә кушылып, зур үзгәрешләр кертә. Бу минем 30-нчы елларда финанс бәйсезлеккә ирешү арасында билгеләүче фактор булырга мөмкин. Утызынчы яшьләремдә минем бүлмәдәшләрем бар иде, бу бөтен кешегә дә ошамаска мөмкин, ләкин мин бу сәүдә белән бик канәгать идем, чөнки ул минем финанс хәлемне тизләтте һәм миңа бүгенге ирек тормышын бирде.

Транспортка килгәндә, миңа машина кирәк түгел иде, чөнки мин эштән 15 минут ераклыктагы фатирда яшәдем. Мин Google автобусына утырдым, яисә йөрдем, нәтиҗәдә транспорт чыгымнары нульгә диярлек. Күпчелек ял көннәрен Сан-Францискода үткәрә башлагач, чыгымнар бераз күтәрелде, анда мин машина арендага алыр идем. Шул вакытта да

Google аренда машиналарына искиткеч ташламалар тәкъдим итте, һәм мин гадәттә аренда машиналары өчен көненә 10-30 $ түләдем.

Минем барлык чыгымнарым минем кыйммәтләремә туры килде.

**Ачани Сэмон Биау:** Сез үз хикәягездә мөһим фикер әйттегез. Эш вариантлары турында уйлаганда, әйберләргә аерым карамаска кирәк. Эшнең өстенлекләре сезнең финанс бәйсезлеге стратегиясенә туры килү-килмәвен тикшерегез.

**Олумид Огунсанво:** Барысы да системага нигезләнгән уйлау турында. Барысы да үзара бәйләнгән. Чынлыкта, мин фатирымны сайладым, чөнки эшкә якын булырга теләдем, торак һәм транспорт чыгымнары нык бәйләнгәнен белеп. Нәкъ шулай ук салымнар урнашу тәэсирендә, һәм ерак эш бу яктан тагын да сыгылучанлык бирә. Система кебек әйберләргә гомуми карагыз.

**Ачани Сэмон Биау:** Моны бүлешкәнегез өчен рәхмәт. Мин сез әйткәннәрдән алган ике төшенчәне күрсәтәсем килә: системалар уйлау һәм кыйммәтләргә нигезләнгән планлаштыру.

**Системалар уйлау:** Эш эзләгәндә хезмәт хакын гына түгел, эшнең чыгымнарны киметергә ничек ярдәм итәчәген дә исәпкә алыгыз. Әйтик, сез стартапта эш турында уйлыйсыз икән, компания траекториясе нигезендә күбрәк капитал яки акча алуны өстен күрәсезме дип уйлагыз. Өстәвенә, бушлай ашаудан тыш, сезнең кыйммәтләрегезгә туры килгән әйберләрне карагыз, мәсәлән, ерактан эшләү мөмкинлеге. Бу уйлар бушлай ризык кебек өстән файдага караганда мөһимрәк.

**Олумид Огунсанво:** Ерактан эшләү бушлай ризыкка караганда күпкә кыйммәтләрәк, ул еш кына чиктән тыш күп. Әгәр дә сез үз ризыгыгыз өчен түләргә тиеш булсагыз, сез ашарга 15 $ тирәсе, көнгә ике тапкыр, барлыгы 30 $ сариф итәр идегез. Бер ел эчендә 200 эш көне белән, бу 6000 $. Әгәр дә сез ризыкны пешерсәгез, тагын да арзанрак булыр иде. Эш көннәрендә компанияләр тәкъдим иткән бушлай ризыкның бәясе елына якынча 6000 $. Ерактан эшләү сезне түбән салымнар һәм аренда аша гына дистәләрчә мең доллар саклап калырга мөмкин. Көненә 3-5 ашарга заказ бирүче яки ашау өчен 50-70 доллардан артык бәяләр түләмәгән булсагыз, бушлай ризыкны зур күләмдә аклау авыр.

**Ачани Сэмон Биау:** Системалар уйлау күзлегеннән караганда, эшнең күпме түләвенә генә түгел, ә аның өстенлекләренә дә игътибар итү мөһим. Нәкъ шулай ук, төп ихтыяҗлардан тыш чыгымнарны исәпкә алганда, алар хәзерге вакытта күбрәк акча китерә ала яки киләчәктә табыш потенциалын арттыра алган инвестицияләр булырга тиеш.

**Олумид Огунсанво:** Мин ел саен 5-15 халыкара сәяхәттә йөри идем. Сәяхәт вакытында мин ничек күп акча туплаганым турында уйланырга мөмкин. Мин кредит карталары системалары һәм еш сәяхәт нокталары турында белдем, бу миңа чыгымнар бәясен арттырырга мөмкинлек бирде. Без шулай ук **сезнең чыгымнарны күзәтүнең** мөһимлеге турында сөйләшергә тиеш . Чыгымнарыгызны игътибар белән күзәткәндә, сез азрак сарыф итәрсез, чөнки саннарны күрү сезнең фикер йөртүегезне үзгәртә ала. Әйтик, сез кофе чыгымнарыгызны күзәтсәгез һәм узган айда Старбакста 485 $ сарыф иткәнегезне аңласагыз, бу сезгә кофе чыннан да ошыймы дигән сорау тудырырга мөмкин. Хәзер, әйдәгез ESIPL рамкасына әйләнеп карыйк:

**<u>Мин</u> инвестицияләр салдым:** инвестиция вариантларын барладым һәм шәхси хәлемгә туры килгән фонд базарындагы инвестиция стратегиясенә нигезләндем. Әйдәгез, сезнең эшләп тапкан акчагызны үстерү өчен булган төп инвестиция вариантларын тикшерик:

1) **Акцияләр (капитал):** Компанияләрдә хуҗалыкны күрсәтүче Җәмәгать акцияләренә инвестиция. Акциягә инвестицияләр зур керемнәр өчен потенциал тәкъдим итә, ләкин компаниягә хас, макроэкономик, системалы, политик, көйләүче һәм дивиденд рискларын кертеп, төрле рисклар белән бергә бара.

2) **облигацияләр (тотрыклы керемнәр):** капиталны күтәрү өчен хөкүмәтләр һәм корпорацияләр биргән кредитлар булган облигацияләргә инвестиция. Облигацияләр тотрыклы керемнәрне һәм капиталны саклап калуны тәэмин итәләр, ләкин шулай ук процент ставкаларының үзгәрүе, сатып алу көченең инфляциясен киметү, ликвидлык проблемалары, кредит рисклары кебек төрле куркынычларга дучар булалар.

3) **Күчемсез милек:** Аренда кереме яки капитал бәясе аша керем алу өмете белән торак йортлар, коммерция биналары, җир кебек физик үзлекләргә инвестицияләр. Ләкин, күчемсез милек инвестицияләре

базардагы үзгәрүчәнлек, ликвидлылык, милек белән идарә итү чыгымнары кебек куркынычлар белән килә.

**4) Акча (сыек активлар):** Сезнең акчаларыгызда процент табу өчен куркынычсыз һәм аз риаклы вариантны тәэмин итүче саклык счетлары, депозит сертификатлары (CD) кертеп, бик сыек активларга инвестицияләр. Процент ставкалары төрле була һәм үзәк банк политикасы, базар ихтыяҗы / тәэмин итү, инфляция, банк конкуренциясе һәм счет төре тәэсирендә. Башка инвестиция вариантлары белән чагыштырганда түбән керем тәкъдим итә алса да, ул ликвид һәм куркынычсызлык тәэмин итә.

**5) Шәхси капитал (PE):** инвесторлар үз капиталын бөтен компанияне яки компаниянең өлешен алу өчен туплыйлар. ЭЭМ инвестицияләре катлаулы һәм ликвидлы булырга мөмкин, шуңа күрә, гадәттә, югары чиста кыйммәтле шәхесләр өчен яраклы, озак вакытлы керемнәр өчен куркыныч зуррак.

**6) Венчур капиталы (VC):** VC фирмалары белән идарә ителгән тупланган акча ярдәмендә эре этапта, югары үсеш компанияләренә инвестиция. Бу зур табыш потенциалы белән бик куркыныч, ләкин шулай ук ликвидлылык, югары түләүләр һәм бөтен инвестицияне югалту мөмкинлеге белән характерлана.

**7) Фәрештә инвестициясе:** шәхси этаптагы бизнеска турыдан-туры инвестиция. Фәрештә инвестициясе - бик куркыныч инвестиция формасы, ләкин ул шулай ук бик югары керем өчен потенциалга ия. Комплекслы тикшеренүләр һәм тиешле тырышлыклар үткәрү бик мөһим, чөнки шәхесләр профессиональ VC фонд менеджерлары аша түгел, ә үз капиталларын турыдан-туры инвестициялиләр.

**8) Криптограммалар:** криптографияне куркынычсызлык өчен кулланган үзәкләштерелгән санлы актив булган криптограммаларга инвестиция. Bitcoin һәм Ethereum кебек криптограммаларга инвестицияләр зур үзгәрүчәнлек һәм куркыныч тудыра. Криптограммалар чагыштырмача яңа һәм тиз үсә торган актив класс, шуңа күрә көйләү эшләнмәләре турында мәгълүматлы булу файдалы.

**9) Товар:** нефть, алтын, бодай кебек чималга инвестиция. Товар бәяләре кискен үзгәрергә мөмкин, шуңа күрә алар бик куркыныч инвестиция булып санала.

**10) Валюта (FX):** Валюта сатып алыгыз. Бу бик куркыныч инвестиция булырга мөмкин, ләкин шулай ук югары табыш китерә ала.

**11) Коллекцияләр:** сирәк тәңкәләрдән алып сынлы сәнгатькә кадәр коллекцияләрне сатып алыгыз. Әгәр дә сез үз тикшеренүләрегезне ясарга һәм кыйммәт бәяләргә мөмкин булган әйберләр сатып алырга әзер булсагыз, алар яхшы инвестиция булырга мөмкин.

**12) Peer-to-Peer (P2P) кредитлау:** P2P платформасы аша шәхесләргә яки бизнеска акча бирегез. Ул традицион банк счетларына караганда югарырак процент ставкаларын тәкъдим итә ала, ләкин шулай ук куркыныч арта.

Сез актив һәм стратегик активларны сатып алып, бу вариантлар буенча актив инвестицияләр кертә аласыз. Альтернатив рәвештә, сез базарны җиңәр өчен еш сәүдә итү урынына, озак вакытка инвестицияләр сатып алып, пассив рәвештә инвестицияләр кертә аласыз. Пассив инвесторлар гадәттә үзара фондларга инвестицияләр салалар, мәсәлән, индекс фондлары яки Биржа-Сәүдә Фондлары (ETF), алар билгеле бер базарны күзәтү һәм кыйммәтле кәгазьләр диверсификацияле портфолио булдыру өчен берничә инвестордан акча туплыйлар.

Беренче чиратта (4) вариантка инвестицияләр инфляция белән чагыштырганда түбән керем аркасында тиешле вакыт эчендә финанс бәйсезлегенә ирешү өчен зур керемнәр тәкъдим итә алмый. (5), (6), һәм (7) вариантлары гадәттә сыек һәм югары бәяле ($ 1M +) шәхесләр өчен кулланыла, шул ук вакытта (8), (9), (10), (11) вариантлары югары санала спекулятив һәм инвестиция урынына комарлы уенга охшарга мөмкин. Вариант (12) озын базар циклында чагыштырмача расланмаган.

Шуңа күрә, мин ышанам (1), (2) һәм (3) күпчелек өчен байлык булдыру өчен иң кулай вариантлар, әмма бу караш минем карашымны чагылдырырга мөмкин. Аерым алганда, акция яки облигация индексы фондларына һәм ETFларга инвестицияләр идеаль башлангыч булырга мөмкин. Бу вариантлар диверсификация, арзанлык һәм түбән башлангыч инвестицияләр тәкъдим итә, әкренләп ышанычны җиңеләйтә.

Акчагызны инвестицияләү өчен дөрес юл юк, ләкин сезнең өчен шәхси ихтыяҗларыгызга һәм максатларыгызга туры килә торган юл бар.

Сезнең финанс максатларыгыз, рискка түземлелек, вакыт офыкы, салым нәтиҗәләре һәм диверсификация стратегияләренә нигезләнеп, инвестиция вариантларын бәяләп һәм сайлап, сезнең өчен эшли торган юл табыгыз. Син аны эшли аласың! Финанс бәйсезлегенә ирешү өчен кирәк булган барлык мәгълүмат инде бар, бары тик сезнең киләчәгегезгә дулкынлану һәм эзли башлау гына кирәк.

**P_ әйләнү:** Минем финанс прогрессымны саклау өчен, минем страховкаларның берничә төре бар иде, алар арасында тормыш страховкасы, медицина страховкасы, инвалидлык страховкасы, чатыр страховкасы, машина арендасы страховкасы. Мин көтелмәгән бер вакыйганың да еллар дәвамында эшләвемне теләмәдем, шуңа күрә мин төрле саклау механизмнарын тикшерүгә һәм тормышка ашыруга вакыт бүлеп бирдем. Финанс бәйсезлегенә 80% булу һәм чит вакыйгада аны югалтудан да начаррак нәрсә юк.

**L_ мирасы:** Финанс бәйсезлегенә якынлашканда, мин милекне планлаштыруның мөһим ягына игътибар иттем. Мин милекне планлаштыруның барлык документларын тикшердем һәм әзерләдем, шул исәптән ышаныч, васыять, финанс ышаныч кәгазе, һәм алдынгы медицина күрсәтмәсе (гадәттә тере васыять, медицина вәкаләтләре яки сәламәтлек саклау прокси). Бу документлар, Америка юридик базасына хас булса да, минем активларымны саклау һәм минем үткән очракта яхшы билгеләнгән планны тәэмин итү планы булып хезмәт итә. Әйтергә кирәк, милекне планлаштыру таләпләре сезнең юрисдикциягә карап төрле булырга мөмкин, шуңа күрә сезнең урыныгызга кагылышлы тиешле мәгълүматны һәм документларны эзләү мөһим.

Мин шулай ук башкаларга ничек ярдәм итә алуым турында уйлана башладым. Бу мине финанс бәйсезлеге консультациясенең яңа юлына басарга этәрде, анда мин шәхси финанс сәяхәтләрендә шәхесләргә җитәкчелек һәм ярдәм күрсәтәм. Мин башкаларга көч бирергә һәм аларга финанс бәйсезлегенең катлаулылыгын ышаныч һәм ачыклык белән карарга булышам.

**Йомгаклау өчен:** Сезгә финанс яктан бәйсез булырга кирәк булган барлык мәгълүмат инде бар. Финанс яктан бәйсез булу сере юк. Сезгә шулай дип әйтүчеләр сезне кыйныйлар. Мин кыска юллар яки көмеш пулялар эзләмәдем. Мин инде эшләргә тиеш булмаган дәрәҗәгә җитә алуымны аңлагач, дулкынландым. Озак сроклы максатлар белән ачык күренеш булдырдым һәм гадәтләр кабатланучы циклга кереп киткәнче эзлекле рәвештә ESIPL стратегиясенә иярдем. Бу миңа 2020-нче елда 35 яшемдә финанс бәйсезлегенә ирешергә китерде. Мин укучыларга диссервис ясамас өчен, финанс бәйсезлегенең максат номерын белә торып калдырдым. Минем номер сезнең өчен мөһим түгел, чөнки сезнең финанс бәйсезлек номерыгыз уникаль, төрле һәм сезнең шартларыгызга һәм омтылышларыгызга туры киләчәк. Бу ачыш, сез аны билгеләргә һәм эзләргә тиеш. Чыннан да мөһим нәрсә - үз максатларыгызны финанс бәйсезлеге турында күзаллау.

**Ачани Сэмон Биау:** Вау, син безгә нәрсә әйтәсең - финанс бәйсезлеге нәрсәдер булу турында түгел, ә үзең һәм кыйммәтләрең белән күбрәк гармониядә яшәү турында.

**Олумид Огунсанво:** Төгәл. Сез ирекле һәм җәмгыять нормалары белән бәйләнмәгән мәгънәле тормыш алып бару. Бу яшәү рәвешенә ирешү аңа финанс яктан бәйләнгән.

**Ачани Сэмон Биау:** Бай булу белән финанс яктан бәйсез булу арасында нинди аерма бар?

**Олумид Огунсанво:** Бу гади сорау, ләкин аның кайбер нюанслары бар. Бай булу - объектив критерийсыз субъектив төшенчә. Бу башкалар белән чагыштыруга нигезләнгән психологик хис. Чиста бәясе 50 миллион доллар булган кайбер кешеләр үзләрен бай дип санамаска мөмкин, икенчеләре 20 миллион доллар белән үзләрен бай дип санарга мөмкин. Бай булу күбесенчә чагыштырма төшенчә булып тора, һәм ул катгый билгеләнмәсә, файдалы булмый (мәсәлән, чиста кыйммәт буенча иң яхшы 1% яки табыш буенча иң яхшы 5%).

Икенче яктан, финанс бәйсезлеге күпкә практик һәм файдалы төшенчә, чөнки ул катгый билгеләмәгә ия. Сезнең хәзерге финанс активларыгыз гомерегезне дәвам итәр өчен җитәрлек тәэмин итәме? Бу сез теләгән әйбер. Н. Финанс бәйсезлеге өстендә, сез күзәтә һәм үлчәя алырлык өстәмә катламнар бар. Мисал өчен, сез финанс бәйсезлеге максатын куркынычсызлык буферы өстәп арттыра аласыз һәм күп санга омтыласыз, төп максатка караганда 20% - 50% югарырак.

Финанс бәйсезлегенә омтылу - сезнең шартлар буенча яшәү өчен эчке сәяхәт, шул ук вакытта бай булырга омтылу тышкы яктан тупланган, чагыштыруга, FOMO һәм потенциаль бәхетсезлеккә китерә.

**Ачани Сэмон Биау:** Сезнең максатыгыз булганда сезнең белән чыннан да резонанс булганда, бу максатка ирешү өчен эшләгән бар нәрсә максатчан һәм үтәлүчән тоела. Бу йөк яки читкә юнәлтү кебек түгел, чөнки бу сезнең өчен бик мөһим.

**Олумид Огунсанво:** Финанс бәйсезлегенә юлда кристалл чиста күренешкә һәм максатка биклән ү бик мөһим. Максатлар куярга яки идеаль тормышыгызны ничек күз алдына китерергә белмисез икән, сезгә юл күрсәтер өчен төрле рамкалар бар. Бала чакта сезнең дәртегезне чыннан да кабызган нәрсә турында тирән уйланыгыз, иң тирән теләкләрегезгә керегез, чикләнмәгән вакытыгыз булса һәм уңышсызлык куркуы сезне тоткарламаса, мөмкинлекләрне тикшерегез. Бу интроспектив күнегүләр сезнең уникаль юлны табу өчен компас булып хезмәт итәчәк. Онытма, бу синең тормышың, һәм аны эшләргә көчең бар. Күбрәк идеялар өчен онлайн ресурсларны барлаудан һәм партнерыгызны планлаштыру процессына Җәлеп итүдән курыкмагыз. Планнар ташка куелмаган һәм вакыт узу белән үсә ала. Сезнең башлангыч фаразларыгыз, өегезнең зурлыгы кебек, көйләнергә кирәклеген ачыклый аласыз. Сэмон да, мин дә сезнең өчен кызыклы һәм мавыктыргыч күренеш булдыра алмыйбыз. Бу шәхси сәяхәт, сез генә башлый аласыз.

Финанс бәйсезлеге - спектр, 0 яки 1 икеләтә торыш түгел, бу сезгә тормышыгызны зуррак контрольдә тотарга ярдәм итә һәм хыялларыгызга якынайта. Әгәр дә сез үзегезнең финанс максатларыгыздан ерак тоелсагыз да, дәртләнеп калу һәм үз күзләрегезгә сәяхәт белән ләззәтләнү бик мөһим. Онытмагыз, бәхет FI Җиткәнче кичектерелергә тиеш түгел, чөнки мәгънәле максатлар кую һәм аларга таба алга бару хәзерге вакытта тормышка ашырга мөмкин. Максатларыгызга ирешү өчен күпме вакыт кирәклеген билгеләү урынына, анда бару процессын кабул итүгә игътибар итегез. Бүләкне кабул итегез һәм алга барган һәр адымда шатлык табыгыз. Киләсе бүлектә күрешербез!

# 6Б: Самонның Соңгы Карьера хикәясе

**Олумид Огунсанво:** Самон, бизнес мәктәбеннән соң сезнең карьерагыз һәм аның финанс бәйсезлегенә карашыгызны ничек формалашуы турында ишетеп мин бик шат.

**Ачани Сэмон Биау:** Минем бизнес мәктәбендә уку өчен төп мотивым иң югары дәрәҗәдә карар кабул итүгә зур йогынты ясаган компанияләргә кушылу иде. Шулай да, мин классташларымның күбесенең булган компанияләр өчен эшләмичә, әйберләр ясау һәм төзү өчен зуррак амбицияләре барлыгын ачыкладым. Бу аңлау минем ышанычымны арттырды һәм минем уйларымны теләсә нәрсә эшли алам дип ышандыруга юнәлтте. Мин кыйммәтле консультацияләр алу өчен менеджмент консультациясен беренче адым итеп күрә башладым, ләкин төп максатым үз компаниямне башлап мәгънәле нәрсә булдыру булды.

**Олумид Огунсанво:** Бизнес мәктәбеннән соң, сезнең финанс бәйсезлеге планыгыз бармы, ахыр чиктә корпоратив тормышны ташлап китәр идегезме?

**Ачани Сэмон Биау:** Минем ике максатым бар иде. Беренчедән, мин бизнес-мәктәптә өйрәнгән күнекмәләрне тиз компаниядә кулланырга теләдем. Консалтинг миңа берничә проект өстендә эшләргә һәм бу максатка ирешергә мөмкинлек бирер дип ышандым.

Икенчедән, мин дөнья буйлап сәяхәт иткәндә югары хезмәт хакы алган елларымнан булган финанс куркынычсызлыгы челтәренә тиз өстәргә теләдем. Мин ике ел эчендә керемнәремне сизелерлек арттырырга теләдем, йөзләрчә мең доллар. Минем планым бу финанс ястыкны мәктәпләр төзүче максатымны тормышка ашыру иде.

**Олумид Огунсанво:** Сез BCG консультациясеннән соң ике ел эчендә финанс бәйсезлегенә ирешүне көткән идегезме, яисә карьера тәнәфесен / сабантуйны алып, соңрак эшкә кире кайтканчы төрле мөмкинлекләр эзләү өчен җитәрлек финанс тотрыклылыгына ирешергә өмет иттегезме?

**Ачани Сэмон Биау:** Башта мин финанс бәйсезлегенә ирешермен дип уйладым. Минем чиста финанс моделем бар иде, минем чиста максатым 500 000 $. План бу суммага инвестицияләр кертү һәм Африкада кечкенә илдә мәктәпләр төзегәндә бакалавр булып яшәр өчен җитәрлек күләмдә (елына 5% тирәсе) акча эшләү иде. Ләкин мин олы тормыш, өйләнү яки бала табу кебек тормыштагы потенциаль үзгәрешләрне уйламадым. Минем теләгән яшәү рәвешем җитәр дип уйлап, айлык керем максатымны салымнан соң 1500 $ яки 2000 $ тирәсе дип санадым. Мин BCGда ике ел эшләргә, берничә йөз мең доллар эшләргә, чиста бәясе 500 000 долларга җитәргә ниятләдем.

**Олумид Огунсанво:** Ярар, соңыннан нәрсә булды?

**Ачани Сэмон Биау:** Мин BCG-та эшли башлагач, яшәү бәясенә һәм өстенлекле шәһәрләргә карашым үсеш алды, бу финанс бәйсезлегенең югары максатына китерде. Мин Дубайда чыгымнарымны 1000 доллардан түбәнрәк саклый алам, бу экономиянең сизелерлек артуына китерә. Бу көтелмәгән хәл һәм тупланган экономия ставкасы миңа финанс бәйсезлеге максатымны яңадан карарга мөмкинлек бирде, аны киләчәктә яшәргә омтылган шәһәрләрдә яшәү бәясенә туры китереп.

Дөрес фикер йөртү бик мөһим иде. Мин чыгымнарны рационализацияләү һәм акча туплау уйлары белән мөрәҗәгать иттем, гәрчә мин төгәл ысулны белми идем. Атна дәвамында сәяхәт итеп, кунакханә баллары туплагач, мин хәтта фатир арендага алырга кирәк түгеллеген аңладым. Өстәвенә, минем Дубайдагы вакытым азрак кирәксез чыгымнар һәм мәҗлесләр китерде, чөнки мин финанс максатларыма игътибар иттем. Uniquezегезнең уникаль ситуациягезне бәяләгез, кирәксез чыгымнарны рәхимсез кисеп, кирәкле чыгымнарга өстенлек бирегез. Билгеләнгән формулага сукыр иярү яки минем конкрет карашымны кабатларга тырышу урынына, төп максат - сезнең омтылышларыгыз һәм кыйммәтләрегезгә туры килгән персональләштерелгән план булдыру.

**Олумид Огунсанво:** Бу кыйммәтләргә нигезләнгән чыгым принцибы белән бик яхшы тәңгәл килә. Без ышанабыз, финанс бәйсезлеге сезнең барлык уңайлыкларыгызны корбан итү яки барлык чыгымнарны киметү турында түгел. Бу чыгымнарны үз кыйммәтләрегез һәм омтылышларыгыз белән тигезләү турында. Агым белән бармагыз. Авто-пилотта булмагыз. Normәмгыять нормаларын уйламыйча яисә сукыр тормыш рәвешенә иярү урынына, без сезне чын шәхесегезгә һәм уникаль максатларыгызга туры килгән тормыш белән яшәргә Өндәп торабыз. Бу сезнең өчен чыннан да мөһим булган Өлкәләрдә чыгымнарны арттыруны үз эченә ала.

Финанс бәйсезлеге сезнең бәхет һәм иминлек бәясенә омтылырга тиеш түгеллеген тану бик мөһим. Сезнең тормышыгыздагы шатлыкны юкка чыгара торган каты һәм тотрыксыз караш белән сезне бик нык хис итүегезне теләмибез. Сезне бәхетсез калдырган план кабул итү комачаулый. Әгәр сез бәхетсез булсагыз, сез бөтен планны юкка чыгарырга Җыенасыз. План булмаганнан начаррак нәрсә - озакка сузылмаган план булу.

Чыгымнарыгызны карап, төзәтмәләр кертә торган Өлкәләрне ачыклагыз. Чыгымнарны оптимальләштерү, кыйммәтләрегезгә һәм озак вакытлы финанс максатларыгызга туры килгән сайлау Өчен мөмкинлекләр эзләгез. Бу Өзлексез процесс, шуңа күрә алга китешегезне күзәтегез һәм юл вакыйгаларын бәйрәм итегез. Сезнең тырышлыгыгызның уңай тәэсиренә шаһит булганда, сез үзегезнең финанс сәяхәтегезгә дәртләнеп, дәртләнеп карыйсыз. Eachәр адым алга барганда, тизлекне саклау һәм сезнең юлга тугры калу Җиңелрәк.

**Ачани Сэмон Биау:** Олумид һәм мин Өчен ул кыйммәтләрдән башлана. Безнең кыйммәтләр карарларыбызга юл күрсәтә һәм безнең Өчен иң мөһиме булган яңа тактиканы Өйрәнергә ярдәм итә. Мәсәлән, мин сәяхәтне һәм башка культуралар белән танышуны кадерлим. Мин BCG вакытында эшләгән вакытта уртача консультантка караганда сәяхәткә күбрәк сарыф иттем, ләкин чыгымнарның күбесе фирма һәм эш сәяхәтеннән алган балларым белән капланды. Миңа ай саен якынча 400 $ түләргә туры килде. Мин фатир Өчен тулы аренда түләү урынына сәяхәткә акча тотуны Өстен күрдем. Бу миңа атна саен диярлек яңа юнәлешләрне Өйрәнергә һәм төрле культураларга чумырга мөмкинлек бирде.

Соңгы карьерам хикәясенә кире кайту. BCG сәяхәтемә Җиде ай чамасы, арзан Африка илендә яки Таиландта пенсиягә чыгу Өчен финанс бәйсезлеге турында беренче наив планым белән мин берничә нәрсәне аңладым. Беренчедән, эш графигы аркасында актив микромантаж чыгымнарны экономияләү авыр булачак. Икенчедән, мин BCGда озаграк торсам һәм менеджер дәрәҖәсенә Җитсәм, югары керем алу мөмкинлеген күрдем. Бу аңлау мине карашымны көйләргә этәрде. Менеджер булганчы финанс бәйсезлегенә омтылу урынына, мин ике еллык идарә итү тәҖрибәсен туплау өстенлекләрен таныдым, бу минем мәктәп проектына акча эзләгәндә тагын да тотрыклылык һәм ышанычны арттыра ала. Бу карарларның рационализация булганы яки система йогынтысы булганы турында төгәл әйтә алмыйм, ләкин яңа планның мәгънәсе ачыкланды.

Шулай да, тормышта барыбызга да көтелмәгән авырлыклар ташлау ысулы бар. Берничә медицина тикшерүеннән соң, мин шаккатыргыч хәбәр алдым, миңа баш мие операциясе кирәк, арахноид кистыннан кире кайтарылмас зыян китермәс өчен, бернинди авырту симптомнары булмаса да. ХирургиягӘ ихтыяҖ кинәт һәм ашыгыч рәвештә барлыкка килде, операция минем тормышымны бер төнгә тәмамларга мөмкин.

**Олумид Огунсанво:** [Шаккатты] Сезгә ашыгыч ми операциясе кирәк иде. Wow.

**Ачани Сэмон Биау:** Миңа бер мизгелдә кист хәрәкәтләнергә һәм аскы мигә этәрергә мөмкин - баш миенең сулыш һәм йөрәкне контрольдә тотучы өлеше. Бу бик куркыныч хәл иде, һәм операция алдыннан мин куркынычны, шул исәптән үлем мөмкинлеген таныган кәгазьләргә кул куярга тиеш булганда, чынбарлык миңа бик нык тәэсир итте. Бөтен тәҖрибә сюрреаль тоелды, хәтта мине палатаның башка пациентлары чолгап алса да, һәрберсе үз сугышында.

Шул мизгелдә мин үземне гаҖәеп кечкенә хис иттем. Бу үлем мөмкинлегенә юлыкканда нинди хисләр кичергәнен күрү кебек иде. Кычыткан бәйгесендә минем бер генә казанышым да бу операция өстәлендә бернинди әһәмияткә ия түгел иде. Күпчелек күрсәткечләр буенча мин уңышлы яш кеше идем. Мин дөнья буйлап сәяхәт иттем, дөньядагы иң яхшы бизнес мәктәпләренең берсенә йөрдем, һәм иң яхшы идарә итү консалтинг компанияләренең берсендә эшләдем. Мин тычкан бәйгесендә "Җиңдем", ләкин операция өстәлендә аларның берсенең дә мәгънәсе юк иде. Мин якыннарымны сагындым, эш яки клиентлар турында уйламый идем. Бу тәҖрибә минем финанс бәйсезлегенә әзерләнүемдә борылыш булды. Мин аңлату авыр булган карар кабул иттем. Әгәр дә мин аны операция аша ясаган булсам, мин тормышымны чиктән тыш игътибар белән һәм үз шартларым белән яшәргә булдым. Мин эзләгән әйберләргә бераз үпкәләдем - Стенфорд, BCG һ.б. Хәзер миндә боларның барысы да бар иде, ләкин аны миннән тиз арада алып китәргә мөмкин. Мин берничә сәгатьтән үле булырга мөмкин. Нәкъ шулай.

**Олумид Огунсанво:** [Әле дә шаккаттым] Ул вакытта сезгә ничә яшь иде?

**Ачани Сэмон Биау:** Утызынчы яшьләремдә иде.

**Олумид Огунсанво:** Утызынчы яшьләрдәге ми операциясе. Бу чыннан да травматик һәм күз ачу тәҗрибәсе. Хәтерлим, сез операция өстәлендә булганда сез үзегезне кеше түгел кебек хис иттегез. Сез үзегезне операция өстәлендәге башка хайван кебек хис иттегез һәм тормышыгызны теләсә кайсы вакытта алып китәргә мөмкин. Azuze!

**Ачани Сэмон Биау:** Бу миңа, әлбәттә, миңа аның икенче ягында булырга тиешлеген аңлады. Сәламәтлек куркынычы "Сезнең өчен иң мөһиме һәм ни өчен?" Дигән сорауга тирән мәгънә китерде - Стэнфорд МВА программасының заявка сочинениесендә. Бәхеткә каршы, операция яхшы үтте, бернинди кыенлыклар да, күзәтү дә кирәк түгел. Биш айлык сәяхәттән кайткач, мин үзгәргән кеше булып берничә яктан кайттым.

Беренчедән, мин үз эшемә китерә алган интенсивлык дәрәҗәсен аңладым, һәм мин аны белә торып һәм уйланып, миңа иң ошаган эшләргә кулланырга инандым. Минем проблеманы чишү өчен берничә көн дәвамында иртәнге 2 яки 3кә кадәр эшләвемдә проблема юк иде.

Икенчедән, мин аңладым, тормышымда ирек булу сөйләшү түгел. Ләкин, консультация эше мин теләгән ирек дәрәҗәсен һәрвакыт тәэмин итмәде. Мин ничек эшләгәнемне контрольдә тота алсам гына, консультациядә калырга булдым.

Өченчедән, мин финанс планлаштыруга супер игътибар бирдем. Excel электрон таблицалары минем Җитәкче булды, чөнки мин финанс иреген сакларга һәм инвестицияләргә омтылдым. Мин үземә акча турында борчылмыйча сәяхәт итәргә һәм мәдәни ачышларда катнашырга вакыт бирергә теләдем. Мин шулай ук хезмәт хакына бәйле булмыйча, мәгариф системасын камилләштерүгә өлеш кертергә теләдем.

**Олумид Огунсанво:** Сезнең 5 айлык шимбә көнендә нәрсә булды?

**Ачани Сэмон Биау:** Өч мөһим вакыйга булды. Беренчедән, мин дусларым һәм туганнарым белән кабат элемтәгә кердем, бу миңа зур шатлык китерде. BCG вакытында, мин үзем турында кайгырткан кешеләрне күрү һәм аралашу мөмкинлеге бик сирәк иде. Бу мөнәсәбәтләрне искә төшерү миңа җәмгыятьнең мөһимлеген искә төшерде һәм мин үземнең "яхшы шатлык" өлеше белән яңадан бәйләнешкә керүемә бик шат идем.

Икенчедән, мин партнерым һәм дусларым белән Кубага сәяхәт иттем. Төрле культураларны барлау, яңа юнәлешләр кичерү мине тере итә. Бу минем өчен офыкларымны киңәйтү һәм дөнья турында тирәнтен белү ысулы. Кубада булганда, мин төрле тормыш рәвешләре белән таныштым, ярлы дип саналган шартларда яшәүгә карамастан, канәгать булып күренгән кешеләрне күзәттем. Бу минем тормыш рәвешемне гадәтләнгән тормыш белән чагыштыру минем өчен мөһим тәҗрибә иде.

Ниһаять, мин яңа төр өйрәнү таптым, ул коммуналь хезмәтләр белән идарә ителмәгән. Мин абынган китапларны укырга керештем, музыка коралы уйнау яки шәхси үсеш өчен яңа тел өйрәнү кебек кызыксынуларга омтылдым.

**Олумид Огунсанво:** Бу тәҗрибәләр сезнең финанс бәйсезлеге планнарыгызны ничек формалаштырды? Сез башта BCG-ны ике елдан соң калдырырга уйлыйсыз, ләкин соңыннан операция вакыйгасы булды.

**Ачани Сэмон Биау:** Минем финанс бәйсезлегенә карашым билгеле бер юнәлештә үзгәрде. Алга планлаштыру урынына, мин артка планлаштыра башладым. Мин Excel электрон таблицасына "Соңгы көн BCG" функциясен керттем, бу миңа артка эшләргә һәм арендадан күпме бонус һәм керемнәрне билгеләргә мөмкинлек бирде.

Миңа аңлашылды, мин BCG-тан нәрсә ала алуымны һәм BCG-га нәрсә кертә алуымны аңладым. Мин BCGдан соң мине дулкынландыргыч тормыш көткәнен аңладым, анда мин үземә бик ошаган әйберләргә игътибар итә алам, мәсәлән, киң сәяхәт һәм мин яраткан проблемаларны чишү. Бу минем электкеге уйларымнан аермалы иде, мин кичке ашта киләсе идарә комитеты турында уйланыр идем, команда әгъзасына җавап бирер идем, яисә үземнең киләсе бәягә әзерләнер идем. Минем үземнең барлыгымны эшкәрту өчен вакытым чикле иде.

**Олумид Огунсанво:** Мин бу хисне МакКинсидагы вакыттан ук әйтә алам. Мин клиент эше турында, слайдларга үзгәрешләр кертү турында хыялландым. МакКинсидан киткәч, шул PowerPoint төшләре бетте [Елмаю].

**Ачани Сэмон Биау:** Күпме бирә алуымны аңларга ярдәм иткән тәҗрибә. Бу хәзер һәрвакыт минем уйда. BCG алдыннан мин беренче чиратта системадан нәрсә ала алуыма игътибар иттем. Мин күпме бирә алуымны тулысынча аңламадым. Стенфордта булган вакытта мин үз-үземә ышаныч алдым, һәм алты ай эчендә мин МВА кандидатурасы буларак базарлаштым. BCG-га кушылгач, идарә итү консалтингы минем өчен бер үк әһәмияткә ия түгел иде. Мин зур шәхси максатларга юнәлдем: финанс бәйсезлегенә ирешү. Хирургия ярдәмендә мин үз шартларым белән дөньяга үз өлешемне кертергә теләгән нәрсәләргә игътибар иттем. BCG клиентларымның күбесе иртәнге 9дан кичке 5кә кадәр эшләделәр һәм аларның компанияләре әле дә гөрләп тордылар. Бу мине үз эшемә китергән интенсивлыкны һәм дәртне куллансам, нәрсәгә ирешә алуым турында уйландырды.

Wаяәрхәлдә, төп хикәягә кире кайтып, финанс моделе үзгәрде, минем хәзер ничә ел кирәклеген санамыйча, BCG-ны билгеле бер срокка калдыру өчен күпме эшләргә кирәклеген билгеләгән трекер бар. билгеле бер керем дәрәҗәсенә ирешү.

**Олумид Огунсанво:** Финанс бәйсезлеге - икеләтәлек яки бөтенләй юк юнәлеш түгел, факультативлык спектры. Әгәр дә сез анда 20% юл булсагыз да, өстенлекләр һәм ләззәтләр бар, чөнки сезнең сайлау мөмкинлеге күбрәк. Сәяхәтне бәяләү һәм алга китешегез өчен рәхмәтле булу бик мөһим. Нигә? Чөнки финанс бәйсезлеккә сәяхәт - сезнең тормыш сәяхәте. Бәйрәм итү өчен ахырга кадәр көтмәгез, юлдагы кечкенә җиңүләр өчен рәхмәтле булыгыз, алга бару өчен этәргеч итеп кулланыгыз.

Сез алга киткәндә күбрәк вариантларга ия буласыз, бу сезнең кызыклы омтылышларыгызны арттыра һәм эш бирүчеләр, клиентлар, клиентлар белән үзара бәйләнешегезне контрольдә тота. Бу фикерне ассызыклыйсым килә, чөнки финанс бәйсезлеге юлында бәхетсез кешеләрне еш күрәм. Нигә сез бәхетсез булырсыз? Сез бәхетсез, чөнки сез бәхетле булырга рөхсәт көтәсез диярлек, ләкин рөхсәт көтәргә кирәкми. Дөрес шартлар тудырсагыз, бәхет сезнең тирәгездә. Мин бу фәлсәфи фикерне өстәргә теләдем.

**Ачани Сэмон Биау:** Матур итеп әйттеләр. Мин финанс бәйсезлеген спорт залына бару кебек күрәм. Әгәр дә сез зур зал өчен арыкларга теләгәнгә, "Йә Ходаем, бу бик авыр булачак" дип уйлап, тренажер залына якынлашсаң, бу процесстан ләззәтләнү авыр булачак. Берничә фунтны югалткач, сез үзегезнең элекке тормыш рәвешегезгә кире кайтырга мөмкин. Финанс бәйсезлеге сезнең кыйммәтләрегездә булырга тиеш; булмаса, эшләмәячәк. Сез үзегездә тирән казырга һәм чыннан да шатлык китергәнне аңларга тиеш. Моның белән ризалашмагыз. Максатыңны яки дәртеңне тапкач, аның тирәсендәге бар нәрсәне тәртипкә китер һәм бүтән комачаулыкларны бетер, бигрәк тә син катнашкан бу гамәлләр, чөнки башкалар эшли.

BCG-та кешеләрнең кыйммәтле TUMI сумкаларын сатып алу һәм инициативаларын язу традициясе бар иде. Шәхсән минем сумкалар белән кызыксынуым юк иде, һәм мин мода тенденциясенә иярергә кирәклеген сизмәдем.

**Олумид Огунсанво:** Тамашачылар өчен TUMI сумкалары гадәти сумкаларга караганда кыйммәтрәк. Гадәттәге сумка 100 доллардан түбән булырга мөмкин, ә TUMI сумкалары бәядән өч, дүрт, хәтта күбрәк тапкыр булырга мөмкин.

**Ачани Сэмон Биау:** Консультациядә катнашучыларның күбесе ял көннәрендә ял итәргә һәм ял итәргә теләделәр, ләкин мин үз акчамны сәяхәткә һәм тәҗрибәгә тотарга булдым. Мин үземнең бюджетның бер өлешен TUMI капчык бәясенә тиң, мине чыннан да бәхетле иткән әйберләргә бүлеп бирдем. Бәхетнең нигезен салгач һәм тормышыгызны аңа туры китереп яшәгәндә, сез бәхетегезнең гомуми үсешен күрерсез. Моннан тыш, тормышыгызны шулай оештырган саен, финансларыгыз табигый рәвештә үз урынына төшәчәк.

**Олумид Огунсанво:** Төгәл. Вакыт узу белән, бу гадәтләрне саклау җиңелрәк, чөнки алар бер-берсен ныгыталар. Бу бераз башка булырга әзер булырга тиеш. Әгәр дә сез TUMI сумкасын бүтәннәрнең булганы өчен алсагыз, 30-нчы елларда финанс бәйсезлегенә ирешүегез ихтимал. Капчык бәясе аркасында түгел, ә сез халык артыннан барасыз һәм белә торып кыйммәтләр белән карар кабул итмәгәнгә. Башкалар кебек булырга ярый, ләкин сез зур нәтиҗәләр көтә алмыйсыз.

**Ачани Сэмон Биау:** Төп хикәягә кире кайтсам, минем финанс планлаштыру Excel электрон таблицасы тагын да катлаулана башлады, өлешчә BCG вакытында эшләгән модельләштерү осталыгы аркасында.

**Олумид Огунсанво:** [Көлә] Бу легитим көлке. Сез BCG-та яхшырак модельләр ясарга өйрәндегез, аннары бу күнекмәләрне BCG-тан чыгу стратегиясен планлаштырдыгыз.

**Ачани Сэмон Биау:** Мин үз моделемне атна саен яңартып торыр идем, чыгымнарымдагы үзгәрешләрне кертеп, агымдагы яки киләсе айда күтәрелү мөмкинлеген өстәп, сценарий планлаштыру, бары тик эзләү. Кайчак, мин хәтта үземә кечкенә презентацияләр ясар идем, чыгымнарымның (яки булмавы) һәм киләчәк бонусларым траекториясеннән.

**Олумид Огунсанво:** [Көлә]

**Ачани Сэмон Биау:** Минем ачык Төньяк Йолдызым бар иде һәм мин һәрвакыт әйләнә-тирә мохитне оптимальләштерү юлларын эзләдем. Сезгә авиакомпания статусы белән бәйле мисал китерим. Финанс бәйсезлегеннән соңгы тормышымда мин кайбер сәяхәтләрне сакларга теләдем, чөнки мин сәяхәтне яратам. Эш өчен куллана алган барлык авиакомпанияләр арасында берсе генә гомерлек статус тәкъдим итте. Дубайдагы күпчелек консультантлар уңайлы вакыт аркасында проектлар өчен Эмиратларны Согуд Гарәбстанына очтылар - алар тулы ял көннәрен Дубайда үткәрә алалар һәм эшнең беренче көнендә иртә очып китә алалар. Шулай да, мин Согуд Гарәбстаны авиакомпаниясен очарга булдым, чөнки бу Air Franceны үз эченә алган союзның бер өлеше иде, һәм мин финанс бәйсезлегенә ирешкәч еш очуымны белә идем. Air France-та Платина статусы буенча эшләү минем өчен Эмиратларның очу уңайлыгына караганда кыйммәтләрәк иде. Мин Дубайдан Бостонга сәяхәт итәр идем, MBA чыгарылыш сыйныф укучылары белән әңгәмә корыр идем һәм Парижда тукталыш белән озынрак маршрут сайлар идем, Эмиратлар белән туктаусыз очыш урынына Air France очып. Мин Эмиратта баллар туплау турында уйламадым; минем өстенлегем Air France белән гомерлек Платина статусына ирешү иде. Мин озынрак сәяхәт озынлыгын яки тукталышны кыенлык итеп күрмәдем, чөнки мин сәяхәт итәргә, шәһәрне өйрәнү өчен тукталышларга һәм Парижда туганнары һәм дуслары белән вакыт үткәрергә бик ошадым.

**Олумид Огунсанво:** Самон, сезнең хикәягезне тыңлаган һәм финанс бәйсезлеге артык күп эшне үз эченә алган укучыга нәрсә әйтер идегез? Аларның фикер йөртү өстендә эшләргә, күренешләр һәм максатлар булдырырга вакыты, көче юк диләр. Алар финанс бәйсезлегенә җиңелрәк һәм тизрәк юл телиләр, аеруча финанс үсеш өчен мөмкинлекләре чикләнгән кечкенә шәһәрдә аз хезмәт хакы алган эш булса. Алар хәзерге тормыш рәвешендә кискен үзгәрешләр кертмичә ничек финанс бәйсезлегенә ирешә алалар?

**Ачани Сэмон Биау:** [Елмаеп] Бу чыннан да ике сорау. Беренче сорау: "Мин финанс бәйсезлегенә ялкауланасым килә. Финанс бәйсезлегенә ирешү өчен миңа нәрсә эшләргә кирәклеген төгәл әйтегез." Икенче сорау аз, уртача хезмәт хакы алган һәм финанс үсеше өчен мөмкинлекләре чикләнгән өлкәдә яшәгәндә, FI теләү проблемасына кагыла.

Беренчедән, безгә эшне кертмичә, финанс бәйсезлегенә этаплап күрсәтмә бирүебезне теләгән кеше өчен, минем интуициям миңа бу акыл белән финанс бәйсезлегенә ирешү мөмкинлеге бик зур булуын әйтә.

**Олумид Огунсанво:** [Көлә]

**Ачани Сэмон Биау:** financialәм алар финанс бәйсезлегенә ирешсәләр дә, мин чын күңелдән ышанам, алар чыннан да ошамаска мөмкин. Финанс бәйсезлеге максатны табу һәм бу максатка ирешү өчен финанс иреген куллану турында. Финанс бәйсезлегенең асылы - мәңгелек бәхет. Аңлагыз, финанс бәйсезлеге байлык турында түгел. Финанс яктан бәйсез кешеләр бай түгел. Бу финанс куркынычсызлыгының минималь дәрәҗәсенә ирешү турында, бу сезнең өчен финанс мәшәкатьләрен киметмичә чыннан да мөһим нәрсәгә игътибар итәргә мөмкинлек бирә. Финанс иреге - мөмкинлек бирүче, акча турында гел борчылмыйча, сезне тормышка ашырган нәрсәгә игътибар итү иреге бирә.

**Олумид Огунсанво:** Кешеләргә үз-үзләрен ачу сәяхәтен башларга кирәк. Бу сәяхәт алар өчен көч таләп итә. Сэмон белән без сезне кашык белән тукландыра алмыйбыз, чөнки без эшләгән нәрсә сезнең уникаль ситуациягезгә кагылмаска мөмкин. Элегерәк китапта без сезгә башкаларның тормышын күчермәскә киңәш иттек, киресенчә сезне үзегезнеке булырга өндәдек. Бу безнең тормышыбызны да күчермәүне үз эченә ала.

Сез үз тормышыгызны яхшырту өчен Җаваплылык алырга һәм чаралар күрергә тиеш. Китап сатып алу гына Җитми. Сез психик сменаны үтәргә һәм Самон белән мин әйткәннәргә карамастан, тормышыгызда уңай үзгәрешләр кертү өчен үз-үзеңне ачу сәяхәтенә керергә әзер булырга тиеш. Сез үз тормышыгыз өчен Җаваплы, һәм яхшы киләчәк булдыру өчен кирәкле үзгәрешләр кертү сезгә бәйле. Selfз-үзеңә ышану һәм үз-үзеңә ышану принципларын исеңдә тот. Сез үз тормышыгыз өчен уникаль булган детальләрне ачыкларга тиеш.

**Ачани Сэмон Биау:** Дөресен генә әйткәндә, без сезнең белән турыдан-туры була алуның бер сәбәбе - чын тормыш безнең икебез өчен дә мөһим. Без финанс бәйсезлегенә ирештек, шуңа күрә без китап сату турында, үзебезнең дөресен сөйләү кебек борчылмыйбыз.

**Олумид Огунсанво:** Дөрес. Бу китап бер копия яки йөз данә сатса, мин бук бирмим, чөнки мин инде финанс яктан бәйсез. Мин сезнең белән намуслы була алам. Мин сине үпкәләргә тиеш түгел.

**Ачани Сэмон Биау:** Без FI-га таба трансформатив сәяхәтебезне уртаклашабыз, чөнки без чын күңелдән FI тормышын кабул иттек, һәм безнең теләгебез - сезнең эчендә мөмкинлек очкынын кабызу. Без сезнең юл күрсәтүче булырга телибез, раслау гына түгел, дуслык һәм дәртләндерү дә тәкъдим итәбез. Әгәр дә сез беркайчан да финанс бәйсезлеген эзләргә икеләнеп торсагыз, сез моны үзегез күрмәгән булсагыз, безнең китап монда шикләрне бетерү өчен. Безнең хикәяләр һәм күзаллаулар аша без сезне рухландырырга уйлыйбыз, сезне: "Әгәр алар эшли алса, мин дә булдыра алам!"

**Олумид Огунсанво:** Андагы барлык иммигрантларга, чит ил кешеләренә, чит кешеләргә һәм чит ил кешеләренә: Әгәр мин финанс яктан бәйсез булсам, сез дә моны эшли аласыз.

**Ачани Сэмон Биау:** Аннары үз сәяхәтеңә барырга кирәк. Ул уйлану һәм сорау алудан башлана. Балачагыгызга кире кайтыгыз һәм сезне билгеләгән төп мизгелләрне билгеләгез. Сезнең кызыксынуларыгызны тикшерегез, төрле әйберләр белән тәҗрибә итегез. Сез ачканга нигезләнеп принциплар Җыелмасын эшләгез. Бу принципларны алу өчен үткәннәргә яки хикәяләргә карагыз, аннары үзегезнең кыйммәтләрегезгә туры килгәнне сынап карарга һәм кабатларга әзер булыгыз.

**Олумид Огунсанво:** Сез теләгән тормыш турында күзаллау булдырыгыз, анда барып Җитү өчен максатлар куегыз һәм көн саен чаралар күрә башлагыз. Финанс бәйсезлегенә ирешкәнче кабатлагыз һәм кабатлагыз. Бу процессны бүтән беркем дә эшли алмый, чөнки бу сезнең тормышыгыз, һәм сез аның өчен Җаваплы.

Сәяхәтне башлап, тизлекне арттырганда, алга бару дәвам итә. Сез тизлекне саклап калу өчен дөрес триггерлар башларга тиеш. Вакыт узу белән сез үз максатыгызга кечкенә адымнар ясау гадәтен үстерерсез. Алга киткәндә һәм билгеле бер ноктага Җиткәч, сез сәяхәттә икәнегезне онытырга мөмкин, чөнки ул сезнең көндәлек тормышыгыз белән бәйләнгән. Сәяхәт белән тормышыгыз арасында аерма юк. Сез үз максатыгызга таба барганда гына тормышыгызны яшисез. Ләкин бу сәяхәтне башлар өчен, сез өстәмә көч куярга һәм беренче адымны ясарга әзер булырга тиеш.

Колледжда укыганда, без активлаштыру энергиясе турында белдек. Химик реакция барлыкка килсен өчен, сез билгеле күләмдә энергияне Җиңәргә тиеш. Сезне башлап Җибәрү өчен Җитәрлек активлаштыру энергиясе белән этәрер өчен нәрсәдер кирәк. Менә без сезгә бирергә тырышабыз: тизлек. Мин моны дулкынлану һәм бәхет белән язам, чөнки мин сезне үз максатларыгызга ирешү мөмкинлегенә ышанырга дәртләндерергә телим. Yourselfз-үзеңә ышануның мөһимлеген Җиткерермен һәм алда торган мөмкинлекләр турында дулкынландырырмын дип ышанам. Минем хикәямдә мине күп эш югалту һәм авыр хәлләр китерде. Шулай да, уңыш өчен үз триггерларыгызны булдырырга көчегез бар. Бүген эшләгез һәм финанс бәйсезлек сәяхәтегезне башлап Җибәрү өчен тышкы шартларны көтмәгез.

**Ачани Сэмон Биау:** Бу безне икенче сорауга китерә. Берәрсе чагыштырмача түбән яки уртача хезмәт хакы булган һәм югары хәрәкәтчәнлеге чикләнгән Җирдә яшәгәндә, ничек финанс бәйсезлегенә ирешә ала? Мин аны спорт аналогы белән гадиләштерермен. Усейн Болт йөгерү сәләтен ачып, чемпионатта Җиңгәндә, аның сайлау мөмкинлеге бар. Ул өе янындагы юлда йөгерүне дәвам итә алыр иде, яисә Майами кебек бүтән кая барырга, күнекмәләрен күтәрергә.

Бу аналогияне кулланумның сәбәбе - барысы да кыйммәтләргә төшә. Әгәр дә сез финанс бәйсезлеген телисез икән һәм кечкенә шәһәрдәге хәзерге эшегез сезне анда китермәячәген аңласагыз, сез эшегез белән беррәттән проектларны яисә башка урыннарда мөмкинлекләр эзләү юлын табарсыз. Мин финанс бәйсезлеккә өметләнеп Бенинда калмадым. Киресенчә, мин яхшырак мөмкинлекләр эзләү һәм финанс максатларыма ирешү өчен Европага, аннары Америкага, һәм ниһаять Якын Көнчыгышка күчендем.

Сез күбрәк мөмкинлекләр булган урынга күченә аласыз, теләсәгез кире кайта аласыз. Әгәр дә сез үзегезгә бу сорауларны бирәсез икән, бу сезнең хәзерге урыныгыздан тыш мөмкинлекләрне тулысынча өйрәнмәвегезне күрсәтергә мөмкин. .Авап эксперимент өчен бертуктаусыз кызыксыну уята.

**Олумид Огунсанво:** Без бу турыда берничә сәгать сөйләшүне дәвам итә алыр идек, ләкин без хикәягә кире кайтырга тиеш. Сез операциядән соң БСГдан китү планын искә төшердегез.

**Ачани Сэмон Биау:** Excel моделемне активлаштырганда, мин компания эчендә сәяхәт итү өчен барлык мөмкинлекләр тудырдым. BCG илче дип аталган программа бар иде, анда иң яхшы 10% консультант башка илгә бара ала. Консультантлар урын сайларга тиеш иде, һәм фирма аларның өстенлекләренә туры килергә тырышыр иде. Күчемсез милек инвестицияләре турындагы белемнәремне арттыру өчен, мин Көньяк Африка Республикасында бер ел үткәрергә теләдем, бигрәк тә анда милегем бар иде. Бу тәҗрибә миңа Көньяк Африка базарына күбрәк капитал бүлеп бирергә карар итәр иде. Моннан тыш, Көньяк Африка арзанрак иде, миңа күбрәк сакларга мөмкинлек бирде. Мин сәяхәт аша эксперимент ясарга, төрле культуралар һәм мөмкинлекләр кичерергә яратам.

**Олумид Огунсанво:** Бәйләнешле язмада, минем бер тапкыр Убер йөртүчесе бар иде, аның сул колагында ачык төсле колак ишетү бар иде. Башта ул рэп музыкасын тыңлый дип уйладым, ләкин ул инглиз телен өйрәнү курсларын кулланып, аның тел күнекмәләрен күтәрде. Авырлыкларына карамастан, ул үз-үзен яхшыртырга тәвәккәл иде һәм барлык мөмкинлекләрдән файдаланды, шул исәптән пассажирлар йөртү, үз максатларына ирешү өчен. Бу очрашу миңа эшкә яки керем дәрәҗәсенә карамастан, шәхси үсеш өчен һәрвакыт мөмкинлекләр барлыгын өйрәтте. Уңышка ирешү өчен ачык план, тәвәккәллек һәм эзлекле көч кирәк. Убер шоферы өч ел эчендә кайда булачагын күз алдыгызга китерегез.

Хәзер, сезгә. Сез BCG хезмәт хакыгызны күчемсез милек инвестицияләре белән тулыландыру планын ничек уйлап таптыгыз? Сездә зур хезмәт хакы булган эш бар иде, сезне бу юлга нәрсә этәрде? Планыңны ничек үтәдең?

**Ачани Сэмон Биау:** Балачакка кайтсам, әти күчемсез милек белән шөгыльләнүче эшкуар иде, бу миңа активларны бәяләү турында иртәрәк аңлады. Мин Көньяк Африка Республикасында милек сатып алганда, минем BCG хезмәттәшләрем шикләнделәр һәм робо-инвесторны кулланырга тәкъдим иттеләр, милеккә инвестицияләр кыен дип. Ләкин минем балачак тәҗрибәм һәм сәүдә һәм эшкуарлык белән танылган Йоруба фоны минем карашымны формалаштырды. Вакыттан керемнәрне бүлү идеясе минем белән резонансланды. Мин үз вакытымны сату белән чикләндем, чөнки көн эчендә сәгатьләр бик күп. Ләкин, мөстәкыйль масштабта булган әйбердән керем кертә алсам, бик матур булыр иде. Шуңа күрә мин күчемсез милекне инвестиция мөмкинлеге итеп тикшерергә булдым.

Ул вакытта дус кызым белән Көньяк Африка Республикасында булганда, мин милек бәяләрен күрдем һәм аларның Франция кебек башка урыннар белән чагыштырганда арзан булуына шакаттым. Бу минем кызыксыну уятты, һәм мин бәяләрне долларга әйләндердем. Минем банк счетындагы акча белән мин анда фатир сатып ала алуымны аңладым. Мин моны эксперимент ясау мөмкинлеге итеп күрдем. Күпчелек кеше еш кына икеләнә, чөнки алар дөрес булмаган барлык әйберләргә игътибар итәләр. Ләкин мөмкинлекне һәм экспериментны кулланмасаң, дөрес булган әйберләрне беркайчан да ачмассың.

**Олумид Огунсанво:** Әлбәттә, чиктән тыш анализ ясау безне чара күрергә комачаулый ала. Без максатларыбызга омтылмау өчен сылтау булган катлаулы модельләр һәм сценарийлар төзергә омтылабыз. Анализны тормыштагы мотивларыбыз һәм максатларыбыз турында намус белән баланслау мөһим. Хәзер, әйдәгез, күчемсез милеккә инвестиция стратегиясе һәм тактикасына кереп китик.

**Ачани Сэмон Биау:** Мин бу сәяхәт турында сөйләшергә яратам, чөнки ул яхшы уйланган адымнарны да, мин ясаган хаталарны да үз эченә ала. Башта контекстны карап чыгыйк. Өч вакыт офыкында инвестицияләрне карадым:

Кыска срок: Киләсе ел өчен яшәү чыгымнарын каплау өчен югары ликвидлелек керемнәре бирә торган инвестицияләргә игътибар итегез. Күчемсез милек керемнәре аның тотрыклылыгы һәм алдан әйтелгән акча агымы аркасында төп чыганак булган.

Урта срок: Киләсе берничә елда үсештән файда китерә торган инвестицияләр эзләгез. Мин фонд базарына һәм кайбер криптога тупландым, үсеш запасларына игътибар иттем, шулай ук кыйммәт запасларын да исәпкә алдым. Акцияләр, гадәттә, 2-5 еллык срокларда уңай тенденцияләрне күрсәтәләр.

Озын срок: 7-15 ел эчендә зур акча агымы потенциалы булган куркынычлы коймакларны алыгыз. Мин стартапларга фәрештә инвесторы буларак инвестицияләдем һәм тотрыклы валюта булган илләрдә Җир сатып алдым, анда үсеш билгеле вакыйгалар тирәсендә тизләнә. Бу озак вакытлы коймакларның максаты - стартаплар өчен IPO яки Җир өчен яңа зональ үсеш кебек, мөһим вакыйгадан соң акча түләү, гадәттә ун елдан соң. Акча түләгәннән соң, мин кыска вакытлы активлар (милек кебек), урта вакытлы активлар (запаслар кебек) һәм кайбер озак вакытлы активлар комбинациясенә яңадан инвестицияләр идем, аннары циклны кабатлар идем.

**Олумид Огунсанво:** Сезнеңчә, сезнең тәрбиягез һәм әтиегез күчемсез милек белән эшкуар булу сезнең инвестиция карашыгызны икейөзле дип саныйсызмы?

**Ачани Сэмон Биау:** Минем тәрбияем аркасында мин икеләнеп тордым, ләкин мин бу турыда рациональ булып калдым. Мин булмасам, Бенин яки Франция кебек аз керемле илләрдә күчемсез милекне сатып алыр идем. Ләкин, ул урыннарда инвестицияләр, сез анда яшәсәгез дә, зур салым ташламаларыннан файдаланмасагыз, мәгънәле табыш китермәс иде. Күчемсез милекне барлау минем икеләнүем иде, ләкин мин аның мәгънәсен тәэмин иттем. Көньяк Африка минем өчен стратегик нигез иде, чөнки беренче планым финанс бәйсезлегенә ирешкәч, анда "пенсиягә чыгу" иде. Күчемсез милектән яхшы керем алудан тыш, ул шулай ук валюта хәрәкәтләренә каршы киртә булып торачак, чөнки мин Җирле валютада яшәр идем. Бу минем стратегиягә бик нык тәэсир итте. Характеристикаларга якын булу миңа проблемалар килеп чыкса, ремонтны күзәтергә мөмкинлек бирәчәк. Бу системага нигезләнгән карар иде.

**Олумид Огунсанво:** Сезнең дусларыгыз яки якыннарыгыз билгеле бер керем алу стратегиясен үтәгәнгә, бу автоматик рәвештә сезнең өчен туры килә дип уйламаска кирәк. Әгәр дә сезнең әтиегез һәм әниегез корпоратив эш эшләгән булса, бу сезнең корпоратив эш эшләргә тиеш дигән сүз түгел. Әгәр дә сезнең яраткан абзый эшкуар булса, бу сезнең эшкуар булырга тиеш дигән сүз түгел. Аларның тәҗрибәләре белән чикләнмәгез. Барлык мөмкинлекләрне барлагыз, үз шартларыгызга һәм омтылышларыгызга нигезләнеп карарлар кабул итегез. Барыбызның да тискәре карашларыбыз, өстенлекләребез бар, ләкин карарларга киңрәк караш белән карарга һәм аларны җиңү өчен актив эшләргә кирәк. Otherwiseгыйсә, сез тормышыгызда соңрак үзегезнең чын чакыруыгызны кулдан ычкындырырга мөмкин. Карарлар кабул итү өчен көчле башлангыч база булдыру мөһим, чөнки кайбер стратегияләрне кире кайтару кыен булырга мөмкин. Сэмон, сез күчемсез милек инвестицияләрен өйрәнә башлагач, яшьегезне һәм фикер йөртүегезне бүлешә аласызмы?

**Ачани Сэмон Биау:** Мин утызынчы еллар башында күчемсез милеккә инвестиция сала башладым, BCG белән кушылганнан соң һәм финанс бәйсезлеге максатым әле 1 миллион доллардан түбән булганда. Ләкин тиздән мин аңладым, бу максат бик кечкенә һәм аны арттырырга кирәк.

Мин 3 горизонт стратегиясеннән башладым, һәм күчемсез милек кыска вакыт эчендә яхшы актив класс кебек тоелды, чөнки мин BCGдан киткәч ике ел эчендә аренда кереме кирәклеген көткән идем. Мин төрле илләрне барладым, һәм Көньяк Африка ил буларак арбитраж мөмкинлек тәкъдим итте. Бу түбән социаль-икътисади дәрәҗәдә сатып алу урынына күбрәк халыкны арендага алган, һәм валютаның амортизациясе бераз алдан әйтеп була һәм глобаль тетрәүләрдән һәм кризислардан читтә идарә ителә. Илнең бәйсез һәм эффектив Central зәк банкы булган һәм ресурсларга бай булган, шуңа күрә Зимбабве, Аргентина яки Венесуэладагы кинәт кискен валюта девальвациясе мөмкин булмаган.

Көньяк Африка кешеләре хәзерге вакытта рәхәтләнеп ләззәтләнүне өстен күрәләр, минем сыйфатлы тикшерүләрем буенча озак вакыт арендага алалар. Димәк, мин кайбер халык сегментлары һәм милек төрләре өчен югары арендага боерык бирә алам, нәтиҗәдә эш урыны югары. Минем бөтен мөлкәтем өчен вакансия вакыты бик кыска булды, ялгыш сатып алган бер югары дәрәҗәдәге люкс мәйданнан кала.

**Олумид Огунсанво:** [Вау]

**Ачани Сэмон Биау:** Менә тагын бер мөһим фикер: аренда милегенә инвестиция салуга килгәндә, онытмаска кирәк, сез арендага биргән йорт үзегездә яшәгән йорт булырга тиеш түгел. Люкс яки югары дәрәҗәдәге әйберләр еш кирәкле финанс керемнәрен китерми, чөнки аренда кереме еш бәйле чыгымнарны аклый алмый. Киресенчә, альтернатив юлларны барлау турында уйлагыз. Мәсәлән, Көньяк Африка Республикасында, университет янындагы булган йортны кечкенә студия стилендәге конверсиягә әйләндерү 20% тәэсирле табыш китерә ала, әгәр дә ул оператив идарә итү белән бергә булса.

**Олумид Огунсанво:** Сокландыргыч кире кайту. Сез нинди торак сатып алырга уйлыйсыз?

**Ачани Сэмон Биау:** Минем максатлы клиентым түбән-урта сыйныф иде, һәм мин мөмкин булган иң кечкенә 1 бүлмәле бүлмәләргә игътибар иттем. End гары дәрәҗәдәге үзлекләр акча агымы ясауның мәгънәсе юк иде, һәм түбән очлы әйберләр мин кызыксынмаган җирдә көч таләп иттеләр. Түбән урта сыйныф эчендә мин гади кешеләрне максат иттем. карьераларын башлау яки түбән хәрәкәтле вортекста тыгылган, ләкин һаман да эшкә урнашу. Алар 1 бүлмәле бүлмә ала алалар. Минем мөлкәтемне дифференциацияләү өчен, мин Монтессори мәктәбе, зур бассейн, спорт заллары кебек милектә кызыклы уңайлыклары булган төзүчеләрдән сатып алдым. Көньяк Африка Республикасында мондый уңайлыклары булган милектә яки комплексларда бик күп эзләнәләр, бу аренда ихтыяҖына тәэсир итә.

Тапшыру ягында, төзүчеләр нигез салдылар. Киләсе поезд линиясе кайда булачагын, Делойтның киләсе штабын кайда төзегәнен һәм киләсе мәктәпнең кайда булачагын беләләр иде. Мин, нигездә, урнашу, вакытында тәмамлау, сыйфатлы бизәү, уңайлыклар ягыннан ышанычлы эшләүчеләр белән хезмәттәшлек иттем. Көньяк Африкадагы характеристикалар этапларда эшләнә, шуңа күрә мин агрегатлар әле төзелеп беткәндә, икеләнеп торучы сатып алучылар бәяләрне түбәнрәк тотканда, мин иртәрәк инвестиция салырга ышандым. Тәкъдим итү һәм сәламәт сорау чикләнгән иде. Уңайлыкларга якынрак булган блоклар бөтен үсеш беткәч тизрәк арендага алына.

Мөлкәткә инвестиция күп факторларны исәпкә ала. Кечкенә характеристикалардан башлап, арендаторларны табу, эш авырлыгын киметү һәм Excel кебек кораллар ярдәмендә чыгымнарны күзәтү өчен системалар кертеп, аларны актив идарә итү яхшырак. Салымнар һәм потенциаль түләүләр арту турында мәгълүматлы булу да мөһим.

**Олумид Огунсанво:** Шулай итеп, йомгак ясау өчен, Көньяк Африкадагы аренда инвестиция стратегиясе аз керемле карьера башлангычлары өчен бер бүлмәле фатирларга юнәлтелгән. Сез тиешле тикшеренүләр алып барган һәм дөрес үсеш алган уйлап табучылар белән хезмәттәшлек иттегез. Сез капка ставкаларын, салымнарны, инфляцияне һәм валюта курсларын анализладыгыз. Сез монда күрсәткән принципларны бик кадерлим.

**Ачани Сэмон Биау:** Әгәр мин боларның барысын да кичермәгән булсам, бу кыйммәтле төшенчәләрне өйрәнмәс идем. Мин ни өчен нәтиҖә бирмәгәнен аңламыйча, милек сатып алыр идем һәм киләчәк инвестицияләрдән боек булыр идем. Мин бүлешергә теләгән өстәмә бер фикер, Көньяк Африкада милек сатып алуымның төп сәбәбе - арзанлык. Сез 1 бүлмәле бүлмәләрне 40,000 - 70,000 долларга гына сатып ала аласыз.

**Олумид Огунсанво:** Бу бәя диапазоны өчен 1 бүлмәле фатир. Әгәр дә ROI эшләсә, бу бик яхшы.

**Ачани Сэмон Биау:** Бу сезне дөрес сораулар бирергә, игътибар бирергә һәм дөрес дәресләр алырга мәҖбүр итә. Акчагыз куркыныч астында булганда, сез дөрес сораулар бирергә мөмкин. Шулай ук, берәр нәрсә булганда, аннан дөрес сабаклар алыгыз. Уенда тире булу бик мөһим. Көньяк Африка Республикасында мин хәзерге вакытта аренда керемнәреннән 7% белән 8% арасында керемгә (керем салымы чиста) ирешә алам. Димәк, салым алдыннан керемнәр 10% +. Капка ставкасы милек кереме өчен файдалы белешмә булса да, кесәңдәге чиста керем салымнар һәм агент түләүләре кебек чыгымнар аркасында түбәнрәк. Аренда уңышына өстәп, мин капитал үсешеннән дә файда күрәм. Еллар дәвамында мин, гадәттә, инвестицияләремдә ел саен 3% - 7% үсешен күрәм, һәм бу тенденция ким дигәндә 7 ел дәвам итә ала. Әлбәттә, сату өчен дөрес вакытны белү бик мөһим. Бу факторларның барысын да исәпкә алганда, милек инвестицияләре күпләр өчен иң керемле һәм аз рисклы инвестицияләрнең берсе булырга мөмкин.

**Олумид Огунсанво:** Ярар, Самон, хәзер без сезнең стратегиягезнең башын һәм ахырын аңлагач, әйдәгез урта турында сөйләшик. Сатып алу өчен милек санын ничек билгеләдегез? Ничек барырга карар иттегез?

**Ачани Сэмон Биау:** [Елмаеп] Сез сорагангa мин бик шат. Мин урта бик мөһим дип килешәм. Башта мин эксперимент ясарга тиеш идем, чөнки милеккә инвестицияләр турында алдан белмәгән идем.

**Олумид Огунсанво:** Монда кызыксыну һәм амбиция принцибы уйный. Сез тикшерергә җитәрлек кызыксындыгыз, кая барырга теләгәнегезне белү өчен амбицияле идегез.

**Ачани Сэмон Биау:** Минем стратегиям чиста кыйммәтемнең 10% - 20% урта һәм озак вакытлы офыкларга инвестицияләү иде, 80% күчемсез милеккә һәм кайбер югары уңышлы депозитларга юнәлтелде. Мин үземнең көчсезлегемне таныдым, чөнки тәртипле инвестиция стратегиясе булмаса, акча продуктив булмаган чыгымнарга әрәм булыр, яисә хәзерге счетымда буш утырыр иде. Тәртип саклау өчен, мин үз акчамны куллануны дәвам иттем. Мин система куйдым, анда минем банк счетым беркайчан да BCGдагы карьерамда 1000 доллардан артмады.

**Олумид Огунсанво:** Әйтергә кирәк, сез боларның барысына да дөньяда иң таләпчән эшләрнең берсе булган BCG эшләгән вакытта ирештегез. Бу сорау тудыра, башкаларның эш эзләгәндә мөмкинлекләрне барламавы өчен нинди сылтавы бар? Самон бернинди акланмады.

**Ачани Сэмон Биау:** Әлбәттә. Кешеләр, зинһар, акланмагыз. BCG-та эшләү 9-5 эштән ерак иде. Мин еш иртәнге 9:30 эшли башладым һәм иртәнге 2дә йокларга яттым. Хәзер, хикәягә кире кайту, бу алым нәрсәне аңлата? Бу минем милек сатып алу өчен еллык планым барлыгын һәм кире кайтарылмый торган депозитларга һәм кыска вакытлы кредит объектларына тугры булуымны аңлатты. Димәк, мин сатып алырга бурычлы булган милек өчен түләдем. Йоханнесбургта һәм Кейптаунда барлык кызыклы яңа вакыйгалар календарен сакладым. Димәк, минем хезмәт хакым минем счетка килеп җиткәч, икенче көнне милек сатып алу яки акцияләргә инвестицияләр өчен каядыр күчереләчәк. Мин айлык бәясен 600 - 800 доллар күрдем, бу минем төп яшәү чыгымнарымны каплады. Мине кирәксез сатып алуларга этәрер өчен буш акча юк иде. Бу алым минем кыйммәтләргә нигезләнгән чыгымнарны һәм төплекне күрсәтте.

**Олумид Огунсанво:** Акчаны кире счетка күчерә алмыйсызмы?

**Ачани Сэмон Биау:,** к, турыдан-туры ясаучыга китте. Мин ел дәвамында кире кайтарылмый торган депозитлар түләгән идем, һәм мин түләүләрне арттырдым. Әгәр мин тупламасам, милекне югалтыр идем. Акча тупланганнан соң, юридик проблема булмаса, мин аларны искә төшерә алмадым. Тапшырылган акчаларны гадәттән тыш хәл булса да бүлеп булмый. Мин гадәттән тыш хәлләр өчен кредит карталарын кулландым.

**Олумид Огунсанво:** Аңладым. Алдан бирелгәнлек бик мөһим.

**Ачани Сэмон Биау:** Төгәл. Алга таба ачыклыйм. Мин Көньяк Африкадагы барлык кызыклы яңа вакыйгалар календарен алдым һәм потенциаль керемнәрне исәпләдем. Мин үз-үземә: "Бу урын чыннан да өметлеме? Поезд линиясен озайту планнары бармы?" Мин BCG-та еллык гомуми керемемне бәяләдем, аннары төзүчеләргә елына биш-ун мөлкәт сатып алуым турында хәбәр иттем. Мин Көньяк Африкадагы һәр югары уңышлы милекне белә идем һәм ел саен күпме милек сатып алырга теләгәнемне, шулай ук кайчан һәм күпме эшкәртүчеләргә күчерергә кирәклеген ачык планым бар иде. Кайберәүләр миннән көтелмәгән вакыйгалар турында сорыйлар, һәм минем алар белән эш итүем гади иде. Salaryугары хезмәт хакы белән мин хезмәт хакы арасында буфер булып хезмәт иткән кредит картасын алдым.

**Олумид Огунсанво:** Көтелмәгән вакыйгаларны сылтау итеп

кулланучылар бу фикерне югалталар. Тышкы сценарийларны чишү урынына, без, мөгаен, урта сценарийларны планлаштырырга тиеш, тышкы ситуацияләрдән иминиятләштерү яки яклау булырга тиеш. Әйтик, сез машинаны сатып алсагыз, вакыт-вакыт дүрт дусны йөртергә кирәк булганга, 99% машинагыз буш булса да, сез транспорт өчен артык түләгәнсездер. Шул ук вакытта, сез өч бүлмәле йорт өчен түлисез, чөнки сезнең гаиләгез елга ике тапкыр килеп йөри, яисә кунаклар сезнең белән кайчан булырга тиешлеген белмәгәнгә, йокы бүлмәләре 99% буш булса да, сез, мөгаен, мөгаен. торак өчен артык түләү. Бу финанс бәйсезлеккә сәяхәттә киң таралган куркыныч: чит сценарийларны чишү аркасында кулланылмаган активлар өчен түләү. Кызганычка каршы, сезнең өстәмә йокы бүлмәләрегез финанс бәйсезлегенең максат срокын 5-10 елга кичектерергә мөмкин.

**Ачани Сэмон Биау:** Мин тулысынча килешәм. Бу инвестиция бүлеген берничә төп идея белән йомгаклыйм. Беренчедән, сезнең финанс бәйсезлеге турында күзаллау булырга тиеш. Минем очракта мин Көньяк Африка Республикасына күченергә теләдем, чөнки анда яшәү миңа бик ошады. Мин яшәү бәясен исәпләдем, буфер өстәп, глобаль сәяхәт өчен исәпләдем. Аннары, мин бу финанс максатларны кыска вакытлы, урта һәм озак вакытлы максатларга тәрҗемә иттем. Мин яшәү чыгымнары өчен кабатланучы керем табу планын эшләдем, ул 1 бүлмәле фатирлар сатып алу, 2+ ел эчендә табыш алу максатыннан запасларга инвестицияләр кертү, һәм 5+ табыш алу максатыннан компанияләргә фәрештә инвестицияләре кертү. еллар. Ниһаять, мин планның тәртипле үтәлешен тәэмин итү өчен бурыч механизмнарын булдырдым.

**Олумид Огунсанво:** Әйе, бик уңайлы булгач, без үз-үзебезгә канәгать түгел һәм бернинди чара күрмибез.

**Ачани Сэмон Биау:** Мин уйлап тапкан механизм депозитны алдан түләү иде. Әйтик, мин биш мөлкәт сатып алырга теләдем, һәр депозит елына 5000 $. Мин гыйнварда барлык биш мөлкәт өчен 25000 $ түләдем, һәм бу депозит кире кайтарылмады. Миңа кире кайтырга мөмкинлек юк иде. Мин рәхимсез үтердем. Шул ук вакытта мин яшәү чыгымнарымны Дубайда ай саен 600-800 $ бюджет итеп, кыйммәтләргә нигезләнгән чыгымнар нигезендә башкардым. Кайбер айлар аннан артып китәр иде, ләкин миңа 800 доллардан артык бюджет кирәк түгел иде, чөнки мин кредит картамны артыгын каплар өчен куллана алыр идем. Киләсе хезмәт хакымны алгач, кредит картасы түләүләре беткәнче бурычны каплар идем.

Аннары, мин катгый тикшеренүләр үткәрдем һәм моделемне тиешенчә көйләдем. Башта мин 2 бүлмәле дә, 1 бүлмәле әйберләр дә сатып алдым. Ләкин, тиздән мин аңладым, 2 бүлмәле бүлмәләрдә вакансияләр саны зуррак, чөнки балалары булган гаиләләр, гадәттә, мондый милекне арендага алалар, яшь парларга яки бакалаврларга караганда ешрак хәрәкәт итәләр. Бу минем беренче ялгышым иде, һәм мин 2 бүлмәле бүлмәләргә кире кайту тулы эш урыны белән дә уңайсыз түгеллеген белдем. Мин меңләгән долларны югалттым, бу мөлкәтне саттым, тагын да отышлырак.

**Олумид Огунсанво:** Әйе, без нәкъ шулай сөйләштек - максат кую һәм пивотинг. Сез максат куйдыгыз, аны башкара башладыгыз һәм алга китешегезгә нигезләнеп төзәтмәләр керттегез. Күзәтү мөһим.

Шулай ук, кешеләр сезнең сайлауларыгызны шик астына куялар, һәм бу стресслы булырга мөмкин, ләкин сез "ни өчен" һәрвакыт истә калырга тиеш. Самонның "нигә" аның финанс бәйсезлеге теләге иде. Шуңа күрә ул дөрес партнерлар, Көньяк Африка кебек ил, дөрес фатирлар - 1 бүлмәле бүлмәләр табу стрессына түзде. Ул ничек керем табарга, кем белән партнер булырга һәм нинди арендаторларны җәлеп итәргә икәнлеген уйлады. Бу бик куркыныч яңгырарга мөмкин, ләкин мин Самон өчен андый стресс түгел дип уйлыйм, чөнки аның төгәл максаты булган һәм сез аңа таба барганда төзәтмәләр керткән.

**Ачани Сэмон Биау:** Моңарчы әйтмәгән, минем тизлекне сизелерлек күтәргән бер нәрсә, мин берничә ай эчендә айлык беренче 1000 доллардан пассив айлык керем ала башлагач. Аннары, ул 2000 долларга җитте һәм арта барды. Мин һаман да үз эшемне башкардым һәм кыйммәтләргә нигезләнгән чыгымнарга ябыштым. Мин аренда керемнәрен күбрәк фатирларга керттем. Бу миңа куркынычсызлык хисе бирде, эшемне югалтсам да, бер фатирымда яши алам, калганнарыннан аренда җыя алам. Бу үтәлде. Өстәвенә, минем чыгымнарым булмаган яңа керем агымы булганга, мин финанс модельемне яхшы көйләдем. Бүген мин ел саен берничә яңа милек сатып алган аренда кеременнән генә сатып ала алам. Соңгы берничә елда мин Дубайда, Парижда яки

Сан-Францискода урнаштым, ә Көньяк Африкадагы мөлкәтләр үзләрен диярлек сатып алдылар. Миңа бүтән акчага күп акча сарыф итмәсәм, миңа өстәмә акча салырга кирәк түгел [Елмая].

**Олумид Огунсанво:** Искиткеч. Нинди хикәя. Күчемсез милекнең керем кертү ысулы икәнен аңлаган, ләкин нәрсә эшләргә курыккан яки билгесез булган кешеләр өчен төп алымнарны гомумиләштерә алсагыз, алар нинди булыр?

**Ачани Сэмон Биау:** Беренчедән, билгеле урын һәм инвестиция төре турында төпле белем алыгыз. Күчемсез милек арендасыннан акча эшләргә, уңышны һәм капитал бәясен аңларга, типик чыгымнар белән танышырга өйрәнегез. Интернетта таба алганча укыгыз. Икенчедән, гомуми стратегиягезгә игътибар итегез. Сезнең финанс бәйсезлек максатларыгыз нинди? Күчемсез милек бу максатларга туры киләме? Күчемсез милек яхшы вариант булырга мөмкин, ләкин сезгә яхшырак булырга мөмкин башка бик күп мөмкинлекләр бар. Күчемсез милек турында карар кабул итсәгез, максатчан тикшеренүләр үткәрә башлагыз. Кайсы илләрне карарга кирәк? Нинди төрләр? Гомуми мәгълүмат өчен урнашмагыз; махсус белем эзләү.

**Олумид Огунсанво:** Сез яшәгән Җирдә генә күчемсез милек табу белән чикләнмәгез. Денверда, Колорадода яшәгәнгә, анда милек булырга тиеш дип уйламагыз. Бу турыдан-туры FOMO формасы. Денверда яшәү сез анда тыгылган диган сүз түгел. Самон Дубайда иде, Көньяк Африкада милек сатып алды. Онытма, син глобаль гражданин буларак чиксез потенциалы булган кеше. Киң уйлагыз.

**Ачани Сэмон Биау:** Мин шулай ук Бөекбританиядәге милеккә инвестицияләр салдым һәм Атлантадагы мөмкинлекләрне барладым. Бу вариантлар турында үзеңне укыту мөһим. Финанс грамоталылыгы һәм максат кую белән башлап Җибәрегез. Бу өлкәдә белгеч буларак Җентекләп эшләргә. Челтәрегездә милек инвестицияләре турында белемнәре булган кешеләрдән киңәш эзләгез. Дүрт-биш кеше белән консультация сезгә эффектив стратегияләр һәм потенциаль тозаклар турында Җитәрлек мәгълүмат бирергә тиеш. Килешүнең билгеле бер төрен ачыклагач, мәсәлән, әйләндерү яки сатып алу-сату, сезнең эксперимент белән идарә итү өчен башлангыч мәгълүмат пунктларын туплагыз. Стратегиягезне минималь чыгымнар белән сынап карагыз, ләкин экспериментны уңышсыз эшләсәгез, сез аның тәэсирен сизәрлек итеп төзегез.

**Олумид Огунсанво:** Әйе, аз бәя, ләкин уендагы тире белән. Сезнең долларга да, вакытка да инвестицияләр.

**Ачани Сэмон Биау:** Дөрес, доллар һәм вакыт. Кызганычка каршы, дөнья мошенниклар белән тулган. YouTube яки Твиттерда тапкан әйберләрегезнең якынча 90% ялган яки белә торып тулы түгел, чөнки һәркем сезнең игътибарыгызны Җәлеп итәргә тырыша. Чын аңлау өчен, сез тәҖрибә тупларга тиеш. Сезнең белемегез өчен башкаларга гына таянмагыз.

**Олумид Огунсанво:** [Көлә] YouTube һәм Твиттерга кычкыр.

**Ачани Сэмон Биау:** [Елмаеп] Абсолют. Барысы да сезнең игътибарыгызны Җәлеп итәр дип уйлыйлар. Сез аннан чыгып, чын тәҖрибә тупларга тиеш. Otherwiseгыйсә, сез янып бетәрсез.

Өченчедән, кыска юллар юк. Кайбер кешеләр: "Миңа өч эш бирегез", - дип сорарга мөмкин. Мин тәкъдим иткән өч нәрсә минем тәҖрибәмгә нигезләнгән. Мөгаен, сезгә кагылган тагын өч нәрсә булыр. Alwaysәрвакыт башкалардан өйрәнүне көтү урынына үз тәҖрибәләрегезне туплаудан курыкмагыз.

Дүртенчедән, өйрәнегез. Әгәр дә сез Көньяк Африка Республикасына инвестиция салсагыз һәм бернинди дәресләрсез акча югалтсагыз, димәк сез барысын да югалттыгыз. Акчаңны югалтсаң да, аннан өйрән. Эмоциональ яки өстән нәтиҖәләр ясамагыз. Бу дәрәҖәдәге һәркемнең бераз тәнкыйть фикере бар дип уйлыйм. Әгәр сезнең мөлкәтегез арендаторларны Җәлеп итмәсә, "Эх, Көньяк Африка - тулы калдык" кебек нәтиҖәләргә ашыкмагыз. Ни өчен арендатор алмадыгыз һәм башкалар уңышлымы, аңларга тырышыгыз. Арендаторларны ничек Җәлеп итәләр? Шулай итеп, сез бүлекнең арендаторларны Җәлеп итмәве турында кыйммәтле мәгълүмат алырсыз. Сез һаман да инвестицияләрегезне кире кагарга мөмкин, ләкин ким дигәндә сез "нигә" икәнен тулысынча аңларсыз.

Бишенче һәм, ниһаять, бурыч механизмнарын булдырыгыз. Без барыбыз да вәсвәсәләргә дучар булабыз. Эшне минимальләштерегез, үзегезне бу турыда уйларга да туры килмәгән ситуацияләргә куеп. Минем очракта, мин билгеле сандагы мөлкәтне сатып алырга булдым һәм кире кайтарылмый торган зур сумма түләдем, бу минем карашымны үзгәртү кыенлашты.

Йомгаклау өчен, бизнес мәктәбен тәмамлагач, мин финанс бәйсезлегенә сәяхәткә кердем. Башта минем гади моделем бар иде, мин консультациядән соң ике ел эчендә финанс бәйсезлегенә ирешергә, аннары аз керемле студентлар өчен мәктәпләр төзергә омтылдым. Мин тормыштагы максатым акча эшләүдән тыш тагын да асыл һәм мәгънәле эшләргә омтылуына ышандым. Ләкин, сәламәтлек мине яңадан бәяләргә мәҗбүр итте. Мин бернәрсә дә гарантияләнмәгәнен аңладым, һәм мин чыннан да мөһим булган әйберләргә игътибар итәр өчен, финанс яктан ирекле булырга теләдем. Шул вакытта мин корпоратив тормыштан иң тиз чыгу өчен Excel моделен булдырдым. Мин үз планымны үтәдем, мөмкинлекләрне кулдан ычкындырмадым, һәм якынча биш елдан соң BCGда утызынчы еллар уртасында финанс бәйсезлегенә ирештем.

**Олумид Огунсанво:** Тыңлаучыларыбыз өчен мөһим нәрсәне кабатлыйм. Без укучыларга Көньяк Африка Республикасында Самон кебек 1 бүлмәле фатир сатып алырга тәкъдим итмибез. Төп алым - финанс бәйсезлеге өчен күзаллау һәм план төзү. Кыска сроклы һәм озак вакытлы план төзегез, һәм яңа мәгълүмат алган саен юлда Җайлашканда чаралар күрә башлагыз. Чынлыкта, без Самонның күчемсез милеген китапка инвестицияләгән детальләрне кертү мөһимме-юкмы дип бәхәсләштек.

Әгәр дә сез безнең хикәяләрне укыйсыз һәм утызынчы еллар уртасында финанс бәйсезлегенә ирешү өчен безнең юлны кабатларга тырышырга уйлыйсыз икән, сез моны югалтасыз. Максат - финанс бәйсезлегенә ашыкмаска. Максат - тормышны үз шартларыгыз белән яшәү. Без моны ассызыклыйбыз, чөнки минем тормышым алдан ясалмаган иде. Минем карашым бар иде, мөмкинлекләр өчен ачык идем. Мәсәлән, минем Майкл Сун белән әңгәмә булмаса, мин MITка мөрәҗәгать итмәс идем. Эшемдә авырлыклар белән очрашмаган булсам, Оксфордка бармас идем. Минем төньяк йолдызым бар иде, алдан планлаштырылган тормыш картасы түгел. Төньяк йолдыз белә торып һәм аутентик рәвештә яшәргә тиеш иде.

Сез бу китаптан алырга тиеш. Сез чынлап та теләгән тормышны ничек яши аласыз? Сезгә нинди чаралар күрергә кирәк? Сез нинди кыйммәтләргә өстенлек бирергә тиеш? Соңрак керем һәм керем алу өчен махсус тактика турында сөйләшәчәкбез. Ләкин акыл һәм максат кую иң мөһиме. Сез FI сезнең өчен мөмкин дип ышанырга тиеш.

Китапта алда әйтеп үткәнемчә, үсештә булган илләрдә гомер озынлыгы 50 ел, алга киткән илләрдә 70-80 ел. Бу чикләнгән вакытны исәпкә алып, әгәр сез 20-30 яшьтә булсагыз һәм бу китапны тыңласагыз, мәгънәле һәм тормышлы тормыш булдыру өчен вакытыгыз чикләнгән. Алайса, нигә кыю булырга һәм бүтән нәрсәне сынап карамаска? Начар нәрсә булырга мөмкин? Максатлы тормыш алып бару яхшырак, агым белән бару яхшырак, чөнки ул сезне чынлап та булырга теләгән Җиргә алып бармаска мөмкин.

**Ачани Сэмон Биау:** Тормышыгызны чыннан да яшәгез. Финанс бәйсезлеге турында уйлагыз, тормыш безгә еш кына алдан билгеләнгән юлдан арыну. Гадәттәге юл безгә 65 яки 70кә кадәр эшләргә, аннары пенсиягә чыгарга куша. Кайбер кешеләр 65 яшькә кадәр эшлиләр һәм зур байлык туплыйлар, ләкин һаман да үзләрен югалтуларын сизәләр, чөнки аларның чын шәхесләрен өйрәнү яки нәфесләрен эзләү мөмкинлеге булмаган.

Финанс бәйсезлеге сезгә бу сценарийны яңадан язарга мөмкинлек бирә. Yourselfз-үзеңә: "Мин кем?" - дип сорар өчен 70кә кадәр көтәргә кирәк түгел. яисә "Каникулны кайда үткәрергә телим?" Киресенчә, сценарийны актив елларыгызда ук борыгыз. Кем икәнеңне һәм чыннан да шатлык китергәнне аңлаудан башлап Җибәр. Акча компенсациясенә карамастан, сез яратканны мәңгегә эшләвегезне күз алдыгызга китерегез. Аннары, акча турында гел борчылмыйча, ничек бу ноктага тизрәк барып Җитә алуыгызны ачыклагыз. Бу бизнес мәктәбеннән соң минем соңгы карьерам иде.

**Олумид Огунсанво:** Сезнең искиткеч хикәягез белән уртаклашуыгыз өчен мин бик рәхмәтле. Финанс бәйсезлегенә юл тотканда, сез үскән уңайлык, дулкынлану һәм бәхет хисе кичерерсез. Сезнең алгарышка шаһит булганда сезнең ышаныч артачак. Безнең миебез үз теләкләребезгә таба алга китешне сизгәндә шатлык китерер өчен чыбыклы. Ләкин, болар барысы да беренче мөһим адымны ясаган очракта гына булырга мөмкин. Башламыйча, сез беркайчан да бу үтәлеш ноктасына ирешә алмыйсыз. Шулай итеп, мин сезне бүген башларга

Өндим. Чынлыкта, хәзер үк башлап җибәрегез. Бу китапны читкә куеп, кызыклы күренеш булдыра башлагыз һәм көндәлек финанс эшегезгә карагыз. Мин сезне киләсе бүлектә күрермен!

# 6C: Керемнәрне максимальләштерү принциплары һәм кыйммәтләргә нигезләнгән чыгымнар

**Олумид Огунсанво:** Бу бүлеккә рәхим итегез, анда без керемнәрне максимальләштерү принципларын һәм кыйммәтләргә нигезләнгән чыгымнарны өйрәнәбез. Без аны өч бүлеккә бүлеп бирәчәкбез: принципларны билгеләү, аларның финанс бәйсезлеген тизләтү турында сөйләшү, алга таба өйрәнү өчен ресурслар тәкъдим итү. Керем максимизациясенә чумып башлыйк.

**Ачани Самон Биау:** Мин аналогияләрне яхшырак аңлау өчен файдалы дип саныйм. Сез, мөгаен, стартап компанияләре һәм алар инвесторлардан акча җыю белән таныш. Компанияне бәяләү аның бәясен билгели. Хәзер, үзегезне билгеле бәяләү белән башлап җибәрү дип уйлагыз. Керем максимизациясе - сезнең чын кыйммәтегезне ачыклау һәм аның өчен ничек түләргә икәнлеген ачыклау процессы.

**Олумид Огунсанво:** Сезнең керемегезне максимальләштерү - финанс бәйсезлегенә сәяхәттә иң тәэсирле факторларның берсе. Аз керем белән дә финанс бәйсезлегенә ирешү мөмкин булса да, ул катлаулырак. Алайса, ни өчен иң зур байлыгыгызны - кеше потенциалын керем кертү өчен кулланмаска? Бүген без тикшерәбез: керемнәрне максимизацияләү. Мин укучыларны байлык булдыру мөмкинлекләрен өйрәнергә өндим. Белемегез, осталыгыгыз, кызыксынуларыгыз, әйләнә-тирәгез, мөнәсәбәтләрегезгә туры килгән вариантларны бәяләгез. Менә байлык булдыру өчен кайбер юллар:

Беренчедән, традицион эш яки карьера бар. Сез үз вакытыгызны һәм осталыгыгызны компаниядән хезмәт хакы өчен алыштырасыз. Эш белән тәэмин итү тотрыклы керем бирә ала, ләкин ул эшкуарлык кебек үсеш потенциалын тәкъдим итмәскә мөмкин.

Икенчедән, эшкуарлык һәм үз-үзеңне эш белән тәэмин итү бар. Сез клиентларның тормышын арттыручы продуктлар яки хезмәтләр булдыра аласыз, мәсәлән, китаплар, курслар, блоглар, подкастлар, яки хәтта франшизаны башлап җибәрү. Тагын бер вариант - профессиональ практика булдыру, мәсәлән, табиб, юрист, бухгалтер һ.б. Альтернатив рәвештә, сез фрилансинг, тренерлык, консалтинг кебек хезмәтләр тәкъдим итә аласыз, хәтта зур икътисадта катнаша аласыз. Эшмәкәрлек байлык туплау өчен файдалы ысул булырга мөмкин, гәрчә уңышсызлык куркынычы зуррак.

Бу беренче ике вариантны капиталсыз алып барырга мөмкин. Өстәвенә, байлык төзү өчен өченче юл инвестицияләрне үз эченә ала, алар башлангыч капитал таләп итә. Инвестицияләр вакыт узу белән тотрыклы керем китерә ала, ләкин алар финанс югалту куркынычын да күтәрәләр. 6А бүлектә без ESIPL кысаларында инвестиция төрләрен яктырттык, алар арасында дәүләт базары инвестицияләре, күчемсез милек, венчур капиталы, шәхси капитал, фәрештә инвестицияләре, криптограммалар, товарлар, валюта сәүдәсе, коллекцияләр, яшьтәшләр кредиты, депозит счетлары. кызыксыну. Шуңа күрә без эш һәм эшкуарлык юлларына күбрәк игътибар итәрбез, кыскача Җәмәгать базарындагы инвестицияләргә һәм күчемсез милеккә кагылырбыз, чөнки алар еш кына күпчелек өчен иң перспективалы инвестиция мөмкинлекләре.

Мин комарлы уеннарны, бүләкләрне, грантларны, винтовкаларны, страховка түләүләрен, лотерея отышларын, мирасны байлык төзү вариантлары итеп чыгардым, чөнки FIREDOM бай һәм системалы, бай һәм бәхетле очракларга таянмыйча, байлык төзү ысулларын үз эченә ала.

Бу вариантлар бер-берсеннән аерылмый, һәм бер үк вакытта берничә юлдан барырга мөмкин. Өстәвенә, монда телгә алынган мисаллар мөмкин булган вариантларның өлешен генә күрсәтәләр. Байлык булдыруның ачкычы - башкалар теләгән яки кирәк булган кыйммәтле әйбер тәкъдим итү. Нәтиҗәдә, беркайчан да байлык булдыру вариантларының тулы исемлеге була алмый, чөнки кеше ихтыяҗлары өзлексез үсә, көн саен байлык булдыру өчен яңа мөмкинлекләр ача.

**Ачани Сэмон Биау:** Әлбәттә. Мин аны ничек куйганыгыз өчен бик рәхмәтле. Аңлау җиңел һәм сизелерлек, аеруча бу процесста башлап җибәргән яки иҗади эшләргә кирәк булган кешеләр өчен.

Мин бүтән үлчәм өстәргә телим: бәяләү аспекты. Карьераңның теләсә кайсы вакытында сез утырырга һәм үз-үзегезгә сорау бирергә тиеш: минем гомерем интеллектуаль капитал, энергия, характер күпме тора? Бу сорауга җавап бирү авыр. Киләсе адым шунда - Олумид әйткәнгә охшаган бәяләү методикасын уйлап табу. Мин үз үрнәгем белән уртаклашам: Дойче Телекомда техник консультант булып эшләгәндә, мин информатика һәм электротехника буенча магистр дәрәҗәсен алдым. Авырлыксыз паспорт аркасында мин географик сыгылучылык һәм сәяхәт мөмкинлекләренә өстенлек бирдем. Шуңа күрә, сез күрсәткән категорияләрнең һәрберсендә мин күпме кыйммәт була алуымны бәяли алыр идем, Олумид. Минем очракта, минем беренче категориядә эшем бар иде.

**Олумид Огунсанво:** Әйе, сез үз осталыгыгыз белән көтә алган хезмәт хакын исәпкә алу мөһим.

**Ачани Сэмон Биау:** Дөрес. Owns мөмкинлекләрегезне анализлау, югары керемгә ирешү өчен осталыгыгызны ничек арттырырга икәнлеген тикшерү мөһим. Олумид искә алынган категорияләрнең һәрберсендә ирешә алырлык максималь керем турында бераз уйлагыз. Сезгә үз тәҗрибәмнән мисал китерим. Миңа күп илләрдә булу һәм күп телләрдә сөйләшү мөмкинлеге бирелде, һәм мин абруйлы Европа университетыннан дәрәҗә алдым. Мин үземнең чын кыйммәтемне шик астына алдым һәм сәяхәткә булган мәхәббәтемә туры килгән салымсыз илдә шул ук эшне башкара алуымны аңладым. Мин аның потенциаль аермасын бәяләдем.

**Олумид Огунсанво:** Сез үз шартларыгызны анализладыгыз һәм керемнәрегезне арттыру өчен тарта аласыз.

**Ачани Сэмон Биау:** Төгәл. Бу сезнең хәзерге мөмкинлекләрегезне анализлау һәм югары мөмкинлекләр белән идарә итү өчен нинди өстәмә интеллектуаль активлар алу турында уйлау. Бу мин күпчелек кеше санга сукмаган керем-грамоталы булырга дип атыйм. Мәсәлән, кайбер кешеләр миннән күбрәк акча эшләүне сорыйлар, ләкин мин салымсыз яки салымсыз илләрне барларга тәкъдим иткәч, алар исемлек бирермен дип көтәләр. Әгәр дә сез исемлек сорыйсыз икән, аны эшләтер өчен саклагыч җитмәскә мөмкин. Мәгълүмат онлайн режимда бар - аны үзегез табу инициативасы белән.

Кайбер кешеләр салымсыз ил эзләүдән артып, билгеле шәһәрләргә игътибар итәләр. Алар яшәү бәясе турында укыйлар һәм идеяны тиз арада кире кага, чөнки өстән ясалган тикшеренүләргә нигезләнеп бик югары тоела. Ләкин, яшәү бәясе субъектив һәм теләсә кайда идарә ителергә мөмкин. Мәсәлән, Дубай яшәү бәясе югары булуы белән билгеле булса да, мин аена 800 $ яшәргә өлгердем.

**Олумид Огунсанво:** Тормышның уртача бәясе бар, һәм сезнең яшәү бәясе бар. Бу китаптагы киңрәк төшенчәнең микрокосмиясе. Уртача финанс сәяхәте бар, һәм сезнең финанс бәйсезлеккә сәяхәтегез бар, бу сезнең егерменче, утызынчы, кырыкенче, җитмешенче һәм сиксәненче еллар белән булырга мөмкин. Алдан әйтелгән төшенчәләр керемнәрне максимальләштерү һәм байлык табу белән чикләнмәсен. Сезнең фон һәм тискәре карашлар сезнең өчен иң яхшы мөмкинлекләргә туры килмәскә мөмкин. Сезнең үткәнегез потенциалны билгеләми.

Әйтик, гипотетик яктан, әтиегез ресторан хуҗасы иде. Сез керемнәрне максимальләштерү чарасы буларак рестораннарга ия булу турында уйлыйсыз, ләкин сезнең күчемсез милекне арендалау инвестицияләренә яхшырак туры килә торган интеллектуаль сәләтегез бардыр. Сез корпоратив эшкә урнашу яхшырак, сез үзегезгә ошаган һәм күбрәк акча эшли аласыз. Әгәр дә сез берәр эштә булсагыз, сез акча эшләүнең иң яхшы ысулы дип уйларга мөмкин. Бәлки юк. Бәлки, сездә гаҗәеп бизнес төзү өчен тумыштан килгән осталык, талант һәм мөнәсәбәтләр шартлары бардыр. Шулай ук, эшкуарлар бизнес башлау - байлыкка соңгы юл дип әйтергә мөмкин, ләкин бу һәркем өчен алай булмаска мөмкин.

**Акча эшләүнең иң яхшы ысулы юк, ләкин <u>сезнең</u> хәзерге һәм потенциаль белемегез, осталыгыгыз, мөнәсәбәтләрегез, шартларыгыз һәм әйләнә-тирәгез нигезендә акча эшләү өчен иң яхшы ысул булырга мөмкин. Барлык байлык төзү вариантларын тикшерегез, өзлексез бәяләү, эксперимент ясау һәм көйләү өчен ачык акыл саклагыз.**

Башкаларның байлык булдыру стратегияләрен кире кагудан сакланыгыз, аеруча сез аларны тулысынча аңламасагыз. Бу сезнең үз карашларыгызның чагылышы. Акцияләргә инвестицияләнгән кемдер күчемсез милекне кимсетергә мөмкин, чөнки алар аның проблемаларын чишәргә теләми, ә эшкуар бүтән кеше өчен эшләү идеясен кире кагарга мөмкин. Барыбызның да өстенлекләребез бар, ләкин башкаларның үз шартларына карап сайлаганнарын хөрмәт итү һәм бәяләү мөһим.

Минем үз карашларым бар. Мин, беренче чиратта, корпоратив карьера һәм керемнәр өчен инвестицияләр кулланам, ләкин минем эшкуарларны, күчемсез милек инвесторларын һәм бүтән байлык туплау стратегиясен алып барган кешеләрне хөрмәт итүдән башка бернәрсә дә юк. Без барыбыз да нинди вариантлар безнең өчен иң мәгънәле икәнен ачыкларга тырышабыз.

**Ачани Сэмон Биау:** Мин моңа берничә пункт өстәргә телим. Беренчедән, анализ параличына эләкмәгез. Әгәр дә сез курсларны тикшерәсез һәм бәяләр төрле булса, карар кабул итмичә анализлау өчен артык вакыт сарыф итмәгез. Тәвәккәлләкләр алу һәм уңышсызлыклардан өйрәнү куркыныч турында кыйммәтле мәгълүмат бирә ала. Икенчедән, икейөзлелекне истә тотыгыз. Стартапка нигез салучылар бу байлыкка иң тиз юл дип әйтергә мөмкин, ләкин чынбарлык шунда: күпчелек стартаплар уңышсыз. Икенче яктан, күп еллык кыйммәтләргә нигезләнгән чыгымнардан соң консалтинг фирмасында партнер булу зур байлык тупларга китерергә мөмкин.

**Олумид Огунсанво:** [Елмая] partnerәм партнерга клиентлар, продуктлар һәм продукт базарына туры килгән уйлар турында йокысыз төннәр үткәрергә туры килмәде. Барыбызга да мөмкинлекләр эзләүдә активрак булырга кирәк. Хәзерге юлыгызга артык бәйләнмәгез, бигрәк тә сез шартлар белән тәмамланган булсагыз. Төрле байлык төзү алымнарын түбәнсетү урынына, әйдәгез кызыксыну һәм кешеләрнең ни өчен альтернатив юллар сайлаулары турында аңлауны үстерик.

**Ачани Сэмон Биау:** Мин риза. Моны күрсәтү өчен мисал китерим. 2022 елның июнендә, мин Бей зонасында булганда, мин Уберга утырдым һәм машина йөртүче белән әңгәмә кордым. Бу төрле тормыш тәҗрибәләрен аңлау омтылышымның бер өлеше иде. Сөйләшү вакытында мин хатыны һәм баласы булган машина йөртүченең атнага 40 сәгать эшләвен ачыкладым. Ул стратегик яктан аэропортка утыруга игътибар итте, табышын арттыру өчен иң югары сәяхәт вакытында

Googleplex, Meta кампусы яки аэропорт кебек урыннар янында торды. Традицион булмаган эшенә карамастан, ул ай саен искиткеч $ 12,000 эшли иде.

**Олумид Огунсанво:** Вау, ышанмаслык.

**Ачани Сэмон Биау:** Бу гадәти булмаган эш урыннары һәм Убер өчен машина йөртү кебек зур керемнәр китерә алуын күрсәтергә бара. Әйтик, сезнең Google'да эшегез бар икән һәм аралашудан ләззәтләнсәгез, буш вакытта өстәмә керем алу өчен Uber өчен машина йөртү турында уйларга мөмкин. Сез хәтта Uber драйверы буларак үз тәҗрибәләрегезне блог, подкастинг яки язу аша документлаштыра аласыз, шуның белән табышыгызны тагын да арттыра аласыз.

**Олумид Огунсанво:** Бу концепция без алда сөйләшкән киңрәк принципларга бәйле. Кызыксынучанлык һәм амбицияне үстереп, сезнең хәзерге юлдан тыш, сез керемнәрегезне арттыру өчен альтернатив ысуллар таба аласыз. Традицион эшкә ябышу, буш вакытны Netflix карау һәм Инстаграм аша әйләндерү кебек чараларга үткәрү урынына, башка вариантларны карарга кирәк. Өстәмә керем агымнарын эзләү сезнең финанс бәйсезлегенә сәяхәтегезне тизләтергә мөмкинлек бирә. Тәвәккәллек һәм эксперимент кыюлык таләп итә, ләкин бу сезнең керемнән табыш алу өчен башка юлларны барлау өчен хәзерге ролегезне ташлау дигән сүз түгел. Әйтик, сезнең рестораныгыз бар икән, нигә ресторан блогы кебек өстәмә продукт булдырмаска? Ачкыч - кызыксынуны саклау һәм чаралар күрергә кыю булу. Eachәрбер кеше финанс максатларына ирешү өчен эзләгән байлык Җитештерү вариантларын билгеләргә тиеш.

**Ачани Сэмон Биау:** Рәхмәт. Мин бүтән перспектива өстәргә телим. Әгәр дә сез үзегезне бизнес кебек бәяләү өчен уңайлы булмасагыз, керемегезне арттыру өчен, ким дигәндә, үзегезне инвестор дип уйлагыз. Менә өч этаплы алым: Беренчедән, сезнең тирәлектә байлык булдыру мөмкинлекләрен тикшерегез. Икенчедән, кирәк булса, вакытыгызны, көчегезне һәм кечкенә башлангыч акчагызны шул мөмкинлекләрнең берсенә бирегез. Кечкенә инвестиция дә сезнең игътибарыгызны, өйрәнүегезне, оптимизация көчегезне этәрә ала. Өченчедән, ышанычлы перспективаны тапкач, аны керем кертүче портфолиога өстәгез, аннары яңа байлык булдыру мөмкинлекләренә күчегез.

Мәсәлән, Лагоска килеп җиткәч, мин шәһәр турында бик аз белә идем. Ләкин берничә көн эчендә мин төрле керем китерә торган мөмкинлекләрне бәяли башладым. Мин мондый сораулар бирдем: МакКинси өчен күпме акча эшләп була? Банк яки стартап турында нәрсә әйтеп була? Әгәр дә сез Uber машинасына ия булсагыз һәм шофер яллыйсыз икән? Криптограммаларга инвестицияләр турында нәрсә әйтеп була? Кемдер Лагоста күчемсез милек тәкъдим иткәч, мин саннарны тикшердем. Көньяк Африкадагы инвестицияләр белән үз тәҗрибәмнән чыгып, мин чагыштыра алыр идем һәм Нигериядә күчемсез милек сатып алу иң яхшы вариант түгеллеген тиз билгели алыр идем. Бер карашка бирелмәскә, үз тәҗрибәләрегезне һәм карашларыгызны исәпкә алырга кирәк.

Ахырда, мин кызыксыну уяткан кредит бирү бизнес мөмкинлеген таптым. Бу АКШ долларында куркынычсыз керемнәр тәкъдим итте. Кредит бирү компаниясе уенда тире булган, шуңа күрә алар үз платформаларында бик күп начар кредитлар ала алмады. Суларны сынап карау өчен, мин мөмкинлеккә аз күләмдә, 20,000 $ бүлеп бирдем. Мин генераль директор белән очрашу, берәмлек экономикасын карау, хәзерге клиентларны бәяләү, аларның финанс торышын һәм рискны бәяләү методикаларын тикшереп детальләргә кердем. Бу сорауларны бирер өчен венчур капиталисты булырга кирәк түгел. Әгәр дә берәр нәрсә дөрес булмаса, чын инвестиция кереме 20% булганда, акчаңны икеләтергә вәгъдә биргән кебек, син потенциаль пирамида схемасы белән эш итүең ачык.

**Олумид Огунсанво:** [Көлә]

**Ачани Сэмон Биау:** Акланучы кешеләргә җиңелрәк булсын өчен, мин бу мисалларны китердем. Керемегезне арттыру өчен инвестор кебек уйлау алдынгы математика яки финанс күнекмәләрен талəп итми. Аренда каплау өчен хезмәт хакы белән идарə итүне белсəгез һəм акчагыз калса, сез төп финансны аңлый аласыз. Ләкин ачкыч - теориядəн читтə калу һəм уенда тире булу. Уендагы тире сезне дөрес сораулар бирергə һəм бизнесны аңларга этəрəчəк. Яхшы инвестор булу бер төндə булмый. Сез цикл аша үтəргə тиеш, бəлки хəтта уңышсызлыкны кичерергə тиеш. Сез үз бүлмəгездə Netflix белəн, бер яктан очраклы кушымта булганда, тиз арада инвестор булырга өметлəнə алмыйсыз.

**Олумид Огунсанво:** Кайвакыт мин кешеләрнең үз-үзләрен җиңүче телне байлык булдыру мөмкинлекләрен барламас өчен сылтау итеп кулланганнарын ишетәм. Мәсәлән, кемдер аренда милегенә инвестиция салырга тели, ләкин "мин хәзер башлый аламмы, белмим. Бәлки биш-ун ел эчендә." Яки алар уйларга мөмкин: "Аренда инвестициясендә уңышлы булган бу кеше акыллырак булырга һәм миннән яхшырак бәйләнешкә ия булырга тиеш." Мин кешеләрне бу сылтауларны җиңәр өчен китапта үз-үзеңә ышану һәм үз-үзеңә ышану бүлекләрен укырга өндим.

**Ачани Сэмон Биау:** Мин башларга бик шат. Иммигрант буларак, сезнең көчегезне һәм чикләүләрегезне тану мөһим. Безнең көчебез билгеле бер статуска буйсынмаска тиеш. Без күченгән илнең мәдәни багажларын йөртмибез, һәм без моны үз файдабызга кулланырга тиеш. Башка илләргә күченгәндә, без нинди гореф-гадәтләрне кабул итәргә яки ташларга теләгәнебезне сайларга тиеш. Мәсәлән, Дубай кебек урында, бик күп люкс булган Җирдә, Ламборгини сатып алу вәсвәсәсе. Ләкин бу әйберне сатып алу тозагына төшә.

**Олумид Огунсанво:** Әйе, финанс бәйсезлеккә сәяхәтегездә иң зур киртә - FOMO, һәм моның төп мисалы. Сез хәтта зиннәтле машиналарны яратмаска да мөмкин, ләкин сез аны сатып аласыз, чөнки башкаларда. Ләкин аларның максатлары һәм кыйммәтләре сезнекеннән аерылып торса, нәрсә эшләргә? Сез чын кыйммәтләрегезгә туры килмәгән юлга чыгасыз, һәм бу ризасызлыкка китерергә мөмкин.

**Ачани Сэмон Биау:** Җан башына байлыгы зур булган илгә күченгәндә, Җирле гореф-гадәтләргә буйсынмыйча, үз максатларыгызны һәм омтылышларыгызны беренче урынга куярга кирәк. Мәсәлән, Берләшкән Гарәп Әмирлекләрендә сез Эмират такси йөртүчеләрен яки официантларны таба алмыйсыз. Әгәр сез анда килеп, статус аркасында такси йөртүчесе булып эшләү мөмкинлеген кире кагасыз икән, сез финанс үсешенең потенциаль юлларын санга сукмыйсыз. Шулай ук, Америкада кредит карталары киң дәртләндерелә, ләкин бу автоматик рәвештә кабул итүнең иң яхшы финанс гадәте дигән сүз түгел. Кредит карталарын баллар яисә бизнеска инвестицияләр өчен Җаваплы куллану кебек дөрес очраклар булырга мөмкин, ләкин һәрбер ситуацияне шәхси шартларыгызга һәм финанс максатларыгызга карап бәяләү бик мөһим.

**Олумид Огунсанво:** [Көлә] Әгәр мин кредит картамны йөз дюймлы телевизор сатып алсам, нәрсә эшләргә?

**Ачани Сэмон Биау:** [Көлә] Чит кеше, чит ил яки иммигрант буларак, көчле һәм тупланган фикер йөртү үстерү бик мөһим. Мин Европада яшәүче Африка дуслары белән очраштым, алар Перс култыгы илләренә күченү һәм хатын-кызлар һиҗаб яки хиҗаб киеп йөрергә мәҗбүр булулары турында борчылалар. Моңа җавап итеп, мин икеләтә карарга өндим. Беренчедән, критик фикер йөртү кулланыгыз һәм төп мәгълүмат чаралары тәкъдим иткән мәгълүматтан тыш, шундый мөһим карар кабул иткәндә ишетү. Ялгыш карашлар белән чынбарлыкны аеру өчен, җентекләп тикшерү үткәрегез, хәтта сорала торган урынга барыгыз. Икенчедән, мөстәкыйль фикер йөртүегезне кабул итегез һәм сорауларны үз кыйммәтләрегезгә карап бәяләгез. Мәҗбүри чүпрәк кию төшенчәсе адаштырырга мөмкин булса да, шуны әйтергә кирәк: аны барысы да кияргә тиеш түгел. Гади интернет эзләү яки социаль медиа платформаларын карау кешеләрнең сайлауда иркен белдерүләрен күрсәтәчәк, шул исәптән пляжларда бикини кигән модельләр. Ләкин, африкалы буларак, расизм белән бәйле проблемаларны чишү бик мөһим, бу сезнең тәҗрибәгезгә зуррак тәэсир итә ала. Мин бүтән сорауларның әһәмиятен киметергә уйламыйм, ләкин Африкада һиҗаб турында сорау, расизмны аңлау һәм аңа каршы көрәшү дә иң мөһиме булырга тиеш.

**Олумид Огунсанво:** Еш кына кешеләр мондый сораулар биргәндә, сылтау эзлиләр. Бервакыт мин кемнеңдер күчемсез милеккә инвестиция салырга теләгәннәрен ишеттем, ләкин иң зур киртәсе - аларга башта ООО булдырырга кирәк иде. Башкалар фонд базарына инвестицияләр белән кызыксынмыйлар, чөнки базар теләсә кайсы вакытта җимереләргә мөмкин. Бу сылтауларны биру урынына, беренче тәртиптәге төп сорауларга җавап биру яхшырак: Минем финанс максатларым нинди? Минем финанс максатларыма ирешү өчен күпме акча эшләргә телисез? Күчемсез милек миңа керем максатларыма ирешергә булышырмы? Күчемсез милекнең нинди төренә мин инвестиция салырга тиеш һәм ни өчен?

5 бүлектә без шәхси үсешнең һәм зур керемнәрне ачуда осталыкның мөһим роленә басым ясадык. Белемегезне һәм мөмкинлекләрегезне

киңәйтеп, сез табыш потенциалын күтәрә аласыз һәм югары компенсация ала аласыз. Күбрәк акча эшләү өчен булыгыз. Гомер буе укучының фикер йөртүен кабул итегез һәм үзегезне көн саен яңа белем һәм күнекмәләр тупларга багышлагыз. Мисал өчен, мин шәхси үсешнең аерым өлкәләрен атна дәвамында бер сәгать өйрәнү өчен өстен күрәм, шимбә көнендә мөнәсәбәтләр һәм продукт белән идарә итүдән алып, якшәмбе көнне сәламәтлек һәм сатуга, дүшәмбе көнне ясалма интеллект, сишәмбе көнне болыт исәпләү һәм автоном машиналар, блокчейн, Web3 , һәм чәршәмбе көнне крипто, пәнҗешәмбе көнне Кытай / Indiaиндстан Tex, һәм ниһаять җомга көнне Африка Tex.

Мин кайбер тәкъдимнәрне бүлешеп тәмамлыйм. Беренчедән, " Миллионер Фастлан [1]" һәм MJ DeMarco тарафыннан " Язылмаган [2]". Мин зур җанатар һәм аны бу китапта берничә тапкыр искә төшердем. Бу, мөгаен, мин эшкуарлык турында укыган иң яхшы китаплардыр. Алар эшкуарлык юлы белән чагыштырганда гадәти карьера юлы белән бәйле өстенлекләрне һәм куркынычларны җентекләп өйрәнәләр. Өстәвенә, алар бизнесны башлау һәм үстерү, клиентларны җәлеп итү һәм башкалар өчен кыйммәтле базалар һәм идеялар бирәләр. Акылны киңәйтүче бу китаплар искиткеч.

3 сәгать 35 минутлык подкаст яки блог посты булган Хәрби-диңгез Равикантның " Ничек баетырга " [3]икәнлеген тикшерергә тәкъдим итәм . Бу байлык үстерү өчен кирәк булган акылның искиткеч дистилласын тәкъдим итә. Хәрби-диңгез флоты чыннан да искиткеч.

Ахырда, мин " Пассив керемнәр, агрессив пенсия [4]" не укырга тәкъдим итәм. Бу китап байлык төзүнең төрле ысулларын өйрәнә һәм җентекле мисаллар китерә. Ул тәңкә белән эшләнгән предприятияләр, кер юу, машина юу һәм башка эшкуарлык кебек кече бизнеска керә. Китап сезнең хәзерге түгәрәктән тыш төрле акча эшләү мөмкинлекләренә карашыгызны киңәйтә.


1.    https://www.themillionairefastlane.com/

2.    https://www.amazon.com/UNSCRIPTED-Life-Liberty-Pursuit-Entrepreneurship/dp/
0984358161

3.    https://nav.al/rich

4.    https://www.amazon.com/Passive-Income-Aggressive-Retirement-Independence/dp/
1706203020

Алга таба, кыйммәтләргә нигезләнгән чыгымнар турында сөйләшик, без керемнәрне максимизацияләү белән төркемләдек, чөнки алар кулга-кул тотынышып, бер үк байлык булдыру тәңкәсенең ике ягы. Бу сезнең чыгымнарыгызны тирәнтен тоткан кыйммәтләрегезгә тигезләү һәм сезнең өчен чыннан да мөһим булганны чагылдырган аңлы сайлау. Кыйммәтләргә нигезләнгән чыгымнарны кабул итү өчен, үз кыйммәтләрегезне ачыклау һәм өстенлек бирү өчен тикшерү өчен вакыт бүлегез. Аларны ачыклагач, камиллек кирәк түгеллеген аңлап, үз кыйммәтләрегезгә туры килергә тырышыгыз. 80% яки 90% тигезләүгә ирешсәгез дә, сез зур уңышларга ирешәсез. Әгәр дә сез вакыт-вакыт читкә тайпылсагыз һәм онытмагыз, һәр яңа көн сезнең чыгымнарыгызны үзгәртергә һәм сезнең кыйммәтләрегезгә туры килгән сайлау ясарга мөмкинлек бирә.

**Ачани Сэмон Биау:** Рәхмәт. Мин чыннан да чыгымнарны үз-үзеңне кыйнау урынына өйрәнү мөмкинлеге итеп карау идеясы белән резонансланам. Күпчелек кеше, үзем дә, без үткәргән цикллар аша уза, соңрак үкенәбез, шул ук үрнәкне аннан өйрәнмичә кабатлау өчен. Перспективабызны үзгәртеп, чыгымнарны өйрәнү мөмкинлеге итеп күреп, без бу очраклардан кыйммәтле дәресләрне эчкеләштерә алабыз.

Мин кыйммәтләргә нигезләнгән чыгымнарны сезнең чыгымнарны инвестицияләргә үзгәртү дип саныйм. Сатып алган әйберләрегездән кире кайтару турында уйлаганда, сез ниндидер акча тәкъдим итә торган чыгымнарны эзли башлыйсыз, ул акча яки сезнең мөнәсәбәтләр яки сәламәтлек белән бәйле. Сез реаль кыйммәт булмаган әйберләргә акча әрәм итүдән сакланасыз. Мәсәлән, туңдырма сатып алудан сез нинди файда аласыз? Бәлки, кире кайту юк, чөнки ризык сезнең сәламәтлеккә идеаль өлеш кертергә тиеш.

**Олумид Огунсанво:** Тискәре кире кайту. Сезнең теш табибыгыз акча урынына бушлыкларыгызны тутырырга шат булачак.

**Ачани Сэмон Биау:** Чыгымнарның кире кайтуын сораган саен, чыгымнардан инвестицияләргә күчә. Бу кыйммәтләргә нигезләнгән чыгымнарның компетенциясен тизрәк үстерергә ярдәм итә.

**Олумид Огунсанво:** ФИ эзләгәндә без еш кына акча керемнәренә игътибар итәбез, ләкин без заманның мөһимлеген онытмаска тиеш. Вакыт - безнең иң кыйммәтле байлыгыбыз. Вакытны һәм көчебезне ничек булеп, аларны безнең кыйммәтләр һәм максатлар белән тигезләү турында уйлау бик мөһим. Кыйммәтләргә нигезләнгән караш? Без үзебезне чыннан да мөһим булган нәрсәгә багышлыйбызмы? Алга китү һәм үз кыйммәтләребез буенча яшәү өчен без үз вакытыбызны кулланабызмы? Ourз бурычларыбызга өстенлек биреп, читкә юнәлтелгән вакытны киметеп, без дөрес юлда кала алабыз. Без монда кыйммәтләргә нигезләнгән вакыт белән идарә итүне тирәнтен тикшермәсәк тә, бу искиткеч мөһим. Вакыт һәм акча - бездә булган ике ресурс, һәм билгеле әйтем буенча: «Миңа кемнеңдер үз акчасын һәм вакытын ничек сарыф итүен күрсәтегез, һәм мин сезгә ул кеше турында барысын да әйтә алам.

**Ачани Сэмон Биау:** Мин моны яратам. Акча һәм вакыттан тыш, эмоцияләр кыйммәтләргә нигезләнгән чыгымнарда карала торган тагын бер мөһим як. Бу үз-үзеңә сорау турында, синең чыгымнарың кыйммәтләреңә туры киләме. Бер мизгелгә эмоцияләргә игътибар итик. Кайвакыт без үзгәртә алмаган вак-төяк әйберләр яки ситуацияләр аркасында үзебезне кыйныйбыз. Без дөрес булмаган эш турында борчылып, бер сәгать вакытыбызны һәм көчебезне үткәрергә тиешме? Киресенчә, без моннан өйрәнергә, үзебезне Җибәрергә өйрәтергә һәм киләчәктә ничек яхшырырга икәнлеген тупларга тиеш түгелме?

**Олумид Огунсанво:** Мин бу рамманы яратам. Димәк, без дискуссияне кыйммәтләргә нигезләнгән чыгымнардан кыйммәтләргә нигезләнгән өстенлеккә күтәрә алабыз. Thatәм моның астында бездә энергия, вакыт һәм акча бар. Бу якларны карап чыккач, без яхшырак карарлар кабул итәр өчен мускуллар төзи башлыйбыз. Бу миңа сәламәт диета кабул итәргә тырышкан кешеләрне искә төшерә. Кайвакыт, мин аларның видеоларын карагач, алар үзләренә бик тискәре һәм каты. Themselvesзләрен кыйнау урынына, ни өчен кайбер карарлар кабул иткәннәрен һәм шул мизгелдә үзләрен ничек хис иткәннәрен аңлау отышлырак булырга мөмкин. Selfз-үзеңне кичерү, үзеңне кызгану һәм үз-үзеңне ярату белән таныш, һәм киләсе тапкыр яхшырак эшләргә тырыш. Бу шәхси финансларга да кагыла. Клубта артык акча тотканнан соң ике төрле реакция алыйк:

Сәламәт реакция: "Мин кичә дусларым белән клубта 200 $ үткәрдем. Берничә эчә идек. Бу бик күңелле иде, ләкин мин андый клубка ошамаганымны аңладым. Максатларыма һәм бюджетка нигезләнеп, мин чыгымнарны чикләргә тиеш. Киләсе тапкыр $ 20. "

Начар реакция: "Мин шундый куркыныч кеше. Нигә мин шулай эшләдем? Мин бик ахмак. Мин бүтән эшләмәячәкмен."

Позитив фикер һәм Җавап кабул итеп, без киләсе тапкыр тормышка яхшырак карый алабыз һәм үзебезгә һәм үз-үзебезгә бәя бирү турында уңай хис итә алабыз.

**Ачани Сэмон Биау:** Төгәл. Без акчага, вакытка, эмоцияләргә игътибар итеп, кыйммәтләргә нигезләнгән өстенлек һәм аның төп принципларын яктырттык. Максат - акылыбызны үз кыйммәтләребезгә нигезләнеп өстенлек бирергә өйрәтү. Хәзер, әйдәгез, кыйммәтләргә нигезләнгән чыгымнар ни өчен мөһим икәнлеген карап чыгыйк.

**Олумид Огунсанво:** Без чыннан да теләгән тормышны күз алдына китерү, безнең максатны кую һәм көндәлек максатлар кую - бу китапта алда каралган төп адымнар. Кыйммәтләргә нигезләнгән чыгымнар финанс карарларыбызны төп кыйммәтләр белән тигезләү, ахыр чиктә безне FI максатыбызга этәрү өчен кыйммәтле корал булып хезмәт итә. Кайбер кешеләр керемнәрне арттырудагы проблемалар аркасында кыйммәтләргә нигезләнгән чыгымнарны өстен күрсәләр дә, мин бер үк вакытта ике стратегияне дә өйрәнергә өндим.

Кыйммәтләргә нигезләнгән чыгымнар - нуансланган практика, еш кына артык һәм түбән бәяләнгән. Кайбер кешеләр үз кыйммәтләрен исәпкә алмыйча, чыгымнарны киметүгә артык игътибар итәләр, икенчеләре кабатланган кечерәк чыгымнарның йогынтысын санга сукмыйлар, керемнәрен максимальләштерү тырышлыкларын бозалар. Мәсәлән, алар белмичә ай саен 400 $ сарыф итәләр, чыннан да ошамаган кофега яки ай саен 200 $ кабель телевидениесенә бүлеп бирәләр.

**Ачани Сэмон Биау:** Кайбер саннар белән финанс бәйсезлеге өчен кыйммәтләргә нигезләнгән чыгымнарның мөһимлеген күрсәтим. Кыйммәткә нигезләнгән чыгымнар Дубайда аена 800 $ белән 7000 $ арасындагы аерма булырга мөмкин. Әгәр дә мин мәҗлесләргә 7000 $ сарыф итсәм, бу артык ашау һәм эчү аркасында минем сәламәтлеккә тискәре йогынты ясар. Бу шулай ук мине канәгатьләндермәячәк, чөнки мин күп сәяхәт итә алмам, һәм сәяхәт миңа бәхет китерә. Әлбәттә, кыйммәтләргә нигезләнгән чыгымнар һәрвакытта да экстремаль булырга тиеш түгел, ләкин мин күрсәтергә теләдем, кискен кыскартулар бәхетне корбан итү дигән сүз түгел.

Берәр нәрсәгә ирешү безгә допамин һәм энергия бирә. Бу момент яшерен файда, чөнки нәтиҗәләрне күрә башлагач, без бәхетлерәк һәм тагын да күбрәк нәрсәгә ирешергә дәртләнәбез, зур бәхеткә китерәбез.

**Олумид Огунсанво:** Сез бүлешкән конкрет мисал өчен мин бик рәхмәтле. Highгары кереме кешеләрнең кыйммәткә нигезләнгән чыгымнарны тулысынча бушка дип кире кагуларын ишетү гадәти күренеш. Алар елына 200ка $ сарыф итергә тиеш дип әйтергә мөмкин. Ләкин, АКШ-та уртача керем 50k доллардан 78k долларга кадәр, һәм күпчелек кешеләрнең чыгымнарын шул диапазонга тигезләве турында уйлаганда, ни өчен кемнеңдер 200к доллар тотарга кушуы гаҗәпләнә.

"Булырга тиеш" гыйбарәсен куллану безне чикләүче фикер йөртә. Мин кешеләрне сыгылмалы, кызыксынучан булырга һәм сандыктан тыш уйларга өндим. Сезнең чыгымнарыгыз кыйммәтләрегезгә туры килмәгәндә, сезнең финанс ирегегез куркыныч астында. Бу елына 100k $ яки 60k $ сарыф итүне сайлау түгел. бу пенсияне елларга кичектерергә мөмкин булган артык чыгымнарның нәтиҗәләре турында. Артырган $ 40k чыгымнар дистә еллар өстәмә эшкә тәрҗемә ителергә мөмкин. Мин һәркемне математика белән шөгыльләнергә һәм бу нәтиҗәләр турында тирән уйланырга өндим.

**Ачани Сэмон Биау:** Амин. Мөгаен канәгатьләнү белән тоткарлану арасындагы киеренкелек безнең сайлау нигезендә тора. Тамашачылар өчен сорау: Сез шунда ук канәгатьлек эзләгән төп казанышны искә төшерә аласызмы? Шәхсән мин шунда ук канәгатьләнүгә игътибар итеп, чын кыйммәтле эшне башкаруны искә төшерә алмыйм. Тоткарланган канәгатьләнү мускулын булдыру мөһим. Без эшләргә ләззәтләнергә тиеш, ләкин вакытлы ләззәтләргә караганда күбрәк мәгънәгә ия. Society әмгыять безне вәсвәсәләр белән бомбага сала, һәм без тиз арада канәгатьләнү әйберләрен туплап бәхет эзлибез. Шулай да, чын бәхет читтә кала, безне тагын да күбрәк туймаслык циклда калдыра. Бу туктаусыз эзләү ахыр чиктә чыгымнарны арттыруга китерә, озакламый канәгатьләнү өчен куа.

Киресенчә, әйдәгез, акылыбызны тоткарланган канәгатьлектә канәгатьлек табарга өйрәтик. Безгә импульсив сатып алу яки тиз күңел ачу кирәк түгел; киресенчә, без асылизмның асылын кабул итәргә тиеш. Сезгә чын күңелдән нәрсә китерә? Societyәмгыятьнең өметләрен һәм тышкы йогынтысын оныт. Әгәр дә сез үзегезнең тирәнлеккә керсәгез, сезгә чын шатлык китерә торган берничә әйбер табарсыз. Аларны ачыклагач, аларга вакытыгызны, көчегезне һәм акчагызны салыгыз.

**Олумид Огунсанво:** Сез кыйммәтләргә нигезләнгән чыгымнарга күбрәк игътибар бирсәгез, азрак акчага яраткан әйберләрегез белән ләззәтләнергә туры киләчәк, чөнки сез аның чыгымнарын оптимальләштерү юлларын табасыз. Мәсәлән, сез баскетбол уеннары турында гына уйлыйсыз икән, ташламалы билетларны онлайнда таба аласыз. Әгәр дә сез 17 төрле күңел ачу төренә акча тотсагыз, аларның һәрберсенә ташламаларны тикшерү өчен вакытыгыз азрак булыр.

Әйдәгез, зур чыгым категорияләрен ике төркемгә бүлеп, кыйммәтләргә нигезләнгән чыгымнарга тирәнрәк кереп китик: Зур Өч һәм мин Күләгә Өч дип атыйм. **Зур Өч торак, транспорт һәм азык-төлекне үз эченә ала** , алар гадәттә күпчелек кеше өчен төп чыгым өлкәләре. Шулай да, **салымнар, балалар, аерылышу / катастрофик вакыйгалардан торган күләгә Өчен** яктырту шул ук мөһим . Бу еш игътибарсыз калдырылган өлкәләр сезнең финанс иминлегегезгә зур йогынты ясарга мөмкин. Киләсе бүлекләрдә без аларның нәтиҗәләрен аңлар өчен һәм сезгә карар кабул итәр өчен көч бирер өчен бу алты юнәлешне өйрәнербез. Башлыйк!

1. **Торак:** Самон, әйдәгез, торак чыгымнарын оптимальләштерү турында сөйләшик.

**Ачани Сэмон Биау:** Менә аңа ничек карарга кирәк: торак сезнең гомуми бәхеткә ничек ярдәм итә икәне турында уйлагыз. Берничә әйберне карап чыгыйк. Торакның нинди күләме сезнең кыйммәтләрегезгә һәм финанс максатларыгызга туры килә? Сез үз урыныгызны башкалар белән бүлешергә әзерме, яисә сез ялгыз яшәргә яратасызмы? Эш урыныгызга якын булу сезнең өчен мөһимме? Әгәр сезнең балаларыгыз булса, яхшы мәктәп районында булу һәм ишегалды булу ни дәрәҗәдә мөһим? Приоритет ясагыз һәм акыл белән сайлагыз, моның барысын да артык акча тотмыйча була алмавыгызны истә тотыгыз. Мин гади мисал белән уртаклашам. Мин Дубайда булганда, башта эш урыным янында Airbnb стилендәге урын таптым. Соңрак, мин кунакханә пунктларын тору өчен куллана башладым, ләкин эшкә якын торуыма инандым.

**Олумид Огунсанво:** Урын торакта мөһим роль уйный. Бу бәягә генә түгел, салым һәм эш сайлау кебек факторларга да кагыла. Сэмон, сез мөһим фактны калдырдыгыз, сез BCG Дубай vs BCG Лондон яки BCG Сан-Франциского барырга булдыгыз. Кешеләрне урнашу, эш сайлау һәм ерак эшкә килгәндә системалы сайлау ясарга өндим.

**Ачани Сэмон Биау:** Мин система уйлау мөһимлеге белән килешәм. Кешеләр еш әйтәләр: "Сез безнең чынбарлыкны аңламыйсыз. Без балаларыбыз өчен билгеле бер мәктәп округында булырга тиеш. " Бу чикләүләр дөрес булса да, финанс бәйсезлегенә омтылганда чыннан да мөһим булган әйберләрне яңадан бәяләү һәм өстенлек бирү бик мөһим. Әгәр дә сезнең балаларыгызның иң яхшы мәктәп районында булуын тәэмин итү төп өстенлек булып тора икән, бу сезнең финансларыгызның мөһим булмаган якларын өстен күрүне таләп итә ала.

**Олумид Огунсанво:** Акылыгызны өстен куярга өйрәтегез.

**Ачани Сэмон Биау:** Кайберәүләр өстенлек бирү югалту дигән сүз. Ләкин Олумид алда әйтеп үткәнчә, өстенлек бирү сез сайлаган нәрсәләрдән күбрәк тупларга ярдәм итә.

**Олумид Огунсанво:** Кызыксыну принцибын алдагы бүлектә карап чыктык. Мин кешеләрне төрле дәрәҗәдәге торак чыгымнарын оптимальләштерү турында уйларга өндим. Нинди торак сезнең өчен мәгънәле? Нинди бүлешү потенциалы бар? Сез хәтта алга таба да өй сатып алып, бушлай яшәр өчен башкаларга арендага бирергә уйлый аласыз. Вариантлар күп, ләкин сез төрлечә эшләргә әзер булырга тиеш.

Беренче дәрәҗә, Акылыгызны ачыгыз, сыгылмалы булыгыз, төрле торак вариантлары турында мөстәкыйль уйлагыз. Өйләр, күпфатирлы комплекслар, трейлерлар - барысы да мөмкинлек. "Мин бер йортта үстем, шуңа күрә мин анда яшәргә тиеш" дип әйтмәгез. Тигезләмәгә чикләүләр керту чишелеш табуны кыенлаштыра. Мин трейлерда яшәргә тәкъдим итмим, ләкин нигә алай түгел? Әгәр дә ул сезгә финанс бәйсезлегенә ирешергә мөмкинлек бирсә, бу бик яхшы вариант. Everyoneәркемнең төрле сайлау мөмкинлеге бар. Шәхсән мин трейлерда яшәмәдем, ләкин 21 яшемдә булса һәм трейлер йортлары елына 40,000

$ фатир арендасы белән чагыштырганда 2000 $ тора торган Җирдә яшәсәм, мин моны кире кага алмам.

Икенче дәрәҗә, торак төрен билгеләгәннән соң, потенциалны бүлешү турында уйлау мөһим. Сез: "Мин 26 яшь, бүлмәдәшләр теләмим, шуңа күрә мин бер бүлмәле фатирда яшәрмен" дип уйларга мөмкин. Мин сезне киңрәк уйларга өндим. Элегерәк бу бүлектә мин күләгәдәге өч чыгым өлкәсен искә төшердем: салымнар, балалар саны һәм аерылышу. Бу күләгәле урыннарның яшерен бәясе караңгы матдә - FOMO һәм Джонес белән саклану. Сан-Франциско дагы бер бүлмәле фатирда берүзе яшәүнең аермасы 4000- 5000 $, ике кеше белән 2000 $ - 3000 $ арасында бүлешү, сезнең финанс бәйсезлеккә ирешүегезне 38 яки 58 тә билгели ала.

**Ачани Сэмон Биау:** Олумидка безне монда тирәнрәк казырга этәргән өчен рәхмәт. Өченче дәрәҗә - арендага каршы һәм күп аңлашылмаган мәйдан сатып алу турында. 30 яшьлек кеше буларак, сез өй сатып алырга тиеш дигән төшенчә бар. Күчемсез милек инвесторы буларак, сезгә әйтим, сез яшәгән йорт байлык төзү өчен сатып алган йорт булырга тиеш түгел. Сан-Франциско кебек урыннарда сез айны 8000 долларга арендага ала аласыз, аны сатып алсагыз, 4 миллион доллардан 5 миллион долларга кадәр. Әгәр сез бу йортта ипотека алсагыз, сез ай саен 20,000 доллардан артык түләрсез. Хәзер уйлап карагыз. Шул 4 миллион доллар белән сез Грузиядә 20 фатир сатып алып, аренда керемнәрен Сан-Францискодагы аренда өчен каплый аласыз. Шәхсән мин монда арендага бирүне өстен күрәм, чөнки ул тагын да сыгылучанлык тәкъдим итә. Аренда белән сез берничә айлык хәбәр белән генә хәрәкәт итә аласыз, ә ипотека арендатор табу яки сату өчен күбрәк вакыт һәм көч таләп итә.

**Олумид Огунсанво:** Күпчелек кеше йорт сатып алганчы үз карарларын җентекләп анализларга тиеш. Арендага биргәндә йорт сатып алу турында бердәнбер карар кабул итү яхшырак сайлау булыр иде, бу сезнең финанс бәйсезлеге хыялыгызны торгызырга мөмкин. Аренда "акчагызны ташлый" яки гаилә яки хезмәттәшләрегезнең анекдотларын кабул итә дигән фикергә ышанмагыз. Сезнең әниегез, яхшы ниятле булса да, күчемсез милек белгече булмаска мөмкин. Сезнең начальнигыгыз да бәхетле булгандыр. ул үз йортын сату белән акча эшләде, яки фонд базарына инвестиция кертеп күбрәк акча эшли алыр иде. Киресенчә, онлайн аренда арендасын кулланыгыз, сезнең хәлегезне объектив бәяләү өчен калькуляторлар сатып алыгыз. Кирәкле параметрларны кертегез һәм калькулятор сезне яхшырак вариантка юнәлтсен. Дөрес бәя бирмичә фаразлар ясамагыз. Сез дөньяның күп почмакларында арендага алу уңайлы булуын күреп гаҗәпләнергә мөмкин.

Әйдәгез, конкрет мисал алыйк. Әйтик, сез Нью-Джерсида егерменче яшьләр тирәсендә ялгыз егет. Сездә төрле вариантлар бар: студия, бер бүлмәле фатир, кунаклар өчен өстәмә бүлмәле ике бүлмәле фатир, яисә тренажер залы яки кунаклар өчен өстәмә бүлмәле өч бүлмәле фатир. Бу бердәнбер торак карары - бу дүрт вариант арасыннан сайлау - сезнең финанс киләчәгегезгә зур йогынты ясарга һәм дистә еллар дәвамында карьера коллыгында калырга мөмкин. Бу карарны җентекләп анализларга вакыт бүлегез. Өстәвенә, шуны онытмагыз: кайбер культуралар йорт хуҗасына өстенлек бирәләр, шуңа күрә чагыштырма анализ ясаганда төрле тискәре якларны җиңү мөһим. Тәнкыйть фикерләү аша мөстәкыйль рәвештә раслый алмасаң, бу китапны да кертеп, укыган бар нәрсәгә сукыр ышанма. Самон беренче чиратта күчемсез милек һәм аренда инвестицияләре ярдәмендә финанс бәйсезлегенә ирешсә дә, сезнең өчен мәгълүматны тикшерү бик мөһим.

2. **Транспорт:** Җәяү һәм велосипедтан алып автобусларга, машиналарга, хәтта шәхси очкычларга кадәр төрле вариантлар бар. Транспорт турында уйлаганда, бу сезнең эшегез һәм торак турында система нигезендә уйлануга ничек туры килүе турында уйлау бик мөһим. Аңлашыйк, Португалиядә ерак яшәсәгез, транспорт чыгымнары минималь булыр иде, чөнки офиска барырга кирәк түгел.

Хәзер, гипотетик яктан, әйтик, сез үзегезне ерак булмаган хәлдә очратасыз һәм көн саен офиска барырга кирәк. Автомобиль сатып алу урынына, башка альтернативаларны карагыз. Мәсәлән, җәяү һәм велосипедта сәламәтлеккә зур файда китерәләр. Бу китап сәламәтлек турында махсус булмаса да, шуны әйтергә кирәк: җәяү һәм велосипед - тәнегезне формада тотуның яхшы ысуллары. Мин углерод газы чыгару турында гына әйтмим; Мин сезнең гомуми иминлегегезгә ярдәм итүче физик активлык турында әйтәм. Әлбәттә, һәр шарт төрле, шуңа күрә мин сезне иҗади уйларга һәм традицион булмаган вариантларны өйрәнергә өндим. Бигрәк тә җәяү йөртү, машина йөртү һәм велосипедта йөрү арасындагы зур бәя аермасын исәпкә алып, машина сатып алу турында килешмәгез. Машина, хәтта лаеклы кулланылган, 10,000 $ тирәсе булырга мөмкин, ә сез 300-700 $ га яхшы велосипед таба аласыз.

**Ачани Самон Биау:** Әйтергә кирәк, без машинага ия булу белән бәйле ремонт, газ, иминиятләштерү чыгымнарына кагылмадык. Кайбер кешеләр үз гаиләләре аркасында машина кирәк дип бәхәсләшәләр. Мин машинаның мөһимлеген кире кагмыйм, ләкин сезне бу турыда тирән уйланырга өндим. Әгәр дә машина сатып алуның төп сәбәбе - баланы шимбә көнне атнага бер тапкыр практикага алып бару икән, сез артык акча түләргә мөмкин.

**Олумид Огунсанво:** Убер сезнең баланың практикасына 14 $ тирәсе булырга мөмкин, сез машинага 15000 $ сарыф итәсез. Тәнкыйть уйлау һәм мөмкин булган вариантларның күплеген исәпкә алу бик мөһим. Алда әйтеп үткәнебезчә, җәяү йөрү, велосипедта йөрү, бүлешү бар, һәм мин велосипедларга күрсәткән бәяләр диапазоны яңаларына карый. Шулай да, сез 200- 400 долларга ышанычлы кулланылган велосипедлар таба аласыз. Бу машина белән велосипед, яисә машина белән автобус, яисә машина белән җәяү сайлау гына түгел. Бу карар, сез машинаны сайласагыз, пенсия срокларына берничә ел тәэсир итә ала, яисә җәяү яки велосипедта өстенлек бирсәгез, сәламәтлеккә һәм күпьеллык актив тормышка китерә аласыз.

**3. Ашамлык:** иң беренче чиратта, иң нәтиҗәле вариант - ризыкны өйдә әзерләү. Мез ризыгыгызны пешерү ашау чыгымнарыннан күпкә артыграк. Сез ингредиентларны контрольдә тота аласыз, сәламәтрәк, арзанрак ризык вариантларын сайлый аласыз. Икенчедән, сез күпләп пешерә аласыз, калганнарын соңрак саклый аласыз. Икенчедән, сез ашаган ризыкка килгәндә, уйланыгыз. Кайбер ризыклар башкаларга караганда сәламәтрәк. Өйдә пешерүгә вакыт бүлеп, сез үзегезнең мәйдандагы уңайлыклардан ләззәтләнеп калмыйсыз, шулай ук тукландыручы һәм бюджетка яраклы ризыклар ясау мөмкинлеген аласыз. Бәхеткә, брокколи, кале, җиләк кебек файдалы яшелчәләр һәм җиләк-җимешләр конфет яки сода кебек эшкәртелгән ризыклар белән чагыштырганда арзанрак. Uitsиләк-җимеш һәм яшелчәләр туклыклы, калорияләре аз. Эшкәртелгән ризыклар, киресенчә, сәламәт булмаган майларда, шикәрдә, тозда еш була. Эксперименттан курыкмагыз. Кешеләр өйдә пешерү белән ашау арасындагы өстенлекле балансны, сәламәт туклануның мөһимлеген, пешерергә күпме вакыт сарыф итүне бәяләргә тиеш.

**Ачани Сэмон Биау:** Әйдәгез, чыгымнарны инвестицияләргә әйләндерик. Рестораннардагы ризыкның сыйфаты, хәтта югары очлары да, сез өйдә пешерә алырлык дәрәҗәдә түбән булырга мөмкин.

**Олумид Огунсанво:** Әлбәттә. Алар ингредиентларны күпләп сатып алалар һәм ризыкны үзегез өчен пешергәндә күрсәткән игътибарсыз һәм игътибарсыз әзерлиләр.

**Ачани Сэмон Биау:** Азык - сезнең организм өчен төп ягулык чыганагы, һәм аның сыйфаты сезнең сәламәтлеккә зур йогынты ясый ала. Сезнең ризык сайлау сезнең иминлегегезгә инвестицияләр дип уйлагыз. Тикшеренүләр күрсәткәнчә, кызыл итне артык күп куллану йөрәк-кан тамырлары һәм яман шеш авырулары белән бәйле. Yourself-үзеңә сорау бирү мөһим: Җитмешенче елларда финанс бәйсезлегенә ия булу мөмкинлеген арттырасым киләме? Бу уйлану сезне сәламәт туклану гадәтләрен кабул итәргә этәрергә мөмкин. Альтернатив рәвештә, сез бүтән аспектларга өстенлек бирә аласыз һәм кыска гомер озынлыгын кабул итә аласыз. Шәхсән, ризык - минем бюджетта икенче зур чыгым, аңлы һәм сәламәтлеккә юнәлтелгән сайлау ясауга зур әһәмият биреп. Минем барлык хайван протеиннарым Көнбатыш Африкадан туры китерелә, анда мин аның органик һәм сәламәт булуына күбрәк ышанам.

**Олумид Огунсанво:** Сезнең дусларыгыз ресторанга барырга теләгән саен автоматик рәвештә барырга тәкъдим иткәч, нигә паркка яки пляжга барырга тәкъдим итмисез? Альтернатива бик күп. Күпчелек кеше ашарга чыкмый кебек тоела, ләкин алай булырга тиеш түгел. Иҗади уйла. Сезгә өйдә ашау вакытын чагыштыруны көйләргә кирәк булыр, бу инде зур йогынты ясый ала. FOMO сезне контрольдә тотарга рөхсәт итмәгез. Әгәр сезнең барлык дусларыгыз ресторанга барса, уртача ашау 120 доллар булса, сез аларга: "Егетләр, мин сезне соңрак эчәрмен" дип әйтә аласыз. Шул рәвешле, сез 20 $ яки 30 $ сарыф итә аласыз. Мин бу конкрет киңәшләр белән уртаклашам, чөнки күпләр йогынтысын бәлиләр дип уйлыйм. Әгәр дә сез еш ашап, 120 $ сарыф итсәгез, бу уртача айлык чыгым 500 $, арендага тиң. Моны истә тоту бик мөһим.

**Ачани Сэмон Биау:** Ашамлык турында әйткәндә, эчемлекләрнең безнең бюджетка тәэсирен онытмыйк. Алар еш кына ризыкның үзеннән кыйммәтрәк булырга мөмкин. Мин үземне алкоголик дип санамасам да, бик күп спиртлы эчемлекләр куллана идем. Ләкин, мин кыйммәтләргә нигезләнгән чыгымнарны кабул иткәндә, минем игътибарым сәламәтлекне беренче урынга юнәлтте. Мин аңладым, спиртлы эчемлекләр минем финансларымны гына түгел, ә минем тормышымга да тискәре йогынты ясады. Нәтиҗәдә, мин спиртлы эчемлекләрне сизелерлек киметү турында аңлы карар кабул иттем. Бүгенге көндә мин аны сирәк очракларда саклыйм, мәсәлән, туган көн яки махсус вакыйгалар, һәм аннан соң да мин эчәм. Мондый үзгәрешләр сезнең тормышка уңай үзгәрешләр китерә алуын күрсәтү өчен мин бу шәхси мисал белән уртаклашам. Мин һаман да дусларым белән барларга барырга яратам, ләкин эчүдән баш тарту минем социаль тәҗрибәләремә комачауламый.

**Олумид Огунсанво:** Мин 17 яки 18 яшемдә эчүне туктаттым, сез минем бакалавр бүлегендә белгәнегезчә. Шулай да, мин музыка, тәҗрибә һәм кешеләр өчен барларда һәм клубларда булам. Мин алкоголь турында бернәрсә дә әйтмим. Алкоголь сезнең дустыгыз түгел һәм сезне алачак. Сез бәягә генә игътибар итмичә, сыйфатка басым ясап, ашаган ризык төренә игътибар итегез. Шәхси үсеш принцибына туры килгән пешерү осталыгыгызны яхшырту мөмкинлеген алыгыз. FOMO тозагына эләгүдән һәм башкалар белән социаль ашау вәсвәсәсеннән сакланыгыз, чөнки бу еш кирәксез чыгымнарга китерә.

Бу Зур Өч турында сөйләшүне тәмамлый. Хәзер, әйдәгез, Өч күләгәгә күчик: салымнар, балалар, аерылышу / катастрофик вакыйгалар.

**4. Салымнар:** Төрле салымнар, шул исәптән федераль, дәүләт, шәһәр, керемнәр, сату салымнары сезнең финансларыгызга зур йогынты ясарга мөмкин. Салым оптимизациясенең мөһимлеген бәяләп бетермәскә кирәк. Чынлыкта, күп кешеләр өчен салым торак чыгымнарына караганда зуррак финанс йогынты ясарга мөмкин. Аз керем салымнары яки хәтта салымсыз вариантлар белән бөтен дөнья буенча урыннарны барлагыз, милек салым ставкаларын да карагыз. Бу сценарийларны анализлагыз һәм салым өстенлекләрен арттыру өчен төрле шәһәрләрдә яшәү сәүдә нәтиҗәләрен җентекләп бәяләгез. Салым йөкләмәләрегез өстендә калыгыз, аларның йогынтысын үлчәгез, һәм сез булган ташламалардан һәм кредитлардан файдалануыгызны тикшерегез. Мин сезгә түбән салым өчен генә күченергә тәкъдим итмим, киресенчә, кайда яшәргә икәнен сайлаганда салым нәтиҗәләрен исәпкә алуга басым ясыйм. Мәсәлән, аз керемле салым булган Дубай кебек урында яшәү өйрәнергә кирәк. Әгәр дә Канадада яшәү сезнең кыйммәтләрегезгә туры килсә, моны эшләгез, ләкин шуны онытмагыз: керем һәм сату салымнары комбинациясе сезнең гомуми керемегезнең 20% тан 60% га кадәр зур өлеш ала ала.

**Ачани Сэмон Биау:** Мин бу төшенчәләрне яратам. Кешеләр еш кына үзләренең хәзерге шәһәрләре яки илләре белән бәйләнгәннәр дип уйлыйлар, салымнарны котылгысыз итеп кабул итәләр.

**Олумид Огунсанво:** COVID-19 пандемиясе барысын да үзгәртте, кешеләргә төрле салым структуралары булган шәһәрләрдә яшәргә мөмкинлек бирде.

**Ачани Сэмон Биау:** Монда Калифорниядә минем салым арендадан өч тапкыр күбрәк.

**Олумид Огунсанво:** Икес. Бу хәтта милек салымы һәм сату салымы турында да уйламый, бу авырлыкны сизелерлек арттыра ала. Бигрәк тә йорт сатып алырга уйлаучылар өчен милек салымын искә төшерергә кирәк. Бу чыгымнарны системалы бәяләү өлеше.

**Ачани Сэмон Биау:** Сез 5% яки 6% ипотека түләгәндә һәм милек салымын өстәгәндә (бу Калифорниядә артык булырга мөмкин), кумулятив эффект - йортка ия булу финанс бәйсезлеге максатларына туры килмәскә мөмкин. Бу финанс бәйсезлекнең дошманы булган бушлыкка әйләнә.

**Олумид Огунсанво:** Бушлык - FOMO әйтүнең әдәпле ысулы. Кайбер кешеләр финанс бәйсезлегенә ирешү өчен дусларын күчерүне өстен күрәләр.

**Ачани Сэмон Биау:** Салымнар искиткеч мөһим, һәм мин шәхси тәҗрибәдән сөйли алам. Әгәр дә мин бик күп салым салган тормыш алып барган булсам, мин үз юлымнан бара алмас идем һәм финанс бәйсезлегенә ирешә алмас идем. 20 еллык карьерамда мин салым түләүдән ике елдан да азрак вакыт үткәрдем.

**Олумид Огунсанво:** Бу ышанмаслык.

**Ачани Сэмон Биау:** "Ләкин салым түләмәсәк, юллар һәм дәүләт хезмәтләре ничек финансланачак?" Әгәр дә сез бюджет политикасын һәм дәүләт чыгымнарын аңламыйсыз икән, мин сезне ышандырам, әйберләр өчен теге яки бу яктан түлисез.

**Олумид Огунсанво:** Бүгенге салымнарыгыз кичәге карарларыгыз аркасында. Сезнең керем салымы сез сайлаган эштән, сатып алган йорттан милек салымы һәм сатып алынган әйберләрдән сату салымы белән бәйле. Сез ул карарларны кабул иттегез, һәм сез аларны үзгәртә аласыз. Гаепне читләтеп, югары салымнан зарланудан сакланыгыз. Self-үзеңә ышану, үз-үзеңә ышану, зур финанс бәйсезлегенә китерә торган карарлар кабул итү өчен үзеңә таяну турында сөйләшүләребезне исеңдә тот. АКШ хөкүмәте федераль салымнарны киметергә тиеш дип зарланып вакытны әрәм итмәгез. Бу сезнең проблема түгел. Нью-Джерсида шәһәр салымын киметү юлларын табарга борчылмагыз. Шулай ук, сезнең проблема түгел. Киресенчә, үзегездән сорагыз: "Мин монда яшәргә телимме?" Әгәр сез салым түләргә теләмисез икән, башка җиргә күченергә уйлагыз.

**Ачани Сэмон Биау:** Кайбер илләрдә аренда максатларында милек сатып алу ипотека процент чыгымнарының стандарт ташламасыннан артып, өстәмә салым стимуляясе белән килергә мөмкин. Бу сезнең эш елларыгызда түбән салым ставкасын экономияләү һәм ләззәтләнү кебек. Пенсиягә күчкәндә, бу милектән аренда кереме кыйммәтле активга әйләнә, сез инвестицияләрегезнең тупланган бәясен ачканда.

**Олумид Огунсанво:** Кызыксыну принцибыбызны исегездә тотыгыз. "Сезнең конкрет урыныгызда салымны ничек киметергә" Интернеттан эзләгез. Responsibilityваплылык сезнең җилкәләрегездә тора, сезгә конкрет салым ситуациясен оптимальләштерү юлларын эзләргә мөмкинлек бирә. Самонның күзаллаулары мөһим булса да, киңрәк максат - сезнең кызыксынуыгызны кабызу, дулкынлануыгызны арттыру, уникаль шартларыгызга туры китереп тикшеренүләр үткәрү. Монда тәкъдим ителгән үзенчәлекләрдә югалмагыз. Бу детальләр турында гына түгел; бу эзләү, тормышка ашыру, чаралар күрү һәм юлда җайлашу теләген кабызу турында.

**Ачани Сэмон Биау:** Шулай ук, эш бирүчеләрнең иганәче планнарына игътибар итегез, алар керемегезнең процентын пенсиягә яки салымсыз экономиягә кертә. Сезнең хезмәт килешүе турында сөйләшкәндә бу өстенлекләрнең факторы.

**Олумид Огунсанво:** Бу керемнәрне максимизацияләү өчен системалы уйлау белән тәңгәл килә, шулай бит? Чимал хезмәт хакына гына игътибар итмәгез (мәсәлән, А компаниясе 40к $, В компаниясе $ 50k тәкъдим итә). Моның урынына, гомуми компенсацияне һәм түләүләрне исәпкә алу өчен перспективаны киңәйтегез. А компаниясе 401К, дистанцион эш, салымнарны киметү һ.б. Төп хезмәт хакы турында гына уйлагыз; гомуми компенсацияне һәм аның чыгымнарга, торакка, транспортка, салымнарга йогынтысын анализлагыз, 401К, ИРА, HSA кебек салым өстенлекле счетларны исәпкә алып.

**Ачани Сэмон Биау:** Әгәр сез өйдән эшлисез һәм үз йортыгызны офис итеп куллансагыз, сез аренда өлешенең бер өлешен түләргә яки ала аласыз. Шәхсән, мин үземнең милектә катнашу, яңа арендага кул кую яки төрле эшләрне башкару өчен Көньяк Африка Республикасына очканда, бу чыгымнар күпмедер дәрәҗәдә алынырга мөмкин. Система тәкъдим иткән барлык өстенлекләрне карагыз. Салым йөген киметүнең күп ысуллары бар.

**Олумид Огунсанво:** Хәзер, киләсе күләгә чыгымнарын, балалар белән бәйле чыгымнарны чишик.

**5. Балалар:** Сез булырга теләгән балалар санын җентекләп бәяләү һәм аның финанс бәйсезлегенә сәяхәтегезгә йогынтысын аңлау бик мөһим. Балаларны тәрбияләү еш бәяләү авыр булган чыгымнар белән килә, һәм алар хәтта ата-ана ярдәме дәрәҗәсенә карап салымнардан һәм торак чыгымнарыннан артып китә ала.

Әйтик, сез ике-өч бала тапкансыз. Башта аерма әһәмиятсез булып күренсә дә, бу сезнең пенсиягә баруыгызга зур йогынты ясарга мөмкин. Мин монда сезнең өчен идеаль санны әйтергә түгел, чөнки ул шәхси сайлау булып кала. Киресенчә, мин катнашкан сәүдә нәтиҗәләрен күрсәтәсем килә - 42 яшьтә ике бала белән пенсиягә, 49 яшьтә өч белән пенсиягә. Бала табу сәбәпле өстәмә эш елларын карагыз.

Сез һаман да ныклы ышанырга мөмкин, бала табу моңа лаек, һәм бу бик матур караш. Ләкин гаилә корыр алдыннан мәгълүматлы карар кабул итү һәм бу факторларны карау бик мөһим. Балагыз булгач, алар сезнең тормышыгызның кадерле бүләкләренә әйләнәләр, сезнең барлык яратуыгызга һәм кайгыртуыгызга лаек.

**Ачани Сэмон Биау:** Миңа моның өчен өч караш бирергә рөхсәт итегез. Беренчедән, бала табу вакыты сезнең финанс бәйсезлегенә сәяхәтегезгә тәэсир итә. Кечкенә балаң булса, укуга игътибар итү авыр булырга мөмкин. Ләкин, соңрак сезнең балагыз булса, бу профессиональ мөмкинлекләрне чикләргә һәм сезне тагын да утыртырга мөмкин. Балалары булган кешеләр үзгәрү һәм хәрәкәт итү мөмкинлеге азрак. Соңрак бала табу тагын да сыгылмалы булырга мөмкин.

Икенчедән, балалар тәрбияләү ягыннан да, үз карьераңның башында булсаң, кирәкле тәрбия бирер өчен финанс мөмкинлекләрең азрак булырга мөмкин. Әгәр дә балаларыгызны тәрбияләүдә акча мөһим роль уйный икән, кирәкле ресурсларыгыз булганда соңрак бала табу турында уйлау яхшырак булыр.

Өченчедән, бала табу турында уйлаганда, аның карьера траекториясенә нинди йогынты ясавы турында уйлагыз. Кайбер тармакларда акцияләр өчен көчле эш таләп итела, бу балаларны дөрес тәрбияләү белән баланслау авыр булырга мөмкин. Бу еш кына политик дөреслек аркасында әйтелмәгән темалар.

**Олумид Огунсанво:** Без бу турыда сөйләшергә тиеш. Бу бик мөһим.

**Ачани Сэмон Биау:** Әйтик, сез югары стресслы эштә, ассоциациядән директор позициясенә күченергә уйлыйсыз. Бу этапта балалар булу стресс дәрәҗәсен күтәрә, сәламәтлеккә тәэсир итә. Бу шулай ук сезнең балагыз белән элемтәгә керү сәләтегезне кимета, чөнки сезгә түләүле бала карау хезмәтләренә таянырга кирәк булыр. Күп нәрсәне исәпкә алырга кирәк.

**Олумид Огунсанво:** Онытмыйк, Самон, матди булмаган үзгәрешләр дә бар. Сезнең менеджерның карашы: "Эх, сезнең балагыз бар, шуңа күрә сез азрак эшләячәксез һәм игътибарсыз калырсыз." Сезнең менеджерыгызның алай уйлавы дөрес түгел дип уйларга мөмкин, ләкин тормыш шундый.

**Ачани Сэмон Биау:** Әгәр сез кайчан һәм ничек бала табарга аеруча каршы килмәсәгез, профессиональ карьерагызда урнашканчы аны кичектерү мәгънәле булырга мөмкин. Бу ысул финанс бәйсезлегенә дә, балалар белән вакыт үткәрү мөмкинлегенә дә файда китерә. Моннан тыш, күп компанияләр хәзер йомырка туңдыру һәм балаларны бәйләү вакыты кебек вариантлар тәкъдим итәләр.

**Олумид Огунсанво:** Балалар булу сезнең чыгым гадәтләрегезгә, бигрәк тә торак, транспорт, азык-төлек кебек өлкәләрдә зур йогынты ясарга мөмкин. Сез аларның мәктәбенә якынрак яшәргә теләрсез, бу аренда яки ипотека түләүләрен аңлатырга мөмкин. Аларны йөртү өчен сезгә машина сатып алырга кирәк булырга мөмкин, бу сезнең газ һәм хезмәт күрсәтү чыгымнарын арттырырга мөмкин. Сезгә шулай ук ризык бюджетын аларның өстенлекләрен һәм туклану ихтыяҗларын канәгатьләндерергә туры килергә мөмкин. Без сезнең тормыш рәвешегезне хөкем итәр өчен яки сезгә ничә бала булырга тиешлеген әйтер өчен түгел. Без сезнең гаилә күләменең сезнең финанс максатларыгызга ничек тәэсир итүен һәм шуңа планлаштыра алуыгызны аңларга булышырга телибез.

**6. Аерылышу һәм катастрофик вакыйгалар:** Күләгәнең соңгы күләгәсе Өч чыгым өлкәсе - аерылышу һәм катастрофик вакыйгалар. Кайбер илләрдә аерылышу сезнең активыгызның 50% ка кадәр югалтуга китерергә мөмкин, бу сезнең финанс бәйсезлегенә сәяхәтегезгә зур йогынты ясарга мөмкин. Сез финанс активлыгыгызны югалтырга мөмкин, хәтта ярты активыгызны югалтып. Бу финанс нәтиҗәләре генә түгел; эмоциональ түләү бик зур булырга мөмкин. Иптәшегезне, яраткан кешегезне югалту, еллар бергә үткәргәннән соң, сезнең финанс киләчәгегезгә куркыныч тудырганда эмоциональ яктан борчылырга мөмкин. Мин һәркемне дөрес партнер табу өчен вакыт бүлеп куярга өндим. Бер үк кыйммәтләр һәм туры килү уртаклашасызмы, карагыз. Аерым урында аерылышуның нәтиҗәләрен аңларга вакыт бүлегез. Без сезгә никахтан яки мөнәсәбәтләрдән сакланырга тәкъдим итмибез, киресенчә, карар кабул иткәндә аерылышуның нәтиҗәләрен аңларга.

**Ачани Сэмон Биау:** Хәзер, әйдәгез, игътибарыбызны катастрофик вакыйгаларга юнәлтәбез, аеруча сәламәтлек белән бәйле вакыйгаларга. Күпчелегебез көтелмәгән забастовкаларга кадәр без җиңелмәс дип ышанабыз. Ләкин, беребезнең дә сәламәтлек проблемаларыннан азат түгеллеген тану бик мөһим. Шуңа күрә актив рәвештә планлаштырырга һәм әзерләнергә кирәк. Сәламәтлекне страховкалау стратегиясен эшләү сезнең исемлекнең башында булырга тиеш. Сезгә кирәк булган конкрет яктыртуны карагыз һәм аның еш булган илләргә кагылуын тикшерегез. Профилактика шулай ук мөһим. Даими тикшерүләр һәм актив чаралар сәламәтлек проблемаларын эффектив чишү сәләтегезне сизелерлек яхшырта ала. Моннан тыш, критик активларыгызны иминләштерү мөһимлеген онытмагыз. Мөһим әйберләрне иминләштерелмәгән калдыру зур финанс авырлыкларына китерергә мөмкин. Онытмагыз, бүген кечкенә страховка премиясенә инвестицияләр озак вакытка зур чыгымнарны саклап калырга мөмкин.

**Олумид Огунсанво:** Мин аерылышу һәм башка катастрофик вакыйгаларга кагылышлы очракларда һәркемне үз яклауларын өстен куярга өндим. Милек страховкасы һәм медицина страховкасы кебек төрле кораллар бар. Бу шартларда йөргәндә, үзеңне саклау юлларын табу бик мөһим. Никахка кадәрге килешүләр, медицина страховкасы планнары, йорт хуҗасы яки милек страховкасы кебек вариантларны карагыз. Тиешле страховкалау бик мөһим, чөнки аның булмавы өйдәге янгын кебек авыр хәлләргә китерергә мөмкин. Possibleәрбер катастрофа өчен без конкрет тәкъдимнәр бирмәсәк тә, без сезнең финанс сәяхәтегезгә аларның потенциаль тискәре йогынтысын ассызыклыйбыз. Yourselfз-үзеңне саклау өчен актив адымнар яса!

Бу безнең Зур Өч һәм Күләгә Өч чыгым өлкәсен үз эченә ала. Кыйммәтләргә нигезләнгән чыгымнарны гомумиләштерү өчен: Сезнең кыйммәтләрегезне ачыклагыз һәм өстенлек бирегез. Чыгымнарыгызны тиешенчә тигезләгез һәм FOMOга бирелүдән сак булыгыз. Сатып алыр алдыннан үз-үзеңә сорау бирүнең тиз кагыйдәсе: "Эшсез булсам, моны сатып алыр идемме?". **FOMO - проблема һәм кыйммәтләргә нигезләнгән чыгымнар антидиот** . Хәзер, әйдәгез, тәкъдимнәргә һәм сылтамаларга күчик.

**Ачани Сэмон Биау:** Вики Робинның " Сезнең акчагыз яки тормышыгыз "[5] тәкъдим итәм . Ул финанс бәйсезлегенә махсус игътибар итмәсә дә, пенсиягә финанс планлаштыру буенча кыйммәтле Җитәкчелек тәкъдим итә. Бу бурыч тозакларыннан котылу, саклык гадәтләрен үстерү

---

5.      https://yourmoneyoryourlife.com/

Һәм кирәксез әйберләрне бетереп тормышыгызны гадиләштерү кебек темаларны үз эченә ала.

**Олумид Огунсанво:** Кызык, сез турыдан-туры финанс бәйсезлеге турында түгел. Кайберәүләр китапның 1992-нче елгы версиясен финанс бәйсезлеге хәрәкәтенең килеп чыгышы дип саныйлар, хәтта FI / RE (Финанс бәйсезлеге / Пенсия иртә) термины эшләнгәнче. Бу ни өчен тоташмавыгызны аңлатырга мөмкин. Бу искиткеч мөһим китап, кешеләргә утызынчы елларда корператив тормыш калдыра алуларын аңлады. Хәзер минем өч киңәшем бар:

Джейкоб Фискерның " Иртә пенсия экстремиясе ". [6]Кеше - гений. Бу китап искиткеч укырга тәкъдим ителә. Фискер, шәхси финанс һәм финанс бәйсезлеге киңлегендәге беренче тавышларның берсе, чыгымнарны һәм чыгымнарны оптимальләштерүгә үзенең принциплары һәм системалы карашы белән уртаклаша.

Томас Стэнли " Киләсе миллионер ". [7]Бу китап Америка миллионерлары тормышы турында мәгълүмат бирә. Тикшеренүләр аша авторлар миллионерларның тәртипле һәм сөйкемле булуларын, экстравагант тормыш рәвешләреннән сакланулларын ачыкладылар. Алар бу кешеләрнең акыл, чыгым үрнәкләре, кыйммәтләргә нигезләнгән чыгымнары белән танышалар. Китап йөзләгән миллионерларның җентекле профильләрен үз эченә ала.

Томас Стенли язган " Бай эшләүне туктатыгыз ". [8]Бу китап хезмәт хакы гына чиста бәяне билгеләмәгәнен аңлата; бу кешенең чыгым гадәтләренә бәйле. Бу гаҗәп табышка басым ясый, аз хезмәт хакына карамастан, укыту кебек һөнәрләр, түбән FOMO тенденцияләре аркасында чиста кыйммәткә ия. Икенче яктан, юристлар, хезмәт хакының югары булуына карамастан, еш кына көтелгәннән түбән чиста кыйммәткә ия, чөнки алар FOMOга биреләләр һәм яшьтәшләре белән калышу өчен зиннәтле әйберләргә сарыф итәләр.

**Ачани Самон Биау:** Йомгак ясаганда, FOMO сезнең дошманыгыз


6.    https://www.amazon.com/Early-Retirement-Extreme-philosophical-independence-ebook/dp/ B0046LU7H0

7.    https://www.amazon.com/Millionaire-Next-Door-Surprising-Americas-ebook/dp/ B0BX7G7PZN

8.    https://www.amazon.com/Stop-Acting-Rich-Living-Millionaire/dp/0470482559

дип кабатлыйсым килә.

**Олумид Огунсанво:** Финанс бәйсезлегенә сәяхәтегезне этәрү өчен кыйммәтләргә нигезләнгән чыгымнар һәм керемнәрне максимизацияләүнең көчле комбинациясен кабул итегез. Сезнең уникаль мөмкинлекләрегезне, шартларыгызны, белемнәрегезне, бәйләнешләрегезне, әйләнә-тирә мохитегезне исәпкә алып, икегезнең гармонияле балансны бәяләгез. Киләсе соңгы бүлектә без FIREDOM тормышын өйрәнербез һәм финанс бәйсезлегенә ирешкәч ничек яшәвебез турында кыйммәтле мәгълүмат бирербез. Яңарышларны карагыз!

# 7: FIREDOM хикәяләре, финанс бәйсезлеге, ирек һәм гомерегез

**Олумид Огунсанво:** Без ясадык! Безнең соңгы бүлек. Нинди сәяхәт! Без финанс яктан бәйсез булгач, тормышыбызның ничек үсеш алганы турында сөйләшеп, барысын да тәмамларга җыенабыз.

**Ачани Сэмон Биау:** Ярат! Финанс бәйсезлегенә алып барган юл турында сөйләшсәк тә, аңа ирешкәннән соң нәрсә булачагы турында уйлау мөһим.

**Олумид Огунсанво:** Бу дискуссиягә мин бик шат.

**Ачани Сэмон Биау:** Минем шәхси тәҗрибәмгә нигезләнеп һәм Олумид тәҗрибәсен белеп, мин финанс яктан бәйсез булу бик матур тоела дип әйтә алам.

**Олумид Огунсанво:** Әгәр сез алдагы бүлекләрне кызыклы дип тапсагыз, сез бу бүлек турында тагын да дулкынланырсыз. Элекке бүлекләрдән аермалы буларак, үткәннәрдән истәлекләр казган идек, бу хикәя безнең күңелдә яңа. Бу бүлектә безнең хәзерге тормышыбыз һәм бүгенге көндә нәрсә эшләвебез карала.

**Ачани Сэмон Биау:** [җырлый] Ирек. Ирек. Ирек

**Олумид Огунсанво:** [Көлә] Сез инглизчә җырлыйсыз. Бу тагын да яхшырак. Француз телендә түгел. Искиткеч.

**Ачани Сэмон Биау:** [Көлә] Бу бүлектә башланыр өчен көтә алмыйм.

**Олумид Огунсанво:** Самон, нигә безне куып чыгармыйсың? Финанс бәйсезлегенә ирешкәч нәрсә булды?

**Ачани Сэмон Биау:** Миңа кайбер контексттан башлыйм. Минем өчен финанс бәйсезлегенең башы 2018-нче елда, 35 яшемдә иде. Мин Дубайга BCG илчесе программасыннан кайттым, анда бер ел Көньяк Африкада булдым. Нәкъ шул вакытта минем инвестицияләр ай саен пассив керем кертә башлады, минем финанс бәйсезлеге максатыннан. Бу яңа финанс иреге миңа эш тормышымны зуррак контрольдә тотарга һәм үз теләкләрем белән кызыксынырга мөмкинлек бирде. Мин шулай ук элек тыелган темалар турында сөйләшү өчен уңайлырак идем. Мин ул вакытта МакКинси Ассоциация Партнерына тиң булган принципиаль дәрәҗәгә күтәрелергә әзер идем. Мин рекламаны сигез айдан соң алдым һәм күчү процессын BCGдан башладым.

**Олумид Огунсанво:** Сез финанс яктан бәйсез булгач, ике сәбәп аркасында бераз озаграк эшләүнең мәгънәсе бар.

Беренчедән, буфер урынында булу һәрвакыт акыллы. Инженер буларак, мин буферларның кыйммәтен бәялим, һәм шул ук принцип финанс планлаштыруга кагыла. Сез киләчәк теләкләрегезне һәм ихтыяҖларыгызны бәяләгәндә бик төгәл булырга теләмисез. Бераз озаграк эшләп, сез киләчәктә кызыксыну яки ихтыяҖдагы үзгәрешләрне исәпкә алу өчен финанс буфер булдыра аласыз.

Икенчедән, нинди вариантлар бар һәм нәрсә эшләргә теләгәнегезне өйрәнү һәм өйрәнү өчен вакыт кирәк. Кайбер кешеләр шалтыратуларын иртә тапкан булсалар да, күпчелек кешеләргә үзләренең чын кызыксынуларын ачу өчен вакыт кирәк. Көне буе Netflix карау өчен эшегезне ташлау - тормышка ашу өчен иң яхшы ысул түгел.

Ләкин, баланс ясарга һәм "тагын бер ел синдромы" (OMY) тозагына эләкмәскә кирәк, монда сез финанс бәйсезлегенә ирешкәннән соң еллар дәвамында эшләвегезне дәвам итәсез. Әлбәттә, сезнең максат - эшне дәвам итү, чөнки сезгә ошый. Тормыштагы бар нәрсәдәге кебек, сәүдә нәтиҖәләрен үлчәү һәм дөрес баланс табу турында.

**Ачани Сэмон Биау:** Мин риза. Мин финанс яктан бәйсез булганнан соң, якынча 1,5 ел BCGда тордым. Мин башкалардан бөтенләй аерылып тордым һәм үз кагыйдәләрем белән уйнадым. Бу минем өчен мөһим мизгел иде.

**Олумид Огунсанво:** Әйдәгез, бу мизгелне бераз өйрәник. Финанс бәйсезлеге мизгеленә Җиткәч, сез нинди хисләр кичерер идегез?

**Ачани Сэмон Биау:** Мин үземне үсеп Җиттем.

**Олумид Огунсанво:** [ГаҖәп] Вау!

**Ачани Сэмон Биау:** Мин үземне тычкан бәйгесен тәмамлаганымны сиздем. Мин әле корпоратив машинаның өлеше идем, ләкин мин аңа бәйле түгел идем. Мин фирмада ике идарә итүче директор белән әңгәмә кордым, мин анда эшләүне дәвам итәргәме-юкмы диган киңәш сорап ышандым. Бу сөйләшүләр минем үзем җитлеккәнлекне күрсәтә иде. Бу сөйләшүләр карьера өчен куркыныч булырга мөмкин, чөнки сез китәргә уйлыйсыз икән, Идарә итүче сезнең өчен көрәшмәскә яки сезгә инвестицияләр салуны дәвам итмәскә мөмкин. Ләкин, мин тыныч идем, аларның фикерләре турында уйламадым.

**Олумид Огунсанво:** Финанс бәйсезлегенә ирешкәч, сез үзегезне үскән һәм тыныч хис иттегез, бу аңлашыла, чөнки бу зур вакыйга. FI / RE контекстында ике этап бар: финанс бәйсезлегенә ирешү (FI) һәм иртә пенсиягә чыгу (RE), бу сез эштән башка шәхси эшләргә күчә. Бу китап беренче чиратта FI турында бара, бу кеше гомере буе чыгымнарын каплар өчен җитәрлек актив туплаган нокта. Сез ФИга ирештегез, бу кешеләрне дулкынландырырга тырышкан ышанмаслык вакыйга. Сезнең хисләрегезне сурәтләү өчен кулланырга теләгән бүтән сүзләр?

**Ачани Сэмон Биау:** тойгы - француз телендә ул маймыл дип атала (pesanteur - тарту, апезантер - тарту юклыгы)

**Олумид Огунсанво:** [Елмаеп] Гаҗәп!

**Ачани Сэмон Биау:** Мин йөзә идем. Мин монда бөтен дөнья барлыгын сиздем, һәм ниһаять, мин аны үз шартларым белән өйрәнергә ирекле идем. Мин үземне бәйсез хис иттем, ләкин шул ук вакытта мин нәрсә эшләргә уйлый идем. Бу - ирек, борчылу һәм барысын да аңларга тырышу.

**Олумид Огунсанво:** Мин аны ишетсәм дә, сез аны күз алдына китерергә тырышуыгыз өчен дулкынланам. Мин күз алдыма китерә алам, сез башта BCGда ике ел торырга ниятләгән идегез, ләкин алты елга якын тордыгыз. Ахырда, сез финанс бәйсезлегенә ирештегез, һәм мин сезнең өчен ачылган мөмкинлекләр ишекләрен күз алдыма китерә алам һәм сез аларга омтылу өчен сизгән көч.

**Ачани Сэмон Биау:** Мин дә үземне бераз горурландым һәм расладым. Мин үземне Олимпия спортчысы кебек хис иттем. Әзерлек вакытында кайберәүләр шик белдерделәр һәм "Оныт, нәрсә уйлыйсың?" Кебек сүзләр әйттеләр. Ләкин, мин мөстәкыйль фикер йөртүче булып калдым, үз максатыма ирешү белән мәшәкатьләндем һәм ахыр чиктә уңышка ирештем.

Бу казаныш миндә беренче булган, мин үземә максат куйдым һәм җәмгыять нормаларын үтәмәдем. Киресенчә, минем тормышымдагы башка казанышлар еш кына Җәмгыятьнең өметләре тәэсирендә булдылар һәм ахырына кадәр хезмәт иттеләр. Мисал өчен, мин шәхси үсеш өчен һәм карар кабул итү көче белән зур хезмәт хакы алу өчен иң яхшы бизнес мәктәбенә укырга кердем. Шулай ук, консультация эшемдә мин озак эшләдем һәм уңышка ирештем, ләкин төннәрне яратмый идем - бу эшнең бер өлеше генә иде.

Финанс бәйсезлегенә килгәндә, мин процессның һәр адымына гашыйк идем. Мин беренче чиратта финанс бәйсезлегенә омтылдым, чөнки ниһаять, мин һәм мин генә булырга теләгән идем. Финанс яктан мөстәкыйль булгач, мин үземә ирешү хисе, маймыл һәм хуҗалык хисе тойдым.

BCG һәм бизнес мәктәбендәге тәҗрибәм белән тудырылган ышаныч белән, мин Парижга күченергә һәм 2020-нче ел башында стартапны карарга булдым, чөнки мин BCG-тан туктадым. Мин бер ел элек арендага кул куйган идем, чөнки Парижда урын табу авыр булырга мөмкин. Мин һаман да Согуд Гарәбстанында BCG проекты өстендә эшләсәм дә, мин Париждагы яңа тормышымга күчә башладым, анда мин фатир алган идем. Аннары COVID-19 сугылды, һәм мин Парижда калдым. Минем эшкуарлык сәяхәтем башланыр алдыннан туктатылды, чөнки безгә фатирдан кибеткә яки кыска Җәяү генә китәргә рөхсәт иттеләр. Шул вакытта Берләшкән Гарәп Әмирлекләреннән өлкән контакт миңа ярдәм сорады. Бу финанс бәйсезлеккә ирешү аркасында алган иркне куллану өчен беренче мөмкинлекләрнең берсе иде.

**Олумид Огунсанво:** Бу уникаль хәл. Сезнең 2018-нче елда финанс бәйсезлеге мизгеле булды, ләкин сез BCG өчен 2020-нче елга кадәр эшләвегезне дәвам иттегез. BCG-тан киткәч, элеккеге эш тәҗрибәгезгә нигезләнеп сезне белгән элеккеге контакт сезгә проект эшләргә мөмкинлек бирде. Сез моны үз шартларыгызга нигезләнеп эшли аласыз һәм аны үзегез теләгәнчә куллана аласыз һәм башкаруга күбрәк вакыт сарыф итә аласыз. Бу клиентларга карап бик яхшы мөмкинлек булырга мөмкин.

**Ачани Сэмон Биау:** Мин кешеләр белән эшләргә бик ошадым, һәм мин моны консультацияләр чикләмичә тәэсир ясау һәм нәрсәдер формалаштыру өчен беренче чын мөмкинлек дип саный идем.

**Олумид Огунсанво:** Сездә бу агентлык бар иде, сез BCG машинасы белән чикләнмәдегез, ул кайбер яклардан матур һәм матур, ләкин башка яктан яхшы түгел.

**Ачани Сэмон Биау:** Төгәл. BCG вакытында минем аналитиклар һәм ассоциацияләр командасы бар иде, алар анализ ясау һәм слайдлар ясау өчен Җаваплы иде. Ләкин, BCG-ны ташлап, яңа проект алганнан соң, мин аналитиктан алып идарә итүчегә кадәр төрле Җаваплылык алдым. Бу слайдлар язу, карарлар кабул итү, проектны башкару кебек биремнәрне үз эченә алган. Проект юнәлешенә тулысынча ия булу уникаль һәм күңелле тәҖрибә иде. Мин бу тәҖрибәне яраттым. Нәкъ шул вакытта мин шулай ук урта вакытлы сәяхәткә булган кызыксынуымны тикшерергә булдым (ул вакытта берничә ай төрле урыннарда яшәү), моңа кадәр эш чикләүләре аркасында авыр булган.

Бу сәяхәттән мин берничә әйбер белдем. Беренчедән, финанс бәйсезлеге моңа лаек, ун тапкыр.

**Олумид Огунсанво:** Мин күбрәк килешә алмадым. FI гаҖәп.

**Ачани Сэмон Биау:** Икенчедән, сез аңа әзерләнүегезне тикшерергә тиеш. Кешеләр мине Җәлеп итәргә тырышкан мизгелләр күп булды. Беренчедән, BCGдагы соңгы айларымда алар миңа яңа офисларның берсендә партнерлык өчен тиз юл тәкъдим иттеләр. Аннары, элеккеге клиентлар һәм өченче як кешеләре дә миңа мөрәҖәгать иттеләр. Бу консультациянең матурлыгы: сез бик базарлы. Кешеләр миңа күбрәк акча тәкъдим иттеләр, һәм минем бер өлешем моны бер ел эшләп, тагын да мөстәкыйль була аламмы дип уйлады. Бу вәсвәсәләр - сез финанс бәйсезлегенә омтылуыгызны ничек бәяләвегез. Булса, сез иске карьерагызга яки охшаш эшегезгә кире кайтмассыз, чөнки алар сезгә акча тәкъдим итәләр.

**Олумид Огунсанво:** Бу яхшы пункт. Әйдәгез, аның турында бераз тукталыйк. Элегерәк бу китапта без финанс бәйсезлеккә сәяхәтегездә кайда булырга теләгәнегезне ачык һәм ышандырырлык итеп карарга киңәш иттек. Futureзегезнең киләчәк күренешегезгә гашыйк булганда һәм сезнең карашыгыз белән эмоциональ бәйләнеш булганда, сез аңа тугры калырсыз. Бу бәйләнешсез, сез яңа эш тәкъдиме белән вәсвәсәгә бирелергә мөмкин, чөнки ул хәзергегә караганда яхшырак күренә. Тормышта нәрсә теләгәнегезне ачыклау өчен вакыт бүлеп бирү мөһим. Әгәр дә сез финанс бәйсезлегенә ирешкәннән соң яңа эшкә яки карьера юлына күчү сезнең максатларыгызга туры килсә, монда бернинди начарлык юк. Ләкин, үз-үзеңне чагылдыру, киләчәгең өчен дөрес карарлар кабул итү өчен үз-үзеңне белү бик мөһим.

**Ачани Сэмон Биау:** Мин күбрәк килешә алмадым. Әгәр дә сез финанс бәйсезлеге сезнең өчен дөресме дип уйлыйсыз икән, сез бик тиз сынап карый аласыз. Алга таба нәрсә эшләргә теләгәнегезне төгәл белергә кирәк түгел, ләкин сез хәзер эшләгән эшегезне дәвам итергә теләмәвегезне белергә тиеш. Финанс бәйсезлеге эзләнергә тиеш, әгәр сез процессның ләззәтләнүенә һәм аңа таба сәяхәт итү нәтиҗәләрнең үзеннән күбрәк.

**Олумид Огунсанво:** Финанс бәйсезлеген эзләгәндә зәгыйфьлекне һәм эзләнүләрне кабул итү бик мөһим. Әгәр дә сез югары дәрәҗәдәге ышанычны өстен күрсәгез, корпоратив структура моны тәкъдим итә ала һәм сезне картайганчы шунда саклый ала. Икенче яктан, финанс бәйсезлеге кызыксыну һәм сезнең өчен кызыклы яңа тормыш ача ала торган эзләнү фикерен үз эченә ала.

**Ачани Сэмон Биау:** Финанс бәйсезлегенә ирешүнең иң мөһиме - ул китергән ирек. Бу яхшырак эш табу турында түгел. Бу мөһим адым булса да, мәҗбүри күренеш табу турында түгел. Киресенчә, бу сез эзләгәнне эзләү һәм теләгәнне эшләү иреге булу турында. Сезгә бу халәттән ләззәтләнергә һәм аңа булган мәхәббәтне тоярга кирәк. Сезнең финанс бәйсезлеге булганда, сезнең кызыксынуларыгызны һәм теләкләрегезне өйрәнә аласыз, яисә бөтенләй тикшермәскә була. Сез үзегез карар кабул итәргә һәм чынлап та эшләргә теләгәнне эшләргә ирекле. Минем өчен финанс бәйсезлеккә ирешү - BCGдагы эшем өчен булган интенсивлыкны үзем сайлаган нәрсәгә юнәлтү дигән сүз.

Минем максатым - үз көчемне өйрәнү һәм башка өлкәләргә юнәлтү өчен вакыт һәм урын бирү иде. Мин Netflix тормышы белән яшәргә теләмәдем, анда мин гел күңел ачуларга ябыштым. Мин нәрсә эшләргә теләгәнемне сайларга, яңа әйберләр белән танышуны дәвам итәсем килде.

**Олумид Огунсанво:** Матур. Мин берничә пункт өстәрмен. Тормышның күп мөһим өлкәләрен тулысынча чишү кыен. Мәсәлән, мөнәсәбәтләрдә сезнең романтик партнерыгыз, гаиләгез, җәмгыять белән сөйләшүләр бара, һәм сез аларны яхшыртырга омтыласыз. Бу максатлар беркайчан да тулысынча чишелми яки ирешелми, киресенчә, алар өзлексез үсеш һәм камилләштерү процессы. Сәламәтлек өчен дә шул ук - ашау, күнегүләр, стресс белән идарә итү, психик сәламәтлек турында кайгырту өчен иң яхшы ысул турында һәрвакыт яңа нәрсә бар. Ләкин, финанс бәйсезлеге уникаль, чөнки ул тормышта тулысынча чишелә торган зур әйберләрнең берсе. Әгәр дә сез финанс яктан мөстәкыйль булсагыз, тормышның башка өлкәләренә, мәсәлән, мөнәсәбәтләр һәм сәламәтлек кебек, дәвамлы көч таләп итә торган ирекккә ия була аласыз. Финанс бәйсезлеге - тормышның башка мөһим өлкәләренә инвестицияләр өчен күбрәк вакыт, көч һәм акча бирә торган мөмкинлек, яхшырту сәяхәтләре.

Эшегезгә карамастан, рәссам, инвестиция банкиры, идарә итү консультанты яки технология эшчесе булсагыз да, сезнең эштән тыш башка кызыксынуларыгыз һәм теләкләрегез бардыр. Бәлки сез йөзәргә, волейбол уйнарга, тимераякта йөрергә яки сәяхәт итәргә яратасыз. Әгәр дә сез бөтен вакытыгызны эштә яки бизнесыгызда акча эшләргә тырышсагыз, бу кызыксынуларга омтылу өчен вакыт һәм көч табу кыен булырга мөмкин. Финанс бәйсезлеге сезгә яраткан әйберләрегезгә күбрәк вакыт бүлеп куярга ирек бирергә мөмкин.

Кеше буларак, без күпкырлы һәм күп кызыксынуларыбыз бар. Күз алдыгызга китерегез, сез үз теләкләрегезгә омтылу өчен күбрәк вакыт сарыф итә аласызмы, ул бизнес башлау, дөнья буйлап сәяхәт итү яки башка нәрсә. FIREDOM - сезнең вакытыгыз һәм көчегез белән нәрсә эшләргә теләгәнегезне сайлау иреге. Шуңа күрә мин финанс бәйсезлеген яратам, ни өчен без бу китапны язып, аны ФИРЕДОМ дип атадык (Финанс бәйсезлеге + Иртә пенсия + Ирек).

**Ачани Сэмон Биау:** Әгәр дә сез Google'да эшлисез икән, китап язмаганыгызның берничә сәбәбе бар. Бер мөмкинлек - сез аны язарга вакытыгыз булмагандыр. Моннан тыш, сез рөхсәт алу өчен юридик бүлектә берәрсе белән танышырга тиеш булгансыз. [Көлә] Мин монда шаярам.

**Олумид Огунсанво:** [Көлә] Сез моны күтәргәнегез көлке, ләкин миңа 2020-нче елда Афробилитны башлау өчен чистарту кирәк иде. Мин шаярмыйм.

**Ачани Сэмон Биау:** Әгәр кешеләр хикәянең төп элементларына игътибар итсәләр, мин моны бик кадерләр идем. Аңлатыр өчен, монда мин үземне ничек хис иттем: Беренчедән, мин үземне үсеп Җиттем. Икенчедән, мин абруйлы бизнес мәктәпләреннән MBA алу белән чагыштырганда, тирәнрәк уңышларга ирештем, мин күпмедер дәрәҖәдә тикшерү эзләгән идем.

**Олумид Огунсанво:** Әлбәттә. 35 яшенә кадәр финанс бәйсезлегенә ирешү - Стэнфорд GSB (Аспирантура Бизнес Мәктәбе) кабул итүгә караганда, бик катлаулы казаныш. Бу Бенинда туып үсүегезне исәпкә алып аеруча дөрес. Сезнең белән бер үк вакытта Бенинда үскән һәм 35 яшькә кадәр финанс бәйсезлегенә ирешкән кешеләр санын исәпкә алганда, мин 0,01% тан артса, гаҖәпләнер идем. Бу ышанмаслык казаныш.

**Ачани Сэмон Биау:** Минем дусларымның күбесе: "Сез нәрсә турында сөйләшәсез? Эшегезне дәвам итмисез дигән сүз нәрсә? "

**Олумид Огунсанво:** Минем партнер хезмәттәшемә минем финанс бәйсезлеге турында китап язуымны әйтте. Моңа хезмәттәшем Җавап бирде: "Мин финанс бәйсезлеге турында беләм, бу минем эшкә урнашуымны һәм теләгән эшемне Җиңел таба алуымны аңлата." [Көлә]

**Ачани Сэмон Биау:** [Көлә] Бу безнең психикага тирән кертелгән. Мин кайбер кешеләргә финанс бәйсезлеге турында әйттем, алар Җавап бирделәр: "Ярар, хәзер сез нинди эш белән шөгыльләнергә Җыенасыз?"

**Олумид Огунсанво:** [Гистерик көлү]

**Ачани Сэмон Биау:** Сез эш башкарырга тиеш. Сез беркайчан да үзегез эшләргә тиеш түгел диярлек. Соңгы тәҖрибәмне кабатлап, мин үземнең Җитлеккәнлек һәм горурлыгымны сиздем. Элеккесеннән аермалы буларак, мин моны башкаларга тәэсир итәр өчен эшләмәдем. Мин бала чагымда булган ирек хисләренә кире кайттым. Исегездә тотыгыз, минем балачагым хикәясендә мин иң беренче хатирәләремнең берсендә ирек хисе булуын искә төшердем. Upскәч, мин бу ирекнең әкренләп алып китүен сиздем, чөнки мин Җәмгыятьнең өметләренә туры килергә тырыштым һәм финанс бәйсезлеге минем ирекне кире кайтару коралы иде. Өстәвенә, мин авырлыксызлык яки "маймыл" хисен кичердем, бу француз сүзе тарту Җитмәү сүзе. Сез үзегезне космоста йөзгән кебек тоясыз һәм барысы да киң. Сез ике якка да бара аласыз, ул азат итә, шулай ук буталчык. Бу миндә булган хисләр иде.

Мин Парижга күчендем һәм эшкуарлыкны өйрәнергә булдым, ләкин соңыннан COVID-19 сугылды һәм барысы да ябылды. Шулай да, миңа Берләшкән Гарәп Әмирлекләрендә институт юнәлешен формалаштыру өчен көтелмәгән мөмкинлек бирелде, бу минем тәэсир итү теләгемә туры килде. Мин проектны алып барыр идем һәм аның үтәлешен күзәтер идем, бу BCGдагы элеккеге ролемнән аерылып торган, мин анда проект алып барыр идем, аннары барлык тәкъдимнәрне һәм тормышка ашыруны компаниягә бирер идем.

**Олумид Огунсанво:** Әйе, сез проектның барлык нәтиҗәләрен клиентларга бирәсез һәм аларга уңышлар телисез. [Көлә]

**Ачани Сэмон Биау:** Кайвакыт, берәр идея белән кызыксынсаң да, аның потенциаль уңышына шикләнергә мөмкин, чөнки аның берничә аспекты гына тормышка ашырылачак, калганнары онытылачак. Ни дисәң дә, бу минем беренче тәҗрибәм иде. Минем икенче эксперимент сәяхәт белән бәйле. Мин һәрвакыт яңа культуралар белән танышырга яраттым, шуңа күрә без иптәшем белән ел дәвамында сәяхәткә чыктык, без барган һәр шәһәрдә берничә ай үткәрдек. Кайбер хезмәттәшләрем бу киңәйтелгән сәяхәтне сәер дип тапсалар да, без үзебезнең культураларга һәм телләргә чумып, алты төрле илне өйрәнә алдык.

Минем өченче юнәлешем - тел өйрәнү. Инде Җиде телне яхшы белә идем, тагын берничә өйрәнергә булдым. Хәзерге вакытта мин кытай телен өйрәнәм һәм гарәп телен камилләштерәм. Мин Кытайда эшкә урнашырга тырышмыйм. Мин бернинди гарәп илендә дә сәясәтче булырга тырышмыйм. Мин телләрне яратам, үземне белдерә һәм дөньяның төрле почмакларыннан газета укый белергә телим.

Ләкин барысы да Җиңел булмаган. Берләшкән Гарәп Әмирлекләрендәге проектымнан соң, мин үз компаниямне ачарга уйладым һәм үткән куркынычсызлыкларның яңадан торгызылуын аңладым. Стенфордны тәмамлаган кеше буларак, еш кына беркатлы стартап булдыру өчен басым ясала, ләкин минем финанс бәйсезлеге миңа үземнең үтәлешемне өстен куярга һәм мине кызыксындырган предприятияләрне генә эзләргә мөмкинлек бирде. Мин басымны сизү урынына, үз тормышым белән яшәргә көч бирергә омтылам.

**Олумид Огунсанво:** Әйе. Сезнең мотивациягез эчтән булырга тиеш.

**Ачани Сэмон Биау:** Мин моның белән алты айга якын көрәштем. Бу вакыт эчендә мин Кремний үзәнлегенә берничә атна кайтып, дуслар белән аралашып, уйларымны эшкәртергә тырышыр идем. Ахырда, мин үземнең күгәрчен чабу алдында торуымны аңладым (барлык чыгымнар белән эшкуарлык), бу мин алган ирекне әрәм итү булыр иде. Бу үткән. Бүген мин телләргә игътибар итәм, чөнки алар минем өчен мөһим. FIREDOM ярдәмендә минем кайда яшәвемне һәм кем белән яшәвемне сайлау мөмкинлеге бар. АКШта яшәү минем өчен мөһим, чөнки ул дөньяның башка почмакларында булмаган идеялар һәм ирек тәкъдим итә. Шул рәвешле, мин үз вакытымны иң мөһиме итеп үткәрә алам.

**Олумид Огунсанво:** Әлбәттә, америкалылар ирекне яраталар. Бу ил этикасының бер өлеше.

**Ачани Сэмон Биау:** ФИРЕДОМ һәм Азатлык минем кыйммәтләрем белән бик тә туры килә, ләкин мин гомерем буе Америкада калырга уйламыйм. Минем сәяхәт итәсем килә, һәм киләчәктә башка Җиргә күченергә телим. Минем өчен иң мөһиме - минем яшәгән Җиремне сайлау сәләте бар. Финанс бәйсезлегенә иреше миңа Җитлеккәнлек һәм Җаваплылык хисе бирде. Мин үз-үземә вакыт-вакыт яңа әйберләрне сынап карарга чакырам, мәсәлән, бу FIREDOM китабын язу, стартапларда эшләү һәм яңа проектлар алу.

Минем соңгы проектларымның берсе Африкадагы югары сыйныф укучыларына информатика укытуны үз эченә ала. Инглиз телен укыту программасына кертеп, без бу студентларга бөтен дөнья кешеләре белән аралашырга һәм инглиз телендә сөйләшүче илләрдә укырга мөмкинлек бирербез дип ышанабыз. Бәлки, алар университетка барыр алдыннан яки шәкертлек моделендә өйрәнер алдыннан технология өлкәсендә эш таба алырлар. Тикшерү өчен чиксез мөмкинлекләр бар, ләкин, кызганычка каршы, күп кешеләрнең аларны эзләргә иреге яки кызыксынуы юк.

**Олумид Огунсанво:** Финанс бәйсезлеге сезгә психик киңлек, киңлек киңлеге, вакыт, игътибарыгызны кызыксындырган һәрнәрсәгә юнәлтә. Бу аның матурлыгы. Финанс бәйсезлеге сезгә теләгәнне эзләү ирегеен бирә. Бәлки, Самон хикәясе сезне кызыксындырмый, чөнки сез белем яки тел белән кызыксынмыйсыз. Ярар. Эш шунда: финанс бәйсезлеге сезгә теләгәнне эшләргә мөмкинлек бирә, бу сезнең нәфесләрегезгә омтыламы, яисә яңа мөмкинлекләр эзләүме.

**Ачани Сэмон Биау:** Мин берничә сәбәп аркасында финанс бәйсезлеген яратам. Беренчедән, мин географик сыгылманы кадерлим. Минем бүтән кышны кар һәм аның белән килгән кыенлыклар белән үткәрәсем килми, чөнки ул миңа шатлык китерми. Икенчедән, мин челтәрдә торырга һәм мине интеллектуаль стимуллаштыра алган кешеләр янында булырга яратам. Шуңа күрә мин Сан-Францискода, Бей зонасында яшәргә булдым. Ниһаять, мин тикшерү һәм тинкер иреген яратам.

Менә финанс бәйсезлегенең трансверсаль күренеше. Азатлыкка килгәндә безнең тормышны өч этапка бүлеп була. Башта без ирекле туабыз. Соңрак тормышта, пенсиягә чыккач, без ирегебезне кире кайтарабыз, чөнки без эш белән чикләнмибез. Ләкин, эш елларыбызның урта этабында без еш кына ирегебезне чикләүче төрле бурычлар һәм чикләүләр белән очрашабыз.

Бу - ФИРЕДОМның асылы - урта вакытны кысу һәм тормышны үз шартларыбыз белән кысу, нәфесләребезгә омтылу, Җитештерү елларында бәхет һәм максатны максимальләштерү. Кыскасы, финанс бәйсезлеге безгә иң яратканны эшләргә һәм Җәмгыятькә тапкырлыгыбызны мәгънәле яктан кертергә мөмкинлек бирә.

**Олумид Огунсанво:** Егерменче һәм утызынчы елларда финанс бәйсезлегенә ирешү искиткеч дулкынландыргыч булырга мөмкин. Тормышыгызның бу этабында сез яшь, энергия белән тулы һәм дөньяны өйрәнергә телисез. Нигә алдан финанс бәйсезлегенә ирешү өчен адымнар ясамаска, сез үз билгеләмәгезгә нигезләнеп, максатчан, рәхәт тормыш алып бара аласыз? Бу бит сезнең гаиләгез, начальнигыгыз яки менеджерыгызмы, башкаларның өметләренә туры килү турында түгел. Бу үз шартларыгыз белән яшәү һәм үз юлыгызны билгеләү турында.

Нәкъ менә ни өчен без бу китапны булдырдык - сезнең финанс киләчәгегезне контрольдә тотарга һәм сез яраткан тормыш булдырырга ярдәм итәр өчен. Сезгә безнең хәбәр - тормыш турында дулкынлану һәм сез чынлап та теләгән тормышка каршы чаралар күрү планнары башлау. Wantзегез теләгән тормышны башлар өчен 80 яшькә кадәр көтмәгез - иң яхшы тормышыгызны яшәр өчен, хәзер финанс бәйсезлегенә адымнар ясагыз.

**Ачани Сэмон Биау:** Минем ике мисал бар, алар башкаларның FIREDOMны ничек кадерләгәннәрен күрсәтәләр. Беренче мисал - 20% шәхси проект вакыты төшенчәсе, Google кебек компанияләр үз хезмәткәрләренә тәкъдим итә. Асылда, алар үз эшчеләренә 20% вакытны үзләре яраткан проектлар өстендә бирәләр. Әгәр дә компания проектның потенциалы бар дип уйласа, алар аның компания эчендә эшләнүен телиләр, шуңа күрә алар бераз чыгаруны таләп итә алалар. Бу компанияләрнең кешеләргә үз теләкләренә омтылу иреген бирүнең кадерен тануының бер мисалы.

Икенче мисал - универсаль төп керем идеясы (UBI), аны күпләр тикшерде. UBI тәкъдим итә, кешеләргә билгеле бер дәрәҗәдә керем бирү, шуңа күрә алар ашау һәм тору кебек төп ихтыяҗлар турында борчылмаска, кешелеккә уңай йогынты ясарга мөмкин, чөнки ул кешеләрне теләгәннәрен эзләргә ирек бирә. Бу шуны күрсәтә: кешелек дугасы безне башкаларга формалаштырыр урынына, тормышыбызны формалаштыру өчен күбрәк иреккә этәрә (мәсәлән, UBI белән хакимият, яки 20% шәхси вакыты булган компанияләр).

Ахырда, бу китапның кыйммәт тәкъдиме - FIREDOM юлын ничек тизләтергә. Безнең юл билгеле бер дәрәҗәдә тычкан бәйгесен узуны үз эченә алган, ләкин моны ният белән башкару. Без чыгымнарны оптимальләштердек һәм профессиональ хезмәтләр кебек билгеле трекларга ияреп керемнәребезне максимальләштердек. Сез дә шулай эшли аласыз һәм тычкан бәйгесеннән иртәрәк (пенсиягә түгел), һәм утны дөньяга бирә аласыз.

**Олумид Огунсанво:** Сезнең ФИРЕДОМ хикәясе бик матур иде. Мин сезнең хикәядән сабакларга йомгак ясарга тырышырмын. Безнең хикәяне укыгач, сез юлда өйрәнгән кайбер файдалы принципларны җыеп алдыгыз дип ышанабыз. Аларга үз-үзеңә ышану, мөстәкыйль һәм тәнкыйть фикерләү, башкаларны күчерүдән саклану, кирәк булганда агрессив куркыныч янау, потенциаль төшүдән курыкмау һәм бу гадәтләрне үстерү мөһим. Моннан тыш, киләчәккә дулкынлану һәм финанс бәйсезлегенә ирешү планын аяусыз үтәү бик мөһим.

Бу эшләрне башкарганнан соң, сезне FIREDOM (FI + RE + Азатлык) данлы һәм тылсымлы тормыш көтә, сез анда үз шартларыгыз белән яши аласыз.

**Ачани Сэмон Биау:** Олумид, хәзер сезнең чират. Мин FIREDOM вакытыннан алып тормыш турында уйларыгызны алырга бик шат. Сез үзегезнең контекст турында һәм FIREDOM тормышыгызны башлап җибәргәндә аудиториягә бераз әйтә аласызмы?

**Олумид Огунсанво:** Мин 2020-нче елда 35 яшемдә финанс яктан бәйсез булдым. Бу ышанмаслык тоелды. Мин гаҗәпләндем! Мин бик шатландым. Бу минем тормышымның иң бәхетле көннәренең берсе булгандыр. Еллар дәвамында мин максат куйдым һәм аңа үз шартларым белән эшләдем, һәм, ниһаять, мин аңа ирештем. Бу Оксфордтан кабул итү хатымны алган мизгелгә охшаган иде, мин бүлмәдә дулкынланып биедем. Мин белә идем, минем тормышым бүтән беркайчан да булмаячак.

Мин горурландым, чөнки финанс бәйсезлеккә ирешү җиңел эш түгеллеген белә идем. Мин 2014 елның Җәен искә төшердем, мин FI идеясенә гашыйк булдым һәм моның мөмкинлеген аңладым. 2020 елга тиз алга бар, һәм мин аны тормышка ашырдым. Бу искиткеч бәхет хисе иде, һәм мин искиткеч эш эшләгәнемне сиздем. Мин үземнән һәм үткән юлдан канәгать идем.

**Ачани Сэмон Биау:** Мин бу хис белән тулысынча бәйләнәм, һәм сезнең аның турында сөйләвегезне ишетү миңа шатлык китерә. Чынлыкта, сез узган бүлектә биргән киңәшем бар иде, ул минем белән чыннан да резонанс иде. Сез финанс бәйсезлегенә ирешкәннән соң да, зур карарлар кабул иткәнче, бераз эшләүне дәвам итү файдалы булырга мөмкинлеген әйттегез. Сезнең шәхси тәҗрибәгез турында күбрәк ишетергә телим. Эшләгәнегез турында сөйләшә аласызмы?

**Олумид Огунсанво:** Менә мин нәрсә эшләдем һәм кабат эшләргә туры килсә, мин нәрсә эшләр идем. 2020 елның башында мин Банколь белән Afrobility подкастын башладым, чөнки мин технология индустриясен яратам, бизнесны анализлыйм, һәм аның белән бер проектта хезмәттәшлек итү кызык булыр дип уйладым. Мин ул вакытта ФИга ирешмәгән булсам да, подкастны башлау минем шәхесемне үзгәртте һәм корпоратив рольдән читтә эшкуарлык мөмкинлекләрен өйрәнүне уңайлырак итте. Мин үзем турында Гоглер һәм подкастер дип уйлый башладым.

Мин Google'дагы эшемне ташламадым, чөнки анда эшләргә ошадым һәм барысы да яхшы бара иде. Ләкин, 2021-нче елга кадәр, Афробилитация подкасты тиз популярлаша башлады һәм мин Адәмантиум Фондын да башлап җибәрдем. Нәтиҗәдә, минем шәхесем тагын үзгәрә башлады, һәм мин үземне Гоглер, Подкастер һәм Инвестор итеп күрә башладым.

2021 елга подкаст һәм фонд үсә иде, һәм минем корпоратив рольне шәхси проектларым белән тигезләү кыенлашты. Шулай итеп, мин фондка һәм подкастка гына игътибар итсәм, тормышның нинди булачагын сынап карау өчен, 2021 нче кварталда өч айлык сабантуй алдым. Бу кызык һәм гаҗәп иде. Мин үз ролымны бераз сагынмадым, шуңа күрә 2022 елда кайткач, минем чыгу планым бар иде, һәм ахыр чиктә 2022 ел ахырында Google-дан киттем.

Әгәр дә мин моны кабат эшли алсам, мин эшкуарлык мөмкинлекләрен һәм шәхси проектларны элегрәк өйрәнә башлар идем. Мин финанс бәйсезлегенә ирешкән вакытта башка предприятияләр белән шөгыльләнә башладым. Мин Афробилитны яздырырга һәм Адамантиум Фонды аша Африка стартапларына булышырга яратам.

Яшьләргә минем киңәшем - 20 яшьләр тирәсендә, эш урыннары белән беррәттән, чит ил бизнесы белән тәҗрибә башлау. Күпчелек кеше көненә дүрт сәгать телевизор карый, бу теләк проектын яисә эшкуарлык мөмкинлеген эзләү өчен яхшырак булыр иде. Бу сиңа матди яктан тизрәк мөстәкыйль булырга ярдәм итми, ә акылыңны дулкынландыргыч нәрсәгә туплый. Сез шәхси финанс яктан оста булсагыз һәм тотрыклы эшегез булса да, бүтән кызыксынуларны өйрәнә башларга беркайчан да иртә яки соң түгел. Чынлыкта, иртә башлау тагын да яхшырак, чөнки бу сезгә яраткан әйберләрегезгә ләззәтләнергә һәм вакыт бүлеп куярга мөмкинлек бирә. Кыска юлларны эзләмәгез, бай схемалар алмагыз, эшкә әзер булыгыз.

Сез матди яктан бәйсез булганчы яки пенсиягә чыкканчы көтмәгез; хәзер башлап сәяхәттән ләззәтләнегез. Финанс бәйсезлегенә ирешкәч, корпоратив эштән чыгуыгызны кичектерү - финанс буфер булдыру акыллы карар. Киләчәк ихтыяҗларыгызны һәм чыгымнарыгызны бәяләү төгәл фән түгел, шуңа күрә буфер булу сезгә яңа һәм потенциаль кыйммәтрәк проектларны тормышка ашыру өчен күбрәк мөмкинлекләр һәм сыгылмалар бирәчәк, финанс бәйсезлеген планлаштырган вакытта уйламагансыз.

Эшегезне ташлап китү вакытыгызны һәм көчегезне туплаган башка проектлар булганда яхшырак. Минем очракта, Google-ны ташлап китү өчен иң яхшы вакыт иде, чөнки миндә Adamantium Fund һәм Afrobility подкасты бар иде. Ләкин, алга таба нәрсә эшләргә уйламыйча киткән булсам, мин "пенсия блюзын" кичергән булыр идем. Бу күңелсезлек яки бушлык хисе, сез кинәт тулы вакытлы эштән көненә сигез сәгать телевизор карарга буш вакытка күчкәндә барлыкка килергә мөмкин [Көлә]. Моны булдырмас өчен, сезне кызыксындыру өчен, башка чаралар яки проектлар булырга тиеш. Минем очракта мин пенсия блюзын кичермәдем, чөнки Адәмантиум Фондына дүрт нигез салучы белән шалтыраттым һәм Google'дан киткән көнне бер көн киләсе Афробилизация эпизодына әзерләндем. Мин шалтыратулар арасында бүлмә тирәсендә биедем. Бу искиткеч иде.

Ниһаять, эшләмәскә теләгәнне сынап карау өчен берничә ай сабантуй яки мини пенсиягә чыгу турында уйлагыз. Мин моны үзем эшләдем һәм Google'дагы эшемне калдырганчы өч ай ял иттем. Бу миңа үз фондымда, подкастта һәм башка шәхси проектларда эшләргә ошыймы-юкмы икәнен күрергә мөмкинлек бирде, һәм шулай ук минем көннәрне ничек төзергә һәм вакытымны үткәрергә теләгәнем турында уйларга мөмкинлек бирде. Бу күчүгә әзерләнергә һәм эшемне ташлагач, вакытымнан файдаланырга ярдәм иткән кыйммәтле тәҗрибә иде.

**Ачани Сэмон Биау:** Бу бик акыллы. Own3 траекториямне искә төшереп, мин сезнең теләгән тормышка күчүемне җиңеләйтмәвемне аңладым. EdTech космосында стартап булдыру турында аңлаешсыз идея белән Парижга баргач, алдан әзерләнмәдем. Мин үзем теләгән тормышны сынап карарга җитәрлек игътибар итмәдем, бу күчүне кирәк булганнан катлаулырак итте. Шуңа күрә мин тамашачыларга сезнең планнарыгызны киптерү никадәр мөһим икәнлеген әйтәсе килә. COVID-19 пандемиясе мине бераз тикшерергә мәҗбүр итте. Otherwiseгыйсә, күчү күпкә авыррак булыр иде. Әгәр дә сез 21 яшь булсагыз, кызыксынуларыгызны һәм хоббиларыгызны тикшерегез. Эшләр башлагыз һәм алар сезне чыннан да әсир итәме икәнлеген карагыз. Финанс бәйсезлегенә ирешкәч, корпоратив яки бизнес тормышыгызны калдырганнан соң эшләргә теләгән эшләргә вакыт бүлеп бирү өчен берничә айга тагын бер сабантуй алыгыз. Сезнең өчен иң яхшы эшне тапканчы, алар сезне ничек хис итәләр һәм кабатлыйлар.

**Олумид Огунсанво:** Әйе. Мин һәркемне шәхси проектлар һәм янгыннар белән сынап карарга өндим, чөнки бу аларга яңа күнекмәләрне үзләштерергә, яңа кызыксынулар үстерергә, яңа кешеләр белән танышырга, тормышта үз теләкләрен һәм максатларын табарга булыша ала. Профессиональ тормышыгызнан тыш хоббиларга һәм проектларга вакыт бүлеп, сез яңа өлкәләрдә белем һәм тәҗрибә туплый аласыз, бу сезнең белән кызыклырак кеше булыр. Сезнең корпоратив барлыгыгызга гына игътибар итү урынына, сез башкалар белән фикер алышу һәм уртаклашу өчен төрле темаларга ия булачаксыз.

Әгәр дә без үз-үзебез белән намуслы булсак, безнең күбебезнең кулда вакытыбыз күп, ләкин без аны еш куллана алмыйбыз. 20 яшьләремдә мин күпчелек көннәрдә берничә сәгать видео-уеннар һәм телевизион тапшырулар уйнадым, шуңа күрә мин ял итү белән шөгыльләнергә мөмкин. Ләкин, артка борылып карасам, мин тикшерә һәм тәҗрибә ясый алган башка бик күп әйберләр барлыгын аңлыйм, ләкин хәтта беркайчан да уйламадым.

Бу шәхси проектлар ахыр чиктә керем китерә торган бизнеска әйләнергә мөмкин, ләкин аларны өйрәнүнең төп максаты акча өчен түгел, ә яшь вакытта вакыт һәм көч сарыф итәргә яратканны табу өчен эксперимент ясап үзеңне яхшырак аңлау. . Утызынчы-кырык яшькә җиткәч, сез күп еллар тәҗрибә үткәрерсез һәм сезне кызыксындырган нәрсәне сынап карый аласыз, ул YouTube видеолары, подкастинг, язу, блог ясау, покер уйнау яки йөрәгегез теләгән башка нәрсә. Ахырда сез үзегезнең вакытыгызны һәм көчегезне күбрәк багышларга теләгән чараларны яки проектларны табарсыз.

Бу проектлар белән еллар дәвамында тәҗрибә ясаганнан соң, сез аларны монетизацияләү юлларын таба аласыз. Бу синергистик эффект булдырып, финанс бәйсезлегенә тагын да тизрәк ирешүне җиңеләйтәчәк. Финанс бәйсезлегенә якынлашкан саен, сез яраткан проектларыгызга күбрәк вакыт сарыф итүнең нинди булуын сынап карау өчен сабантуй үткәрә аласыз.

Ахырда, төрле шәхси проектлар белән тәҗрибә үткәрү тормышны канәгатьләндерергә мөмкин. Afrobility подкастын башлагач, мин үземне бәхетләрәк хис иттем. Яңа әйберләрне сынап, тормышыгызны яшәр өчен финанс бәйсезлеген көтмәгез. Хәзер яңа әйберләрне сынап карагыз!

**Ачани Сэмон Биау:** Мин сезнең белән тулысынча килешәм. Миңа тагын бер катлам өстәргә рөхсәт итегез. Егерменче елларда эксперимент башлау өчен берничә өстенлек бар. Беренчедән, бу сезнең тормышыгызда экспериментның иң аз чыгымнары булган чор. Сезнең яшәү бәясе түбән, керемегез дә түбән. Икенчедән, экспериментның социаль яки мәдәни бәясе түбән булган вакыт. Әгәр дә сез подкастта уңышсызлыкка ирешсәгез, сез аны Җиңел генә булдыра аласыз. Өченчедән, сезнең гаиләгез яки балаларыгыз булмаганлыктан, сезнең хәзерге вакытка караганда күбрәк вакытыгыз булырга мөмкин.

Хәзер без финанс бәйсезлегенә ирешү принциплары һәм процессы турында сөйләшкәннән соң, сезнең тормышыгызның финанс яктан бәйсез булганнан ничек үзгәргәнен беләсем килә. Аерым алганда, сез көндәлек тәртибегез яки графигыгыз ничек үзгәргәненә конкрет мисаллар китерә аласызмы? Мәсәлән, сез соңрак уянасызмы яки азрак эшлисезме? Сезнең көндәлек тормышыгызда нинди сизелерлек аермалар бар?

**Олумид Огунсанво:** Акрынлап үзгәрү минем тормышымның төрле вакыйгалары аша булды. Беренче этап 35 яшендә финанс бәйсезлегенә ирешү иде, ләкин ул вакытта бернәрсә дә үзгәрмәде. Подкастны киңәйткәндә мин Google'да төп эшемне дәвам иттем.

Ләкин, 35 белән 37 арасында күп нәрсә үзгәрде. Мин үземне уңайлырак хис иттем, чөнки финанс яктан бәйсез идем, һәм мин үз шартларым белән эшли алыр идем. Эшемнән китү турында уйлана башлагач, зур үзгәрешләр булды. Подкаст һәм фонд үсә иде, һәм бу табигый күчү булды, чөнки минем шәхесем Google һәм корпоратив тормышымны ассызыклау өчен үсә. Минем шәхесем әкренләп түбәндәгечә үзгәрде:

Googler (2014-2020) -> Googler & Podcaster (2020-2021) -> Podcaster, Investor & Googler (2021-2022) -> Инвестор & Подкастер (2022-Бүген)

Мин Google'дан күчүне бик Җентекләп планлаштырган идем, шуңа күрә ул шома үтте. Google'дан киткәч, мин үз вакытымны бүтәнчә үзгәрттем, ләкин гомумән алганда, минем тормышым охшаш иде. Аерма шунда: мин үземне уңайлырак хис иттем, шәхси проектлар белән эксперимент ясау өчен күбрәк агентлыгым бар иде. Google'да вакытымның азагында, мин үземне Podcaster, Investor & Googler итеп күргәч, бүтәннәрне эзләү өчен киңлек киңлеге юк иде. Ләкин Google'дан киткәч, минем шәхси проектларыма, шул исәптән FIREDOM китабын язуга күбрәк вакыт бирелде.

Минем график ничек үзгәрде дигән сорауга Җавап бирү өчен, мин сәяхәтемдә графикка һәм яшәү рәвешемә үзгәрешләр керттем, шуңа күрә Google'дан киткәч тормышым үзгәрмәде. Мин теләгән тормышны булдыру өчен Google'дан китүне көтмәдем. Сез теләгәнне алу өчен тормыш бик кыска.

35 яшемдә мин бик ерак булдым, бу миңа матур Майами шәһәренә күченергә мөмкинлек бирде. Нәкъ шул вакытта мин Afrobility подкастын башладым. Бер елдан соң, 36 яшемдә, мин Адәмантиум фондын башладым. Аннары 37 яшемдә, мин корпоратив эшемне Google'да калдырдым. Мин кинәт, драматик сменага түгел, ә эксперимент аша әкренләп үзгәрүне өстен күрәм.

Мин күп акчага корпоратив тормышка кире кайтыр идемме? No.к. Мин бүтән кеше өчен эшләп, нәрсә эшләргә кирәклеген әйтә алмыйм. Фикер Җирәнгеч. Ике ел ярым элек (2020-нче елда) финанс яктан бәйсез булсам да, һәм мин узган ел (2022-нче елда) Google-ны ташлап китсәм дә, мин хәзер үз тормышым белән күнеккән идем. Миңа финанс яктан бәйсез булмауны күз алдына китерү кыен. Мин тормышымны яратам!

**Ачани Сэмон Биау:** [Елмаеп] Бүген бик күп аңлатмалар. Финанс бәйсезлегенә омтылу аша үзегез турында нәрсә белгәнегезне сорарга телим. Сез берничә эксперимент үткәрдегез, сез үзегезне һәм максатларыгызны аңларга якынлашкан кебек тоелсагыз, яки тәҗрибәләрегез яңа ишекләр ачкан булса, кызыксынам. Сез финанс бәйсезлегенең яңа бүлегендә ничек үсүегезне һәм чәчәк атуыгызны бүлешә аласызмы?

**Олумид Огунсанво:** 32 яшемдә һәм финанс бәйсезлегенең яртысында, мин киләчәгемне күз алдына китерергә вакыт таптым һәм географик бәйсезлек минем гомуми бәхетем өчен бик мөһим икәнен аңладым. Башта мин географик бәйсезлеккә финанс бәйсезлеге белән генә ирешеп була дип ышандым, чөнки корпоратив дөньядан теләгән җиремдә яшәргә кирәк дип уйладым. Географик бәйсезлекнең кыйммәтлеген танып, мин аңа тулысынча финанс бәйсезлегенә ирешкәнче эшли башладым. Бу миңа финанс иреккә сәяхәтемдә географик бәйсезлекнең күп өстенлекләрен алырга мөмкинлек бирде.

Ниһаять, COVID-19 башлангач, мин бөтенләй ераклаштым һәм географик бәйсезлекнең өстенлекләрен аңладым. Мин әле тулысынча финанс яктан бәйсез булмасам да, ерактан ук эшли алу миңа финанс бәйсезлегенең өстенлекләренең 50-70% бирде. Рәхмәт COVID-19.

Әгәр дә сез ерактан эшләргә һәм географик яктан мөстәкыйль булырга мөмкинлек тапсагыз, аны тизрәк алыгыз. Аның бик күп өстенлекләре бар, сез әле финанс яктан бәйсез булмасагыз да.

Мин конкрет мисал белән мисал китерим: мин беркайчан да эшләмәсәм дә, мин Гватемалага дүрт атна барып, аннан Google'да эшли алуымны аңладым. Мин дә Испаниягә бер ай барып, шулай ук эшли алыр идем. Бу утызынчы еллар башында мөмкин дип уйламаган әйберләр иде, ләкин географик бәйсезлек һәм ерак эш белән ул чынбарлыкка әйләнде. Мин һәркемгә финанс бәйсезлегенең кайбер өстенлекләрен кичерү юлларын табарга өндим. Географик бәйсезлек һәм ерак эш - берничә мисал. Көтмә. Эксперимент ясагыз һәм сезнең өчен нәрсә эшләгәнен карагыз!

Ниһаять, мин географик яктан мөстәкыйль булу мине үз-үземне ачу сәяхәтенә алып барганын белдем, бүгенге көнгә кадәр. Берничә ел финанс яктан мөстәкыйль булсам да, Google-ны калдыру тормыш рәвешенең кискен үзгәрүенә китермәде, чөнки мин инде еллар дәвамында арта торган үзгәрешләр керттем.

**Ачани Сэмон Биау:** Күрәм. Сез ниндидер яңа принципларны очраттыгызмы, яисә финанс бәйсезлегенә ирешкәннән бирле тормыш турында булганнарны яхшырак аңлыйсызмы?

**Олумид Огунсанво:** Минем уйлавымча, һәркем мөмкин кадәр тизрәк финанс яктан бәйсез булырга омтылырга тиеш. Ул чиксез мөмкинлекләр ача, сезгә кайчандыр мөмкин булмаган кебек эшләргә мөмкинлек бирә. Минем тормыш бик күңелле. Минем теләгәнне эшләргә ирегем бар. Мин бүген (чәршәмбе) Испаниягә сәяхәткә һәм сишәмбегә кайту өчен билет ала алыр идем. Мөмкинлекләр чиксез. Мин һәрвакыт финанс яктан бәйсез яшәү рәвеше гаҗәп булыр дип уйладым, ләкин бу минем өметләремнән артты.

Мин моны һәркем өчен чын күңелдән телим, шуңа күрә мин аңлау һәм башкаларны финанс бәйсезлегенә этәрү өчен бик дәртле. Минем максатым - кешеләрне финанс иреге белән кызыксынырга һәм дулкынланырга дәртләндерү һәм аңа ирешү өчен кирәкле адымнар ясау. Финанс бәйсезлеге банкта миллионлаган доллар туплау турында гына түгел. бу сезнең кыйммәтләрегезгә һәм омтылышларыгызга туры килгән тормыш турында. Бу вексельләр яки бурычлар турында борчылмыйча, үз теләкләрегезне куяр өчен җитәрлек ресурсларга ия булу дигән сүз. Бу эшкә яки урынга бәйләнмичә үз юлыңны сайлау иреген алу дигән сүз. Бу миңа сәяхәт итү, яңа күнекмәләр алу, кызыклы проектлар башлау, гаиләм һәм дусларым белән сыйфатлы вакыт үткәрү иреген бирде. Бу шулай ук миңа хикәям белән уртаклашырга һәм башкаларга үзләренең финанс ирегенә ирешергә булышырга мөмкинлек бирде.

Мин Лагоста, Нигериядә тыйнак гаиләдә үстем. Мин бик күп авырлыкларны җиңдем, шул исәптән 27 яшемдә бизнес мәктәбе бурычы. Ләкин мин түздем һәм 35 яшемдә кыйммәткә нигезләнгән тормыш алып, финанс бәйсезлегенә ирештем. Мин сәяхәтне яраттым, һәм финанс бәйсезлеге китергән ирек өчен мин бик рәхмәтле. Барысы да шундый ук хәл кичерсен иде.

Сез дә аңа ирешә аласыз. FOMO - сезнең хыялларыгызны җимерә алган иң зур караңгы матдә. Башкаларның булган әйберләренә омтылу сезне чын теләкләрегездән читкә алып китә, үз-үзегезне ачуга һәм эзләнүләргә комачаулый. Финанс шартлары һәм максатлары сез тулысынча аңлый алмаган кеше белән эзләнергә тырышканда, бу артык чыгымга китерергә мөмкин. Мәсәлән, сезнең дустыгыз BMW сатып алырга мөмкин, ләкин алар миллионер булырга яки бурычка батырга мөмкин. Аларның кыйммәтләрен, керемнәрен, чыгымнарын, омтылышларын аңламыйча, башкаларның чыгым стратегиясен охшату авыр. FOMO чыгымнары табигый проблемалы, чөнки ул тулы булмаган мәгълүматка таяна.

**Ачани Сэмон Биау:** Бурыч идеясы АКШта данланган, кешеләрне алар кирәк булмаган яки кирәк булмаган, ләкин җәмгыять яки күршеләре бәяләгән әйберләрне сатып алу өчен бурычны куллана алуларына ышандырырга этәрә. Раштуа бәйрәмен үткәрмәгәндә зур декоратив агач сатып алган кебек. Сез безне гадәти атнада йөртә аласызмы, шуңа күрә кешеләр финанс яктан бәйсез кеше өчен тормышның нинди булуын күз алдына китерә алалар.

**Олумид Огунсанво:** Кызык. Сорауга Җавап бирү урынлы булырмы, белмим, чөнки ул укучыларны аера ала. Киресенчә, миңа шәхси вакыт белән идарә итүдә фәлсәфәм белән уртаклашырга рөхсәт итегез. Минем вакытым үземнеке дип саныйм, һәм мин аның белән теләгәнне эшләргә ирекем бар. Күпчелек финанс яктан мөстәкыйль кешеләр бөтен көнен ял эшләренә үткәрмиләр. Чөнки кешеләргә максат, канәгатьлек, шатлык хисе кирәк, алар ял итү генә бирә алмый. Мисал өчен, мин иртәгә 12 Йолдызлы Сугыш фильмын карый алыр идем, ләкин популяр ышануга каршы, минем көнем ял итү белән тулы түгел һәм мин күпчелек вакытны тамашаларда яки пляжларда үткәрмим [Елмаю].

Соңгы ике елда бәхет, үз-үзеңне канәгатьләндерү, тормыш канәгатьлеге турында күп китаплар укыгач, мин аңладым, бәхетле тормыш өчен ингредиентлар Җәмгыять, дуслар, сәламәтлек, автономия һәм өзлексез шәхси үсеш. Минем көн бу әйберләр белән әйләнә. Эчке омтылышларыма карамастан, мин башкалар белән аралашырга тырышам. Ай саен яисә мин кешеләрне берләштерү өчен чаралар оештырам. Мин Самонны узган атнада (2023-гыйнварда) күрдем, чөнки Сан-Францискода чара оештырдым. Африка Тех экосистемасы турында күбрәк белү һәм өлеш кертү өчен, дустым Банколь белән Afrobility подкастын яздырам. Мин нигез салучыларга үз компанияләрен үстерергә һәм Адәмантиум фонды кысаларында клиентлар өчен продуктлар ясарга булышам.

Минем көнем мине бәхетле итә алырлык элементларга ирешүгә юнәлтелгән шәхси проектларның берләшмәсеннән тора. Минем өчен мөһим һәм мәгънәле әйберләр эзләү вакыты бар. Мин көндәлек график белән бик канәгать, чөнки бу күңелле һәм көндәлек маҗаралар.

Бу минем ФИРЕДОМ тормышымның кыскача нәтиҗәсе. Тагын нәрсә әйтә алам? Бу гаҗәп һәм мин аны яратам!

Бу соңгы бүлек, әйдәгез укучыларыбыз өчен кыскача мәгълүмат бирик. Сэмон, сезнең хикәягезнең берәр ягы бармы - балачактан, бизнес мәктәбеннән, мәгарифтән, карьерадан, һәм финанс бәйсезлегенә сәяхәттән - сез безнең аудитория өчен күрсәтергә телисезме?

**Ачани Сэмон Биау:** Әйе. Сезнең финанс бәйсезлегенә ирешү мөмкинлеген арттыручы принциплар турында сөйләштек. Олумид белән без бер үк вакытта бу принципларны татып карамадык. Бу принциплар - финанс бәйсезлегенә ирешкән кешеләр үз тормышларында ниндидер вакытта өйрәнгәннәр, гәүдәләндергәннәр һәм кулланганнар.

Балачактан ук күп нәрсәне исәпкә алырга кирәк. Минем өчен әтиемнең бухгалтерлык эше белән танышу һәм башка шәһәрдә үз финансларым белән идарә итү миңа үз-үземә ышанырга һәм үз-үземә ышанырга өйрәтте. Бу тәҗрибә үзем турында уйлау, үземә таяну һәм эшләрне башкара алуыма ышану сәләтен нормалаштырды. Бу беренче зур мизгел иде.

Университет елларым Котонуда әти-әниемнән ерак яшәгәндә үз-үземә ышануымны һәм үз-үземә ышануымны тагын да ныгытты. Минем әти-әниемнән меңләгән чакрым ераклыкта Франциядә булу үз-үзеңә ышану һәм үз-үзеңә ышану мөһимлеген өстәде. Бу вакыт эчендә мин кызыксынуымны һәм башкалар турында мөстәкыйль фикер йөртүен саклап калдым. Мин үземнең шәхесем турында ачык идем, тулы Җаваплылык һәм Җаваплылык алган вакытта чишелешләр турында иҗади булырга әзер идем.

Беренче карьерамда мин сәяхәткә булган мавыгуым белән туры килгән эшкә урнашу бәхетенә ирештем, бу минем башка культураларны барлау һәм батырлыгымны арттырды. Минем амбициям профессиональ һәм финанс яктан югары профессиональ сервис фирмалары кешеләре белән аралашуым аркасында һәм аналитик буларак югары хезмәт хакы алганым аркасында күтәрелде. Әгәр дә мин Парижда бүтән эшкә урнашкан булсам, минем амбициям югары булмас иде, һәм мин бизнес мәктәбендә укымаган булыр идем.

**Олумид Огунсанво:** Әйе. Шулай ук, сезнең экспозициягә нигезләнеп.

**Ачани Сэмон Биау:** Төгәл. Бу ноктага Җиткәч, мин 20гә якын илгә сәяхәт иттем, Германиядә ясаганнан өч-биш тапкыр күбрәк акча эшләдем. Шулай итеп, мин хезмәт хакын арттыру яки ел саен тагын берничә илгә бару турында уйламадым. Шулай да, идарә итү консалтингында, шәхси капиталда, хедж фондларында кешеләр белән танышу миңа үземә югары амбицияләр куярга булышты.

**Олумид Огунсанво:** Шуңа күрә сез үзегезне яңа идеяларга, төшенчәләргә һәм кешеләргә күрсәтергә тиеш. Otherwiseгыйсә, сезнең амбиция дәрәҗәсе сезнең хәзерге мохиттә булганнарның уртача күләме белән чикләнәчәк.

**Ачани Самон Биау:** Франциядәге дусларымның күбесе МВА яисә чит ил тормышын эшләгәннән соң файдасын аңламадылар. Минем якын дусларымның бишесе INSEADда башкаручы МВА эшләрен дәвам иттеләр һәм миңа: "Син мине МВА алырга рухландырдың", - диде. Күпчелек кеше хәзер Берләшкән Гарәп Әмирлекләрендә яки АКШта эш мөмкинлекләре турында сорыйлар. Йомгаклап әйткәндә, экспозиция сезнең амбицияләрегезне формалаштыруда мөһим роль уйный. Сезнең хәзерге мохитегездә күп мөмкинлекләр булмаса да, үзегезне зуррак түгәрәкләр белән әйләндереп алырга тырышыгыз, бу сезгә югары максатлар куярга ярдәм итәчәк. Бәхеткә, мин күп нәрсәгә дучар булдым, һәм минем амбициям күктә иде. Мин иң яхшы 10 МВА мәктәбенә мөрәҗәгать иттем.

**Олумид Огунсанво:** Әйе. Сез инде Дойче Телекомда идегез.

**Ачани Сэмон Биау:** Төгәл. МБА алырга уйлагач, бу хезмәт хакын арттыру өчен генә түгел иде. Мин аена якынча 10,000 $ эшләп, чит ил кешесе буларак бик күп акча эшләдем. МБАдан соң, мин аны BCGда ай саен 12000 долларга кадәр бәрергә җыендым. Хезмәт хакын арттыру минем өчен иң зур этәргеч түгел иде. Мин амбицияне бизнес мәктәбенә алып бардым һәм яңа максатлар куйдым. Мин дөньяны үзгәртү потенциалына ия булган әйберне башлау өчен технология яки консультациядән читтә калырга теләдем. Дойче Телекомда эшләгәндә, андый амбицияле максатлар куярга һәм тормышка ашырырга өлгермәдем. Ләкин дөньяны күреп, белем алганнан һәм челтәр төзегәннән соң, мин зур хыялланырга тиешлеген белдем.

Башта мин ясый алган тәэсир масштабы турында уйладым, ләкин ахыр чиктә мин глобаль йогынты турында уйлана башладым. Зуррак нәрсәгә күчү минем өчен бик матур мизгел иде. Мин үземнең зур амбицияләремә омтылганда финанс бәйсезлек максатын куярга тиешлеген белә идем.

**Олумид Огунсанво:** Көтелмәгән ми операциясе сезнең хикәягездә нинди роль уйнады?

**Ачани Сэмон Биау:** Бу бәхетсез һәм куркыныч мизгел булса да, баш мие операциясе миңа бик ачыклык бирде. Операция өстәлендә булганда, мин үлгән яки функциональ яктан чыга алганымны аңладым. Мондый вакыйгалар белән очрашканда, сезнең уйларыгыз ачыклана. Бу мизгелдә минем бердәнбер уйларым минем дөньяга һәм гаиләмгә тәэсир итәсе иде. Вакытның кыйммәте күпкә кыйммәтләнде.

**Олумид Огунсанво:** Бу утызынчы еллар уртасында булды, сез әле 50-60 ел яшәргә тиеш дип уйлаганда. Бу турыда уйлау бик куркыныч.

**Ачани Сэмон Биау:** Күз алдыгызга китерә аласызмы? Операция өстәлендә булганда, минем уйым шулкадәр ачык иде ки, хәтта BCGдагы эшем яки клиентларым презентациясе турында уйламый идем. Киресенчә, минем уйымда ике сорау туды: әти-әниемә кунакка бару, дуслар белән вакыт үткәрү, көлү кебек гади нәрсәләрдә мин ничек күбрәк бәхет таба алам? Дөнья шау-шуыннан читләшмичә, мин үземнең зур максатларыма ничек игътибар итә алам?

Операциядән уянгач, барысы да ачыкланды. Консультация бетү чарасы гына иде. Мин тирән кичергән авырту пунктларында тәҗрибә ясарга теләдем, һәм финанс иреге моңа ирешергә мөмкинлек бирде. Моңа кадәр финанс ирегем булса да, ул операциядән соң булган кебек тәвәккәл түгел иде. Хәзер, Excel моделем "мин күпме акча эшли алам? "мин" кирәкле акча эшләү өчен күпме вакыт сарыф итә алам? "

**Олумид Огунсанво:** Вакытка оптимизация, ул акчага караганда кыйммәтрәк валюта.

**Ачани Сэмон Биау:** Финанс моделен яңадан эшләдем, төшү көнен BCG-да артка күчерергә мөмкинлек биргән вариантны өстәдем. Бу миңа күпме сакларга һәм бонусымның зурлыгы кебек параметрларны билгеләргә булышты, мине финанс бәйсезлегенә ирешү миссиясенә юнәлтте. BCG-ның абруйлы илчесе программасына гариза бирү зур мөмкинлек кенә түгел, табышымны икеләтә арттыру мөмкинлеге булды, шуның белән финанс бәйсезлегенә юлны тизләтте. Баш мие операциясе минем уңышларымның катализаторы булды. Укучыларыбыз өчен, мин аңлаешлы булырга ярдәм итүче өзгеч FTE табуның мөһимлегенә җитәрлек басым ясый алмыйм, кирәк булса, аны үзегез инженерлагыз.

Зонада булгач, аны тотып башкарыгыз. Вәсвәсәләр һәм комачаулыклар сезне читкә алып китәчәк.

Ниһаять, сезнең балаларыгыз булса, аларга үз-үзегезгә ышану һәм үз-үзегезгә ышану тәҗрибәсен күрсәтегез. Аларны беренче урынга куегыз һәм аңлагыз, сездән ерак вакыт аларның үсешен тизләтә. Аларга тиз өйрәнергә һәм хаталар ясарга мөмкинлек бирегез. Аларны башка илләргә алып барыгыз һәм аларга дөньяның ничек эшләвен күрсәтегез.

**Олумид Огунсанво:** Димәк, алар яңа мохиттә уңышлы булырга өйрәнә алалармы?

**Ачани Сэмон Биау:** Төгәл. Кызык булыгыз. Күптән түгел Дублинга, Ирландиягә сәяхәт вакытында, минем Uber шоферым белән кешеләрнең Дублинда ничек уңышлары турында сөйләштем. Без югары салым мохите һәм булган табышлы технология эш урыннары турында сөйләштек. Мөмкин кадәр күбрәк кеше белән сөйләшү мөһим, ләкин эшләгәннәрен күчереп кенә тормаска. Киресенчә, аларның тәҗрибәләрен үз көчегез һәм осталыгыгыз белән бәйләгез.

Карьераңның беренче этабында уңайлы эшләргә урнашма. Бик амбицияле бул һәм югары максатка иреш. Yourselfз-үзегездән сорагыз: "Ничек мин аналитиктан директор позициясенә күчә алам?" яки "Генераль директор булу өчен нәрсә кирәк?" яисә "Бу зурлыктагы компанияне башлау өчен нәрсә кирәк?"

Амбицияңне күтәр, кыю бул, яхшы эшең өчен бүләк итеп алты ай саен реклама яки бонус алу белән канәгать булма.

**Олумид Огунсанво:** Әгәр сез рөхсәт итсәгез, компанияләр сезгә валчыклар ашатырлар. Аларның йогынтысы сезнең амбициягезне киметсә, яшьтәшләрегез төркеменә карагыз. Сезнең яшьтәшләр төркеме сезне хәзер тотып торган иң зур нәрсә булырга мөмкин. Хикәяләребезне укып, без сезне сизә алырлык чиктән тыш уйларга һәм зуррак нәрсәгә омтылырга дәртләндерербез дип ышанабыз. Кайда булуыгыз белән канәгать булмагыз, чөнки дусларыгыз тормышлары белән канәгать. Онытмагыз, һәркемнең максатлары, омтылышлары төрле.

Мөмкин булган нәрсәләрнең чикләрен куегыз һәм урта тормыш белән яшәмәгез. Канәгатьсезлек сизү сезне тагын да күбрәк нәрсәгә этәрә ала. Шуңа күрә без бу китапны язабыз. Безгә акча кирәк түгел, без инде финанс яктан бәйсез. Ләкин без башкаларга булышырга һәм үзебезне үстерергә телибез. Без финанс бәйсезлегенә ирешсәк тә, кызыксынып, шәхси үсешкә тугры калабыз. Кеше үскәч канәгатьлек дәрәҗәсен тоя.

**Ачани Сэмон Биау:** матур. Сезнең белән тулысынча килешәм. Сезнең традицион 9-дан 5-гә кадәр эшегез тәнегез зәгыйфьләнгәнче һәм 70 яшендә пенсиягә чыкканчы эшләргә этәрелгән. Ләкин, финанс бәйсезлеге белән, сез бу срокны кысып, 10-20 ел эчендә тычкан бәйгесеннән чыга аласыз. . Шул рәвешле, сез финанс яктан куркынычсыз булганда иң яхшы елларыгызны үткәрә аласыз. Финанс бәйсезлеге - гади тигезләмә - рациональ рәвештә күп акча эшләгез һәм артык акча эшләмәгез. Калган акча берләшәчәк һәм ахыр чиктә сезне финанс яктан бәйсез итәчәк. Эссенциализм критик. Керемегезне арттыру белән чыгымнарны кимету өчен кирәк дип саный торган әйберләргә игътибар итегез. Бу тәртип һәм Җәза таләп итәчәк, ләкин ахырда ул бәяләнәчәк.

Бүген мин үз тормышымны яратам. Мин үземә ошаган әйберләрне сәяхәт итә белү, яңа телләр өйрәнү, яңа проектлар белән танышу, тинкеринг кебек эшләргә яратам.

**Олумид Огунсанво:** FIREDOM гаиләсенә кычкыр!

**Ачани Сэмон Биау:** Олумид белән очрашу минем өчен истәлекле вакыйга булды. Без язулар алмаштык, тормышыбыз турында хикәяләр уртаклаштык. Бу бик матур иде, чөнки фикер йөртүегезне киңәйткән кешеләр белән сөйләшү бик яхшы. Мин сезнең белән бу китап өстендә эшләү тәҗрибәсен яратам. [Елмая]

**Олумид Огунсанво:** Мин дә сезнең белән эшләргә яратам. [Елмая] Без астроглар идек һәм ясадык. Искиткеч! Менә минем тормышымның хикәясе.

Мин Лагоста, Нигериядә үстем һәм зур ирек белән үстем. Мин үз-үземә ышандым, үз-үземә ышаныч үстердем, чөнки мин академик яктан югары дәрәҗәгә ирештем. Нәтиҗәдә, мин Америкага күченү бәхетенә ирештем, чөнки минем урта мәктәптә эзлекле рәвештә югары класслар бар иде. Уңыш минем әти-әниемнең мөмкинлегендә роль уйнаган булса да, минем класслырым зуррак нәрсә өчен потенциалны күрсәтте

Мин Америкага 17 яшемдә күчендем һәм тиз арада үземә таянырга өйрәндем, чөнки минем турында бүтән беркем дә кайгыртмаячагын белә идем. Иммигрант буларак, минем ярдәм челтәре юк иде, шуңа күрә мин үз-үземә ышанырга тиеш идем. Уңышымда уңыш роль уйнаган булса да, мин каршылыкларны җиңәр өчен бар көчемне куйдым. Your-self3-үзеңне белү һәм аңа ышану, дөрес әйберләр өстендә эшләү, яңа әйберләр белән сынау һәм үзеңне дөрес кешеләр белән әйләндереп алу, син бәхетле булу мөмкинлеген арттырасың. Тормышта уңышның көчен бәяләп бетермәгез, шулай ук уңышның бердәнбер чыганагы буларак аңа таянмагыз. Киресенчә, уңышка ирешү мөмкинлеген арттыру өчен, үзеңне һәм осталыгыңны үстерүгә игътибар ит, алар барлыкка килгәндә мөмкинлекләргә әзер бул.

Киләсе әйбер шәхси үсеш иде. Мин кечкенәдән үк шәхси үсешкә игътибар иттем, чөнки мин табыш потенциалын арттыру кирәклеген белә идем. Шуңа күрә мин химия инженериясен өйрәндем һәм Оксфордта да, МИТта да алдынгы дәрәҗәләргә омтылдым. Мин шәхси үсешемә өстенлек бирүне дәвам итәм, көн саен яңа әйберләр өйрәнү өчен вакыт бүлеп куям. 2023 елның май аена минем көндәлек юнәлешләрем: шимбә көннәрендә мөнәсәбәтләр һәм продуктлар белән идарә итү, якшәмбе көнне сәламәтлек һәм сату, дүшәмбе көнне ЯИ, сишәмбе көнне болыт һәм автоном автомобильләр, блокчейн, веб3, чәршәмбе көнне крипто, һәм China Tech & India Пәнҗешәмбе көнне техника, җомга көнне Африка Тех.

Шәхси үсеш - кеше капиталын үстерүнең төп катламы диярлек. Шуңа күрә сез бу китапны сатып алдыгыз. Бу китап финанс бәйсезлеге турында, ләкин шәхси үсеш турында тагын да күбрәк.

Минем финанс яктан бәйсез булуым турында ачык күзаллавым бар иде, чөнки мин эш бирүченең ярдәме белән булырга теләмәдем. 21 яшемдә беренче эшемне югалту борылыш булды. Мин шунда ук белдем, бер компания дә минем турында бук бирмәде. MJ DeMarco "FTE" яки "бу вакыйганы алыгыз" дип атаган бу вакыйга минем өчен уяну иде. Бу миңа тормышымны контрольдә тотарга кирәклеген аңлады. Әгәр дә сез бу китапны укыйсыз икән, сез финанс бәйсезлегенең мөһимлеген аңлар өчен үзегезне өметсез хис иткән шартлар тудырырга тиеш. Сезгә финанс бәйсезлеге бик мөһим икәнен аңлар өчен, сез үзегезнең FTE вакыйгасын, яшь вакытта кичергән кебек, оештырырга тиеш.

**Ачани Сэмон Биау:** Сез хәзер әйткәннәр минем өчен тагын бер кат аңлау. Бу FTE - кешеләрне теләгән кешеләрдән аеручы күпер. FTE - тормышыгызны үзгәртергә кирәклеген аңлау белән тәмамланган вакыйга. Минем FTE консультация карьерамда операция ясаганда булды. Мин аңладым, академик һәм профессиональ казанышларыма карамастан, мин һаман да зәгыйфь һәм зәгыйфь идем. Мин аңладым, минем казанышларым мине шәхес итеп билгеләмәгән тышкы факторлар. Кызганычка каршы, һәркемнең дә FTE булу бәхете юк.

**Олумид Огунсанво:** М.Ж. ДеМарко фикеренчә, FTE вакыйгасын кичергәнгә ышанмасаң, мөгаен. Бер тәҗрибәне эшләгәндә, бу сезнең тормыш траекториясен үзгәртәчәк һәм киләчәккә кыйммәтләрегезне һәм максатларыгызны үзгәртәчәк ачык һәм үзгәрүчән мизгел булачак. Башка сүзләр белән әйткәндә, FTE вакыйгасы - сезнең тормышыгызда зур йогынты ясаучы әйбер, һәм сез аны кичергәнегездә шик юк.

**Ачани Сэмон Биау:** Төрле яшь төркемнәре өчен берничә уй:

Балаларыгыз өчен: Әгәр сез баланы финанс бәйсезлегенә әзерләргә телисез икән, аларны бүген сезнең гаилә финанслары белән идарә итүдән башлап җибәрегез. Алар өй бюджетын идарә итсеннәр, сез бик яшь дип уйласагыз да. Кешеләр чиксез сәләтле. Мин 7 яшемдә көнкүреш бюджетыннан күбрәк эшләдем; Мин урта предприятиянең P&L белән эш иттем. Балаларыгызга олылар кебек карагыз һәм аларга җаваплылык белән ышаныгыз. Алар уңышка ирешергә яки уңышсыз булырга мөмкин, ләкин алар тәҗрибәдән өйрәнәчәкләр.

Студентлар өчен: туган илегезне ташлагыз, чит илдә уку яки уку, үзегезне җирле культурага чуму һәм тел өйрәнү өчен. Әйтик, сез МИТта бакалавр студенты булсагыз, бер ел ял итегез һәм Кореяда яки Көньяк Африкада укыгыз. Бу тәҗрибә сезнең карашыгызны киңәйтәчәк һәм сезгә дөньяны тирәнрәк аңларга ярдәм итәчәк.

Өлкәннәр өчен: үзегезне яхшырак белү өчен, шимбә көнен алыгыз, яисә сезне комфорт зонасыннан чыгарган яңа эшне сынап карагыз. Көн тәртибегездән чыгу сезгә яңа кызыксыну һәм күнекмәләр ачарга булыша ала.

**Олумид Огунсанво:** Гватемала яки Уганда кебек илләргә сәяхәт итеп, кешеләрнең тормышын һәм культураларын яхшырак аңлау өчен уйлагыз. Төрле культураларга чуму яңа карашлар ача һәм яңа идеялар уята ала.

**Ачани Сэмон Биау:** Яңа мохиттә, өйдән ярдәм сорамаска максат куегыз. Selfз-үзеңә ышану белән шөгыльлән һәм кирәк булса, Җирле эш белән шөгыльлән. Бу кризисны булдыру сезгә берничә адым ясар. Сез аннан әйберләр өйрәнерсез. Туган илгә кайткач, кире кайтырга уйласагыз, аның өчен тормышыгыз яхшырак булыр. Сезнең тормышыгызда FTE булдырырга тәкъдим итәм, шәхси үсешегезне тизләтеп, үзегезнең чын шәхесегезне табарга булышып. Бу финанс бәйсезлеккә ирешү өчен ачкыч.

**Олумид Огунсанво:** 21 яшендә эшсез калу белән FTEны кичергәннән соң, мин үземнән башка таяныр кеше юклыгын аңладым. Нәтиҗәдә, мин тормышымны әйләндерү өчен финанс бәйсезлегенә сәяхәт башладым. Шул вакыттан алып, бу минем планымны үтәү иде. Мин нәрсә эшләргә кирәклеген белә идем, һәм мин чара күргәнгә бик рәхмәтле. Дөньядагы һәркем өчен дә шулай телим. Сэмон сезнең финанс бәйсезлегегез булуын телибез, шуңа күрә сез утны дөньяга бирә аласыз, диде. Мин моны һәркем өчен телим. Шуңа күрә без бу китапны яздык, хикәяләребез башкаларны финанс бәйсезлегенә ирешергә һәм иң яхшы тормышларын алып барырга дәртләндерә ала.

Сез үз тормышыгызда куллана алырлык кайбер принциплар кабул иттегез дип ышанам: үз-үзеңә ышану, үз-үзеңә ышану, кызыксыну, мөстәкыйль уйлау, амбиция, батырлык, максат кую, шәхси үсеш һәм кереметне максимальләштерү өчен максат белән яшәү. сезнең кыйммәтләр. Без сөйләшкән бу принциплар универсаль, ләкин сезнең тормышыгызда куллану уникаль булачак. Принциплар сезнең өчен эшләсен өчен үз юлыгызны эзләгез.

Бар көчегезне куеп карагыз, "нәрсә икән" белән тулган тормышка урнашмагыз. Иң тирән үкенеч - сезнең тулы потенциалга ирешергә тырышмавыгызны белү. Мин бар көчемне куйганымны беләм. Мин үземне үстерергә һәм әйләнә-тирәдәге шартларга карап кулымнан килгәннең барысын да өйрәнергә тырыштым. Шуңа күрә сез бу китапны тотасыз - сезнең эчендә шул ук амбиция очкычы бар. Сез уңайлы тормыш белән яши аласыз, ләкин чын канәгатьлек комфорттан тыш. Сез гаҗәеп эшләргә сәләтле.

Кит Каннингем (азрак ахмак юлда) "опирдәге тәмуг сез була алган кеше белән очраша" Көчле! Сез бөеклекнең шәхси билгеләмәсенә ирешә алмыйсыз һәм көне буе телевизор карап иң яхшы тормышыгызны яши алмыйсыз. Шуңа күрә без бу китапны яздык - сезгә финанс бәйсезлегенә ирешү өчен генә түгел, ә сез горурлана алырлык тормыш алып бару өчен. Сез хыяллануны туктатырга һәм эшли башларга әзерме?

Бу минем яраткан бүлекләрнең берсе булды, чөнки ул берничә Җепне берләштерә һәм аларны барысын да укучылар өчен бәйли. Гаҗәп!

**Ачани Сэмон Биау:** Мин яратам. Искиткеч. Рәхмәт һәм бу сәяхәттә булуыгызга бик шат.

**Олумид Огунсанво:** Без нинди искиткеч сәяхәттә булдык! Китап бетте дип ышану кыен. Безнең хикәяләр сезне финанс бәйсезлеккә ирешү өчен тормышыгызда уңай үзгәрешләр кертергә дәртләндерде дип ышанабыз.

Форсаттан файдаланып, ике кешегә рәхмәтемне белдерәсем килә. Беренче чиратта, Самонга зур рәхмәт. Мин Самон белән эшләргә яратам. Бу проектны бергә алып бару бик рәхәт булды. Китап ясау Җиңел эш түгел, ләкин Самон сәяхәттә искиткеч партнер булды. Аның белән эшләү мөмкинлеге өчен мин бик рәхмәтле.

Сезгә дә, бу китапны укучыга чын күңелдән рәхмәт әйтәсе килә. Бу сәяхәткә кушылыр өчен вакыт бүлеп биргәнегез өчен рәхмәт, чөнки без финанс бәйсезлеге турындагы тәҗрибәләребезне уртаклаштык. Сез үткәннәребезне искә төшерү өчен безгә кушылдыгыз, һәм сезнең вакытыгыз өчен рәхмәт. Сезнең финанс бәйсезлегенә омтылуда кызыклы, кызыклы һәм ярдәмчел китап булдырдык дип ышанабыз. Ярдәмегез өчен рәхмәт!

Hello@myfiredom.com адресы буенча безнең белән элемтәгә керегез һәм fireom.substack.com [1] адресы буенча бюллетеньгә кушылыгыз , анда без FI турында сөйләшүне дәвам итәрбез. Мин сезне бер көнне финанс бәйсезлегенә ирешүне һәм хыялларыгыз тормышын көтеп калам. Безнең белән бу сәяхәттә булганыгыз өчен барыгызга да рәхмәт!

**Ачани Сэмон Биау:** Мин әйткәннәрнең барысы белән дә тулысынча килешәм, Олумид. Искиткеч тәҗрибә өчен рәхмәт. Язуны планлаштырган саен, мин аны түземсезлек белән көттем, чөнки бу бик яхшы сөйләшү булачагын белә идем. Оиғз сәяхәтенә чыккач, безнең китап барлык укучыларыбызга да файдалы булыр дип чын күңелдән

---

1.     http://firedom.substack.com

ышанабыз. Тагын бер нәрсә, алда әйткәнемчә, мин яхшы шатлыкны яратам...

**Олумид Огунсанво:** [Гистерик көлү] Сез моны беренче бүлектә әйттегез. Хәзер сез аны тагын Җиденче бүлектә әйтәсез.

**Ачани Сэмон Биау:** Күпчелек кеше финанс бәйсезлегенә ирешсә, мин бәхетлерәк булырмын. Онытмагыз, бүтән кешенең финанс бәйсезлеге аңа ирешү өчен үз потенциалыгызны чикләми.

**Олумид Огунсанво:** Килештеләр. Чынлыкта, сез үрнәк үрнәкләрне күрсәгез, финанс бәйсезлеге сезнең өчен мөмкин дип ышанырсыз.

**Ачани Сэмон Биау:** Минем тормыштагы шәхси фәлсәфәм - башкаларга мин башкарганнан яхшырак эшләргә булышу. Минем эшләгәннәремне яңа әйбер ясау өчен куллана аласызмы? Бу тема белән кызыксынган кешеләр өчен мин бик шат, безнең хикәяләрне тирәнрәк өйрәнергә, киңәшләр белән уртаклашырга, иң мөһиме - финанс бәйсезлегенә ирешү өчен куллана алырлык принципларга. Бу минем сүзләремнең сезне иң кечкенә юл белән рухландырганын һәм финанс бәйсезлегенә ирешергә ярдәм иткәнен белү миңа зур шатлык китерәчәк. Оэм Олумид әйткәнчә, әгәр дә сез берәр нәрсәгә ирешергә телисез икән, сез безгә электрон почта аша хәбәр итә аласыз яки FIREDOM сөйләшүен безнең субстактлар бюллетененә кушып дәвам итә аласыз. Communityәмгыять әйберләрне яхшырта, шуңа күрә финанс бәйсезлеге Җәмгыятен үстерүне дәвам итегез!

**Олумид Огунсанво:** Нинди искиткеч сәяхәт! Рәхмәт Самон. Барыгызга да рәхмәт! **Yourselfзеңне аңла. Trueз-үзеңә шикләнү катламнарын чистарт. Үзең бул. Selfз-үзеңне кичерүне кабул ит һәм сине рәнҖеткәннәргә кичерү бир. Pastткәннәрегез өчен рәхмәт белдерегез, кызыксыну һәм башкаларның тәҖрибәләре өчен кызгану күрсәтегез. Yourselfзең турында уйла. Сезнең киләчәгегез өчен күзаллау ясагыз, тышкы басым белән түгел, ә иң тирән кыйммәтләрегез һәм теләкләрегез белән сугарылган. Амбицияле һәм кыйммәтләргә нигезләнгән максатлар куегыз. Кыска юлларны, яки бер размерлы чишелешләрне эзләмәгез. Максатларыгызга ирешү һәм иң гаҗәеп чиксез тормыш архитекторы булу өчен көн саен өйрәнергә, үстерергә һәм үсәргә бурычлы. IRзегезнең ФИРЕДОМга таба барыгыз!**